Bratkartoffeln und Rote Beete

NORA BERGER

Bratkartoffeln und Rote Beete

Weltbild

Besuchen Sie uns im Internet:
www.weltbild.de

Genehmigte Lizenzausgabe für Verlagsgruppe Weltbild GmbH,
Steinerne Furt, 86167 Augsburg
Copyright © 2004 by Nora Berger
Umschlaggestaltung: Studio Höpfner-Thoma, München
Umschlagmotiv: Fotos / Brief: Privatbesitz der Autorin
Hintergrund: akg images, Berlin
Satz: Uhl + Massopust, Aalen
Gesamtherstellung: CPI – Clausen & Bosse, Leck
Printed in the EU
ISBN 978-3-8289-9549-9

2012   2011   2010   2009
Die letzte Jahreszahl gibt die aktuelle Lizenzausgabe an.

»Ich grüße alle meine Freunde!
Mögen sie die Morgenröte noch sehen
nach der langen Nacht…«

Stefan Zweig

Inhalt

I. Kapitel

Auf dem Weg ins Ungewisse

Der Wind pfiff und jagte heulend die weißen Schneeflocken, die sich in den heftigen Böen zu spitzen Eiskristallen wandelten, in milchigem Nebel durch die Luft. Ein verwirrender Wirbel aus hellen Punkten, in dem die Grenze zwischen Himmel und Erde verschwamm, waberte in undurchsichtigen Schwaden hin und her. Wattige Flocken begannen sich langsam zu leichten, erstickenden Gebirgen zu häufen und alle scharfen Konturen der Umgebung zu runder, duftiger Unschuld in reinem Weiß einzuebnen.

Der junge Soldat, am Rande der Kräfte, spürte kaum mehr seine Füße, die herabrieselnder Schnee langsam bedeckte, und ließ sich, erschöpft und wie in Zeitlupe in die Knie brechend, in das flaumige Schneebett fallen. Der Wind hatte für eine Weile nachgelassen, um dann wieder heftiger loszubrausen; und im Nebel der sinkenden Flocken verwischten sich nach und nach alle Umrisse der Landschaft. Ein weißes Leichentuch legte sich gnädig über die Schrecken dieses erbarmungslosen Feldzuges.

Die Gedanken des Soldaten begannen sich zu verwirren, die Schmerzen wurden schwächer und eine leise, trügerische Wärme durchzog seinen abgemagerten und geschundenen Körper. Einfach aufgeben, liegen bleiben, den sinnlosen Kampf gegen sich selbst beenden, den Kopf auf den kühlen, weichen Schnee betten! Ihm war, als hörte er durch das Toben des Sturms Stimmen, die auf ihn einredeten, aber er schloss die Augen vor ihren Warnungen. Nur eine Melodie, sanft und wie von weit her, tönte in seinem Ohr, schien leise durch die Hölle der fauchenden Schneewüste zu dringen. Von einem täuschenden Wohlgefühl eingelullt, das sich in seinen ertaubenden Gliedmaßen ausbreitete, schloss er die Augen und die Spur eines selbstvergessenen Lächelns trat kaum merklich auf seine vom Frost erstarrten Lippen. Es schien fast, als summte er gegen das Heulen des Windes ein paar Takte mit.

> So woll'n wir uns dort wieder sehn,
> bei der Laterne woll'n wir stehn ...

Verworrene Bruchstücke undeutlicher Erinnerungen stiegen in ihm auf, von denen er nicht wusste, ob sie Traum oder Wirklichkeit waren. In seinen Ohren dröhnte es, doch umso stärker kristallisierte sich die schöne, simple Melodie heraus, das Chanson, das bei allen Soldaten um die Welt ging und das auch sie, Emilia, sich mit der Gitarre begleitend, einmal für ihn gesungen hatte. Und es war ihr gemeinsames Lied geworden, die Melodie einer unvergesslichen Erinnerung, eines Versprechens, das er um jeden Preis halten wollte. Würde er sie denn noch einmal wieder sehen, noch einmal in ihre großen, seegrünen Augen blicken, die ihn vom ersten Moment an in Bann geschlagen und in deren Tiefe er sich unvermutet verloren hatte? Nicht im Entferntesten hätte er erwartet, mitten im Krieg ein derartiges Gefühl, einen solchen Blitzschlag der Liebe zu erleben! Welche Hoffnungen, welch rauschhaftes Schweben einer plötzlichen Leidenschaft zwischen Elend, Kampf und Tod, mitten im Zusammenbrechen einer morschen Welt mit ihren alten, überkommenen Werten! Er murmelte undeutlich ihren Namen. Es war, als sähe sie auf ihn herab, als fühlte er gerade jetzt in diesem Moment, im Niemandsland an der Grenze des Todes ihren klaren Blick wie von irgendwoher mit kühler, rätselhafter Skepsis auf sich haften, fragend und ein wenig enttäuscht. Ewige Liebe, ein neues Leben – würde es das noch für sie beide geben? Es war ein Traum gewesen, eine Schimäre. Niemand konnte diese Hölle überleben, diese Agonie des Rückzugs, das Zerplatzen einer Vision von Macht und Sieg. Wo blieb jetzt sein Schutzengel, der ihn bisher begleitet und niemals verlassen, an den er geglaubt hatte? Im Grunde war es einfach, die Verantwortung aufzugeben, sich einfach fallen zu lassen, die Augen zu schließen. Er war so müde.

Aus dem stillen Raume, aus der Erde Grund,
hebt mich wie im Traume dein verliebter Mund…

Die Melodie ließ ihn nicht schlafen, sie summte erneut in seinen Ohren und er entsann sich plötzlich mit überdeutlicher Genauigkeit des simplen Textes, der wie ein fernes Versprechen klang. Ihm war, als hörte er plötzlich seinen Namen rufen, und hochschreckend starrte er in den undurchdringlichen Nebel des dichten Schneegestöbers. Im grauen Dämmerbereich des Bewusstseins, von dumpfer Schwäche umfangen, glaubte er einen Schatten zu erkennen. Doch es waren nur täuschende windgepeitschte Flockenschwaden. Aus, vorbei, er würde sie nie wieder sehen! Sie, die bisher sein Motor gewesen war, der ihn antrieb zu überleben, gesund heimzukommen! »Wir bleiben zusammen! Ich komme zurück zu dir!« In der Kirche zu Kulm hatte er es ihr in einer sentimentalen Anwandlung gelobt. Zum ersten Mal packten ihn Zweifel an seinem eigenen Versprechen. Sollte er jetzt nicht lieber beten, an den unausweichlichen Tod denken, an den grausamen Gefährten, der ihn bisher im Laufe des Krieges auf allen Wegen begleitet und belauert hatte und dem er immer wieder – selbst in den gefährlichsten Situationen – entwischt war? Aber er wollte doch noch nicht sterben und er konnte nicht beten! Wieder tauchten die schönen, ernsten Züge Emilias vor seinen Augen auf. »Vergiss mich nicht!«, hatte sie gesagt – und er hatte es geschworen.

Nasse Schneeflocken fielen unablässig auf sein Gesicht. Es war ihm gar nicht mehr kalt. Warum nicht im Gedenken an die schönen Momente sterben, wenn es schon sein musste –

in der Erinnerung an die Stunden mit ihr? Nur die Liebe zu ihr erweckte damals die fast schon in ihm erloschene Hoffnung neu, den aussichtslos gewordenen Krieg zu überleben, ließ den vagen Lichtblick einer besseren Zukunft im Frieden aufblitzen. Das war nun alles vorbei, Illusion, ein unerfüllbarer Traum wie so viele seit Beginn dieser grausamen Schlacht, die schon verloren war und die man immer noch nicht beenden konnte, trotz aller Opfer, die sie schon gekostet hatte.

> Und sollte mir ein Leid geschehn,
> wer wird bei der Laterne stehn
> … mit dir, Lili Marlen?,

sang es laut in seinen Ohren. Irgendetwas bäumte sich auf in ihm, empörte ihn. Ein anderer nähme seinen Platz in ihrem Herzen ein, wenn er nicht mehr zurückkäme, ganz einfach! Doch er würde diese Frau nie einem anderen gönnen, niemals! Sie gehörte ihm, für immer und ewig!

Gewaltsam riss er die Augen auf und versuchte sich mit dem gesunden Arm hochzustemmen. Spitze Eiskristalle stachen ihm wie Nadeln ins Gesicht, verwischten seinen Blick und es schwindelte ihn. Die verletzte Schulter schmerzte höllisch. Entmutigt ließ er sich mit einem tiefen Seufzer wieder in die flockige weiße Watte fallen, in das Nichts, das ihn umgab, und versuchte sich in den vielleicht letzten Augenblicken seines Lebens noch einmal ihr Antlitz mit den zart gezeichneten Brauen unter der nussbraunen Haarfülle heraufzubeschwören; ganz deutlich sah er ihre großen, leuchtenden Augen auf sich gerichtet, die sich beim letzten Abschied wie in einer plötzlichen Ahnung verschatteten und mit Tränen gefüllt hatten. Damals schien es, als könnte er in ihrem Blick etwas Unausgesprochenes lesen; er begann zu ahnen, dass sich hinter ihrer abwehrenden, spröden Fassade unendlich viel Gefühl verbarg. Zu spät, jetzt war es vielleicht zu spät! Er hätte ihr seine Liebe schon früher gestehen sollen – ein Wiedersehen vereinbaren, an einem x-beliebigen Ort nach dem Krieg – wenn alles vorbei war. Wenn sie überlebten… Aber waren diese Sentimentalitäten nicht überflüssig inmitten von Chaos, Leid und Zerstörung? Er hatte seine Gefühle heruntergeschluckt und all das, was er ihr noch sagen wollte, in seinem Herzen verschlossen. »Warte auf mich! Wir sehen uns wieder!« Sie hatte nur stumm genickt und die Schultern gezuckt, als glaubte sie nicht daran. Sollte sie wirklich Recht behalten?

Der Sturm ließ nach und die Flocken fielen jetzt stetig, lautlos und sanft. Irgendetwas in ihm stemmte sich immer noch gegen den Tod, gegen die Stille, gegen das Nichts; es war, als ruhte der Blick Emilias spöttisch auf ihm, und er hörte sie sagen: »Die Soldaten halten ihr Versprechen doch niemals.«

»Doch, ich halte mein Versprechen« – er sah sich selbst wie in einem Spiegel und seine Stimme klang eigensinnig –, »ich habe es ehrlich gemeint. Ich will mit dir ein neues Leben anfangen!« Und nun? Nun sollte er verrecken, hier in der Ferne, auf diesem eiskalten Boden… Eine schläfrige Gleichgültigkeit und tiefe Erschöpfung nach allen Kämpfen und Strapazen der letzten Jahre erfasste ihn und lullte ihn gnädig mit wirren Träumen und Erinnerungsfetzen ein.

Welch unglaubliche Anstrengung war es gewesen, durch den tiefen Schnee hinter den Geschützfahrzeugen herzustapfen, nicht die Orientierung zu verlieren, nicht der Verlockung nachzugeben, sich auf einen der hinten angebundenen Schlitten zu werfen und sich ziehen zu lassen! Und doch – irgendwann war der Punkt erreicht, da musste er sich, geschwächt vom Hunger und Durchfall der letzten Tage, ganz einfach darauf fallen lassen, bäuchlings sich festklammernd, um durch das ständige Schlingern über die Unebenheiten des Weges nicht heruntergeschleudert zu werden. Doch die schlimmste Gefahr war das plötzliche Einschlafen, das sekundenlange Einnicken, bei dem die Arme erschlafften und man sich, vom nächsten Buckel hochkatapultiert, in einem der bodenlosen Schneehaufen am Wegrand wiederfand. Es war sehr schwer, sich daraus wieder auszugraben und gleichzeitig den Geschützwagen einzuholen. Unzählige Kameraden waren bereits zurückgeblieben oder auf diese Weise verloren gegangen. Sie hatten eine Zeit lang versucht, um ihr Leben zu rennen, um dann erschöpft auf Nimmerwiedersehen zurück in den Schnee zu fallen. Man konnte sie dabei beobachten, ihnen zurufen, sie ermutigen, aber helfen konnte man nicht – der Wagen blieb nicht stehen, er konnte nicht anhalten, das war allen klar. Zweimal war er selbst heruntergerutscht – ein Alptraum, den er unter Aufbietung aller seiner Kräfte bewältigt hatte, mit rasenden Pulsen, jagendem Atem und der schier übermenschlichen Anstrengung des Laufens und Stolperns durch die tiefen Schneewehen, die jeden Schritt zu einem Sprung machten, aber die Füße zäh am Boden haften ließen, quasi im letzten Moment, bevor die Kräfte zu versagen begannen. Beim dritten Mal war es ihm nicht mehr gelungen. Nun lag er da und ließ sein Leben Revue passieren. Es war noch ungelebt – er war doch noch zu jung zum Sterben, zu früh hatte man ihn eingezogen, ihn hinaus in den Krieg geschickt. Sollte jetzt schon alles zu Ende sein?

Irgendjemand rüttelte ihn an der Schulter und das Summen in seinen Ohren ließ nach. »Steh auf, Kamerad, komm.«

Von kräftigen Armen hochgezogen erhob sich Conny benommen und taumelte wie aus einem tiefen Schlaf erwacht. Zwei Männer stützten ihn. »Bist du verletzt?«

Müde und traumumfangen schüttelte er den Kopf und versuchte, langsam zu prononcieren: »Eine – verrenkte – Schulter – vielleicht, mein Arm –, meine Füße sind taub.«

Einer der beiden Soldaten nahm eine Hand voll Schnee und rieb dem Schwankenden damit das Gesicht ab. »Komm, du kannst hier nicht liegen bleiben. Du wirst erfrieren.

14

Schaffst du es? Wir sind nicht weit weg. Ein Panzerwagen in der Nachhut – wir können jeden Mann brauchen, der noch halbwegs auf den Füßen steht. Hier.« Er zog eine unetikettierte Flasche aus der Tasche seines schweren Ledermantels. »Haben die Russen gebraut. Das bringt dich wieder auf die Beine, Kamerad!«

Conny nahm einen tiefen Schluck und schüttelte sich, als der scharfe Schnaps ihm durch die Kehle rann. Er setzte noch einmal an, bis der andere ihm die Flasche aus der Hand nahm und lachte. »Halt, lass uns auch noch was übrig! Wie heißt du? Welche Division?«

Conny fühlte den brennenden Alkohol wie eine Flamme durch seinen Körper rinnen, zugleich mit dem hochschießenden Gefühl der Hoffnung, es doch noch einmal geschafft zu haben, der Müdigkeit, der Erschöpfung, der Gleichgültigkeit gegenüber dem Leben entronnen und dem Tod, wie schon so oft in diesem Krieg, von der Schippe gesprungen zu sein. Ein eigenartiges Lächeln spielte um seine weißen, vom Hauch des Todes schon gestreiften Lippen, die langsam wieder Farbe annahmen. Triumphierend schienen die letzten Takte der Melodie noch einmal in ihm aufzuklingen.

> … wenn sich die späten Nebel drehn,
> will ich bei der Laterne stehn,
> wie einst Lili Marlen …

Er schaffte es, er wollte es schaffen! Es gab keinen anderen Gedanken als diesen, der ihm neue Kraft und beinahe Flügel verlieh, als er halbtot und stolpernd zwischen den Kameraden schwankte. Vielleicht würden sie sich doch wieder sehen!

Auf seinem Landsitz tief in den Berchtesgadener Bergen, auf dem Obersalzberg, ließ Hitler, aufgerüttelt durch die bedrohlichen Nachrichten und die Schreckensmeldungen der Kommandanten, noch einmal ein Treffen der leitenden

Feldmarschalle und Generäle einberufen, um eine Lagebesprechung abzuhalten.

Generalfeldmarschall von Manstein, der von Lemberg aus eingeflogen war, versuchte den Führer erneut davon zu überzeugen, dass die Divisionen der Ost- und Nordfront seit langem überfordert seien und unter starkem feindlichem Druck stünden, dem sie, auch angesichts der unzureichenden Versorgung auf dem Luftwege, auf die Dauer nicht gewachsen sein würden. Es kam zu einer scharfen Auseinandersetzung, bei der Hitler die Verantwortung für die ungünstige Entwicklung der Heeresgruppe dem Feldmarschall selbst zuzuschieben versuchte, der die ihm im Laufe der Zeit zugeführten Kräfte »verkleckert« hätte. Dieser aber wusste es besser, wusste, dass die Divisionen meistens zu spät oder nur vereinzelt zur Verfügung standen – doch er schwieg, er musste schweigen. In sich gekehrt biss er die Zähne zusammen, als Hitler ihm vorwarf, die Front würde immer weiter zurückgenommen, weil vor den wenigen feindlichen Panzern, die die Luftwaffe beobachtet hatte, angeblich ganze Truppenteile davonliefen. Das Blut schoss von Manstein ins Gesicht, doch er blieb ruhig und beherrscht, auch wenn es in ihm kochte. Traurig ließ er seine Blicke durch den großen Vortragsraum mit dem herrlichen Blick über die grandiose Bergwelt der Alpen gen Salzburg schweifen, als wenn er Abschied nähme von seinen Idealen, von der Idee des Sieges und dem Glauben an den Führer, der ihn jetzt so schmählich enttäuschte. Warum sollte er noch von der schwindenden Widerstandskraft der Truppen sprechen, von ihrer Erschöpfung und den zusammengeschmolzenen Stärken? In langen Briefen hatte er versucht, Hitler von einer anderen Strategie zu überzeugen. Doch dessen starrsinnige, gegen ihn fast feindliche Haltung ließ ihn verzweifeln und entmutigte ihn vollends. Er erkannte zum ersten Mal den diktatorischen Charakter jenes Mannes, dem bei aller Begabung doch die Grundlage militärischen Könnens fehlte, dem nur durch sein Charisma alle bisher so blind gefolgt waren und dem der anfängliche Erfolg Recht gegeben hatte. So sollte denn alles bis zum bitteren Ende weitergeführt werden. Niemand würde das Rad der Vernichtung, das sich immer schneller zu drehen begann, jetzt noch aufhalten können. Durch die Panoramafenster schaute von Manstein zu, wie die Sonne langsam hinter den eisglitzernden Berggipfeln verschwand und die Landschaft in düsteres Zwielicht tauchte.

Die junge Rotkreuzschwester blickte mit angespanntem, ernstem Gesicht in die weiße Schneewüste, die im grauen Licht des dämmernden Morgens vor dem Fenster vorüberflog. Der Zug ratterte mit monotonem Geräusch durch die flache Landschaft, vorbei an den dunklen Schemen winterlich dürrer Bäume und den von Frost überzogenen Büschen, die sich kaum von den weiß überschneiten Feldern abhoben. Sie war erschöpft, an den äußersten Rand ihrer Kräfte getrieben, und konnte dennoch nicht die Augen schließen vor Angst, dass die Bilder der Nacht und der vergangenen Tage sie wieder überfielen. Wie Schatten zogen die Erlebnisse der letzten Nacht an ihr vorbei, das Echo von lautem Stöhnen und Wimmern erklang noch in ihrem Ohr und sie versuchte, die Flut der Eindrücke an den äußersten Rand ihres Bewusstseins zurückzudrängen. Eine dumpfe Gleichgültigkeit hatte von ihr Besitz ergriffen gegenüber all dem Elend, dem sie begegnete. Sie wagte nicht daran zu denken, wie alles weitergehen würde.

Ein Aufseufzen neben ihr schreckte sie aus dem Halbschlaf, in den sie kurz gefallen war. Die junge Frau auf dem Sitz neben ihr mit dem Kind auf dem Arm bewegte sich unruhig. Die filzige Decke war heruntergefallen und Schwester Emilia bückte sich mit einem mitleidigen Blick auf die vor Kälte zitternde Gestalt und schob ihr den groben Stoff über die Schultern. Das Kleine schien fest in den Armen seiner Mutter eingeschlummert zu sein – wenigstens spürten die

Kinder nicht die Gefahr und die Ausweglosigkeit des sinnlosen Krieges. Sein winziges weißes Gesichtchen war eng an die Brust der Mutter geschmiegt.

Wenn der Zug nur schneller führe! Erst in Stolp an der Ostsee wären sie in Sicherheit, da gäbe es Essen, Kleider und einen Ofen, an dem sie sich wärmen konnten.

Die junge Frau, eine Ukrainerin mit hohen Backenknochen und dichten schwarzen Haaren, war nicht älter als sie selbst. Sie hob ihren Blick Hilfe heischend zu der Schwester empor und murmelte mit trockenen Lippen: »Wasser, Wasser. Ich habe keine Milch mehr für mein Kind.«

Emilia schüttelte hilflos den Kopf. Sie hatte nur eine geringe Ration Wasser und die musste sie für die Medikamente aufheben. »Wir sind bald da«, murmelte sie beschwichtigend, mit einem sorgenvollen Blick das blutleere Gesichtchen an der Brust der Mutter streifend, die ihr Kind schützend an sich drückte. Erschauernd, bis in die Knochen von der eisigen Kälte umklammert, die im Abteil herrschte und ihre Glieder lähmte, wendete sie sich wieder dem Fenster zu. Ihr Kopf schmerzte und sie war wie betäubt von Müdigkeit und der in ihrem Kopf sich drehenden Ereignisse der letzten Tage. Es war noch nicht Zeit, ihren Rundgang zu machen, sich um die Alten und Kranken des Transportes zu kümmern, die von den Strapazen der Flucht, von der Kälte, vom Hunger aufs Äußerste erschöpft waren. Mit frostklammen Fingern wühlte sie in ihrem Medikamentenkoffer, nahm eine Tablette und zerkaute das bittere Pulver in ihrem Mund. Das Gesicht verziehend spülte sie das bittere Gemisch mit einem kleinen Schluck herunter und wartete auf die Wirkung. Trotz aller Einfachheit der Schwesterntracht mit dem strengen weißen Häubchen war sie mit ihren regelmäßigen Zügen, dem fein gezeichneten Mund und den großen meergrünen Augen unter der hohen Stirn eine auffallend schöne Erscheinung. Groß und schlank, mit aufrechter Haltung und graziösem Gang schien sie nicht in diese Szenerie zu passen und der Staffage eines Spielfilms zu entstammen. Seufzend steckte sie eine lange, lockige Haarsträhne, die herabgefallen war, mit Hilfe einer Haarnadel streng zurück. Ihre dicken brünetten Zöpfe, von denen sie sich immer noch nicht trennen mochte und die ihr ein mädchenhaftes Aussehen verliehen, waren nur locker gebunden, im Nacken zusammengefasst und reichten ihr fast bis zur Hüfte.

Unwirklich erschien ihr die Situation, in der sie sich seit Monaten befand: herausgerissen aus der Familie, aus der unbeschwerten Lebhaftigkeit ihrer Kindheit, und plötzlich ganz allein dastehend – ja, mehr noch, verantwortlich für Hunderte von Menschen. In Transporten irrte sie von einem Ort zum anderen, beladen mit dem Leid und der Krankheit Fremder, als wäre ganz allein sie es, die Segen, Gesundheit und Frieden bringen könnte. Erschöpft lehnte sie sich zurück und eindämmernd zwischen Traum und Wirklichkeit ließ sie ihre Gedanken Zuflucht bei angenehmen Erinnerungen suchen, die alle schrecklichen Eindrücke der Gegenwart zurückdrängten.

Das ernste Gesicht des jungen Soldaten stand vor ihren Augen, seine zurückhaltende, aber sichere Art, seine schüchterne Höflichkeit. Sie fühlte seine verträumten braunen Augen auf sich ruhen, die auf eine unerklärliche Weise ihr Vertrauen erweckten. Trotzdem verwirrte sie irgendetwas in seinem Wesen und drang bis in ihre Träume. In ihrer Schürzentasche knisterte sein Bild, das sie oft betrachtete, obwohl sie nicht wusste, ob sie ihn jemals im Leben wieder sehen würde. Sie hatten eine so wunderbare, wie verzauberte Zeit in Kulm verbracht. Der Aufbruch kam zu abrupt und sie wusste eigentlich nichts über ihn als seinen Namen und dass sie sich unvermutet in ihn verliebt hatte.

Sie würde die Erinnerung an ihn tief in ihrem Herzen bewahren.

Aufgrund der plötzlichen Nachricht, der Russe nahe, war das Kloster mit den Verletzten, den Flüchtlingen aus der

Ukraine und von überall her, Hals über Kopf geräumt worden. Man musste rasch weiterziehen, vor dem Feind davon, und sie sollte den Zugtransport begleiten, der die Flüchtlinge in ein Lager nach Stolp brachte. Kopflos war sie noch einmal in ihr Zimmer unterm Dach gestürzt und hatte den Rest ihrer Sachen zusammengepackt. Wo sollte sie nur eine Nachricht hinterlassen? Es war sinnlos. Die Zeit drängte und man rief nach ihr.

Vor den Toren des Klosters peitschte der Wind ihr in scharfen Böen eisigen Schneestaub entgegen und blies ihr dicke Flocken ins Gesicht. Man hatte das meiste ihrer privaten Habe schon mitgenommen und sie musste sich mit dem dünnen Mäntelchen begnügen, das sie über einem Baumwollkleid mit Jacke trug. Draußen waren viele Kranke schon auf Schlitten verfrachtet, der Sanitätswagen war bis zum Letzten beladen und überall herrschten Hast und wirres Durcheinander. Die Wagen, die die Leute zum Bahnhof bringen sollten, warteten schon.

»Ah, Schwester Emmi«, rief der Arzt Dr. Frings, »endlich! Ich dachte schon, Sie hätten uns im Stich gelassen! Wir müssen uns beeilen, damit wir bei diesem Wetter noch über die Weichsel kommen. Wir werden uns dem Flüchtlingstreck, der von Osten kommt, anschließen. Sie fahren mit Ihrer Gruppe zum Bahnhof und begleiten sie nach Stolp. Ich bin zuversichtlich, dass der Zugverkehr und die Geleise in nächster Zeit nicht unterbrochen werden und wir auf diesem Wege noch recht viele herausbringen können. Seien Sie tapfer! Ich vertraue Ihnen!«

»Ich – ich allein?«, rief Emilia, während ihr das Herz bis zum Halse klopfte. »Warum ich?« Doch der Arzt antwortete nicht. Er hatte sich schon umgedreht, um durch den tiefen Schnee zum Kloster zurückzustapfen, und der heulende Wind erstickte ihre Frage und blies sie davon.

Der Film riss, als der Zug ein durchdringendes, lang gezogenes Pfeifen ausstieß. Mit monotonem Stampfen ratterte er in mäßigem Tempo weiter durch das flache Land, vorbei an Dörfern, Weilern und Ländereien, zum Teil schon von den Bewohner verlassen, über eine Ebene, durch die ein gnadenlos eisiger Wind strich. Der ungewöhnlich langanhaltende, strenge Winter hatte das Leben erstarren lassen; Lähmung lag über allem, klamme Angst vor den Russen und vor dem Ungewissen.

Emilias Lider, die sich bei dem Heulton, der einer Luftangriffswarnung glich, erschreckt geöffnet hatten, senkten sich erneut schwer über die Augen und ihr Mund verzog sich zu einem Lächeln, als sie der Wirklichkeit langsam durch einen Traum entrückte. In der Sommerglut des bessarabischen Augustes lief sie über den mit Margeriten und Kornblumen übersäten Wiesenrain eines Weizenfeldes und ihre Zöpfe flogen im Sommerwind. Ein paar Burschen aus dem Dorf riefen sie an und versuchten sie einzuholen; doch sie verdoppelte ihre Geschwindigkeit, bis der Blütenkranz aus dicken Margeriten, den sie sich ins Haar geflochten hatte, herunterfiel. Sie hob ihn auf und lachte ihnen von weitem schadenfroh zu. Keiner von den Bauernburschen konnte das wilde Mädchen erreichen, keiner gefiel ihr; sie wollte einen aus der Stadt, einen von den eleganten, höflichen Männern, die ab und zu durch das kleine Nest Mariowka kutschierten und der Dorfschönheit mit dem sehnsuchtsvollen Blick interessiert nachsahen. Außer Atem warf sie sich, müde gelaufen, ins Gras, umgeben von hohen Weizenhalmen, die sich im Winde wiegten. Sie starrte in den blauen Himmel, umkost von der lauen Sommerluft. Eigentlich sollte sie jetzt draußen auf dem Felde mithelfen. Doch sie hatte keine Lust, sie hasste die Landarbeit. Am liebsten wollte sie selbst in die Stadt, in die Schneiderlehre zu Pjotr Nastorikowitsch, der diese unnachahmlich eleganten und leicht fallenden Kleider kreierte, so eines wie das schimmernde rote Samtkleid mit dem schrägen Faltenwurf und der leichten Schleppe, das die in Tarutina reich verheiratete Anastasia, die ab und zu noch ihre alten Eltern in Mariowka besuchte, beim letzten Mal getragen hatte, der sie immer bewundernd nachsah, wenn sie aufrecht und mit wiegenden Hüften den Hof ihrer Eltern verließ und in die glänzende neue Kutsche stieg, ein prächtiges Gefährt mit zwei feurigen Schimmeln davor. Emilia schneiderte so gut es ging selbst, und wenn sie ein schönes Kleid sah, kopierte sie es sofort. Sie sammelte Stoffe wie andere Leute Briefmarken und ihre Phantasie kannte keine Grenzen. Der ganze Ort staunte über sie und tuschelte, wenn sie in einem ihrer selbst genähten Kleider bei einem Tanzfest auftauchte. Sie genoss es und es gefiel ihr, in ihren aufwändigen, pelzbesetzten, manchmal mit Spitzen verzierten und in besonders raffiniertem Schnitt kopierten Meisterwerken aufzufallen, die sie irgendwo gesehen und sofort eifrig nachgearbeitet hatte. Aber sie wusste, hier auf diesem schlammigen Boden, inmitten von Menschen, die schwer arbeiteten und anderes im Sinn hatten als Putz und Tand, würden diese Kreationen niemals richtig zur Geltung kommen.

Ein scharfer Ruck lief durch den Zug. Emilia wurde nach vorn geschleudert und fast von ihrem Sitz gerissen. Ihre Medikamententasche, die sie wie einen Schatz auf den Knien umklammert gehalten hatte, fiel zu Boden und öffnete sich und in wahllosem Durcheinander rollten Mullbinden, Tablettenschachteln und Spritzen heraus. Neben ihr stöhnte die junge Frau und ein alter Mann, der sich in die Ecke des Abteils gekauert hatte, murmelte polnische Worte und bekreuzigte sich ein über das andere Mal. Die dicke Bäuerin mit dem Kopftuch um das von Wind und Wetter gegerbte, runde Gesicht schrie auf, sie war von der Bank geglitten. Ihre Kinder, ein schmächtiger Junge von etwa siebzehn Jahren und ein zwölfjähriges Mädchen, beugten sich besorgt über sie, halfen ihr auf ihren Platz zurück und versuchten dann eifrig, die lebensrettenden Utensilien einzusammeln, die auf dem Boden verstreut lagen.

Emilia erhob sich seufzend mit einem Dankeswort, ihre Tasche wieder fest an sich pressend, und ihr Blick wanderte automatisch zu der jungen Mutter, die nur aufgestöhnt hatte und ihr Kind wie vorher eng an sich gedrückt hielt, als wollte sie es mit ihrem eigenen Körper wärmen. Ihre Augen starrten angstvoll, weit aufgerissen und fiebrig glänzend zu ihr herüber. Das Kind regte sich nicht und unter dem wollenen Mützchen war nur der Schimmer seines stummen, gelblichen Gesichtchens zu erkennen. Der Verdacht Emilias erhärtete sich, als sie die blau angelaufenen Händchen des Kleinen sah, die in eigenartiger Starre an seiner Seite baumelten.

Sie wandte, ohne ein Wort zu sagen, den Blick ab. Jetzt war nicht die Zeit dazu, sich damit auseinander zu setzen.

Der Siebzehnjährige, kein Kind, aber auch noch kein Mann, sah sie fragend an. »Warum hält der Zug hier auf offener Strecke?« Seine Stimme klang rau und gebrochen und er hustete hohl nach den wenigen Worten.

Emilia zuckte die Achseln und schüttelte den Kopf. »Ein technisches Problem vielleicht«, erwiderte sie und versuchte dem Jungen zuzulächeln. So schwer ihre Glieder auch waren, sie musste nachsehen, was geschehen war, und zugleich ihren dreistündlichen Rundgang durch die Waggons antreten, um nach den Kranken, Alten und Kindern zu schauen.

Der Zug schien sich wieder in Bewegung zu setzen. Doch schon nach kurzer Zeit wurde die Fahrt mit einem heftigen Ruck und durchdringendem Schleifen der Räder erneut unterbrochen. Emilia bemühte sich, das Fenster zu öffnen und hinauszusehen. Sie standen auf den Gleisen mitten in der vereisten und öden Landschaft, in der ein bleiches und trübes Winterlicht die frostigen Zweige und schneebedeckten Erderhebungen erhellte. Emilia zog den Kopf zurück und blickte auf die Uhr. Es war erst acht Uhr morgens. Wenn sie doch nur endlich in Stolp wären und sie diese Last, die Leute, die mit Hilfe suchendem Ausdruck in den Augen flehend zu ihr aufsahen, als wäre allein sie es, die Rettung bringen könnte, endlich abliefern, sich dieser Bürde, die sich ihr drückend auf die Brust legte, endlich entledigen könnte! Sie fühlte sich so hilflos angesichts des unsagbaren Leides, das sie umgab.

Seufzend nahm sie ihre Rotkreuztasche und hängte sie über die Schulter, in der Hand die Wasserflasche, das kostbare Nass, das sie nicht verschwenden durfte. Sie war innerlich wie durch und durch gefroren, steif und unbeweglich ihre Beine. Mühsam dehnte sie den erstarrten Körper und probierte vorsichtige Bewegungen ihrer eingeschlafenen Glieder und ein ermunterndes Lächeln. Dies und ein paar warmherzige Worte halfen den Leuten oft mehr als jede Medizin.

Langsam ging sie durch die Abteile, verband Wunden, verteilte schmerzlindernde Mittel, Hustensaft, von dem sie wusste, dass er kaum nützte, Chinintabletten; in schwereren Fällen gab sie Spritzen und hoffte, dass einige der stark fiebernden kleinen Kinder die nächste Nacht noch überleben würden. Die Liste der Beschwerden war unnennbar lang; es gab Durchfälle, Mangelernährung, Lungenentzündung und Unterkühlungen, ganz zu schweigen von Schwäche und Kreislaufproblemen aus Nahrungsmangel. Alle Mitreisenden hatten Hunger. Wenn der Zug noch länger hielt, würde die Nahrungsversorgung gefährdet sein. Doch niemand klagte, alle duckten sich aus Angst vor dem Einmarsch der Russen, die an der Weichsel schon auf Kulm zurücken sollten.

Ein junges Mädchen, abgemagert bis auf die Knochen, die an den Schultern fast durch die Haut stachen, nur in ein verlaustes, schmutziges Wolltuch gehüllt, starrte ihr mit großen Augen aus dem durch ständigen Hunger abgezehrten und gealterten Gesicht entgegen. Mitleidig nahm Emilia ein Stück ihrer Brotration aus ihrer Schürze und reichte es ihr. Die Kleine verzog den Mund und schüttelte den Kopf. Sie verspürte keinen Hunger mehr, nur Ekel beim Anblick der

Nahrung und wusste nicht, dass sie sich in jenem Stadium befand, in dem der Körper schon mit allem abgeschlossen hat. Emilia presste es, obwohl sie so oft gleiche Szenen sah, in abgrundtiefer Traurigkeit das Herz zusammen. Ihr Wille zu helfen war so stark, dass es sie schmerzte, wenn sie sah, dass alles vergeblich schien.

Ein lauter Schrei auf dem Gang ließ sie zusammenzucken. »Schwester, kommen Sie, schnell! Es ist schrecklich – eine Verrückte!« Ein weißhaariger Mann packte sie am Arm, in seiner Miene malte sich blankes Entsetzen. »Sie müssen sie beruhigen.« Er versuchte sie mit sich zu ziehen. Emilia machte sich los und bemühte sich, Ruhe zu bewahren, obwohl ihr Herz wie ein Trommelfeuer klopfte. »Ein Streit – sie hat ein Messer – sie will uns alle umbringen, hat sie gesagt!«

Die junge Schwester war nahe daran, den Kopf zu verlieren. »Lassen Sie mich, ich kann doch nichts tun! Ein Mann vielleicht – aber doch nicht ich!«

Der Alte sah sie bittend an, dann stieß er hervor: »Geben Sie ihr etwas, damit sie ruhig wird. Sie wird vielleicht auf Sie hören – irgendetwas … Ich bitte Sie, helfen Sie uns!«

Die Schwester zögerte einen Augenblick, dann stieß sie einen Seufzer aus und folgte dem Mann durch die engen Gänge des Zuges. Sie stieg über Menschen, die auf dem Boden hockten oder lagen, hinweg und wand sich zwischen verschnürten Paketen und Koffern hindurch, auf denen sie saßen und die ihre ganze Habe enthielten. Mit leerem Blick starrten die Vertriebenen vor sich hin. Ihr Augen belebten sich, als die Rettung verheißende Schwester in ihrer weißen Schürze mit dem Rot-Kreuz-Zeichen und dem Häubchen auf den zusammengesteckten Zöpfen auftauchte. »Schwester!« Hilfe suchende Arme streckten sich von allen Seiten nach ihr aus. »Helfen Sie mir – meinem Sohn – meinem Mann – meinem Kind …« Emilia legte die Hände an die dröhnenden Ohren, verzog das Gesicht und versuchte, Fassung zu bewahren.

Schon von weitem hörte sie das kreischende Schreien, die hohen Töne eines bis zum Äußersten entbrannten Streites. Widerstrebend weitergezogen von dem alten Mann, stand sie unversehens vor einer Gruppe Menschen, die sich bei ihrem Erscheinen plötzlich teilte, als hätte ein Engel den Waggon betreten. Es wurde mit einem Schlag still.

Vor ihr stand mit wilden Augen, zerzausten Haaren und verlebtem, faltigem Gesicht eine Frau, die angriffslustig ein breites Messer schwenkte und heftige Stoßbewegungen in den leeren Raum vollführte. »Kommt nur her, ihr feigen Schlappschwänze!«, schrie sie und rollte die Augen wie ein tollwütiges Tier. »Wenn ich auch eine Hure bin, beleidigen lasse ich mich von niemandem!« Ihre Haare hatten sich gelöst und fielen, schwer und trotz ihrer verblühten Jugend nur von wenigen weißen Strähnen durchzogen, voll und glänzend über ihre Schultern. Der üppige, aus allen Formen geratene Körper bewegte sich mit der Geschicklichkeit einer täppischen Bärin auf ihre Kontrahentin zu. »Ich bring dich um, ich bring euch alle um! Schaut mich nur an, ja!« Schaum stand vor ihrem Mund und man konnte unschwer erkennen, dass sie zu allem fähig war. »Ich will deinen Mann nicht!«, fuhr sie die dicke Bäuerin an, die sie mit wutfunkelnden Augen anstarrte. »Du kannst ihn behalten, diesen Mistkerl, diesen Feigling! Wenn ich ihn doch nie gesehen hätte! Ihr habt mich ausgenützt, ich bring euch alle um!« Wie rasend stürzte sie sich mit gezücktem Messer auf einen unscheinbaren Bärtigen, der sie mit abweisendem Blick und verschränkten Armen musterte.

Schwester Emilia, blass geworden, wich zurück, als sie sah, dass der Bärtige mit einem Schmerzensschrei zusammensank. Die mutigsten der umstehenden Männer stürzten sich auf die Tobende und hielten sie fest.

»Geben Sie ihr eine Spritze, irgendetwas, das sie ruhig macht, sonst gibt es Mord und Totschlag!«, flüsterte der Alte hastig. »Rasch! Worauf warten Sie noch? Die werden sich alle gegenseitig umbringen!«

Die Schwester nickte und nestelte mit zitternden Händen an ihrer Tasche, während der Tumult um sie herum weiter anschwoll. »Sie hat meinen Mann ermordet!«, schrie die Bäuerin mit gellender Stimme. »O Gott, wer wird sich um meine Kinder kümmern? Sie hat ihnen den Vater genommen!« Verzweifelt warf sie sich auf den Blutenden und rang die Hände.

Emilia zwang sich zur Ruhe und zog mit fliegenden Händen eine Spritze mit einem starken Beruhigungsmittel auf. Sie hatte genug von diesen Substanzen dabei, um eine ganze Mannschaft außer Gefecht zu setzen. Entschlossen näherte sie sich der tobenden Frau, die sich immer mehr in ihre Wut hineinsteigerte, und setzte der von fünf Männern nur mühsam Gebändigten die Spritze durch die Wolljacke über dem dünnen Baumwollfähnchen. Augenblicklich sank die Rasende mit einem Aufschluchzen in sich zusammen, das Gesicht in den Händen vergraben.

Jetzt erst konnte Emilia sich dem Verletzten widmen, der leise stöhnte; er blutete stark aus einer Blessur an der Schulter. Die Wunde schien nicht allzu tief zu sein und Emilia säuberte sie, wie sie es gelernt hatte, mit aller Konzentration und verband fachgerecht den Mann, der apathisch auf dem Boden lag. Seine Frau schluchzte hysterisch und schlug sich immer wieder mit den Fäusten an die Brust, und ihre beiden Kinder, verstört durch das Getümmel und die Verletzung des Vaters, fielen in das Geschrei mit ein und heulten um die Wette. Von den anderen Männern waren sich einige, die verschiedene Parteien ergriffen hatten, ebenfalls in die Haare geraten und bedrohten sich mit wilden Gebärden. Chaos schien auszubrechen; hinzu kam, dass es immer kälter wurde, denn solange der Zug stand, fiel auch das bisschen Heizung aus, das bis dahin die Waggons ein wenig erwärmt hatte.

Kurz entschlossen riss die Schwester ein Päckchen mit Schlaftabletten auf, die sie in großer Menge bei sich trug, und verabreichte mit Hilfe des Alten allen Anwesenden eine Dosis Veronal, die jedermann ohne Aufbegehren schluckte. Emilia besaß die Autorität des Rettungsengels, ohne den sie alle verloren gewesen wären. Das Messer, das achtlos am Boden liegen geblieben war, steckte sie unauffällig in ihre Umhängetasche mit dem roten Kreuz.

Langsam trat Ruhe ein. Die Flüchtlinge zogen sich wieder auf ihre Plätze zurück oder streckten sich auf dem Boden, auf ihren Bündeln und Paketen aus. Schläfrig und erschöpft starrten die eben noch so Aufgebrachten vor sich hin und erst jetzt bemerkten sie, wie lange der Zug schon auf freier Strecke hielt.

»Warum geht es nicht weiter?«, rief ein brummiger Hüne, an einem Brotkanten knauend. »Dieser verdammte Zug will doch wohl nicht ewig hier stehen bleiben!«

In diesem Moment gab es einen dumpfen Knall, der alle erstarren ließ. Aus dem benachbarten Waggon drangen laute Geräusche, die Türen wurden geöffnet und der Zugführer stieg aus. »Wir sitzen fest!«, rief eine atemlose Stimme plötzlich durch den Wagen. Ein junger Arbeiter mit Schiebermütze und blassen, mageren Zügen riss die Zugtür mit einem Ruck auf und lehnte sich erschöpft gegen das Fenster, nachdem er versucht hatte, es einen Spalt zu öffnen. Eisige Winterluft drang in den stickigen Raum und Protestgeschrei antwortete ihm. Er schloss das Fenster wieder und sah in die Runde. »Keine Kohlen mehr«, ächzte er, »wir kommen nicht mehr weiter.«

Unruhiges Gemurmel antwortete ihm.

»Wenn wir nicht heizen können, fährt der Zug nicht, ganz einfach! Ihr müsst alle mithelfen, sonst wird uns der Russe angreifen und wir sind alle verloren.«

»Da hätten wir auch gleich auf unseren Höfen bleiben können!«, ließ sich ein anderer in mürrischem Ton vernehmen. Ein Kind begann zu weinen: »Ich hab Hunger, Mama, ich hab Hunger!« In diesem Moment beglückwünschte sich die Schwester im Stillen zu ihrer Entscheidung für die Beruhigungsmittel, denn spätestens jetzt wäre eine Panik unter den Reisenden ausgebrochen.

»Was sollen wir denn machen?«, erklang eine schwache, ängstliche Stimme.

»Wenn wir nicht verhungern wollen, dann müssen wir in die Dörfer und um Kohlen betteln! Ihr müsst alle mithelfen! Wer noch laufen kann, der muss los. Die Alten, die Kinder und die Kranken bleiben im Zug. Hier, die leeren Kohlensäcke können wir zum Sammeln gebrauchen.«

Plötzliche Stille trat ein. Die Gesichter waren gelb, verzerrt von Anstrengung, Kälte und Entbehrung und die Aussicht, in den eiskalten Morgen hinauszuwandern, ohne einen Bissen im Magen oder etwas Warmes zu trinken, ängstigte sie. Aber wenn sie leben wollten und ihren Weg fortsetzen, dann mussten sie hinaus. In das Greinen des Kindes, das sich erneut erhob, waren andere mit eingefallen und ein herzzerreißendes Jammern und Klagen nach Brot und Essen hob unter der kleinen Schar an. Selbst die Kranken, lethargisch, notdürftig am Boden gelagert, stöhnten auf, der Hoffnung beraubt, bald in einem soliden Lazarett versorgt zu werden und der Gesundung entgegenzusehen.

Doch die Lähmung, die Hoffnungslosigkeit und das Gefühl der Verzweiflung dauerte nur wenige Minuten. Ein Mann sprang auf. »Ich gehe! Wer kommt mit mir?« Von allen Seiten erklang es: »Ich, ich …«, und bald hatte sich eine große Gruppe formiert, die ihre Stiefel schnürte und so viel Kleidung wie möglich übereinander zog. Mit geröteten, von Schlafmangel überanstrengten Augen versuchten die Männer die endlose Weiße der tristen Schneelandschaft zu durchdringen. »Es ist aussichtslos«, klagte einer von ihnen. »Wo soll hier ein Dorf sein? In welche Richtung sollen wir gehen? Ich sehe nichts als Öde, Schnee und dürre Sträucher.« »Dort hinten – ist das nicht ein Kirchturm?«, rief ein anderer. »Ich hab einen Kompass.«

»Halt – ich gehe mit!«, rief Emilia trotz ihrer chronischen Müdigkeit, einer plötzlichen Eingebung folgend. Alles war besser als hier im Zug, der untätigen Verzweiflung ausgesetzt, unter all den Elenden auszuharren. Einer Schwester würde man bestimmt etwas überlassen. Sie würde für ihre Kranken sammeln!

II. Kapitel

Bratkartoffeln und Rote Beete

Nach all den gefährlichen Einsätzen an der Front in Frankreich und Russland, nach wilden Kämpfen in Leningrad, Moskau, an der Krim und in Sewastopol, der stärksten Festung der Welt, schien die Schule für Heeresmotorisierung in Kulm ein Kinderspiel zu sein. Conny war vormals der Heeresartillerie A 62 zugeordnet gewesen, einer Abteilung, die keiner festen Division und keinem Regiment angehörte, sondern von der Heeresleitung Einsatzbefehle an die Knotenpunkte der wichtigsten Gefechte erhielt. Hoch gefährliche Kämpfe wie die »Operation Trappenjagd« vor der Halbinsel Kertsch und das Unternehmen »Zitadelle« an den Ostkriegsschauplätzen, bei denen Tausende ihr Leben lassen mussten, hatte er mitten im Kampfgetümmel unbeschadet und ohne den geringsten Kratzer überstanden. Die Kommandanten, deren Fahrer er zumeist war, wechselten – an der Krim in der 11. Armee war es Generaloberst von Manstein gewesen, ein hochintelligenter Stratege, zu dem er voller Achtung aufsah.

Nacheinander musste er als Kurier, Kradmelder, MG-Schütze und Schirrmeisterdiensttuer fungieren. Letzteres war sein Spezialgebiet; darin hatte er zwar noch keine Prüfung abgelegt, aber unbezahlbare praktische Erfahrung gewonnen. Das war von Nöten bei den vielen kaputten Maschinen und Motoren, die in den russischen Sumpfgebieten im Schlamm versanken und in der Nacht einfroren; und bei den zerschossenen Fahrzeugen, Zugmaschinen, Panzern, den schweren 28er und 32er Werfern, der gefährlichsten Waffe der Wehrmachts-Artillerie, sicherte es den Erfolg der Aktionen und damit das Überleben. Das Besorgen von Ersatzteilen war nicht leicht; neues Material musste beschafft werden für Reparaturen und Auffrischen des Fahrzeugparks in einem HKP, der sich immer in einem der größeren russischen Orte befand. Durch diese Aufgaben kam er aus gefährlichen Stellungen heraus; das war sein Glück gewesen und hatte ihm manchmal unerwarteterweise das Leben gerettet. Es gab genügend Gelegenheit, um sein Geschick im Reparieren beschädigter Motoren unter den ungünstigsten Umständen, in Schnee und Kälte unter Beweis zu stellen, und im Grunde konnte er in der Praxis kaum mehr etwas dazulernen. Den offiziellen Titel »Schirrmeister« mit Prüfung und Abzeichen sowie Ernennung zum Fahrlehrer und Oberfeldwebel, den sollte er nun in der Heeresmotorisierungsschule erwerben.

Inzwischen befanden sich die Soldaten der Wehrmacht allerdings überall auf dem Rückzug. Es sah schlecht aus, doch außer dem vorausblickenden von Manstein wollten Hitlers Generäle noch nicht aufgeben. Conny fühlte sich seit zwei Monaten wie im Urlaub, herausgerissen aus Krieg und Strapazen. Obwohl die allgemeine Lage bedrohlicher aussah denn je, schien ihm das Leben leichter; er wunderte sich nur, dass, trotzdem der Russe schon überall durch war, die Schule weiterhin aufrechterhalten wurde. Gerüchte tauchten auf, dass in Westpreußen Kämpfe stattfanden, und es sollte sogar schon einen Stoßkeil des Feindes bis nach Frankfurt an der Oder gehen. Man vermutete, die »Schmalspuraspiranten«, wie die Lehrmeister spöttisch genannt wurden, hielten den Unterricht deshalb weiter aufrecht, weil sie nicht an die Front wollten.

Am Anfang fühlte er sich in der Stadt an der Weichsel verloren und in eine langweilige Ecke abgeschoben. Es schien ihm, als wäre er eine lange Zeit in ständiger Anspannung mit hundertachtzig Sachen dahingebraust und plötzlich ginge es jetzt im Bummeltempo vorwärts. Kulm erschien ihm als fades Trauernest, wenn man sich auch im Soldatenheim viel Mühe gab, Feste und sogar Tanzabende veranstaltete, bei denen die Bevölkerung mitwirkte und jede Familie einen Soldaten zum Essen einladen musste. In der Umgebung waren viele deutschstämmige Flüchtlinge auf den ehemaligen Höfen der Polen angesiedelt, die man vertrieben hatte.

Unversehens und ohne dass er sich dessen sofort bewusst wurde, wendete sich für Conny das Blatt. Kulm an der Weichsel, das anfangs geschmähte Nest, wurde für ihn zu einer Traumstadt voller Geheimnisse, überzuckert und verschönt von frisch gefallenem Schnee, ein wunderbarer Ort mit interessanten Häusern und Kirchen, an der Biegung eines romantischen Stroms gelegen, dessen Eis in der Sonne glitzerte. Das eintönige Leben gewann Farbe, als hätte jemand ein Zauberwort ausgesprochen und allen Dingen eine besondere Bedeutung verliehen. Er hatte sich verliebt.

Die Russen eroberten immer mehr der Gebiete zurück, die sie zuvor hatten abgeben müssen. Dadurch wurde die Lage enger und enger, aber keiner glaubte ernstlich, dass ein endgültiges Zurückweichen nötig würde. Niemand sprach davon, dass die bedrohten Landstriche geräumt und die Bevölkerung in Sicherheit gebracht werden müsste. Doch Eingeweihte wussten schon längst, dass die Sache überaus brenzlig war.

Immer noch wurden in der Schule für Heeresmotorisierung Ingenieure ausgebildet, obwohl es rundum drunter und drüber ging. Auch Conny befand sich noch in der Ausbildung und stand kurz vor der Prüfung zum Oberschirrmeister, als die Schule dann doch überraschend aufgelöst und alle dort befindlichen Kräfte zum Einsatz abkommandiert wurden.

Durch den Abmarsch der Soldaten und vom Schließen der Kaserne alarmiert, war in der Stadt Panik ausgebrochen – jeder begriff, dass es jetzt nur noch galt, die eigene Haut zu retten, zu fliehen, um lebend davonzukommen. Man musste endlich daran denken, die Bevölkerung zu evakuieren; aber dementsprechende Anordnungen lagen definitiv noch nicht vor. Am Rande von Kulm waren allerdings schon vorsorglich Panzergräben geschaufelt worden, als sich die angehenden Ingenieure auf den Weg zur Kaserne nach Waltersdorf machten.

Dort bekamen sie ihre Waffen und sollten die Stellung halten. An der Straße wurde eine Schmiede ausgeräumt und der Not gehorchend richtete man alles an Fahrzeugen, Karren und dergleichen als Barrikaden auf. Die Männer hatten nur Karabiner, Mörser und ein Panzerabwehrgeschütz. Dahinter stellte man eine Linie Infanteristen auf. Verstärkt wurde die Truppe mit ein paar Volkssturm-Soldaten, alten Männern, die kaum Ahnung hatten, wie man ein Gewehr hielt.

In der Nacht ging es los. Es gab lautes Geschrei, alles brannte. Doch plötzlich, nachdem das vorgeschobene Panzerabwehrgeschütz in Aktion getreten war, trat wieder Stille ein. Der Russe, eine Art Nachhut, nur mit leichten, bespannten Truppen und Gewehren ausgerüstet, hatte sich täuschen lassen und geglaubt, eine starke Panzerabwehr deutscher Soldaten vorzufinden, mit der er nicht gerechnet hatte. In Panik waren die Russen geflüchtet, und so schnell es ging zogen sich die Deutschen wieder Richtung Kulm zurück. Jetzt galt es, über die Weichsel Richtung Westen zu kommen, denn nirgendwo war Hilfe, war Verstärkung in Sicht.

Die Nacht verbrachten sie in einer alten Scheune, setzten die Waffen und Geschütze in Stand und legten sich einen Plan zurecht, wie es nun weitergehen sollte. Conny war unruhig – die Auflösung der Schule, der Rückzug, das war ihm alles viel zu schnell gegangen. Durch das Überschlagen der Ereignisse hatte es für eine Weile keine Möglichkeit gegeben, sich mit Emilia in Verbindung zu setzen. Einen so raschen Umschwung der Situation konnte doch niemand vorausahnen! Als er es nicht mehr aushielt, flüsterte er, aus dem Schlafsack kletternd, seinem Freund Willi zu: »Ich muss kurz in die Stadt zurück. Es dauert nicht lange – ich hab noch eine Sache zu erledigen. Keine Angst, ich pass schon auf!«

Der Freund sah ihn entgeistert an. »Du bist wohl verrückt, Conny! Jetzt? Was für eine Sache denn? Du glaubst doch nicht, dass du hier noch lebend durchkommst. Und wenn du einem von den Unseren in die Arme läufst, dann glauben sie, du seist desertiert! Du weißt doch, mit der Aktion ›Heldenklau‹ fackeln sie nicht lange!«

»Machen wir keine großen Worte. Ich bin im Handumdrehen wieder bei der Truppe. Man wird mich gar nicht vermissen. Es ist eine Kleinigkeit.« Mit diesen Worten und einem lässigen Augenzwinkern schlug sich der Soldat schon ins Gebüsch und verschwand wie ein Schatten.

Willi sah ihm kopfschüttelnd nach. Er ahnte etwas. Natürlich wieder eine Frauengeschichte, das war doch bei Conny immer dasselbe. Dafür riskierte er Kopf und Kragen. Doch er konnte nicht lange über die Absichten des Kameraden nachdenken. In einer Stunde musste er den Posten ablösen und er brauchte seinen Schlaf.

Conny hatte es eilig. Er dachte nicht an die Gefahr, an die Möglichkeit, einem russischen Spähtrupp zu begegnen. In seiner Brusttasche knisterte ein hastig geschriebener Brief mit seiner Adresse und der Bitte um ein Wiedersehen in Friedenszeiten – ein Brief, der an die junge Krankenschwester Emilia gerichtet war, seine neue Liebe, die plötzlich so wichtig war und ihm nicht mehr aus dem Kopf ging.

Der nächtliche Spaziergang im Schnee, ihr gemeinsames stummes Gelöbnis in der Kulmer Kirche, bei dem jeder in den Augen des anderen ein Versprechen las … Alles war noch so neu und frisch – und nun waren sie mit einem Schlag wieder getrennt! Warum hatten sie nicht vorher etwas Genaues vereinbart, warum nicht für alle Fälle wenigstens ihre Adressen ausgetauscht? Vielleicht war es jetzt schon zu spät. Er musste unentwegt an sie denken und es zog ihm schmerzlich die Brust zusammen, wenn ihm ihr Gesicht, ihre lieben Züge in den Sinn kamen. Ganz deutlich spürte er, dass er sie nie mehr verlieren wollte. Er musste sie wiedersehen – wenn sie beide das hier überlebten! Ob sie in diesem Tumult, dem Aufbruch, der fieberhaften Flucht vor den anrückenden Russen diesen Brief überhaupt noch fände? Er würde zumindest alles versuchen, und wenn es seinen Kopf kostete.

Erneut rief er sich ihr Bild ins Gedächtnis. Sie war so anders als alle, die ihm bisher begegnet waren, eine ungewöhnliche Frau, hochgewachsen und schlank, mit wiegendem Gang, eine auffallende Schönheit, der alle Soldaten nachsahen. Doch mit ihren großen, unergründlich grünen Augen, die ihn anfangs so abwehrend und spöttisch betrachtet hatten, sah sie auch die anderen Männer an, die sich ihr näherten, stolz und selbstbewusst wie eine Göttin. Ob es diese Abwehr, dieses Selbstbewusstsein war, was ihn so reizte? Es war müßig, darüber nachzudenken, und er versuchte, sich jetzt nur darauf zu konzentrieren, seinen Weg durch das dichte Gebüsch zu sichern.

Ab und zu gab er einen Schuss ab. Wenn es ruhig blieb, war der Weg frei; wenn jedoch Gewehrsalven antworteten, dann war der Feind in der Nähe und er suchte nach Umwegen. Endlich tauchte hinter den dürren, schneebedeckten Bäumen das mächtige Kloster auf, ein dunkler Bau aus dem Mittelalter mit zwei breiten, düsteren Türmen. Dort hatte man ein großes Lazarett, ein Auffanglager für Flüchtlinge, auch Ukrainer-Deutsche, eingerichtet. Es leerte und füllte sich, je nachdem, wie das Deutsche Rote Kreuz Transporte mit Ärzten und Helfern in den Westen organisierte.

Vorsichtig spähte er aus dem kleinen Waldstück heraus, das fast bis zum Garten des Gebäudes reichte. Alles schien merkwürdig still und es sah nach einem plötzlichen Aufbruch aus. Draußen fand sich verstreuter Müll im Schnee, zerbrochene Stühle und leere, umgekippte Kisten lagen im Hof. Einige Fenster standen offen. Zweifellos war das Kloster geräumt, leer, verlassen in der Angst vor dem Feind. Er war zu spät gekommen!

Enttäuschung überflutete ihn. Er würde Emilia nie wieder sehen, das war so gut wie sicher. Aber die Hoffnung, die ihn bisher alle Strapazen und Attacken des Feindes hatte überleben lassen, trieb ihn neugierig durch das offene Tor in das verlassene Gebäude. Sichernd, seine Pistole im Anschlag, lief er durch die hohen Räume; der schwere Gestank von Krankheit, Blut und Eiter, der aus den primitiven Betten stieg und sich mit dem der Desinfektionsmittel mischte, lag noch in der Luft und drang ihm in die Nase. Schnell durchquerte er die Gänge, stieg in die oberen Etagen, nahm mit doppelten Schritten die endlosen Treppen. Überall das gleiche, trübe Bild. Endlich das kleine Dachstübchen Emilias – verlassen, ordentlich, ausgeräumt.

Enttäuscht blieb er eine Weile reglos stehen und sah sich um, das Flair einatmend, das sie, wie er glaubte, hinterlassen hatte. Sie musste schon mit einem der Krankentransporte oder mit den Flüchtlingen unterwegs auf dem Weg in den Westen sein. Alles war umsonst gewesen.

Langsam zog er den Brief aus der Brusttasche. Sollte er ihn überhaupt dalassen? Es war ja sinnlos und wer weiß, wer ihn finden würde. Vorbei, vertan. Warum hatte er ihr nicht eher seine Adresse in Düsseldorf gegeben? Unschlüssig nahm er den blauen Umschlag, lehnte ihn gut sichtbar in der Mitte des Raumes gegen eine auf dem Tisch stehende Vase und verließ langsam das kleine Zimmer.

Unbehelligt kam er bis in die Stadt zurück, die sich nach und nach leerte und in der noch einige Straßenzeilen brannten. Das Vieh schrie in den Höfen und die verendeten Tiere strömten einen faden Leichengeruch aus, der überall in der Luft lag. Alles verließ fluchtartig Hab und Gut, ließ Haus und Hof im Stich in der Angst vor den durchziehenden, plündernden russischen Truppen, die keine Gnade kannten und deren Vorhut wahrscheinlich schon über die Weichsel gesetzt war, im Begriff, den Gegner überraschend einzukesseln. Aber so leicht würden sie es ihnen nicht machen!

Die Kälte hatte zugenommen und Conny schlug fröstelnd den dicken Wehrmachtmantel um sich. Es war nicht ganz leicht, in der Frühdämmerung durch die Panzergräben seine Inspektions-Truppe mit dem PAK und den Mörsern wiederzufinden, die sich für die Nacht halb versteckt in der unscheinbaren Scheune eingerichtet hatten. Vorsichtig und ohne größeren Zwischenfall schlug er sich durch.

Willi war erleichtert, ihn so rasch wiederzusehen, und klopfte ihm leutselig auf die Schultern. Die Männer hatten sich im Morgengrauen Proviant aus den umliegenden Häusern beschafft und waren gerade dabei, die Stahlhelme und ihre Sachen weiß zu färben, um sich im Schnee unkenntlich zu machen.

»Hier, sieh mal, das habe ich von einer alten Oma bekommen«, rief Willi lachend und drehte sich, angetan mit einem weißen Spitzenunterrock, im Kreis. »Hier, kannst du haben!«

Conny nahm ihm das gute Stück aus der Hand, zog es prüfend über die Schultern, drehte und wendete sich schmunzelnd. Dann legte er den Rock beiseite. »Nicht schlecht!«, sagte er zu Willi. »Wenn du ihn nicht brauchst ...« Alles in allem wäre das die perfekte Tarnung, besser als ein Schneeanzug, dachte er.

Mit den Werkzeugen aus der Schmiede, die man mitgenommen hatte, wurden die nötigsten Reparaturen getätigt; doch man durfte sich nicht allzu lange damit aufhalten – jeden Moment konnte man in der Falle sein. Mitten in der Nacht brach der Trupp wieder auf; eine längere Strecke auf flachem Feld lag vor ihnen.

Die Kälte drang durch die Stiefel und durch die dickste Kleidung, sie brannte in den Augen und ließ den Atem vor dem Mund gefrieren. Stumm stapfte Conny zu Fuß hinter dem Geschütz her, den Karabiner im Anschlag. Er hatte Angst, dass ihm die Füße erfroren, wenn er aufsaß und mitfuhr. Aber in den zu weiten Stiefeln hatten sich an den Fersen schon Blasen gebildet. Ob er jemals wieder herauskam aus diesem Durcheinander von Freund und Feind?

In den kleinen Orten standen die Menschen auf der Straße und fragten hilflos, was sie jetzt tun sollten, ob sie bleiben sollten oder fliehen. »So schnell wie möglich weg!«, rief ihnen der Kommandant entgegen, die ewig gleiche Frage nicht mehr abwartend. Hin und wieder trafen sie auf andere Einheiten, Vertriebene, Volksdeutsche und verstreut Flüchtende. Alles strebte dem Übergang über die Weichsel bei Graudenz zu; in diesem harten Winter war der Strom fast zugefroren und man wollte ihn zu Fuß überqueren. Doch das Eis trug nicht über den gesamten Fluss; es war gefährlich, sich hinüberzuwagen, in der Mitte und an unsicheren Stellen konnte man einbrechen. An einer engeren Biegung der Weichsel wurde deshalb in aller Eile an einer Eisbrücke gearbeitet. Die Strecke musste abgesteckt, Eisbrocken losgehauen und der Weg mittels einer Pumpe mit Wasser besprüht werden. Dadurch entstand eine stabilere Konstruktion, eine Art schmaler Eisweg, den man möglichst nicht verlassen sollte.

Die Kälte wurde immer beißender und ein schneidender Wind drang in die tauben Nasenlöcher und ließ die Wangen erfrieren. Conny wagte es nicht, den Kopf vor den eisigen Böen zu senken, die sein Gesicht umpeitschten, da er fürchtete, jeden Moment einem Bataillon russischer Soldaten zu begegnen, die die Wälder mit leichten Waffen, Pferd und Wagen durchstreiften. Das Panzerabwehrgeschütz sollte ihnen wie schon beim ersten Mal in erster Linie dazu dienen, Eindruck zu machen, und der Plan war, auftauchende sowjetische Kräfte sofort zu beschießen, um sie glauben zu machen, sie hätten eine starke Einheit vor sich.

Und wirklich, als hätte er es geahnt, tauchte im einsetzenden Schneegestöber schemenhaft aus der Ferne ein Zug eingemummter Russen mit ihren von Pferdchen gezogenen Wagen vor ihnen auf, die sich durch den fauchenden Wind kämpften und genauso erschraken wie sie selber, als sie unvermutet die Geschütze auf sich gerichtet sahen. Es gab nur eine Möglichkeit: sofort feuern, mit allem, was sie noch hatten! Von beiden Seiten erhob sich ein wildes Schussgefecht. Die paar aus den Mörsern gefeuerten Kugeln jagten dem Gegner, der nicht wissen konnte, welcher Größenordnung von Truppe er gegenüberstand, solche Angst ein, dass die Russen mitsamt Pferd und Wagen Hals über Kopf davonstürzten und sich in den Wäldern zerstreuten.

Erleichtert ließen sich die deutschen Soldaten auf den vereisten Boden fallen, um Atem zu schöpfen. Sie hatten vorerst ihr Ziel erreicht: Die Kunde von starken Bataillonen, die noch kampffähig waren, würde sich verbreiten und ihnen den Rückzug sichern.

Jetzt aber mussten sie Mann für Mann weiter, nur ihre Handfeuerwaffen im Anschlag, und die wenigen, die mit Maschinenpistolen ausgerüstet waren, in vorderster Linie. Nur ein Gedanke brannte sich in ihr Hirn: zur nächsten Einheit vorzustoßen und sich weit weg von der bedrohten Stadt Kulm über die Weichsel in Sicherheit zu bringen. Niemand wusste mehr, wo genau sich der Gegner befand.

Der Abend brach langsam herein und die Kälte war kaum noch zu ertragen. Doch die Männer mussten weiter. Am Ende ihrer Kräfte erreichten sie eine von ihren Bewohnern verlassene Kate, in der sie Feuer machten, sich zusammendrängten und aufzuwärmen versuchten. Der Hunger nagte in ihren Gedärmen, doch sie waren zu erschöpft, um auch nur einen Bissen herunterzubringen. Es gab heißes Wasser, mit irgendwelchem Fusel vermischt, den sie in einem Fässchen mit sich führten. Conny trank nur ein paar Schlucke. Er wollte seinen klaren Verstand behalten. Andere betäubten ihre Angst mit nicht unerheblichen Mengen. Die Gefahr war groß. Wenn sie hier jemand aufspürte, wären sie verloren.

Mühsam entledigte er sich der Stiefel und wickelte die Lappen von seinen schmerzenden, halberfrorenen Füßen. Nach einem kurzen Schlaf, in den er wie bewusstlos gesackt war, musste er sie wieder über das geschwollene, blutende Fleisch ziehen. Die Reihe war an ihm, draußen in einem der Panzergräben Wache zu halten. Manchen von seinen Kameraden, die betrunken, erschöpft und am Ende aller Kräfte in einen bleiernen Schlaf gesunken waren, war es zu beschwerlich erschienen, auch noch die Stiefel auszuziehen. Sie würden am nächsten Tag die Quittung erhalten, wenn die Zehen abgefroren waren oder das schwarze und brandig erfrorene Fleisch das Gehen unmöglich machte.

Conny wickelte sich so fest es ging in seinen dicken Ledermantel und zog den weißen Unterrock darüber. Draußen schlug ihm die schneidende Kälte entgegen und er verkroch sich gegen den Wind tief in den Graben, den die Kameraden schnell noch ausgehoben hatten, und starrte mit brennenden, übermüdeten Augen in die schwarze Dunkelheit. Als alter Hase, der er mittlerweile war, wusste er, wie groß gerade jetzt die Gefahr war, von einem Spähtrupp der Russen entdeckt zu werden. Dann sähe er seine Heimat und auch Emilia niemals wieder.

Obwohl er sich mit Gewalt aufrecht hielt, das Maschinengewehr im Anschlag, drohten ihm hin und wieder die Augen zuzufallen. Er versuchte seine Gedanken zu beschäftigen und sich selbst Mut zu machen. Jetzt noch die letzte Phase überstehen, durchhalten, bis endlich Frieden wäre! Gesund nach Hause kommen, ein ganz anderes Leben beginnen. Wenn der Krieg doch endlich zu Ende wäre, dann könnte er sesshaft werden und… Seine Gedanken verirrten sich in angenehme Gefilde. Er sah wie in einer Vision die schlanke Gestalt Emilias in einem weißen, spitzenumrieselten Brautkleid vor sich, die schweren braunen Zöpfe hochgesteckt, die kokette Locke, die ihr immer in die Stirn fiel; er sah, wie sie ihn durch den duftigen Schleier hindurch anlächelte und die Hände nach ihm ausstreckte. Was hatte Heini, sein Kumpel und Zimmernachbar aus der Schule, ihm vorausgesagt, als er sie zum ersten Mal gesehen hatte? Diese Frau wirst du heiraten! Kurios. Conny hatte damals ein wenig ungläubig den Kopf geschüttelt und ihn ausgelacht. Heini war tot, gefallen bei dem dummen, kleinen Gefecht vor Kulm, getroffen von einer gezielten Kugel. Sein eigenes Schicksal konnte er wohl nicht ahnen! War auch besser so, dass man seine Vorbestimmung nicht kannte.

Conny wechselte die Position. Die Müdigkeit lag wie Blei auf seinen Lidern. Und doch hatte der Kumpel Recht gehabt, das fühlte er deutlich. Emilia war eine Frau zum Heiraten, war die Frau für ihn. Wenn sie beide das Chaos hier überlebten und sich wieder sahen, dann würde er es wirklich tun. Warum hatte er ihr das nicht deutlicher gesagt, statt als letzte Möglichkeit einen Brief zu hinterlegen, den sie womöglich nie finden würde? Sinnlos, darüber nachzudenken. Der Brief im blauen Umschlag würde sie vielleicht niemals erreichen. Und da gab es ja noch diesen Siegfried, von dem sie ihm erst später erzählt hatte, den Mann auf dem Foto, den sie anfangs als ihren Bruder ausgegeben hatte, während er in Wirklichkeit ihr Verlobter war – wenn der ihm zuvorkäme? Sie liebte diesen Mann nicht, er spürte es mit den feinen Antennen seiner eigenen Liebe. Sein Mut war nach und nach gewachsen, aber immer noch hatte er gezögert, zu lange gezögert. Die Möglichkeit einer so raschen Trennung und Flucht war ihm gar nicht in den Sinn gekommen.

Er rief sich die erste Begegnung ins Gedächtnis, den Tag, an dem sie sich getroffen hatten. Eine amüsante Situation, die ihm noch im Rückblick jedes Mal ein belustigtes Lächeln entlockte. Niemals würde er das vergessen. Wie jeden Tag war er, wie viele andere Soldaten und Angehörige der Wehrmacht, in die Wirtschaft Pelzer gegangen, weit und breit bekannt für ihre nahrhaften, richtig fettigen Bratkartoffeln und die Roten Beete, die das Gericht ergänzten. Es war billig, man konnte dort für seine Essensmarken rundum satt werden und die Wirtin schaffte es jedes Mal, die knusprigen Kartoffeln ein wenig abzuwandeln, so dass sie nicht immer gleich schmeckten. Bei allen beliebt, war das Lokal jeden Abend bis auf den letzten Platz besetzt. Er war an jenem Tag mit einem Mädchen am Arm dort erschienen, einer Kleinen, kaum siebzehn Jahre alt, die ihm sein Kamerad Willi aufgedrängt hatte, weil der eine Vertretung machen musste. Selbst auf den zweiten Blick interessierte ihn das junge Ding kaum – klein, ein wenig rundlich mit üppigen Formen und aufgeputzt mit allem, was ihr zur Verfügung stand. Sie sah ihn mit furchtsamem, bewunderndem Blick von unten herauf an und brachte kaum Ja und Nein heraus. Na gut, er würde sich diesmal opfern, aber dieses Kind war wirklich nicht sein Typ.

Als sie die Wirtsstube betraten, schlug ihnen fettiger Dunst von Gebratenem, Lärm und Stimmengewirr von Dutzenden Soldaten und rauchige, von Menschenleibern aufgeheizte, stickige Luft entgegen. Sie blieben an der Tür stehen und sahen sich im Lokal um. Alle Plätze waren besetzt, an manchen Tischen quetschte man sich eng zusammen und einige Soldaten standen am Tresen. Die Bedienung, mit immer neuen Tellern und Bergen von Bratkartoffeln, die verführerisch dufteten, wand sich durch die Reihen. Als er sich suchend umdrehte, sah er in einer Ecke nah der Tür, an einem kleinen Tisch, einen freien Platz.

Höflich wandte er sich der jungen Frau in Schwesterntracht zu, die sich in einem Büchlein, das sie nachdenklich studierte, Notizen machte. »Ist der Platz hier noch frei?«

Sie blickte unwillig auf und sah ihn an, mit einem flüchtigen Blick seine Begleitung streifend. »Ja, natürlich«, murmelte sie und wandte sich wieder dem Buch zu.

Conny drückte sich in die äußerste Ecke der Bank, um dem jungen Mädchen, das schüchtern um sich blickte, noch Platz einzuräumen. »So viele Soldaten!«, rief sie erstaunt aus, kokett ihre Haare ordnend. »Ich wusste gar nicht, dass sie alle hierher kommen!«

Conny, der kaum zuhörte, nickte nur und rückte verlegen noch ein Stück von ihr ab. Warum nur hatte er sich mit einer so dummen Göre belasten lassen? Er musterte unverhohlen die attraktive Unbekannte, die ihm allein, ganz ohne Begleitung gegenübersaß. Sie gefiel ihm auf den ersten Blick. Welch eine Schönheit! Noch nie hatte er sie hier in diesem Lokal gesehen. Wenn sie jetzt auch die Lider gesenkt hielt, der Blick aus ihren großen hellgrünen Augen, von dunklen Wimpern umsäumt, hatte ihn wie ein Blitz getroffen. Interessiert betrachtete er ihre feinen, regelmäßigen Züge, die hohen Wangenknochen, den perfekt geschnittenen, ungeschminkten Mund und, als sie sich zur Seite wandte und das Notizbuch wieder in die Tasche zurücksteckte, ihr klassisches Profil. Über der hohen Stirn türmte sich eine Welle leicht gelockten Haares, die im Nacken in die üppige Fülle locker gebundener Zöpfe überging und halb offen weit über den Rücken reichte. Sie trug die schlichte Schwesterntracht des Roten Kreuzes, mit einem kecken Häubchen auf dem braunen, glänzenden Haar.

Die junge Frau spürte, dass der Fremde sie eindringlich musterte, und sah sich nach der Karte um. Was wollte dieser Soldat von ihr? Es war ungehörig, sie so anzustarren; er hatte ja ein Mädchen dabei! Trotzdem riskierte sie einen Blick unter halb gesenkten Wimpern und wandte die Augen mit plötzlich aufsteigender Verlegenheit ab. Dieser Soldat sah wirklich unverschämt gut aus, groß und schlank in der perfekt sitzenden Uniform, mit einem fast schüchternen Lächeln und verträumtem Blick aus dunkelbraunen Augen, die Vertrauen erweckten. Eine Locke seines blonden Haares fiel ihm aus den streng zurückgekämmten Haaren wie zufällig in die Stirn. Natürlich ein Frauentyp wie alle dieser Gattung, jeden Tag eine andere im Arm und noch dazu ein so junges Mädchen, das, wie man sah, kaum der Pubertät entwachsen war! Man kannte ja diese Verführer, die den Krieg ausnutzten, von Frau zu Frau taumelten und sich dann mit einem lockeren Abschiedsgruß wieder davonmachten, um sich die nächste Beute zu suchen. Es war doch immer das Gleiche. Sie jedenfalls würde nicht auf diesen sanften, träumerischen Blick hereinfallen, mit dem er sie unentwegt ansah. Das war ja schon peinlich! Konnte er sich nicht seiner Begleitung zuwenden? Die schien ihn wenig zu interessieren. Ein Schweigen entstand, in dem sie die Speisekarte ergriff und mit zerstreutem Unbehagen vors Gesicht hielt, als würde sie die Auswahl der Gerichte – Salzkartoffeln, Bratkartoffeln mit Zwiebeln, Kräutern oder Karottengemüse –, die sie schon auswendig kannte, besonders interessieren. Die ruhige, tiefe Stimme des Soldaten riss sie aus ihren Gedanken.

»Erlauben Sie«, sagte er mit leicht amüsiertem Unterton und nahm ihr mit einer lockeren Bewegung die Karte aus der Hand. »Sie halten die Karte verkehrt herum. Aber wenn ich Ihnen etwas empfehlen darf: Die Bratkartoffeln mit Roten Beeten sind das Beste, was das Haus zu bieten hat.« Das junge Mädchen an der Seite des Soldaten kicherte schrill auf und hielt sich nach einem finsteren Blick ihres Begleiters die Hand vor den Mund. Schwester Emilia fühlte, wie schamhafte Röte in ihre Wangen stieg. Was fiel diesem Mann eigentlich ein? Er setzte sich an ihren Tisch, brachte sie in Verlegenheit, indem er sie anstarrte, und machte sie dann auch noch lächerlich! »Vielen Dank«, entgegnete sie kühl und sandte ihm einen wütenden Blick, »ich weiß Bescheid, ich brauche Ihre Hilfe nicht.«

Die Bedienung trat an den Tisch. »Was darf ich Ihnen bringen, Schwester?«

Der junge Soldat beugte sich vor. »Dreimal Bratkartoffeln mit Roten Beeten!« Noch bevor die Schwester Einspruch erheben konnte, fügte er hinzu: »Erlauben Sie mir, Sie einzuladen. Ich habe noch genügend Marken.«

»Nein, danke«, erwiderte Emilia rasch und wühlte nervös in ihrer Tasche. »Ich verzichte. Ich lasse mich nicht von jedem einladen.« Es schien wie verhext an diesem Tag, sie konnte ihre Lebensmittelmarken nicht finden! War denn das möglich? Zuerst brachte dieser Mensch sie in die allergrößte Verlegenheit, machte sich auch noch lustig über sie und nun konnte sie sich nicht einmal wehren, weil sie die Marken in ihrem Zimmer im Kloster zurückgelassen hatte. Es gab nur zwei Möglichkeiten: stolz den Tisch zu verlassen und hungrig zu Bett zu gehen oder die Einladung anzunehmen. Ein lautes Knurren krampfte ihren Magen zusammen und bei dem Duft der knusprigen Kartoffeln, die vorübergetragen wurden, überkam sie eine Schwäche, ein leeres Gefühl im Kopf, als würde sie ohnmächtig. Sie hatte einen anstrengenden Tag gehabt, bei dem sie nicht zum Essen gekommen war. Sie musste etwas essen!

»Nun gut«, sagte sie schließlich, die Suche aufgebend, und nickte ihm mit abweisender Miene zu, »aber normalerweise lasse ich mich nicht von Männern einladen. Nur dies eine Mal – ausnahmsweise. Ich habe in der Eile meine Marken vergessen. Natürlich gebe ich sie Ihnen so schnell es geht wieder zurück.«

Conny nickte und betrachtete sie gedankenvoll. Konnte es sein, dass eine solche Frau noch nicht vergeben war? Und er saß hier mit diesem billigen Flittchen, das kaum den Mund aufbrachte, und konnte die Chance einer solchen Begegnung nicht einmal nutzen! Die Bedienung zog sich nach Aufnahme der Bestellung mit einem anzüglichen Lächeln zurück. Diesen Trick gab es einfach zu oft!

»Sind Sie das erste Mal hier?«, fragte der Soldat, sie unverwandt ansehend und sich nicht mehr um seine Begleitung kümmernd, die gelangweilt um sich blickte. »Die Bratkartoffeln sind wirklich vorzüglich – und mit Roten Beeten zusammen kann man sich eigentlich nichts Besseres wünschen. Das billigste aller Gerichte – und außerdem meine Lieblingsspeise!«

Er lächelte sie schmelzend an und sie bemerkte ein Grübchen an seinem Kinn. Emilias Herz begann in unregelmäßigem Takt zu schlagen und ihre Hände wurden feucht. Sie wusste nicht warum, aber dieser Mann brachte sie in Verwirrung, brachte ihr kühles, abwehrendes Selbstbewusstsein ins Wanken.

Das junge Mädchen in dem billigen blauen, mit weißen Punkten übersäten Fähnchen zog einen Schmollmund und zupfte den Soldaten am Ärmel. »Ich möchte keine Bratkartoffeln. Mir wäre ein haschierter Knödel lieber.« Keiner von den beiden achtete darauf und sie richtete gelangweilt Haar und Kleidung, warf vorbeigehenden Soldaten kecke Blicke zu und lächelte ihnen aufmunternd zu. Da war Willi doch netter zu ihr gewesen, gesprächiger und aufmerksamer als dieser arrogante Feldwebel, der nur die andere ansah und sie links liegen ließ.

Emilia, um die peinliche Situation zu entschärfen, fragte höflich, als das Essen kam: »Sind Sie auch auf der Schule für Heeresmotorisierung wie die anderen?«

Der Soldat nickte, ohne sie aus den Augen zu lassen. Ihm war, als müsste er sich jedes Detail ihrer Züge und ihrer Schwesterntracht einprägen, und sein Blick glitt zu ihren Händen, die sie auf dem Schoß versteckt hielt. »Wollen Sie nicht essen?«, fragte er mit einem Blick auf die duftenden heißen Kartoffeln, die in der roten Soße schwammen.

Verwirrt und aus der Fassung gebracht stotterte sie: »Ja … Doch, natürlich«, während sie sich abmühte, unter dem Tisch ihren Verlobungsring abzustreifen. Sie wusste selbst nicht, warum sie das tat – eine Eingebung, ein merkwürdiger Impuls, der sie wider alle Vernunft und gegen ihren Stolz so handeln ließ. Sie griff die Gabel und führte eines der krossen Kartoffelstückchen zum Munde. Es war wirklich köstlich, knusprig und gut gewürzt und die säuerlich eingelegten Rübenstücke dazu für den hungrigen Magen schmackhafter als jeder Braten.

Eine Weile herrschte Schweigen. Sie aßen mit jener Andacht, die aus den Tagen elenden Hungerns herrührte, aus den Stunden, in denen man mit trockenem, hartem Brot den Magen beschwichtigte, mit dem Kauen von Karotten, dem Hineinschlingen irgendwelcher Reste, die man gerade fand. Die Kleine in dem zu engen Kleidchen begann zu nörgeln, als sie bemerkte, dass man sie gar nicht mehr wahrnahm. Im Blickkontakt mit einem anderen Soldaten unweit vom Tresen, dem sie ein paar Mal offen zugelächelt hatte und der ihr ausnehmend gut gefiel, setzte sie sich kerzengrade auf, streckte ihren üppigen Busen vor und öffnete den obersten Knopf ihrer Bluse. Der Soldat machte eine einladende Handbewegung und das Mädchen nickte verstohlen. Als sie ihre Mahlzeit beendet hatte, erhob sie sich, von den beiden mit einem interesselosen Blick gestreift, als müsste sie mal eben hinausgehen, und drängte sich langsam an dem Soldaten am Tresen vorbei. Er hielt sie fest und sie wechselten einige Worte.

»Sie haben sehr schöne Hände«, sagte Conny zu Emilia, mit einem Blick ihre zarten elfenbeinfarbenen Knöchel umfassend, die aus den Manschetten der Schwesterntracht hervorsahen.

»Oh, nein«, lachte Emilia, zum ersten Mal ihre Zurückhaltung vergessend, »wenn Sie wüssten, was ich damit alles machen muss! Sie sind rau und abgearbeitet, wund von den Desinfektionsmitteln und der Kälte, in der ich arbeite. Und alle Nägel abgebrochen – sehen Sie nur. Übrigens, Ihre Begleitung – ich glaube, sie amüsiert sich anderweitig.«

Connys Blick schweifte zur Seite. Wirklich, er hatte gar nicht bemerkt, dass Maria fort war. Seine Blicke durchkreuzten den Raum. Dort war sie ja, der angetrunkene Soldat hatte sie frech um die Taille gefasst. Das ging doch wirklich zu weit! Diese dumme Kleine wusste wohl nicht, worauf sie sich da einließ. Und er hatte Willi versprochen, gut auf sie aufzupassen! Hastig erhob er sich. »Entschuldigen Sie mich, aber…«

Er ging zum Tresen, nahm die enttäuschte Maria bei der Hand und warf der Bedienung die Essensmarken hin. »Komm, ich werde dich wohl besser nach Hause bringen«, fuhr er das Mädchen ärgerlich an. »Was würde Willi wohl sagen, wenn du dir gleich einen anderen anlachst?« Die Kleine zog ein Gesicht. So fest war das mit Willi doch nicht – man würde sich ja wohl noch ein bisschen amüsieren dürfen, wenn man als Luftblase am Tisch saß! Sie winkte ihrer neuen Bekanntschaft heimlich einen Gruß zu, als Conny, der Emilia zum Abschied kurz zunickte, sie aus der Wirtschaft zog. Immer musste man ihr den Spaß verderben! Der andere war viel netter gewesen als Willi, der immer Dienst hatte.

Emilia sah den beiden mit enttäuschter Miene nach. Hatte sie es doch geahnt. Einer war wie der andere! Eifersüchtig geworden, machte er sich mit seinem Mädel davon. Nicht einmal richtig verabschiedet hatte er sich. Die Soldaten waren doch alle gleich! Die verträumten braunen Augen, das schüchterne Lächeln – nichts als Lug und Trug. Seufzend suchte sie nach ihrem Verlobungsring, den sie achtlos in ihre Tasche geworfen hatte, und steckte ihn wieder auf den Finger. Was war nur in sie gefahren?

Stimmen schallten ihr entgegen, als sie sich erhob: »Schwester Emmi – kommen Sie, nur ein Glas!« Sie schüttelte den Kopf und lächelte ihr kühles, abweisendes Lächeln. Die Soldaten waren alle hinter ihr her, seit sie einmal für kurze Zeit im Soldatenheim wohnen musste, jeder stritt sich um ihre Gunst, um ein Rendezvous, um einen Blick der schönen Schwester, die so zurückhaltend lebte und alle Annäherungen brüsk zurückwies.

Geräusche im Unterholz und fernes Klappern von Hufen auf dem vereisten Boden schreckten den Soldaten, dem das Gewehr aus den Händen geglitten und die Augen zugefallen waren, mit einem Ruck hoch. Er packte mit eingeschlafenen, vom Frost steif gewordenen Händen die Waffe und starrte mit weit aufgerissenen Augen in die bleiche Winternacht. Der Mond goss sein kaltes silbernes Licht durch die dürren Bäume, die ihre Äste wie Finger gespenstisch in den Himmel streckten. Plötzlich war es totenstill, kein Windhauch regte sich und alles schien den Atem anzuhalten. Das Schnauben eines Pferdes ganz in der Nähe durchbrach die Stille und kurz darauf näherten sich tappende Hufgeräusche.

Heiß schoss Conny das Blut durch den halberfrorenen Körper. Ein Kundschafter der russischen Armee! So gingen sie vor, vereinzelt ausgestreut, mit Pferd und Wagen, mit Handfeuerwaffen, um die Lage zu erforschen und den schon weiter Vorgedrungenen zu gestatten, das Netz enger zusammenzuziehen. Wenn sie den kleinen Trupp entdeckten, wären er und seine Kameraden verloren! Mit angelegter Waffe sicherte er ringsum das Gelände, duckte sich tiefer in den flachen Graben und zog den weißen Unterrock halb übers Gesicht.

Nichts rührte sich. Eigentlich waren die zwei Stunden seiner Postenzeit schon vorbei, aber er hatte mit seinen Träumereien die Zeit ganz vergessen und war wohl wirklich ein wenig eingeschlafen – etwas, das eigentlich nicht passieren durfte und ihn bei dieser tödlichen Kälte das Leben kosten konnte. Er spürte seine Füße nicht mehr, das war das Schlimmste. Ein plötzlicher lauter Galopp, in den der Reiter gefallen war, ließ ihn in rasender Angst zusammenschrecken; und noch bevor er irgendetwas unternehmen konnte, tauchte ganz dicht vor ihm wie ein Phantom der kundschaftende Russe mit seiner Pelzmütze auf, den über ihn hinweggleitenden Blick wie witternd und suchend in den Wald gerichtet, das Maschinengewehr in der Hand. Um ein Haar wäre das Pferd in den Graben getreten, in dem der Soldat mit angehaltenem Atem lag. Conny fuhr hoch und die beiden Männer starrten sich mit bleicher Miene entgeistert an.

Jetzt ging es um Leben oder Tod, um Überleben oder Sterben im unbarmherzigen westpreußischen Winter, in der Einsamkeit eines verlassenen Waldstücks. In Sekundenschnelle schossen Conny Bruchstücke vieler Gedanken durch den Kopf – seine Mutter, die in Düsseldorf auf ihn wartete – die Kameraden, schlafend in der elenden Kate, die ohne seine Wache verloren waren – der erbitterte Kampf in Russland, der hinter ihm lag… Es gab kein Überlegen mehr. Die Finger krümmten sich um den Abzug – Augenblicke, in denen er glaubte, in den verzerrten bärtigen Zügen des dicht vor ihm Erschienenen ähnliche Überlegungen zu lesen. Der Russe, überrascht sein schreckendes, sich aufbäumendes Pferd zügelnd, hob fast im gleichen Moment wie er das Gewehr – doch diese Sekunde der Bewegung rettete Conny das Leben. Er drückte ab und der Reiter stürzte unter wilden Galoppsprüngen des Pferdes tödlich getroffen herab.

Mit tauben Füßen kroch Conny aus dem Graben und humpelte zum abgerissenen Bauernhaus. Das Gefühl der Schuld, des Bedauerns, das ihn früher beim Abdrücken einer Waffe überkommen hatte, war heute dem wilden Gefühl des Überlebens, des Siegenwollens gewichen. Wie viele Male hatte er gesehen, wie Kameraden, die zu schießen zögerten, im Feuer des Feindes zusammenbrachen! Es galt nur das Eine: du oder ich! Nie hatte er es deutlicher gelesen als in den erschreckt aufgerissenen Augen jenes jungen Russen, der nun reglos auf dem verschneiten Boden lag und dessen warmes Blut, das aus seiner Brust rann, nicht einmal den hart gefrorenen Schnee zum Schmelzen brachte.

Conny schaute nicht mehr zurück. Nur das Pferd, das erschreckt davontrabte, war noch ein paar Schüsse wert. Es würde eine gute Mahlzeit abgeben – nach langer Zeit wieder Fleisch.

III. Kapitel

Ein unbarmherziger Winter

Mühsam stapfte der Trupp Freiwilliger, der Zugführer und einige seiner Mannschaft, im trüben Licht des grauen Wintertags durch den tiefen Schnee dem Dorf zu, das nur zwei Kilometer vom Halt des Zuges entfernt lag. Die Kälte war schneidend, aber nicht so stark wie in den vergangenen Nächten, in denen es manchmal 30 Grad minus gehabt hatte.

Emilias Füße schlotterten in den weiten Stiefeln, die ihr jemand geliehen hatte, und ihr Mäntelchen über der Schwesterntracht hielt kaum dem von Schneestaub durchsetzten Wind stand. Aber sie wusste, wenn sie als Schwester des Roten Kreuzes dabei war, hatte der Bittgang einen seriöseren Anstrich und man würde eher Kohlen und Lebensmittel herausgehen. Manchmal wurde ja auf den Gehöften auch ihre Hilfe gebraucht, dankbar angenommen und großzügig belohnt. Eigentlich war sie froh, ihre steifen, nach der langen Fahrt unbeweglichen Glieder rühren zu können, und nach und nach erwärmte die Bewegung ihren Körper und färbte ihre Wangen rot.

Das erste Bauernhaus, das sie erreichten, schien Hals über Kopf verlassen. Das Vieh schrie in den Ställen und ein Teil der Tiere war verendet, so hastig hatte die Angst vor den Russen, vor Raub, Vergewaltigung und Plünderung die Bewohner davongetrieben. Im Keller lagen Kohlen, die sie dringend brauchten, und ein Berg Kartoffeln. Die Frauen fanden einen Rest eingepökelten Speck und ein Fass voller Wein, den sie in Gefäße zu füllen versuchten. Im Hühnerstall gab es sogar noch Eier. Mühsam schleppten die Männer einen ersten Sack der kostbaren Kohlen den Weg zum wartenden Zug. Mehrmals mussten sie die Strecke gehen.

Emilia, auf der Suche nach Milch und Brot für die Kinder, wanderte ein Stück die hart gefrorene Dorfstraße entlang, auf der ihr Menschen entgegenkamen und sie mit Fragen bestürmten, ob sie etwas von den Russen wüsste und ob es besser wäre auszuharren oder wegzuziehen. Eine junge Frau, in ein wollenes Schultertuch gehüllt, packte sie aufgeregt beim Arm.

»Sie sind Schwester? Kommen Sie, der Himmel hat Sie gesandt! Mein Kind ist krank, es hat solches Fieber und ich weiß nicht, was ich machen soll. Mein Mann ist mit den anderen Kindern und einem Karren des Notwendigsten schon voraus. Ich konnte den Kleinen nicht mitnehmen – er fieberte und fror so sehr. Ein Transport in der Kälte hätte ihn umgebracht. Ich wollte warten, bis es ihm besser geht, und mit den Nachbarn nachkommen. Aber der Doktor ist weg – es gibt niemanden mehr, der mir helfen könnte; es geht ihm täglich schlechter und ich hab keine Medizin mehr.«

Emilia folgte der jungen Polin in die enge Bauernstube, wo ihr das spitze, schon abwesende Gesicht eines etwa fünfjährigen Buben entgegenblickte, der unter einer dicken Daunendecke zitterte. »Sehen Sie, mein Ignazy, mein kleiner Sonnenschein!«, schluchzte die junge Frau auf, mit der Schürze das Gesicht bedeckend. »Ich habe schon alles versucht – das Fieber will nicht weichen. Ich weiß nicht einmal, was er hat! Helfen Sie ihm, ich flehe Sie an.«

Emilia beugte sich über den Kleinen, auf dessen geröteten Wangen sich weiße Flecken bildeten. »Sei ruhig, mein Kleiner«, murmelte sie, »ich versuche, dir nicht wehzutun. Lass mich einmal in deinen Hals sehen.«

Das Kind wendete mit schmerzverzerrter Miene den Kopf ab. »Ignazy, mein Kind! Tu, was sie sagt! Die Schwester will dir doch nur helfen!«, schrie die Mutter auf, das Herz von unsagbarem Schmerz zerrissen.

Der Junge stieß ein greinendes Geheul aus, als Emilia versuchte, seinen Kopf anzuheben und im Schein der Öllampe, die die Mutter hielt, in seinen Rachen zu blicken. In dem kurzen Moment, in dem es ihr gelang, den Mund des Kindes zu öffnen, sah sie die dicken, weißlich hellrot entzündeten Placken, die sich im hinteren Bereich gebildet hatten. Sie legte den Kopf des Kindes auf das Kissen zurück und strich ihm beruhigend über die Stirn. Dann sah sie die Mutter mit ernster Miene an. »Ich glaube, es ist Diphtherie. Gott wird ihm helfen. Halten Sie ihn warm, machen Sie ihm stündlich Wadenwickel und wechseln Sie seine Wäsche, wenn er schwitzt. Ich lasse Ihnen Chinintabletten gegen das Fieber da. Er sollte mit Salzwasser gurgeln – versuchen Sie es, auch wenn er sich wehrt. Ich kann nichts weiter für ihn tun, es wäre Sache eines Arztes. Wenn Sie Salbeitee haben – mit Honig … Gott sei mit Ihnen!«

Die junge Frau brach in Tränen aus und schlang die Arme um ihr Kind. »Oh, mein Ignazy! Er darf nicht sterben!« Dann sah sie mit schwimmenden Augen und erleichtertem Ausdruck die Schwester an und nahm die Tabletten entgegen. »Wenn Sie wüssten, wie dankbar ich Ihnen bin! Ich werde alles so machen, wie Sie gesagt haben. Beten Sie für mich und mein Kind!«

Der Kleine hatte die Augen verdreht und geschlossen, um in einen tiefen, bewusstlosen Schlaf zu fallen. Seine eiskalten Hände auf der weißen Bettdecke krampften sich zusammen und öffneten sich in eigenartigem Rhythmus. Emilia, die seinen Puls gefühlt hatte, wusste, dass nur noch wenig Hoffnung bestand. Aber sie wollte der Mutter nicht die letzte Zuversicht nehmen. Sie zögerte ein wenig, bevor sie zu sprechen begann.

»Mein Transport mit Kranken und Verwundeten steht auf halber Strecke. Auch viele Kinder sind dabei. Wir haben nichts zu essen – und es ist bitterkalt. Vielleicht können Sie uns helfen – ich brauche Milch …«

»Alles, was Sie wollen, was ich habe! Kommen Sie!«, rief die junge Frau aufgeregt und zog die Schwester mit sich in die Speisekammer. »Hier, alles, was Sie brauchen, gehört Ihnen. Mein Mann konnte nicht alles mitnehmen.« Hastig griff sie einen Korb und packte Würste und Speck hinein, dazu einen halben Laib Brot, der auf einem Holzbrett lag. Aus einer Kanne füllte sie Milch ab, mehr als die feingliedrige Schwester tragen konnte. Emilia stand, mit Korb und Kanne bepackt, an der Tür und lächelte ihr einen Abschiedsgruß zu, als die Bauersfrau sie noch einmal aufhielt. »Aber Sie, Sie selbst! Ihr Mantel ist doch viel zu dünn für die Kälte dort draußen. Hier.« Sie nahm ihr wollenes Umschlagtuch ab und legte es um die Schultern der Schwester.

Als hätte sie an sich selbst bisher nicht gedacht, spürte Emilia plötzlich die Kälte und Erschöpfung in ihren Gliedern und die durchwachten Nächte in ihrem Kopf, der wieder zu schmerzen begann. Sie setzte sich noch einmal auf den Hocker, der vor dem Küchentisch stand, und versuchte den Schwindel zu vertreiben, der sie wegen des leeren Magens und der Anstrengung ergriffen hatte. Kaum noch spürte sie Leben in ihren Füßen, die, wund gerieben durch die Löcher in den dünnen Socken, fast nackt in den weiten Stiefeln steckten. Vorsichtig entfernte sie die gepolsterten Soldatenstiefel, die sie vor der größten Kälte schützten.

Die Bauersfrau stieß einen Schrei aus, als sie die blutigen Fersen erblickte. Rasch holte sie aus ihrem eigenen Fundus ein paar dicke gelbe Socken und legte noch ein Bündel Wolle dazu.

Emilia umwickelte die aufgeschürften Stellen mit Mullbinden und zog dankbar die dick gestrickten Socken darüber. Diese einfache Frau erschien ihr wie ein Engel, vom Himmel gesandt. Mochte ihr Sohn trotz aller schlechten Voraussichten wieder gesund werden! Sie küsste die Bäuerin in einer plötzlichen Anwandlung dankbar auf beide Wangen und machte sich schwer beladen auf den Weg.

Draußen traf sie die anderen, jeder hatte etwas ergattert. Die auf ihrem Besitz gebliebenen Menschen waren hilfreich und teilten das Letzte; wenn der Russe käme, würde er ihnen sowieso alles wegnehmen.

Die zusammengeschmolzene Division Soldaten hatte noch eine auf der Karte klein scheinende Strecke über ein flaches Landgebiet vor sich, das zur Weichsel führte. Dieses Gebiet galt es heil zu durchqueren, möglichst ohne von den feindlichen Angreifern, die sie auf der anderen Seite vielleicht schon eingeschlossen hatten, gesehen zu werden. Flüchtlingstrecks, Schlitten mit Menschen, die ihre gesamte Habe aufgepackt hatten, Karren mit einem Pferd davor und größere Gefährte, an die man Schlitten mit den Schwächeren, die nicht laufen konnten, angehängt hatte, begegneten ihnen.

Langsam bewegte sich der Zug in Richtung Fluss und in aller Augen stand die bange Frage: Wie weit ist der Russe? Ist es besser zu bleiben oder wegzugehen? Lohnt sich die Flucht? Erwartet uns der Feind nicht hinter der Weichsel? Ist er in unserem Rücken, bereit, uns auf der Stelle zu töten, wie er gedroht hat? Der versprengte Trupp Infanterie konnte diese stumme oder offene Frage selbst nicht beantworteten. Alles war ungewiss. Sie deuteten resigniert in Richtung Weichsel und antworteten müde mit dem Ausruf: »Am besten fort, weiter westwärts!« Die Menschen senkten die Köpfe, packten ihre Habe aufs Neue und trotteten enttäuscht und in banger Angst vor der Zukunft weiter voran auf dem hart gefrorenen Boden, auf dem eine dicke Schneedecke lag.

Am Fluss waren mittlerweile Tag und Nacht Männer beschäftigt, einen stabilen Untergrund aus Eis zu bilden, über den die Flüchtlinge so sicher wie möglich hinüberkommen sollten. Die alten Brücken waren gesprengt, besetzt oder auf andere Art unpassierbar geworden, und die Vertriebenen in den vielen Trecks, die angezogen kamen, starrten mit leeren Augen auf den zugefrorenen Strom, unsicher, ob das Eis halten würde oder nicht. Obwohl man die Menschen warnte, versuchten immer wieder einige, die es besonders eilig hatten, die trügerisch glitzernde, von weitem kristallen schimmernde Fläche des Flusses zu überqueren, die aussah, als ob sie problemlos trüge; manchem Gefährt, mit dem sie sich leichtsinnig zu weit vorwagten, konnte man nicht mehr helfen, wenn plötzlich an einer fest scheinenden Scholle das Eis brach und die Flüchtenden mitsamt ihren Pferden, dem Wagen und Mann und Maus schreiend in den Fluten versanken. Einige der leichteren Kutschen, die das Wagnis unternahmen, schafften es wie durch ein Wunder, das andere Ufer unbeschadet zu erreichen – vom seltenen Glück geleitet, mit viel Mut und hoher Geschwindigkeit, bei ruhig gebliebenen Pferde, die mit aller Kraft zogen.

Die großen Pumpen arbeiteten unablässig und an einer bestimmten, flacheren Stelle des Flusses versuchte man immer wieder Wasser über die brüchigen Schollen zu sprühen, um eine feste und tragfähige Eisdecke zu bilden. Der Weg wurde endlich abgesteckt und mit großer Vorsicht ließ man jeweils nur ein Fahrzeug nach dem anderen hinüber.

Das alles nahm sehr viel Zeit in Anspruch. Die Wagen stauten sich an der Furt; manche versuchten sich vorzudrängen und es gab Unruhe und Streit. Immer wieder musste die Fahrt der Schlitten gestoppt und mit Hilfe der Pumpen neues Eis aufgesprüht werden. Obwohl man sich bemühte, nicht zu viele Fahrzeuge gleichzeitig auf die präparierte Fläche zu lassen, rumpelten manche Wagen ohne Kontrolle vor, weil die Pferde in der Mitte des Flusses in Panik lospreschten, abrutschten und vor den Augen derer, die nicht helfen konnten, im reißenden Wasser versanken. Die anderen auf dem Eis durften die Augen nicht vom Weg und den eigenen Zügeln abwenden und mußten sich angestrengt nur auf die schmale Brücke konzentrieren, die kein Geländer hatte, eisig, rutschig und voll tückischer Löcher war. An manchen Stellen rauschte der offene Strom so bedrohlich, dass bloßes Hinschauen schon Schwindel verursachte. Nicht selten gab es auf halbem Wege auf der glitschigen Bahn einen Stau, weil nervös gewordene Pferde sich weigerten, weitere Schritte vorwärts zu tun, erschreckt von dem Knacken des Eises, dem Rauschen und Brechen der Schollen und dem Gluckern des Wassers, das manchmal gar ihre Hufe umspülte. Dann saßen die Wagen in der Mitte der gefährlichen Eisbrücke fest, die hinteren drängten, Panik drohte im gesamten Zug auszubrechen und voll bepackte Schlitten rutschten zur Seite, sackten in das brechende Eis und versanken unter entsetzten Schreien in den trüben, schlammigen, mit kristallenen Brocken durchsetzten Fluten.

Die kleine Truppe der technischen Unteroffiziere und Feldwebel, die sich mühsam von der Schule für Heeresmotorisierung in Kulm bis hierher durchgeschlagen hatte, erhielt über Funk den Befehl, vorerst nicht weiterzumarschieren, sondern auszuharren, den Rückzug zu sichern und jeden Meter Bodens zu verteidigen. Jenseits der Weichsel sollten sie sich später auf Gut Kasau treffen und von dort aus die Verteidigung einer wichtigen Bahnlinie übernehmen sowie die Straße zur Festung Thorn freihalten. Das Gut war von einer Vorhut, die sich dort verbarrikadiert hatte, bereits eingenommen und wartete auf Verstärkung.

Die Männer richteten sich in einer alten, halbverfallenen Burg am Ufer des Flusses in der Nähe von Graudenz ein, ermüdet von den Strapazen, geschockt von den Bildern der Flüchtlinge und entmutigt von der Nachricht, der Russe sei schon übergesetzt und am anderen Ufer. Dort sollten noch andere Truppen zu ihnen stoßen, auch aus der Heeresmotorisierungsschule, die ebenfalls den Auftrag hatten, sich um jeden Preis bis zum Letzten zu verteidigen. Außerdem musste der große Treck der Flüchtlinge, besonders der schwierige Übergang über die Weichsel, von den Soldaten organisiert und zum Teil begleitet werden. So hatte es sich Hitler auf dem Papier, auf seinen Plänen, zurechtgelegt. Doch die Wirklichkeit sah anders aus. Täglich spielten sich die erschütterndsten Szenen eines schrecklichen Dramas am Ufer des Flusses ab, eines Schauspiels, auf das die Soldaten bei allem guten Willen wenig Einfluss hatten. Sie sicherten die Festung nach Kräften und legten sich ein Lager aus Vorräten an, die aus den vielen öden, im Stich gelassenen Gehöften nicht schwer zu beschaffen waren.

Der Zug nach Stolp konnte seinen Weg mit neuem Brennstoff ungehindert fortsetzen. Emilia hatte trotz Übermüdung und Erschöpfung ihren mühsamen Rundgang durch die Waggons wieder aufgenommen und verteilte die Lebensmittel, die den Flüchtlingen neuen Mut und frische Kraft verliehen. Die Leute brauchten sie, ihre Medikamente, das Essen und auch Trost und Zuspruch.

Die junge Frau, die bisher stumm neben ihr gesessen hatte, schüttelte nur ängstlich den Kopf, als sie ihr Milch für ihr Kind reichen wollte. Aber dann konnte sie die ungeheure Beherrschung, zu der sie sich zwang, nicht mehr länger aufrecht halten. Über ihre Wangen liefen plötzlich die zurückgehaltenen Tränen und sie schluchzte laut und herzzerreißend auf, während sie das Kind, auf dessen Gesichtchen schon die Totenblässe stand, an sich presste. Vorsichtig versuchte Emilia, ihre verkrampften Hände von dem Körper des starren Wesens in ihrem Arm zu lösen. »Geben Sie mir das Kind! Ich weiß, dass es schon seit Stunden tot ist. Sie müssen es hergeben – ich kann nicht zulassen, dass Sie es behalten!«

»Nein!«, schrie die Mutter in unnennbarem Schmerz auf und stieß die Schwester zurück. »Ich gebe es nicht her! Ich ertrage es nicht, dass man meinen kleinen Schatz so einfach an den Wegrand in den Schnee legt, wie es mit den anderen Kindern geschieht. Ich will ihn mitnehmen und ordentlich begraben. Ich bitte Sie, haben Sie Mitleid mit mir, mit einer Mutter, der das Wertvollste genommen wurde, das sie besitzt!«

Neuerliches Schluchzen erschütterte die Brust der armen Frau, die sich von ihrem toten Kind nicht trennen wollte, und Emilia spürte in aller medizinischen Abgebrühtheit, in dem unnennbaren Schrecken und bei all dem unbegreiflichen Elend um sie herum, mit dem sie täglich konfrontiert war, heißes Mitleid in sich aufsteigen. Dieser Krieg war schrecklich, erbarmungslos und grausam. Es traf doch nur die Unschuldigen! Konnte sie einer Mutter ihr Kind entreißen? Aber die Vorschriften schrieben es ganz klar vor – was sollte man denn mit all den toten Kindern machen, die unterwegs starben, die erfroren und an Entkräftung und Krankheit zugrunde gingen? Wenn jede Mutter so dächte, würden bald Seuchen ausbrechen und sie alle wären verloren.

Die Schwester zögerte, Unsicherheit lag in ihrem Blick. »Behalten Sie es, aber sagen Sie niemandem etwas davon. Tun Sie wie bisher so, als sei der Kleine noch am Leben und nur eingeschlafen.«

Die junge Frau ergriff weinend die Hand der Schwester und bedeckte sie mit Küssen. »Ich danke Ihnen, Gott wird Ihnen alles vergelten! Ich bete für Sie, Sie haben ein Herz!«

Völlig erschöpft, am Ende ihrer Kräfte, kauerte die junge Schwester sich wieder auf ihrem Sitz zusammen, um augenblicklich in einen dumpfen, bleiernen Halbschlaf zu fallen, eingelullt von dem steten Rattern des fahrenden Zuges, doch mit einer gewissen Wachsamkeit des Unterbewusstseins, die sie in einen ständigen unbewussten Alarmzustand versetzte, bereit, jeden Moment fluchtbereit aufzuspringen.

Vor den Fenstern der halbverfallenen Burg am Ufer der Weichsel dämmerte kalt und grau der Morgen herauf, als Conny, der beim Wachehalten für Sekunden vor Ermattung eingenickt war, bei einem kratzenden Geräusch hochschreckte und seinen Karabiner in Anschlag brachte. Er sprang auf und seine halb eingeschlafenen Füße, die er tagsüber mit Lappen umwickelte, um sie vor der Kälte zu schützen, schlotterten ausgepackt in den weiten, viel zu großen Armeestiefeln und verursachten ein hallendes, schlurfendes Geräusch auf dem Steinboden des weiten Gewölbes, in das man alle Möbel zusammengetragen hatte, die man in der alten Festung finden konnte. Auf Stühlen, Truhen, alten Tischen hatten sich schlafende Soldaten, die nach den unendlichen Anstrengungen der letzten Zeit in fast bewusstloser Lähmung wie hingemäht darnieder lagen, in Vorhänge und Teppiche gewickelt, um nicht auf dem kalten Steinboden übernachten zu müssen. Vorsichtig blickte der Soldat durch die kleinen Fenster und Schießscharten – doch draußen zeigte sich kein Leben, schien alles verlassen, kalt und öde. Aber Achtung, das konnte ein Trick der Russen sein. Man hatte ihnen gesagt, sie müssten mit allem rechnen. Mit schmerzenden, taub gewordenen Gliedern nahm er vorsichtig die paar Stufen zu der dicken verrammelten Eichentür, hinter der das kratzende Geräusch, das sich zu einem Klopfen verstärkt hatte, lauter zu vernehmen war. »Wer da?«, rief er mit rauer, grober Stimme durch die Tür hindurch.

Eine Frauenstimme antwortete in unverständlichem Mischmasch aus russischem Dialekt und deutschen Worten in hellem, verzweifeltem Ton, aus dem er nur das Wort »Hilfe« heraushörte.

Sollte das etwa eine Falle sein? Wenn er jetzt die Tür öffnete, wären er und die Kameraden vielleicht verloren. Er blieb unbeweglich stehen und horchte dem Gejammer vor der Tür, in das sich noch eine zweite Frauenstimme mischte, die das deutsche Wort »Essen« prononcierte. Ja, er hörte ganz deutlich: »Hier Essen, wir Freunde.« Es kam oft vor, dass versprengte Polinnen oder Wolgadeutsche, halb deutsch, halb russisch, Frauen, die die Orientierung in ihrem Leben verloren hatten, sich aus irgendeinem Grund deutschen Soldaten anschlossen, ihnen zu Diensten waren und ihnen halfen, aus unerfindlichen Gründen – sei es, dass ihre weiblichen Seelen fasziniert von diesen fremden blonden Männern waren, die nicht die raue Grobschlächtigkeit ihrer russischen Gefährten an den Tag legten, von denen sie misshandelt und geschlagen wurden, sei es, dass sie ihre Familie in den Wirren des Krieges verloren hatten, ihre deutschen Wurzeln suchten und nicht wussten, wohin. Manchmal nutzten sie auch die Gelegenheit, um aus unerträglichen Situationen der Leibeigenschaft auszubrechen, in denen man sie ausnützte, und schlossen sich als eine Art Marketenderinnen den Soldaten an, mit denen sie das Essen teilten, für die sie sorgen konnten und die glücklich über ihre Gesellschaft waren. Conny lief zum Fenster und spähte erneut hinaus. Er klopfte an die Schreibe und schrie: »Komm hierher – sehen – ich will euch sehen!«

Es waren nicht nur zwei Frauen, sondern ein ganzes Grüppchen, das sich, mit Körben und Bündeln beladen, vorsichtig nach allen Seiten spähend, langsam näherte. Die Mutigste von ihnen, ein vollbusiges Weib mit langen schwarzen, wild herabhängenden Haaren, kam entschlossen heran, die Hände mit einer flehenden Gebärde ausstreckend und dann theatralisch ans Herz drückend. Sie deutete auf die Körbe und führte die Hand mit einer Bewegung des Essens zum Munde.

Der Soldat öffnete das enge Fenster nur einen Spaltbreit und sicherte sich mit seiner Waffe. Man hatte eine gute Aussicht von der Festung, die auf einem leichten Hügel lag, von dem man die Umgebung bis zum Fluss ausgezeichnet überblicken konnte. Weit und breit war keine feindliche Bewegung zu sehen. »Wartet!«, schrie er hinaus, schloss das Fenster und stieg so schnell wie möglich die steilen Treppen des Turmes hinauf, um oben in alle Himmelsrichtungen schauen und ganz sicher sein zu können, dass kein Hinterhalt im Spiel war.

Inzwischen waren einige der anderen Soldaten erwacht und kamen verschlafen und neugierig herbeigeeilt. Frauen waren immer eine angenehme Abwechslung, sie kochten, kümmerten sich um die Wäsche, brachten Schnaps mit, waren zärtlich und belebten das karge Leben auf unerwartete Weise. »Wenn sie gut aussehen, kannst du sie reinlassen!«, schrie der plumpe Oberleutnant Otto, der Abenteuern nie abgeneigt, aber bei Frauen wegen seiner kurzen Beine nicht sehr beliebt war, mit verschlafener Stimme und glättete eitel seine wirr vom Kopf abstehenden Haare. Neugierig hatten sich die meisten Soldaten ächzend erhoben und ordneten ihre Uniform.

»Was soll ich machen?«, rief Conny fragend in die Runde und sah den Kommandanten an, der die Achseln zuckte. »Sie wollen uns was zum Essen bringen. Das Gelände um die Burg ist verlassen. Niemand zu sehen – nichts Verdächtiges.«

»Lass sie rein! Ich hab einen fürchterlichen Kohldampf – wir haben doch schon seit Tagen nichts richtig Gekochtes mehr zwischen die Zähne gekriegt«, rief der kleine Alfons aus und versetzte dem ausgefransten Teppich, der vom Tisch gefallen war, einen Tritt.

»Halt!«, ging Willi dazwischen, »vielleicht wollen sie uns hier ausräuchern und vergiften.«

Brüllendes Lachen antwortete ihm. »Das glaubst du wohl selbst nicht. Unser kleiner Haufen … Wer soll schon wissen, dass wir gerade hier sind? Da müssten sie viele Frauen losschicken.«

»Na gut, mal sehen, was sie uns bringen wollen.« Conny nahm den Karabiner, schob den Riegel beiseite und öffnete die Tür einen Spalt. »Wie heißt du?«, rief er mit strenger Stimme und musterte die kecke Schwarzhaarige, die ihr Schultertuch ein wenig öffnete und verlockend schimmernde Haut am Ansatz eines üppigen Busens sehen ließ.

»Marja Warintschkaja.« Sie lächelte mit weißen Zähnen

und ihre schwarzen Augen über den roten Wangen blitzten mutwillig. »Ich bring euch frische Eier – hier, wenn ihr wollt…. Und ein wenig Speck.« Sie hielt den Korb hoch, den sie im Arm getragen hatte, und lüpfte eine Ecke des Tuches, das darüber lag. Conny lief das Wasser im Munde zusammen, er öffnete die Tür und machte eine einladende Handbewegung. »Gut, kommt rein – aber nur, wenn ihr uns ein nettes Frühstück macht!« Marja nickte und winkte den anderen Frauen, die abwartend im Schnee standen.

Hinter Connys Rücken waren die Kameraden neugierig zusammengelaufen und blickten auf die Frauen, die wie selbstverständlich über die Schwelle traten, ihrerseits mit unverhohlenem Interesse die Gesichter der Männer betrachtend, die grinsend die fünf Frauen abschätzten, sie insgeheim schon unter sich aufteilend. Murmelnd strichen sie sich das wirre Haar zurück und rückten die Kragen gerade. »Da ist wenigstens was dran, an den Russinnen«, flüsterte der dünne Hans feixend, »nicht so wie bei uns – diese Knochengerüste!« »Das musst gerade du sagen«, antwortete sein Kamerad mit ironisch abschätzigem Blick auf seine schlotternde Jacke und das viel zu weite Hemd, das ihm hinten aus der Hose hing. »Das ist doch mal eine nette Überraschung«, rief der verschlafene Bodo aus, der gerade erst seine Augen aufgemacht hatte, »jetzt wird es hier ja richtig gemütlich!«

Marja machte den anderen Frauen ein Zeichen, ging lächelnd durch die Reihen gaffender Soldaten und stellte den Korb auf den Tisch. Die anderen taten es ihr nach und unter den staunenden Blicken packten sie die Schätze aus, die sich in ihren Bündeln und Körben befanden. Mit Gesten und gebrochenen Worten gab Marja zu verstehen, dass sie und die anderen Frauen von nun an gern bei ihnen bleiben und mit ihnen ziehen wollten. Ihre Männer waren gefallen oder verschollen, ihre ganze Habe war verloren und sie wussten nicht, wie sie sich weiter fortbringen sollten. Wenn der Krieg zu Ende war, würde sich schon etwas finden; aber jetzt –

jetzt fühlten sie sich ohne männlichen Schutz verloren. Sie wussten nicht wohin, wollten aber über den Fluss.

»Wo kommt ihr denn her?«, fragte Willi, dem die Frauen immer noch nicht ganz geheuer waren, und sah eine Rundliche, noch sehr jung und schüchtern Scheinende, an. »Wie heißt du?«

»Sonja«, stotterte die Kleine, senkte die Augen und nestelte an ihren zusammengesteckten Zöpfen, während eine Blutwelle ihr in die runden Pausbacken stieg. Dann hob sie den Blick und nahm eine bauchige Flasche aus ihrem Bündel, in der sich eine dunkle Flüssigkeit befand.

»Ahhh!« Aus den Kehlen der Soldaten, die sich um die Frauen gedrängt hatten, erklang beifälliges Gemurmel. »Rübenschnaps, nicht schlecht. Den brennt ihr doch selbst, nicht wahr? Das wird uns an den eisigen Abenden ein wenig erwärmen!« »Ein gutes Schlafmittel außerdem, lass doch mal sehen!« Otto griff nach der Flasche, doch Kommandant von Lehnsberg, der herantrat, strafte ihn mit wütendem Blick, so dass er die Hand auf der Stelle sinken ließ.

»Ruhe! Ich bitte um Disziplin! Die Frauen können von mir aus bleiben. Aber keine Dummheiten! Das wäre ja noch schöner, eine Sauferei – da könnte man uns gleich mühelos einkassieren, wenn wir uns auf den Weg machen. Wir dürfen unser militärisches Ziel nicht aus den Augen verlieren. Der Russe hat auf der anderen Seite schon die Brückenköpfe besetzt; also müssen wir noch vor dem Tauwetter über die Weichsel kommen. Aber vorerst bleibt uns nichts anderes übrig als hier auszuhalten und zu helfen, die Flüchtlinge geordnet rüberzubringen – Befehl vom Hauptquartier! Die Verstärkung aus der Heeresmotorisierungsschule, die uns ablöst, kann ja jeden Augenblick eintreffen.«

»Wer 's glaubt… Ausgerechnet wir müssen den Kopf hinhalten«, murrte Willi aufbegehrend. »Die anderen sind schon längst drüben und können in aller Ruhe abhauen.«

»Schluss jetzt, Maul halten!«, schrie ihn von Lehnsberg,

dem die Zweifel an seinen eigenen Worten ins Gesicht geschrieben standen, unbeherrscht an.

Die Frauen wichen zurück. Dumpfes Schweigen breitete sich aus und der Kommandant atmete schwer. Die Männer waren verunsichert und hatten Angst, das spürte er. Nach einer kurzen Pause sagte er ruhiger, mit einem Blick auf die vollen Körbe der eingeschüchterten Frauen: »Nun gut, durchsucht sie. Dann könnt ihr sie dort oben Frühstück machen lassen, wenn ihr wollt. Zeigt ihnen die Kochgeschirre im Waffenraum und den Saal mit dem Kamin. Wir haben etwas Holz für ein Feuer, das könnte vorerst genügen.«

Die Frauen, denen man die Erleichterung darüber ansah, dass sie bleiben durften, zogen sich leise und aufgeregt miteinander tuschelnd zurück und folgten Conny, der sie in die große Halle begleitete, wo das Regiment seine Ausrüstung aufbewahrte und Vorräte lagerte. Aus den verlassenen Gehöften hatten sie mitgeschleppt, was sie an Proviant nur tragen konnten. Doch das Hinunterschlingen von kalten Schinkenstücken bekam dem Magen nicht so recht und so waren sie froh über die Aussicht auf eine warme Mahlzeit. Außerdem gab es eine Menge zu flicken und Löcher im Armeezeug zu stopfen; da hätten die Frauen wirklich genug Arbeit.

»Männer!« Die Stimme des Kommandanten hallte in den steinernen Wänden der Räume und versuchte sich in dem Stirnmengewirr, Lachen und Schreien noch einmal Bahn zu brechen. »Stillgestanden! Haltung einnehmen!«

Schlagartig gehorchten die Soldaten, lichtete sich das heillose Durcheinander. Die Disziplin, die sie alle gelernt hatten, war das Einzige, was sie überleben lassen konnte.

»Ihr wisst, was zu tun ist! Wir warten auf ein Ersatzbataillon der Heeresgruppe Weichsel, das jetzt unter Oberbefehlshaber Himmler steht, und bis dahin haben wir den Befehl, die letzten Flüchtlinge sicher über den Fluss zu geleiten. Und dem werden wir nachkommen. Die Kameraden, das Vaterland verlässt sich auf jeden Mann. Einer für alle, alle für Einen!«

»Heil! Heil Hitler!«, entrang sich allen Kehlen der gewohnte Ruf eingedrillten Gehorsams, obwohl die meisten nicht mehr von dem Heil, das er bringen sollte, und ebenso wenig von seinem guten Stern überzeugt waren. Sie hofften jetzt einzig und allein, wenigstens ihren eigenen Hals zu retten und aus dieser Eiswüste noch einmal lebend herauszukommen. Im Führerhauptquartier konnte man gut Befehle erteilen; sie aber waren die Dummen, auf ihrem Rücken sollte der Kampf ausgetragen werden. Warum mussten ausgerechnet sie den Rückzug der Flüchtlinge sichern und warten, bis der letzte Mann über den Fluss war? Wenn die versprochene Verstärkung ausblieb, wären sie völlig hilflos der Übermacht der Russen ausgeliefert, die sie dann in aller Ruhe auf der anderen Seite erwarten und abschlachten konnten. So sah es aus – sie sollten ganz einfach geopfert werden!

Doch niemand wagte diese aufrührerischen Gedanken laut auszusprechen. Schließlich konnten sie die armen Menschen, die sich mit ihrer ganzen Habe auf den Weg ins Ungewisse gemacht hatten, nicht im Stich lassen. Die Ehre des Soldaten gebot, die Zivilbevölkerung zu schützen und bis zum letzten Atemzug zu kämpfen!

IV. Kapitel

Blinde Flucht

Als der Zug in Stolp einlief, atmete Emilia erleichtert auf. Sie hätte nicht gedacht, dass sie diese Höllenfahrt lebend und gesund überstehen würde. Immer in der Angst vor einem Überfall, musste der Lokführer den Zug unterwegs noch ein paarmal anhalten; einige Passagiere – Alte, Verwundete und vor allem Kinder – überlebten die Strapazen nicht; man legte sie, der Not gehorchend, einfach in den Schnee und setzte die Fahrt fort. Die junge Frau, die ihr Kind nicht hergeben wollte, hatte einen Nervenzusammenbruch erlitten und die Schwester gab ihr wie vielen anderen, die auf irgendeine Weise durchdrehten, eine starke Dosis Veronal; aber selbst dann ließ sie ihr totes Kind nicht los, das sie in einem eigenen Grab beisetzen wollte. Emilia ließ sie gewähren; man hätte es ihr mit Gewalt wegreißen müssen, und das brachte sie nicht übers Herz.

Mit ihrer Elendsschar im Lazarett des Roten Kreuzes angekommen, fiel sie in dem ihr zugewiesenen Zimmer in einen bleiernen Schlaf, betäubt, aber gequält von schrecklichen Träumen, in denen sie noch das Rattern des Zuges spürte, den leidvollen Ausdruck auf den Gesichtern der Menschen und den verzerrten der Sterbenden vor sich sah. Oft schreckte sie hoch und fand schließlich gar keine Ruhe mehr. Von trüben Vorstellungen heimgesucht, wälzte sie sich den Rest der Nacht hin und her.

Mehr als alles andere beunruhigte sie der Gedanke an ihre Eltern, die vielleicht mit ihrer kleinen Schwester Eleonore, mit Pferd und Wagen und dem treuen Knecht Franz genau wie alle anderen irgendwo auf dem Weg in den Westen waren. Wo mochten sie jetzt sein? Oder waren sie noch in Waltersdorf geblieben, dem Ort ihrer letzten Ansiedlung? Im Lazarett, in der Auffangstelle der Flüchtlinge, hatte man nichts von ihnen gehört.

Das Umschlagtuch der polnischen Bäuerin um ihre Schultern geschlungen, machte sich Emilia am nächsten Morgen erneut auf den Weg zum Bahnhof in Stolp, an dem sich neue Trecks mit Flüchtlingen sammelten, die ihre Angehörigen suchten. Sie drängte sich durch die Stadt, die von Menschen wimmelte, wendete sich unerschrocken an Gruppen verhärmt aussehender Soldaten, die mit weißen Verbänden umherhumpelten, immer mit der einzigen Frage auf den Lippen, die sie unablässig wiederholte: »Familie Reich aus Waltersdorf – haben Sie sie gesehen?« Manchmal glaubte sie bekannte Gesichter zu erspähen, Menschen, die ihr schon einmal begegnet waren; doch jeder, den sie ansprach, schüttelte nur bedauernd den Kopf.

Entmutigt setzte sie sich auf einen Pfosten am Wegrand und starrte vor sich hin. Es war alles so sinnlos! Vielleicht waren sie schon tot – überfallen, erfroren, verletzt… Sie wagte nicht weiterzudenken. Mit schweren Gliedern erhob sie sich und ging traurig und mit Tränen in den Augen den Weg ins Hospiz zurück.

Das Lazarett war völlig überfüllt. Immer weitere Neuzugänge von verletzten, zusammengeschossenen, an Entkräftung erkrankten Soldaten wurden eingeliefert. Man konnte ihrer kaum Herr werden, am wenigsten der ganz schlimmen Fälle, denen man ein Bein oder einen Arm amputieren musste. Es gab einfach nicht genügend Ärzte und Schwestern. Die strenge, aber gutmütige Oberschwester Paula, die seit Tagen ohne Pause arbeitete, ließ Emilia eines Tages auf ihr Zimmer rufen.

»Sie wissen, mein Kind, dass ich Sie hier nicht länger behalten kann, sosehr ich Sie brauchen würde! Aber Sie haben ja jetzt schon Erfahrung und ich wüsste niemanden, dem ich den nächsten Transport nach Waren anvertrauen könnte. Hier ist alles überfüllt, ich habe niemanden und mir wächst allmählich alles über den Kopf. Dort gibt es ein gutes Lazarett und ich kann einen Teil der Verwundeten mit Ihnen hinschicken. Glauben Sie mir, wenn ich Ihre Eltern sehe, werde ich Ihnen Nachricht geben, irgendwie, Sie können sich auf mich verlassen.«

Die junge Schwester brach in Tränen aus. »Ich kann nicht weiterfahren, ich kann einfach nicht nach Waren, bevor ich nicht weiß, was mit meiner Familie geschehen ist. Vielleicht sind sie noch gar nicht fort! Meine Mutter ist ganz allein mit meiner kleinen Schwester, sie ist erst acht Jahre! Wenn ihnen etwas geschehen ist, wenn sie meine Hilfe brauchen …«, stammelte sie, das Schluchzen unterdrückend; ihre Stimme zitterte.

Mitleidig sah die Oberschwester sie an. »Aber so wie Ihnen geht es doch vielen Menschen hier. Wie soll ich Ihnen denn helfen? Sie wissen doch, ich darf es gar nicht!« Sie schwieg und sah zu Emilia herab, die den Kopf gesenkt hatte und leise weinend den Rest der Beherrschung verlor, die sie all die letzten Tage so vorbildlich aufrechtgehalten hatte. Schwester Paula schien zu überlegen und schließlich begann sie zögernd: »Gut, wenn Sie nicht weiter wollen, dann mache ich Ihnen einen Vorschlag.« Emilia hob den Kopf und sah sie abwartend an. Entschlossen fuhr die Schwester fort: »Fahren Sie zurück zum Lazarett, zum Kloster nach Kulm! Ich wüsste niemanden, dem ich mehr vertrauen würde. Doch es ist allein Ihre Entscheidung. Begleiten Sie den neuen Flüchtlingstreck hierher! Sie wissen doch, dass das Kloster sich wieder gefüllt hat, mit verletzten Menschen und Soldaten, die auf Hilfe warten, die versuchen, dort noch wegzukommen. Sie kennen sich aus, Sie haben es schon einmal geschafft! Aber ich sage Ihnen gleich, es ist gefährlich, es wird schwerer als vorher und es ist möglich, dass der Zugverkehr ganz eingestellt wird, weil die Gleise stellenweise durch Gefechte zerstört sind; dann bleiben nur Schlitten, Pferd und Wagen. Der Russe hat, den neuesten Nachrichten zufolge, mehrere Brückenköpfe der Weichsel besetzt, das heißt, es ist nicht sicher, ob noch eine Brücke passierbar ist. Die Flüchtlinge, die jetzt auf dem Weg sind, müssen sehen, wie sie über den Fluss kommen. Angeblich hat man sogar eine Eisbrücke gebaut. Und wenn der Zug nicht mehr fährt – und mit dieser Möglichkeit müssen Sie ebenfalls rechnen –, gibt es auch für die Kranken und Verletzten aus dem Lazarett nur noch diesen einen Weg.« Sie machte eine Pause und sah Emilia fest an. »Wenn Sie es wagen wollen... Aber ich warne Sie ausdrücklich, Sie begeben sich in Lebensgefahr, von den Strapazen ganz zu schweigen, das sollten Sie wissen. Entscheiden Sie sich! Es ist eine sehr schwere Aufgabe für eine junge Frau wie Sie. Ich weiß nicht, ob Sie die Kraft haben, noch einmal...«

Emilia sprang auf, ihre Tränen waren mit einem Mal getrocknet. »Ich habe die Kraft – ich habe Kräfte für zwei! Ich bin jung – Sie können mir vertrauen. Lassen Sie mich zurückfahren! Ich fühle, dass meine Eltern in Gefahr sind, dass sie mich vielleicht brauchen – vor allem meine kleine Schwester Lorchen, sie hängt so an mir!«

Die Oberschwester konnte ein Lächeln nicht ganz verbergen. »Wenn alle so wären wie Sie...«, sagte sie nur, ohne den Satz zu vollenden, und wandte sich ab. Ihre Gestalt straffte sich. »Aber jetzt genug der Sentimentalitäten. Wenn Sie sich entschlossen haben, wollen wir keine Zeit verlieren. Gott schütze Sie! Hier ist Ihr Ausweis. Ich lasse Ihre Medikamententasche auffüllen. Nehmen Sie mit, was Sie nur tragen können, und seien Sie sparsam! Im Notfall machen Sie von den Schlaftabletten, dem Veronal, Gebrauch – das einzige Mittel, das reichlich vorhanden ist. Ich wünsche Ihnen Glück – und mögen Sie Ihre Eltern finden! Sollten sie bei uns eintreffen, gebe ich Ihnen, so Gott will, irgendwie Bescheid.« Sie reichte ihr mit kurzem Druck die Hand und wandte sich zur Tür. Dann drehte sie sich noch einmal zögernd um, als müsste sie überlegen. »Warten Sie!« Aus dem engen Kragen ihrer Bluse nestelte sie eine Kette, an der ein schlichtes Kreuz hing, in das eine schmale Metallhülse eingearbeitet war. Beim Öffnen trat eine unscheinbare Kapsel zu Tage. »Hier – das gehört mir, ich habe es mir aufgehoben. Aber jetzt möchte ich es Ihnen geben. Ein sehr schnell wirkendes Gift. Wenn Sie einmal nicht mehr weiterwissen… Man muss auch an das Schlimmste denken. Sollten Sie in die Hände der Russen fallen… Sie wissen, zu welchen Grausamkeiten sie fähig sind und was bereits geschehen ist, besonders mit Frauen.

Tragen Sie das an Ihrer Brust und im alleräußersten Notfall werden Sie nicht leiden müssen.« Mit einer raschen Bewegung verschwand die Kapsel wieder in der Hülse und sie streckte die Hand aus, auf deren Fläche das Kreuz in mattem Glanz unschuldig schimmerte.

Vorsichtig und furchtsam nahm Emilia das gefährliche Geschenk an sich und drückte der Oberschwester mit einer intuitiven Gebärde einen Kuss auf die Hand. Dann legte sie sich ehrfürchtig die Kette um den Hals.

»Gehen Sie mit Gott – er wird Sie schützen.« Die Oberschwester ging, den Kopf gesenkt, zur Tür, ihre Gefühle verbergend.

»Ich danke Ihnen von ganzem Herzen«, rief die junge Frau ihr nach. Neue Hoffnung keimte in ihr auf und hastig raffte sie das Wenige zusammen, das sich in ihrem Zimmerchen befand, bereit, den Weg, den sie unter so vielen Mühen bis hierher zurückgelegt hatte, aufs Neue zu gehen.

In dem alten Burggemäuer an der Weichsel unweit von Graudenz, in dem sich das Bataillon Soldaten verbarrikadiert hatte, blieb man zunächst unbehelligt. In einem der großen Kamine in der Vorhalle wurde ein Feuer unterhalten und eine Art Feldküche eingerichtet, in der die fünf

Frauen sich mit Eifer nützlich machten. Jede hatte sogleich ihren Beschützer und Freund gefunden, und die schwarzhaarige Marja schloss sich vom ersten Moment dem blonden Conny an, der ihre Bemühungen lächelnd tolerierte. Ihre bedingungslose Verehrung verstärkte sich, je mehr er sie auf Abstand hielt. Ein Wort von ihm genügte und sie war da. Seine Sachen hielt sie in tadelloser Ordnung, er bekam die besten Bissen und sie hatte immer einen Schluck des selbst gebrannten Rübenschnapses für ihn, wenn er, durchgefroren von den Hilfseinsätzen am Fluss, in die Festung zurückkehrte.

Am Strom spielten sich unbeschreibliche Szenen ab; sie verfolgten die Soldaten bis in ihre Träume. Sie hatten Befehl, die Stellung zu halten und den Übergang der Flüchtlinge zu sichern. Aber konnten sie ohne die Verstärkung, die immer noch auf sich warten ließ, mit der kleinen Schar und den wenigen Waffen einen Panzerangriff des Feindes im Notfall wirklich abwehren? Zum Glück wusste der Russe nicht, wie unklar und bedrängend die Lage für die Deutschen wirklich war und wie viele Divisionen sich überhaupt noch zwischen Kulm und der Tuchler Heide befanden.

Die Zeit verstrich, die frischen Truppen, die angekündigt waren, blieben aus, Munition, alles ging zur Neige und es mangelte an Treibstoff. Je mehr widersprüchliche Funkmeldungen über die Lage des Widerstandes eintrafen – haarsträubende Geschichten, die von den entsetzten, blind drauflos Flüchtenden über schreckliche Gräueltaten der Russen erzählt wurden, die nicht davor zurückschreckten, Frauen zu vergewaltigen, Männer zu entmannen und sie mit Panzern zu überrollen –, umso stärker wurde in dem versprengten Trupp das Misstrauen gegen den Befehl, vor Ort auszuharren. Es gab kaum einen unter ihnen, der sich nicht darüber klar war, dass sie wohl kaum noch eine Chance haben und letztendlich nur als Kanonenfutter dienen würden.

»Ich hau ab«, sagte Willi eines Abends leise zu seinem Kameraden. »Kommst du mit?«

Conny schüttelte zweifelnd den Kopf. »Wir müssen unsere Pflicht tun. Du weißt doch: Wenn sie uns erwischen, werden wir sofort erschossen. Wie sollen wir ohne schriftlichen Einsatzbefehl in der Gegend herumirren? Dann ist alles aus. Wenn wir nicht den Russen in die Hände fallen, werden wir von den Unseren wegen Fahnenflucht aufgeknüpft.«

Der Freund stieß einen unterdrückten Seufzer aus. »So und so kommen wir hier nicht mehr lebend raus. Wir sitzen im Grunde doch in der Mausefalle. Wie sollen wir uns ohne Vorräte, ohne Nachschub weiter verteidigen können, wenn wir wirklich angegriffen werden? Du siehst doch, dass bis jetzt kein einziges Regiment aufgetaucht ist. Wo bleiben die denn? Wir sind die letzte Nachhut – verloren, abgeschoben, eingekesselt!«

Conny schwieg. Natürlich hatte der Freund Recht. Aber sollten sie wirklich alles im Stich lassen, die Flüchtenden dem ungewissen Schicksal kommenden Tauwetters an der Weichsel, dem herandrängenden Feind überlassen? War es denn ihre Schuld, musste man sich für einen solchen Irrsinn denn selbst opfern? Sollten sie deshalb mit untergehen? Conny schob die bedrückende Frage einfach beiseite. »Und wie stellst du dir das vor? Wie sollen wir unauffällig über die Weichsel kommen?«

»Wir müssen einzeln weg. Wir hängen uns an irgendeinen Panjewagen und jeder versucht sich allein durchzuschlagen. Später, auf der anderen Seite, treffen wir uns wieder. Wenn wir zu einer anderen Truppe stoßen, erklären wir einfach, wir seien versprengte Ingenieure von der Heeresmotorisierungsschule. Die anderen von da sind ja auch nicht gekommen – wahrscheinlich auf die gleiche Art abgehauen. Wir müssen es riskieren. Bis dahin heißt es allerdings vorsehen und die Gelegenheit ergreifen, wenn sie sich gerade ergibt.«

Plötzlich fand sich Willi beim Kragen gepackt und sah in das bleiche Gesicht des Kommandanten, der schon seit ein paar Tagen krank schien und über starke Durchfälle klagte. Das fehlte noch, dass unter den Leuten die Ruhr ausbrach! »Verräter!«, stieß er mit zusammengebissenen Zähnen hervor. »Dafür gehörst du standrechtlich erschossen!«

Willi sprang auf. Er spürte, dass im Blick des Kommandanten die gleiche Angst, das gleiche Zögern und die Gewissheit der Aussichtslosigkeit lagen, die auch er empfand. »Herr von Lehnsberg, glauben Sie denn wirklich daran, dass wir hier noch lebend rauskommen? Wenn Sie das wirklich denken, dann bleibe ich und erfülle meine Pflicht bis zum letzten Atemzug. Aber wenn ich meine Meinung sagen darf – wir haben den Krieg verloren, das ist so sicher wie das Amen in der Kirche.«

»Schweigen Sie!« Der Kommandant drehte sich weg und in seinem Gesicht arbeitete es. Ein Würgen überkam ihn, er stürzte hinaus.

Willi warf seinem Kameraden einen bedeutsamen Blick zu und flüsterte: »Er hat es schon kapiert, das siehst du doch. So grün, wie er aussieht, wird er es eh nicht mehr lange machen – mit oder ohne Durchhalten hier drin.«

Marja hatte sich mit einer Schale in der Hand vorsichtig genähert und lächelte den Soldaten zärtlich an. »Trink! Du wirst vergessen.«

Conny schüttelte den Kopf und machte eine abwehrende Handbewegung. Er wollte nicht vergessen, wollte sich nicht betäuben, er wollte leben und einen klaren Kopf behalten. Es stimmte, Willi hatte Recht, sie mussten so bald wie möglich hier weg – hier waren sie keineswegs in Sicherheit, sondern sie saßen in der Falle. Mit dem kranken Kommandanten war nicht mehr zu rechnen. Vielleicht konnte man sich selbst bis zum nächsten Bataillon auf Gut Kasau jenseits der Weichsel durchschlagen, hinten in der Tuchler Heide, wohin sie ohnedies anfangs abkommandiert waren. Es klänge durchaus plausibel, dass man bei einem Feindangriff versprengt worden war. Wer kannte sich in dem Durcheinander schon noch aus?

Er wandte sich mit gedämpfter Stimme an die junge Frau, die ihn mit großen, dunklen Augen ansah, die Schale enttäuscht in der Hand. »Marja, du packst Vorräte ein, verstehst du? Heimlich, ohne jemandem was zu sagen. Essen, so viel es geht! Wir müssen weg. Auch du und die Frauen, ihr könnt nicht bei uns bleiben. Wir sind alle in Gefahr. Geht, geht weg von uns, verschwindet! Hier in der Festung seid ihr genau wie wir verloren. Und draußen können wir jetzt keine Rücksicht auf euch nehmen, da müssen wir uns alleine durchschlagen!«

In Marjas Augen traten Tränen und ihr Gesicht verzerrte sich. »Ich nicht weggehen!«, stammelte sie in ihrem gebrochenen Deutsch. »Ich bleibe mit dir. Ohne dich – nein!« Sie schüttelte energisch und bestimmt den Kopf.

»Aber ich kann dich nicht mitnehmen, sieh das doch ein! Du musst selber sehen, wie du zurechtkommst.« Der Soldat wurde wütend und schob die junge Frau fort, die sich an seinen Hals werfen wollte. »Sieh es doch ein – ich werde mich verstecken müssen! Was soll ich da mit dir?«

»Dann ich folge – in Abstand, du musst nicht achten auf mich.« Marja warf ihre schwarzen Strähnen zurück, die ihr im Eifer ins Gesicht gefallen waren, und streckte flehend die Hände aus. »Njet, bitte – njet.«

Conny presste die Lippen zusammen; jedes weitere Wort war überflüssig. Er flüsterte Willi zu: »Es ist sinnlos. Wir werden uns irgendwann, wenn sich die Gelegenheit ergibt, einfach wegschleichen, dann löst sich das Problem von selbst. Du hast Recht – irgendein Panjewagen auf der Eisbrücke, an den hängen wir uns dran, dann soll man uns mal suchen in dem Gedränge. Wenn wir erst auf der anderen Seite sind, schlagen wir uns schon durch.«

Der Freund nickte mit Verschwörermiene. Man musste

sich nur vor dem Kommandanten in Acht nehmen. Nach diesem Gespräch war er gewarnt.

In den nächsten Tagen sah es denn auch nicht so aus, als würden sie sich unauffällig davonmachen können. Der Kommandant, immer noch wachsbleich im Gesicht, aber eisern in der Erfüllung seiner Pflicht, hatte eine stärkere Bewachung der Festung angeordnet; keiner kam hinaus und keiner herein, ohne dass streng kontrolliert wurde, was man bei sich trug. Die Männer, die am Fluss halfen, wurden ebenfalls bewacht und waren nach der Anstrengung in der Kälte und von all den schrecklichen Szenen, die sich auf dem Eis abspielten, meist so erschöpft, dass sie froh waren, ihren Kopf irgendwo niederlegen zu können und in bleiernen Schlaf zu fallen. Immer neue triste, widersprüchliche Nachrichten machten die Runde, darunter das Gerücht, Hitler hätte aufgegeben, er wäre schwer krank, verletzt von weiteren Anschlägen, regierungsunfähig… Alles schien möglich. Die deutsche Armee befand sich auf dem Rückzug, das war die traurige Wahrheit. Sie war versprengt, entmutigt und vom Feind überrannt. Es sollte einen neuen Befehl geben, bald die Festung zu verlassen und sich langsam in Richtung Danzig zurückzuziehen, wo Schiffe bereitstünden, um Flüchtlinge und Soldaten aufzunehmen. Doch Tatsache war: Wenn Graudenz erst richtig belagert würde, käme man hier sicher nicht mehr lebend raus. Dann konnten die Russen sie auf der anderen Seite der Weichsel ganz einfach abfangen.

Aber so leicht würden sie es ihnen nicht machen! Conny und Willi hatten die Situation klar vor Augen. Wenn sie bei der Truppe blieben, wären sie so und so verloren. Nur als Einzelkämpfer konnten sie sich vielleicht noch durchschlagen. Die Zeit verfloss zäh, vorerst gab es keine Möglichkeit zu entkommen und der Rückzugsbefehl ließ auf sich warten.

Auf der langen, eintönigen Strecke nach Kulm, im selben Zug, mit dem sie gekommen war, fuhr Emilia nun wieder zurück. Ein angehängter Güterwagen mit Proviant, Verbandszeug und Hilfsmitteln wurde von einer Hand voll Reservesoldaten begleitet, meist nur mit einfachen Gewehren und Panzerfäusten bewaffneten Freiwilligen – älteren und jungen Burschen, fast noch Kindern, die jetzt noch eingezogen worden waren, aufgeheizt durch Hitlers Parolen, das Vaterland bis zum letzten Blutstropfen zu verteidigen, obwohl nichts mehr zu retten war. Die Gruppe der zusammengewürfelten Hilfskräfte wusste nicht recht, was sie erwartete, und sie versuchten sich gegenseitig Mut zu machen.

Schon auf dem ersten Streckenabschnitt wurden sie auf die Probe gestellt. Es ereignete sich genau das, was alle seit der Abfahrt fürchteten. Geschützfeuer ertönte und russische Truppen griffen plötzlich an. Ohne Vorwarnung stoppte der Zug auf unübersichtlicher Strecke und die Mitreisenden hielten den Atem an. Dann erhob sich Tumult, alles rannte durcheinander. Die ungeschulten Soldaten, unsicher im so schnellen ersten Einsatz, brachten die Gewehre in Anschlag. Maschinengewehrfeuer und raue Schreie zerrissen draußen die eisige Luft, in der alles Leben erstorben schien. Panzer mit russischen Emblemen waren in der Ferne zu sehen und ein Kampf schien sich zu entspinnen.

Schwester Emilia wurde blass. Jetzt war die Fahrt wohl zu Ende, sie würde als Mitglied der Hilfsorganisation Rotes Kreuz in Gefangenschaft geraten, wenn ihr nicht noch Schlimmeres geschah. Ihr Herz begann rasend zu klopfen. Einer der Soldaten warf einen raschen Blick auf sie und rief ihr aus der Ferne zu: »Nehmen Sie das Häubchen ab, Schwester, und ziehen Sie die Schürze aus – man wird Sie in ein Lager sperren, wenn man weiß, was Sie hier tun!«

Hastig riss Emilia die Haube vom Kopf und nestelte mit zitternden Händen an ihrer Schürze. Mit einem Stoßgebet zum Himmel duckte sie sich angstvoll in eine Ecke des Zuges, die verräterischen Requisiten und sogar die Medizintasche bebend unter einen Stapel Holz stopfend. Bange Stunden verbrachte sie reglos, mit verhaltenem Atem, in der durchdringenden Kälte des wartenden Zuges, Stunden, in denen sie kaum wagte, von Zeit zu Zeit vorsichtig hinauszublicken. Draußen auf dem Feld betäubte erneut das nahe Rattern von Maschinengewehren die Ohren, schwere Panzergeschütze feuerten Salven ab und Detonationen zerrissen die Luft. Unzweifelhaft kamen die Kampfgeräusche aus dem Dorf an der Grenze des Horizonts hinter dem schneebedeckten Hügel, vor dem der Zug stand. Wagenrollen näherte sich und russische Befehle waren zu vernehmen. Sie waren verloren!

Die schrecklichen Geschichten gerade noch entkommener Flüchtlinge kamen Emilia in den Sinn – Bilder von verstümmelten Leichen mit abgeschnittenen Gliedmaßen, mit verrenkten Gliedern daliegenden vergewaltigten Frauen schossen wie Blitze durch ihren Kopf. Wenn ihr dieses Schicksal erspart bliebe, dann würde sie sich zumindest in einem der schrecklichen Gefangenenlager wiederfinden, in denen man die Insassen langsam verhungern ließ. Fieberhaft nestelte sie an der Kette mit dem Kreuz um ihrem Hals und öffnete die kleine Schließe der Metallhülse. Die Kapsel fiel heraus – harmlos anzusehen und doch gefährlich aufleuchtend im Dunkel des stickigen Zuges.

Ein Rütteln an den verbarrikadierten Türen des Waggons, Gewehrkolbenschläge ließen sie zusammenfahren. Neue Schüsse, Flüche und Schreie ertönten. Die Tür begann unter den Schlägen zu bersten und die Reservesoldaten im Zug packten die Panzerfäuste fester und sicherten ihre wenigen Schuss Munition, während sie in Deckung den Atem anhielten, kalten Schweiß auf der Stirn, das Gewehr im Anschlag. Was würde diese kleine, leicht bewaffnete Truppe gegen Russen mit Maschinenpistolen und anderem Geschützmaterial ausrichten können? Doch sie waren entschlossen, sich bis zum letzten Atemzug zu verteidigen.

Die junge Schwester starrte auf die Kapsel in ihrer Hand.

Einfach hinunterschlucken und alles war vorbei – das Elend, der Kampf, die drohende Niederlage, der Hunger und die Angst. Niemals würde sie mehr erfahren, was ihrer Familie geschehen war, nicht mehr die immer größer werdenden Schrecken der Flüchtenden, der Verletzten, das Elend mitansehen müssen, das nicht zu lindern war. Alles war verloren. Was nützte noch das letzte Aufbegehren, ein zähes, sinnloses Durchhalten, das am Ende doch nur in den Tod führte, in einen grausamen, langsamen und qualvollen Tod? Nein, das wollte sie nicht. Sie würde Schluss machen, nicht mehr hungern, nicht mehr frieren und vor allem nicht in Gefangenschaft geraten. Langsam führte sie die Hand zum Mund und öffnete die Lippen, während das Gewehrfeuer sich verstärkte und ganz in der Nähe Detonationen dröhnten.

In den Mauern der Burg flammte der Kampfgeist der Truppe wieder auf. Ein neuer Funkspruch mit der Nachricht von unmittelbar bevorstehender Verstärkung und Rettung war wie ein Hoffnungsstrahl in die dunklen Gewölbe gedrungen. Ein weiteres Bataillon sollte ganz in der Nähe im Anmarsch sein und bald zu den Ausharrenden stoßen. Der Russe hatte zwar den westlichen Brückenkopf in der Hand, doch eine starke Division mit neuen Panzern sollte den Männern zu Hilfe kommen mit dem Führerbefehl, sich der besetzten Brücke zu bemächtigen oder eine der weiter oben liegenden Behelfsbrücken auszubauen, die an einer Furt lag, durch die man vielleicht vor der Schlammperiode noch durchkäme. Neuer Mut belebte die erschöpften Soldaten, denen Kälte und Nahrungsmangel zu schaffen machten. Abgeworfene Flugblätter forderten die Eingeschlossenen zum Durchhalten auf: Die Lage sei nicht so schlecht, auf jeden Fall müsse bis zum letzten Atemzug jeder Zoll Bodens verteidigt werden. Feiglinge und Flüchtlinge ohne Zugehörigkeit würden ohne viel Federlesens sofort erschossen!

Willi schien aufgrund dieser Nachrichten in seiner Entscheidung zur Flucht zu schwanken. Als die beiden Freunde abends in ihren Schlafsäcken lagen und sich flüsternd über die missliche Lage unterhielten, zögerte er, als die Rede auf ihren Plan kam.

»Du kannst machen, was du willst – ich hau jedenfalls ab«, flüsterte Conny entschlossen, »irgendwie, auch wenn der Alte noch so aufpasst. Mir reicht 's. Du siehst doch, alles ist verloren, und ob wir jetzt vom Russen oder von unseren eigenen Leuten abgeknallt werden, bleibt doch schließlich einerlei.«

»Eigentlich hast du Recht.«

»Wir müssen in die Tuchler Heide, da sind wir immerhin schon ein Stück weiter weg. Wenn es hier richtig losgeht, kann es für uns bereits zu spät sein. Hier sitzen wir doch genau in der Falle – da gibt es ja gar kein Entkommen! Und das Märchen von der Verstärkung – glaubst du das?«

Willi schwieg und wickelte sich tiefer in seinen Schlafsack. Dann antwortete er leise: »Sage ich doch schon die ganze Zeit! Wir brauchen ja nur unsere Flüchtlinge fragen, ob sie etwas gesehen haben – ganz einfach. Morgen! Und wenn nicht, dann …« Er sprach den Satz nicht zu Ende und war mittendrin eingeschlafen.

Conny starrte in die Dunkelheit. Es war höchste Zeit. Eine Art dunkler Vorahnung presste ihm die Brust zusammen – ein Wittern der Gefahr, ein sechster Sinn, den er sich in den Jahren der ständigen Lebensgefahr wie ein Tier angeeignet hatte und der vielleicht der Grund für sein bisheriges Überleben war – ein Wegducken zur richtigen Seite, die schnelle Reaktion beim kleinsten Geräusch und das Aufspüren des Unsichtbaren, das in der Luft lag. Er fühlte ganz deutlich: Wenn er hier blieb und sich auf die imaginären anderen verließ, die zur Befreiung anrücken sollten, wäre er wohl wirklich verloren. Wer käme, das war der Feind, der unaufhaltsam vorrückte, während ihnen hier Munition und Vorräte ausgingen, vom Treibstoff, der schon längst hätte eintreffen sollen, ganz zu schweigen. »Morgen, ob du nun mitkommst oder nicht«, raunte er dem Kameraden zu, der schon in den Gefilden schönerer Träume als der Wirklichkeit schwebte, »morgen – da bin ich weg!«

Die Hand der Schwester zitterte und sie stopfte die Kapsel wieder in die Hülse zurück. Ihr war, als sähe sie das kopfschüttelnde Gesicht ihrer Mutter vor sich. Sie war doch erst am Beginn ihres Lebens! Das Geschützfeuer entfernte sich unvermittelt und verlor sich in der Ferne, die Kommandorufe wurden schwächer, die Stimmen vom Sausen des Windes, der über die Ebene fuhr, allmählich verschluckt – der Zug blieb wie durch ein Wunder unbehelligt.

Als die flache Schneelandschaft wieder in ihrer trüben, glasierten und unberührt scheinenden Einsamkeit vor ihnen lag, als hätte ein Stein eine ruhige Wasserfläche gestreift und nichts weiter, setzte die Lokomotive langsam ihre Fahrt fort, während die erleichterten Soldaten, die jungen und alten Reservisten, völlig unerfahren im Kampf, aus den Fenstern über den Horizont hinauszusehen versuchten und aufgeregt darüber berieten, was dieser Zwischenfall bedeutete, was genau überhaupt geschehen war. Sie würden es wohl nie erfahren. Wie auch immer, sie waren vorerst gerettet.

Emilias Schläfen begannen wie rasend zu schmerzen, ihr Kopf schien noch betäubt von der unerwarteten Schrecksituation und nur langsam ordneten sich ihre Gedanken. Nach der überstandenen Gefahr, nach allen Ängsten, den durchwachten Nächten war die Vorstellung erschreckend, dass sie um ein Haar die Verantwortung von sich geworfen, dass sie ihrem Leben beinahe voreilig ein Ende gemacht hätte. Doch sie war noch einmal davongekommen, wie schon so oft und wie durch ein Wunder. Sie durfte nicht aufgeben!

Sorgsam band sie die hervorgeholte Schürze wieder um

die Taille und setzte das Häubchen auf, das unter dem Holz ein paar schwarze Flecken bekommen hatte. Mit bebenden Fingern suchte sie unter all den verschiedenen Packungen nach den Schmerztabletten. Sie würden den Druck in ihrem Kopf auflösen, die lähmende Angst betäuben, sie wieder frisch machen und ihr neuen Mut verleihen. Gleich drei Stück klaubte sie aus der angebrochenen Packung. Wieder sah sie das vorwurfsvolle Gesicht ihrer Mutter vor sich. Du nimmst zu viel davon, schien ihre anklagende Miene zu sagen. Sie zuckte die Schultern. Wie soll ich sonst das alles ertragen, Mama? Ich bin doch da, um den anderen Kraft zu geben. Wo soll ich sie denn hernehmen? Mit einem Schluck Wasser aus einer Feldflasche spülte sie energisch den bitteren Geschmack hinunter. Sie durfte jetzt nicht die Nerven verlieren! Alles würde gut werden.

Die Schwesterntracht unter dem Mantel, nur durch das Häubchen als Mitglied des Roten Kreuzes kenntlich, verließ die junge Frau mit der schweren Umhängetasche und dem kleinen, abgeschabten Koffer nach einer ihr unendlich lang scheinenden, aber ohne weitere Störungen verlaufenen Fahrt in Kulm den Zug. Der Bahnhof war umlagert von Menschen mit traurigen Gesichtern, die hofften, noch einen der Züge zu erwischen. Die Stadt schien verlassen und abgebrannt; Rauchwölkchen stiegen aus erloschenen Ruinen. Tränen drängten ihr in die Kehle beim Anblick des ehemals schönen, blühenden Ortes, in dem sie einige Jahre verbracht hatte, in der Hoffnung auf den Sieg der deutschen Streitkräfte, auf den großen Führer. Wie würde es in Waltersdorf aussehen? Wahrscheinlich nicht anders als hier. Sicherlich hatten die Eltern diese öde, trübselige Stätte schon verlassen; es schien undenkbar, dass sie in einem solchen Chaos noch geblieben waren.

Emilia trat wieder auf den Bahnsteig. Jeden der unruhig an ihr Vorbeieilenden, die sich hastig in den Zug drängen wollten, fragte sie nach dem kleinen Ort, nach der Familie Reich. »Waltersdorf?«, antwortete einer der abgehärmt aussehenden Fahrgäste und lachte bitter auf. »Das können Sie vergessen. Dort ist keine Seele mehr. Der Russe hat alles in Brand gesetzt und wir haben nur noch Angst, dass er uns einholt.«

Emilia senkte den Kopf. Wo sollte sie suchen? Es hatte wohl keinen Sinn, nach Waltersdorf zu fahren. Zweifellos waren sie wie alle anderen unterwegs in den Westen. Sie konnte nur noch hoffen, dass ihnen nichts geschehen war, dass sie in Sicherheit waren. Hatten sie im Kloster eine Nachricht für sie hinterlassen? Sie musste auf schnellstem Wege dorthin, um wie versprochen den neuen Transport zu übernehmen. Möglicherweise würde sie irgendwo unterwegs ihrer Familie begegnen. Alle Flüchtlinge mussten ja den gleichen Weg nehmen.

Ein Bahnbeamter erschien und schob sich durch die Menge. »Zurück! Alle raus! Die Linie ist unterbrochen, der Zug fährt nicht mehr!«

Also doch! Wie die Oberschwester es vorausgesagt hatte. Jetzt stand sie da.

Enttäuscht verließen die Leute mit ihren Bündeln und Koffern den Zug, ratlos, wohin sie sich nun wenden sollten. Emilia stieg mit schleppenden Schritten die Stufen des Bahnhofsgebäudes hinunter. Auf der Straße begegnete ihr der Zug unzähliger Wagen eines schier unüberschaubaren Trecks, in dem das ganze Hab und Gut und das Leben vieler Menschen transportiert werden sollte. Alles war in fieberhafter Eile, hastig wurden die Pferde angetrieben, man drängte sich vor, wollte unter den Ersten sein. Die Gesichter waren in der Anspannung ernst, angstvoll und verzerrt.

Nach ein paar vergeblichen Versuchen, doch noch nach Waltersdorf zu kommen, gab Emilia endlich auf. Niemand wollte sie dorthin fahren, alle strebten in die entgegengesetzte Richtung. »Dort ist alles ausgeräumt, Mädchen, glaub es doch!«, rief ihr einer zu und schüttelte den Kopf über ihre

Hartnäckigkeit. Mit Tränen in den Augen stellte sie sich an die Straße. Ein Bauer mit versteinertem Gesicht, in dem Hoffnungslosigkeit und Trauer standen, nahm sie mit, nachdem sie ihm ein Zeichen gemacht hatte; der Weg führte auf jeden Fall am Kloster vorbei, in dessen Lazarett mancher die kranken und alten Angehörigen abgab.

Als das düstere Gebäude mit seinen ungenutzten Türmen vor ihren Augen auftauchte, überfielen sie all die Erinnerungen, die sie mit diesem Anblick verband. Drei harte Jahre hatte Emilia in diesen Mauern verbracht, in der ihr vom Roten Kreuz vermittelten Arbeitsstätte, immer hin- und herpendelnd zwischen dem Kloster und dem Ort Waltersdorf, wo ihre Familie nach der Flucht angesiedelt worden war. Sie alle glaubten, dort sicher zu sein; die Nähe der Schule für Heeresmotorisierung, die Überzeugung vom baldigen Sieg hatten sie darin bestärkt. Wer hätte gedacht, dass sie auch von dort wieder verjagt werden sollten? Wer konnte wissen, dass der Russe so bald vor den Toren stehen und der endlos lange Treck sich wieder in Gang setzen würde, mit dem sie schon einmal unter anderen Umständen fortgezogen war?

Doch es half nichts, weiter darüber nachzudenken. Man musste weg, bevor die Schlammperiode einsetzte, die alle Wege in matschige Sümpfe verwandelte, musste die Chance nützen, so schnell wie möglich und vor Einsetzen des Tauwetters die noch zugefrorene Weichsel zu erreichen. Jeden Tag konnte das Eis schwächer werden; die Fliehenden waren sich dieser Tatsache wohl bewusst. An die meisten Wagen hatte man noch schnell zusammengezimmerte Schlitten gebunden, auf die Lasten verteilt wurden und die Personen aufnehmen konnten.

Als Emilia durch das vertraute Portal in den Krankensaal des Klosters trat, schlug ihr sogleich der dumpfe, pestilenzartige Gestank von Blut und Wunden, von tagelang ungewaschenen Kranken entgegen. Der Saal war wieder voll mit stöhnenden oder apathisch daliegenden Soldaten, für die man nicht einmal mehr Hemden oder Bettwäsche hatte. Die Fenster blieben geschlossen, alle Ritzen waren verstopft, damit die Kälte nicht eindrang, und ein neuer Arzt, den sie nicht kannte, ging mit bleichem, übernächtigtem Gesicht von Bett zu Bett.

Wie sollte man all diese Menschen verladen, ohne dass sie bei einer solchen Fahrt krepierten? Doch niemand wollte dableiben – die Geschichten von den Grausamkeiten der Russen, die die Verwundeten kurzerhand aus den Fenstern der Lazarette warfen, jagten selbst den Todkranken heillose Angst ein und jeder fürchtete sich davor, zurückzubleiben.

Erleichtert und erstaunt reichte der Arzt mit den streng nach hinten gescheitelten dunklen Haaren der Krankenschwester die Hand. Er war mittelgroß, etwa 38 Jahre alt und sah sie mit seinen lebhaften grauen Augen freundlich an. »Doktor Michelsen. Ich hätte nicht mehr mit einer Verstärkung gerechnet. Und dazu noch eine so junge Frau wie Sie! Was führt Sie hierher?«

Emilia versuchte ein Lächeln, während der Gestank Ekel in ihr aufsteigen ließ und ihr die Kehle zuschnürte. »Ich bin Schwester Emmi und soll die Leitung eines der Krankentransporte übernehmen. Doch ich habe gerade gehört, dass die Zugverbindung zurück nach Stolp unterbrochen ist. Aber eigentlich bin ich auch deswegen hier, um meine Eltern zu suchen – Familie Reich aus Waltersdorf. Ich dachte, dass sie vielleicht im Kloster eine Nachricht für mich hinterlassen haben. Sie sind nicht in Stolp angekommen und ich hoffe, dass ihnen nichts passiert ist und sie noch rechtzeitig flüchten konnten. Ich mache mir große Sorgen. Sie haben sie nicht zufällig gesehen oder von ihnen gehört? Meine Mutter ist Hebamme und wahrscheinlich mit meiner kleinen Schwester und unserem Knecht Franz unterwegs.«

Der Arzt schüttelte nach einigem Nachdenken den Kopf. »Ich bin erst seit ein paar Tagen hier. Das Kloster war leer, aber jetzt… Die vielen Transporte, die unaufhörlich eintreffenden Verwundeten – wir mussten die Leute ja irgendwo unterbringen – ich habe niemanden so richtig angesehen.«

Ein kurzes, betretenes Schweigen entstand.

»Lassen Sie mich Ihnen helfen!«, fuhr Emilia plötzlich mit einem entschlossenen Blick auf das Elend um sie herum fort. »Sagen Sie mir, was ich tun soll. Und wenn ich nur Mullbinden aufwickle. Aber wenn Sie vielleicht vorher etwas zu essen hätten – ich habe während der ganzen Fahrt kaum einen Bissen zu mir genommen.«

Die müden, erschöpften Züge des Arztes überflog ein mattes Lächeln, das ihn sehr sympathisch wirken ließ. »Natürlich, gerne. Nehmen Sie sich, was Sie in der Küche finden. Sie schickt mir der Himmel! Aber dann müssen Sie sich erst einmal ausruhen. Legen Sie sich ein wenig hin. Bis dahin haben wir ein paar Schlitten an die Wagen gebunden, die die Verletzten mitnehmen sollen.«

Emilia wehrte ab. »Nein, nein, ich habe im Zug versucht, mich auszuruhen. Wir sollten keine Zeit verlieren. Der Zug wurde unterwegs von russischen Panzertruppen angegriffen. Ich glaube, sie haben nur von uns abgelassen, weil sie von einem deutschen Kommando zurückgetrieben wurden. Wir müssen unbedingt hier weg, bevor es zu spät ist!«

Dr. Michelsen antwortete nicht; ein Schwerverletzter, der gerade eingeliefert wurde, erforderte seine ganze Aufmerksamkeit. Mit einem Blick überflog Emilia die Menge der herandrängenden, überladenen Wagen, von ungeduldig aufwiehernden Pferden gezogen, die sich einer hinter dem anderen langsam und unablässig auf dem vereisten Weg vorwärts bewegten und voranrollten. Stumpfe, ängstliche Gesichter zwischen Paketen, Bündeln, sogar Möbeln, die man aufgeladen hatte, starrten ihr entgegen, in denen das Entsetzen geschrieben stand, sich so plötzlich von Heimat, Besitz und Land trennen zu müssen. Die Alten und die Kinder waren in der eisigen Kälte unter den Strapazen des anstrengenden Trecks wie immer die Leidtragenden.

Einige freiwillige Soldaten, unter denen sie vergeblich das Gesicht desjenigen suchte, dem sie nicht einmal hatte Adieu sagen können, versuchten die Wagenbesitzer zu überreden, sich von einem Teil des Gepäcks zu trennen, Verletzte aufzunehmen und zuzulassen, dass man Schlitten an die Wagen band, auf die man diejenigen gelegt hatte, die nicht mehr laufen konnten. Nicht alle waren damit einverstanden, ihre Sachen abzuladen und jemanden mitzunehmen, und viele mussten zu diesem Akt der Menschlichkeit mit der Waffe in der Hand gezwungen werden. Aber in aller Augen stand die Angst, bleiben zu müssen, dem herandrängenden Feind hilflos ausgeliefert zu sein. Nur wenige, meist alte Leute waren in ihren Dörfern geblieben, komme, was da wolle, bereit eher zum Tod als zum Verlassen ihres Lebenskreises und der Flucht in eine ungewisse Zukunft.

Mühsam versuchte Emilia die Gesichter der Vorüberfahrenden zu erkennen; sie drängte sich durch die Soldaten und stellte immer wieder die gleiche Frage: »Familie Reich aus Waltersdorf?« Ein müdes Kopfschütteln, ein verständnisloser Blick antworteten ihr. Erschöpft wandte sie sich ab. Sie konnte nicht hier bleiben und unablässig diese einzige Frage stellen. Von überall wurde sie gerufen, wenn man ihre Rote-Kreuz-Tracht erblickte. »Schwester, Schwester«, schallte es von allen Seiten, »zu mir, kommen Sie zu uns! Meinem Vater geht es so schlecht – meine Zehen sind erfroren – mein Kind hat Fieber!« Einer der Männer, die die Schlitten mit den Verwundeten an den Wagen festzurrten, ein Sanitäter, wandte sich ihr mitleidig zu. »Sie sind ja ganz blass, Schwester! Sie müssen sich ein wenig ausruhen. Ich verspreche Ihnen, ich frage jeden, der mir begegnet, nach Ihren Eltern, der Familie Reich. Wir werden Sie hier noch dringend brauchen, und wenn Sie selbst krank werden, dann kann den Leuten niemand mehr helfen.«

Emilia wusste, dass er Recht hatte. Sie senkte den Kopf; die aufputschende Wirkung der Tabletten ließ langsam nach.

Schwerfällig stieg sie die Treppen in ihr altes Zimmer hinauf, in das winzige, leer geräumte Dachstübchen.

Alles schien so, wie sie es verlassen hatte, doch die eisige Kälte war auch in diese Dachkammer gekrochen. Auf dem kleinen, wackligen Tisch leuchtete ihr das helle Blau eines Briefumschlags entgegen, der an der bauchigen Vase mit dem Sprung lehnte. In schönen, schrägen Buchstaben stand ihr Name darauf: Fräulein Emilia Reich.

Sie stutzte, drehte und wendete den Umschlag in den Händen, ihr Herz begann rasend zu klopfen, während zugleich glühende Hitze in ihre Wangen stieg. Das war doch … Waren das wirklich die Schriftzüge Connys, des Soldaten, der sie nach dem Bratkartoffel-Erlebnis bei Pelzer nicht mehr aus den Augen gelassen hatte? Sie sank auf den einfachen Stuhl und stützte träumerisch den Kopf in die Hand, während sie auf den Brief starrte. Wie konnte er wissen, dass sie noch einmal hierher zurückkam? Fast hatte sie sich damit abgefunden, dass sie ihn nie mehr wieder sehen würde. Aber das Schicksal hatte sie wirklich wieder hierher geführt. War das nicht ein seltsames Zeichen? Vorsichtig riss sie den Umschlag auf: anrührende Sätze, die ihr die Tränen in die Augen trieben – eine Adresse in Düsseldorf. »Ich kann Dich nicht vergessen. Willst Du mich heiraten, wenn der Krieg aus ist und wenn wir beide das alles überleben? Mit Dir möchte ich ein neues Leben anfangen …«

Sie murmelte die Worte mit einem Lächeln vor sich hin und schüttelte den Kopf. Wenn er wüsste, dass sie eigentlich schon verlobt war! Es war ja gar nichts zwischen ihnen geschehen – und doch so viel – der nächtliche Spaziergang an der Weichsel, als unter ihren Füßen der Schnee knirschte und der Mond mit seinem blassen Licht das Eis in tausende glitzernder Kristalle verwandelte; eine magische Nacht, die die Augen leuchten ließ und deren beißende Kälte die Wangen blutrot färbte, als sie sich beim Abschied zärtlich küssten. Schweigend waren sie eine Zeit lang in stillem Einverständnis nebeneinander hergegangen, dann wieder erzählten sie sich ihre Geschichte, kleine Episoden aus ihrem Leben, und ihnen war, als kannten sie sich schon lange. Die Kirche in Kulm – stumme Blicke, wie ein uneingestandenes Gelöbnis – er hielt ihre Hand und sah ihr nur tief in die Augen. Spätestens von diesem Zeitpunkt an wusste sie, dass sie sich verliebt hatte.

Doch sie wollte gegen ihre Gefühle kämpfen. Das alles brachte doch nichts! Als er das erste Mal hier oben in ihrem Zimmer gewesen war, um sie abzuholen, war ihm gleich die Fotografie ihres Verlobten aufgefallen, die in einem Silberrahmen neben ihrem Bett stand. Warum hatte sie, als er fragte, wen das Bild darstellte, gelogen und so gleichmütig wie möglich geantwortet: »Das ist mein Bruder.« Gleich darauf bereute sie die kleine Schwindelei. Warum sagte sie nicht die Wahrheit, warum schwatzte sie so dummes Zeug daher? Tief in ihrem Herzen zweifelte sie eben. Sie glaubte Conny einfach nicht. Diese treuen braunen Augen, die sie so faszinierten, sprachen vielleicht nicht die Wahrheit.

Sie stand auf, den Brief in der Hand, ein traumverlorenes Lächeln trat auf ihre Lippen. Ohne es zu merken, ließ Emilia sich seufzend auf die harte Sprungfedermatratze des schmalen Bettkastens niedersinken, den Kopf gedankenvoll gegen das harte Brett lehnend. Magische Worte – willst du mich heiraten? War das wirklich ernst gemeint? Wahrscheinlich konnte er an jedem Finger eine andere haben. Sie hatte es ja selbst gesehen. Er war vielleicht nichts weiter als ein gewöhnlicher Casanova, der die Frauen wechselte wie die Hemden. Sie durfte ihm nicht trauen. Emilias Gedanken schweiften zurück. Jedes Mal musste sie sich ärgern, wenn sie ihm durch Zufall begegnete – immer hatte er eine andere Frau dabei. Und jetzt war wohl sie an der Reihe. Aber nicht mit ihr!

Obwohl sie stolz alle seine Einladungen ablehnte, gab er nicht auf. Das Fest bei der Offizierswitwe war dann der Gipfel gewesen. Das war ihr erstes, ganz zufälliges Wiedersehen. Noch jetzt ließ die Erinnerung ihre Empörung aufflammen.

Ein Essen, eine kleine Feier – denn irgendwie gab es immer noch Reserven –, und die ausgehungerten, wenig verwöhnten Soldaten ließen sich das nicht zweimal sagen. Sie hatte eigentlich gar nicht mitgehen wollen – die Prüfung für das Schwesterndiplom stand an und sie zog es vor, in ihrem Zimmer zu lernen. Doch ihre Zugehfrau, die kleine Martha, ließ nicht locker und bat, sie solle doch auch etwas Abwechslung suchen – und das gute Essen, das gebe ihr genügend Kraft für die Prüfung! Schließlich ließ sie sich überreden, trödelte jedoch so lange mit dem Umziehen, bis Martha ungeduldig im Zimmer erschien. »Hören Sie, ich bin verabredet und der Soldat wartet jetzt schon eine Viertelstunde auf der Straße. Sind Sie denn noch nicht fertig?«

Aus ihren Büchern, in die sie sich vertieft hatte, fuhr Emilia hoch. »Doch, doch, ich komme gleich!« Sie zog sich eilig ein Kleid über und bürstete ihre Haare, die sie in der Hast nur an der Stirn mit einem Kamm zurücksteckte und offen über die Schultern fallen ließ.

Als die beiden Frauen auf die Straße traten, fiel die hübsche Martha, ein schwarzhaariges, üppiges Temperamentbündel, dem Wartenden um den Hals. Emilia blieb diskret stehen und schaute zur Seite. Wäre sie doch gar nicht mitgegangen, so als drittes Rad am Wagen bei einem Liebespaar! Als der Soldat sich lächelnd umwandte und sie hochsah, erstarrten beide.

Seit der Bratkartoffel-Episode hatten sie sich nur noch von weitem gesehen. Emilia fühlte unangebrachte Wut in sich aufsteigen. Schon wieder dieser Kerl! Er wechselte die Frauen wohl ständig und jetzt war es auch noch Martha! Wie peinlich! Musste er ihr denn überall über den Weg laufen?

Der Soldat reichte ihr mit eingefrorenem Lächeln die Hand und unterbrach Martha, die ihn vorstellen wollte, mit den Worten: »Ich glaube, wir kennen uns schon.«

Die junge Schwester warf hochmütig den Kopf in den Nacken und sah ihn mit eisiger Miene von oben bis unten an. »Nicht dass ich wüsste«, betonte sie nachdrücklich.

Eine unangenehme Pause entstand, die die lebhafte und ahnungslose Martha mit einem lustigen Auflachen überbrückte. »Unsere Emilia ist so abweisend, wie sie schön ist. Sie lässt alle Verehrer auflaufen – und ist nur ihrem Verlobten treu. Es war ein schweres Stück Arbeit, sie zum Mitkommen zu überreden.«

Von den Erinnerungen überwältigt, ließ Emilia den Brief sinken und fröstelte in der kalten Stube. Und jetzt – jetzt wollte derselbe Mann sie heiraten!

Laute Schreie draußen im Hof ließen sie zusammenzucken und rissen sie aus ihren Gedanken. »Die Russen, o Gott, sie kommen! Sie haben alle umgebracht, meine ganze Familie, das Haus angezündet … Ich bin weggelaufen!«

Mit dem Brief in der Hand ging Emilia zum Fenster, öffnete es und schaute hinaus. Eine Verrückte, durchgedreht. Kein Wunder, das passierte oft. Bleierne Müdigkeit lähmte ihre Hand, als sie das Fenster wieder schloss. Was auch kam, was auch immer geschah, sie brauchte ein wenig Schlaf, es war unmöglich, sich weiter aufrecht zu halten. Draußen schoben sich die Trecks unablässig voran, es war kein Ende in Sicht. Aber sie musste auf jeden Fall bleiben und abwarten, bis auch die letzten Schlitten mit Verletzten an die Wagen gebunden waren. Bei dieser schweren Arbeit konnte man sie sowieso nicht brauchen. Ihre Zeit würde kommen, bei der Begleitung des Trecks, und dafür musste sie Kräfte schöpfen. Nur ein paar Minuten, ein wenig Ruhe – mit diesem Vorsatz warf sie sich – angezogen, wie sie war, und nachdem sie den Brief unter ihre Bluse geschoben hatte – auf das Bett und sank im nächsten Moment in den tiefen Schlaf völliger Erschöpfung.

V. Kapitel

Höllentrip über das Eis der Weichsel

Der Fluss lag wie ein bleicher weißer Schatten in der Morgendämmerung, während sich am Horizont der Himmel rötlich färbte und einen klaren Sonnenaufgang verhieß. Leichte Nebel erhoben sich über der halbzerstörten, verlassenen Stadt, von der man in der Ferne deutlich die Spitzen der Türme erkennen konnte. Schon um diese frühe Stunde bewegte sich ein unaufhörlicher Zug weiter zum Fluss, warteten unzählige Kutschen, Schlitten und Fahrzeuge aller Art in der Schlange, um noch über die feste Eisbrücke hinüberzukommen, solange sie hielt. Wieder würden sich wahrscheinlich die gleichen Szenen abspielen wie in den vergangenen Tagen, wenn fassungslose Zuschauer am Ufer mitansehen mussten, wie in der Hast, das andere Ufer zu erreichen, ganze Wagen zwischen den tückischen Bruchstellen des Eises versanken, ohne dass man den Insassen noch helfen konnte. Auch heute würden vielleicht wieder Pferde, die bei einem falschen Schritt von der glitzernden Eisfläche glitten, wild werden und mitten auf dem Fluss einbrechen, würden Planwagen, Menschen und ihre Habe gnadenlos mit sich reißen. Wie ein Spuk versank dann das Ganze gluckernd in den eisigen Fluten, die sich unter der dünnen Schneedecke verbargen, und wurde, ohne dass jemand es verhindern konnte, flussabwärts hinweggeschwemmt.

Die Pumpen, die neues Gefrierwasser über die Eisbrücke sprühen sollten, um sie zu festigen, waren schon am Werk, als die erste Gruppe Soldaten erschien, die abkommandiert war, den Übergang zu leiten.

Das Gesicht des jungen Soldaten Conny trug heute einen

entschlossenen Ausdruck. Er wollte nicht so lange warten, bis sie, eingeschlossen in der Festung, dem Verderben und dem nahenden Feind endgültig preisgegeben waren. Längst hatte er erkannt, dass sie diesen Endkampf, in dem die verbleibenden Mannschaften krampfhaft die Stellung halten sollten, schon verloren hatten. Sie würden in letzter Instanz nur noch als Kanonenfutter dienen. Das hieß nicht, die Kameraden im Stich zu lassen; hier ging es um Leben oder Sterben, für eine Sache, hinter der er nicht mehr mit all seiner Einsicht stehen konnte, ein Kampf, der aussichtslos, ja ein Himmelfahrtskommando war. Eine unbestimmte Ahnung in seinem Innern, die Stimme, die ihn bisher immer in gefährlichen Situationen gewarnt hatte, sagte ihm, er müsse weg, so schnell wie möglich, so bald wie möglich. Das Spüren einer direkten Gefahr hatte ihn fast die ganze Nacht nicht schlafen lassen. Er kannte diese Unruhe, diese merkwürdige Vorahnung, die ihm bisher noch jedes Mal das Leben gerettet hatte.

Sein dicker Ledermantel bot ihm Schutz vor der Kälte, aber viel mitzunehmen war nicht möglich gewesen. So oder so, ob man ihn nun auf der anderen Seite aufgriff und erschoss oder ob er die Chance haben würde, sich zum nächsten Bataillon in der Tuchler Heide durchzuschlagen – er musste es riskieren. Willi wollte mit ihm fliehen. Schnaufend bewegten sich die Soldaten ohne ein Wort durch den tiefen Schnee, der die Festung umgab, und suchten mit zusammengekniffenen Augen den Horizont ab. Es gab keine neuen Meldungen, nur Gerüchte, der Russe sei nicht mehr weit. Aber auch der Feind schwankte in seiner Überzeugung, wo und in welcher Stärke und Anzahl sich sein Gegner befand; er war nur fest entschlossen, ihm die deutsch-polnischen Gebiete wieder abzunehmen, ihn einzuschließen und zu vernichten. Man belauerte einander und der Tag schien nicht fern, an dem es zum entscheidenden Kampf kommen würde.

Durch Blicke und Gesten verständigten sie sich, als sie die ersten Wagen, die die Brücke passieren sollten, mit einer Handbewegung durchließen. Andere drängten sich, als hätte man nicht die geringste Zeit zu verlieren, hinter den vorderen nach und das Wiehern der aufgeregten Pferde zerriss die eisige Luft.

»Halt!« Conny sprang vor. »Ihr seid ja verrückt! Seht ihr denn nicht, dass ihr euch gegenseitig vom Weg abdrängt?«

Das verschlossene, verzweifelte Gesicht des Mannes auf dem Bock, dessen Wagen überladen war mit Möbeln und Hausgeräten, gab keine Antwort. »Runter mit den Sachen, aber schnell – der Wagen ist zu schwer!« Das war ein Befehl und Conny setzte die Waffe an. Die Leute drehten einfach durch – sie wussten nicht, dass sie ihr Leben aufs Spiel setzten; die provisorische Eisbrücke trug nur eine gewisse Last und man konnte so gut wie nichts mehr für sie tun, wenn sie einbrachen. Außerdem gefährdeten sie mit ihrem Gewicht die ganze Konstruktion.

Ein Kopfschütteln war die Antwort und das blasse Gesicht einer Frau, deren Kinder sich eng an ihren Körper pressten, lugte ängstlich aus der Ansammlung von Gegenständen hervor, die bis zum Bersten auf das wacklige Gefährt aufgeladen waren. Ein alter Mann, dessen weißes Haupt- und Barthaar sich kaum von seinem leichenblassen Gesicht abhob, hielt die Hand seiner Frau, die halb hingestreckt und anscheinend krank auf einem alten Fell am Boden der Kutsche lag. »Wir sind sieben Personen – wir brauchen die Sachen!«, rief der Mann und machte Miene, auf den Soldaten, der sich ihm in den Weg gestellt hatte, zuzusteuern.

»Stehen bleiben! Es ist verrückt, so auf das Eis zu fahren!« Conny wagte es nicht, einen Warnschuss abzugeben. Das würde die Pferde toll machen und er konnte den Wagen nicht daran hindern, in voller Fahrt auf die Eisfläche zu rutschen. Der Kutscher hatte aus Angst, man könnte ihm sein Hab und Gut wegnehmen, die Pferde mit der Peitsche aufs

Äußerste angetrieben und das Gefährt schlingerte mit den rutschenden Pferden auf die Seiten der abgesteckten Brücke zu. Stumm, die Augen in blankem Entsetzen aufgerissen, dann aufgeregte Schreie ausstoßend, sahen die Insassen der Kutsche dem Manöver zu, wagten es aber nicht, sich dem Oberhaupt der Familie entgegenzustellen. Den beiden Alten schien alles egal zu sein. Der Weißbärtige sah nicht einmal auf; mit gesenkten Lidern das Kreuzzeichen auf der Brust schlagend, warf er nur einen kurzen Blick zu seiner Frau hinüber, die mit geschlossenen Augen reglos auf dem Fell lag. »Hüh, he!« Der Kutscher versuchte wie von Sinnen die Pferde einzufangen, die den Boden unter sich wanken fühlten und blind vor Angst lospreschten, das voranfahrende Gefährt bedrängend, das jetzt ebenfalls aus dem Gleichgewicht geriet.

Die Soldaten traten zurück. Es war zu spät, man konnte die Leute nicht davon abhalten, ins Verderben zu rennen. Den ganzen Tag über gab es Dutzende solcher Situationen. Mochten die unüberlegten Insassen sehen, wie sie davonkamen.

Ängstlich hielt der nachfolgende Treck an, die Situation beobachtend. Die beiden Wagen schleuderten mit den sich aufbäumenden Pferden über das Eis. In der Nacht hatte es sehr gefroren, aber noch hatten sie nicht einmal die Mitte des Flusses erreicht; vielleicht war das Glück auf ihrer Seite und das Eis am Rand hielt dem Gewicht stand. Die Pferde des vorderen Gefährts, erschreckt durch die Schreie und das Gerumpel hinter ihnen, zogen an, als müssten sie sich ebenfalls beeilen, das andere Ufer zu erreichen. Sie spürten die Unsicherheit des glitschigen Bodens, das Gluckern des Wassers um sie herum; und das Rauschen der offenen Stellen verdoppelte ihre Angst.

Schon hatten die beiden Wagen die Mitte des Eises erreicht, doch in diesem Augenblick rutschten die großen Räder des hinteren, voll beladenen Anhängers und er sackte umkippend seitlich in die unbefestigten Regionen. Das Eis brach und der Wagen drehte sich um seine eigene Achse, während die Pferde blind ins Leere liefen. Ein dumpfes Knacken erfüllte die Luft und die verzweifelten Schreie der Mitfahrenden, vermischt mit dem Wiehern der Pferde, von Zügeln und Geschirr festgehalten, gellten über den Fluss. Die Mutter mit den beiden Kindern versuchte aus dem halb umgekippten Wagen zu springen, der langsam einsank. Hilflos streckte der Kutscher die Arme nach ihnen aus, der Alte bekreuzigte sich ein weiteres Mal und der Wagen versank mit den Pferden und allem, was sich darin befand, erst langsam und dann immer schneller in den kalten Fluten, die sich wie ein Schlund über der glitzernden Fläche geöffnet hatten und Mensch und Pferd, Wagen und alles, was sie von ihrer Habe retten wollten, in ihren eisigen Sog zogen.

Hilflos hatten die Soldaten und der Zug der wartenden Wagen dem Drama, das sich zu schnell und zu weit draußen ereignete, zugesehen, ohne eingreifen zu können. Jeden Tag spielten sich ähnliche Szenen auf der Weichsel ab. Obzwar gewarnt, waren die Leute zu unvernünftig oder wurden Opfer ihrer nervenschwachen Pferde.

»Zurückbleiben!« Vor Angst wie erstarrt, den stummen Schrei des Entsetzens in der Kehle schauten die Menschen auf den wartenden Wagen über den Strom, dessen eisige Schollen sich teilten und sich über Mensch und Pferd, Möbeln und Säcken, den Resten einer ganzen Existenz, unerbittlich schlossen. Doch es half nichts, sie mussten denselben Weg nehmen, wenn sie hinüber wollten, denn hinter ihnen lauerte eine kaum geringere Gefahr. Hier hatten sie wenigstens eine Chance, die letzte, dem noch größeren Schrecken zu entrinnen – der Gefangenschaft und Willkür des Feindes, Folter und Mord. Die Berichte von Grausamkeiten, Verstümmelungen und Vergewaltigungen machten die Runde und geisterten in allen Köpfen.

Conny hob den Arm und stellte sich mitten auf den mit

einem Seil abgesperrten Zugang zum Strom vor die Andrängenden. »Halt, nicht weiter! Zurück!« Zum Teufel, es war zum Verzweifeln – die Leute lernten nichts oder wollten nichts lernen. »Zu stark beladene Wagen zurück!«, schrie er den Ankommenden entgegen. »Ihr seht doch, dass ihr damit nicht rüberkommt! Alles runter! Das Eis trägt nicht. Wir lassen niemanden mehr durch mit großem Gepäck!« Er packte seinen Karabiner, sicherte das Maschinengewehr, das er unauffällig mitgenommen hatte, obwohl er es zu diesem Einsatz eigentlich nicht brauchte, und stand drohend vor der Absperrung.

Hinten in der Kolonne begannen einige Bauern zögernd Ballast abzuladen; dumpfes Murmeln erhob sich und Säcke fielen in den Schnee. Abschätzend ließ Conny seine Blicke über die wartenden Wagen gleiten. Alle Arten von fahrbaren Untersätzen waren darunter, klapprige Bauernkarren mit Planen, geräumige Kutschen mit Gespannen und einfache Kastenwagen, die Gepäckschlitten mit sich führten. »Alle schweren Gegenstände abwerfen!«, schrie er den Wartenden an. Er sah zu Willi hinüber und machte ihm ein Zeichen, mit dem Kopf auf einen der kleineren Wagen deutend, die in der Schlange warteten. Es war einer jener leichten, von einem untersetzten Pferdchen gezogenen Panjewagen, mit einer simplen Feldplane bedeckt, der zwei kleine, an der Hinterachse angebundenen Schlitten zog, die ein paar sperrige Möbelstücke, eine Art Tisch und Kommode transportierten. »Die Möbel runter!«, schrie er, auf die Seite tretend. »Niemand kommt durch, der überladen ist.« Er trat näher an den Kameraden heran und flüsterte: »Schau dir den gut an! Den nehm ich mir! Und du dir den nächsten. Die kommen leicht rüber!« Mit einem Ruck machte er die Leine los und ließ das nächste Gefährt, das ungeduldig wartete, passieren.

Das Eis knackte bedrohlich, als die Wagen sich auf die unsichere, von Schnee bedeckte Fläche begaben, doch der Treck rollte wieder regelmäßig voran. Als der Panjewagen erschien, der auf seinen ausdrücklichen Befehl einen Teil seiner Last entladen hatte, warf sich Conny auf einen der beiden Schlitten, die hin und her schlingerten, und legte sich, als wäre es das Selbstverständlichste auf der Welt, flach unter die Plane, die ihn zur Hälfte bedeckte. Der Bauer, der sich auf den Weg und die schmale Eisbrücke konzentrieren musste, hatte nur einen Augenblick Zeit, sich erstaunt nach seinem neuen Fahrgast umzudrehen. Conny machte ihm ein Zeichen und rief: »Ich muss rüber – fahr zu! Die Kameraden drüben sollen abgelöst werden.« Hinter sich sah er aus den Augenwinkeln Willi, der es ihm im Anfahren der anderen Karren gleichtat, sich ebenfalls auf einen Schlitten warf und unter die Plane duckte.

Die Kameraden, mit der Betätigung der Eispumpen, dem Abladen und Sichern der Brücke beschäftigt, hatten noch nicht bemerkt, dass jemand fehlte. Langsam holperte der Panjewagen über die kristallene, rutschige Oberfläche, verloren zwischen den großen Gefährten, die sich dicht hintereinander langsam vorwärts bewegten.

Es war ein höchst ungemütliches Gefühl, so mitten auf dem blanken Eise, das unter den Rädern knackte und sich zu verschieben schien, wie auf einer gläsern wirkenden, transparenten Schicht dahinzurollen, neben sich gluckernde Wasserpfützen und in der Mitte aufragende Reste versunkener Wagen. Die Sonne war hervorgebrochen; das Glitzern des Eises blendete die Augen und die Landschaft, in die die Biegung des Flusses eine gleißende Silberader hineinschnitt, war von unschuldiger, überzuckerter Schönheit. Raureifbedeckte Bäume am Ufer säumten ungleichmäßig die Ufer, sie streckten ihre schneebestäubten Äste gen Himmel, der von reiner, glasklarer Bläue schien. In der Ferne, auf dem Hügel tauchte das Burggemäuer auf, wie ein Märchenschloss aus alter Zeit, umgeben von dichtem Tann, dessen Nadeln von brillant aufleuchtenden Kristallen besetzt schien. Alles war von atemberaubender, unschuldsvoller und friedlicher

Schönheit und nichts sprach von der Gefahr, der dunklen Drohung, der Verfolgung des unerbittlichen Feindes, von den Entbehrungen, vom Verlust der Heimat und vor allem von der Tücke des einbrechenden Eises und der würgenden Angst, die über allem lag. Niemand hatte auch nur einen Blick für die tragische und poetische Schönheit der Naturkulisse. Jetzt ging es um nichts anderes mehr als darum, das nackte Leben zu retten.

Eine plötzliche Stille war eingetreten und nur das Ächzen der Räder, das Knallen der Peitsche und das dumpfe Trappeln der Pferdehufe war zu vernehmen, als hielten Mensch und Tier auf den Wagen für eine Weile den Atem an. Die Fahrt schien kein Ende zu nehmen und hinter ihnen drängten die nachfolgenden Gespanne, deren Pferde kaum zu bändigen waren, nach.

Als sie die Mitte des Flusses erreicht hatten, an dem versunkenen Gefährt vorbei, von dem Teile der Ladung in einen offenen Stromteil geschwemmt waren, hörte Conny hinter sich laute, aufgeschreckte Rufe, die Hühs und Hes eines Kutschers, seine Flüche und das Quietschen der Räder, die sich aberwitzig auf der glatten Eisfläche zu drehen begannen. Pferde wieherten in aufkommender Panik, mit der sie die vorderen ansteckten. Der ganze Zug geriet in unheilvolle Bewegung, wie eine Welle, die sich über die schmale, abgesteckte Eisrampe mitzuteilen schien, und schon hatten sich wieder zwei der Wagen gerammt und gegenseitig über den gesicherten Boden hinausgeschoben. Als Conny sich umwandte und zurückblickte, sah er schaudernd, wie mit einem scharrenden Krachen die Räder des abgedrängten Wagens einsanken, dessen Pferde sich in heller Angst, keinen festen Boden mehr unter den Hufen zu haben, hoch aufbäumten. »Weiter!«, schrie er dem verdutzten Fahrer seines Panjewagens zu, der seinem ungebetenen Fahrgast einen feindlichen Blick zuwarf. »Nicht stehen bleiben, verdammt noch mal!«

Unruhige Bewegung verbreitete sich über den ganzen

Treck, dessen Fahrt jetzt durch den quer gestellten Wagen blockiert war, und von überall konnte man spitze Angstschreie der Frauen und Kinder vernehmen, die sich schon wie der vorherige Unglückswagen in den eisigen Fluten untergehen sahen. Jetzt rutschte auch der leichte Panjewagen, dessen stämmiges Pferdchen sich von der Nervosität der anderen hatte anstecken lassen, und geriet ebenfalls über die Absperrung. Der Schlitten schlingerte in wilden Sprüngen hin und her und kollerte über die holprigen Eisschollen, die halb auf dem grauen Wasser des Stromes trieben und deren grausames Glitzern in der fahlen Wintersonne zu sagen schien: »Ihr entkommt mir nicht. Wir werden uns über euch schließen, in einem eiskalten, nassen Grab, als wäret ihr niemals da gewesen!« Bereit, notfalls abzuspringen, hielt sich Conny an dem wie verrückt nach allen Seiten schlenkernden Schlitten fest. Doch der leichte Wagen, von einem bedächtigen Kutscher gelenkt, gewann wieder Boden und erreichte die feste Fläche erneut. Hinter ihm schien das Inferno loszubrechen. Wagen kippten, verkeilten sich ineinander, Pferde stürzten, galoppierten mit ihrer Last auf die freie, dünne Eisfläche des Flusses, brachen ein und versanken mit der verzweifelten Besatzung in der unsichtbar strömenden Wasserfläche, die sich unter der nur scheinbar tragfähigen Schicht des bläulich schimmernden Eises verbarg. Schreckliche Schreie zerrissen die Luft und Todesangst malte sich auf den Gesichtern der Menschen, die von den fließenden, schaurig kalten Fluten sofort hinabgezogen und weggeschwemmt wurden. Sie wussten, dass sie auf keinerlei Hilfe mehr hoffen durften. Mindestens drei Wagen, die hinter ihm fuhren, hatten die rettende, gesicherte Furt verlassen und zwei davon waren mit allem, was sich darin befand, in der Tiefe versunken. Der dritte blockierte umgestürzt, mit halb eingebrochenen Rädern, die Durchfahrt für die anderen. Panik begann sich im hinteren Bereich auszubreiten, während die vorderen, starr und angstvoll geradeaus blickend, ihren

Weg fortsetzten, immer auf der Hut, dass ihnen nicht das gleiche Schicksal beschert würde.

Conny richtete sich auf und starrte mit zusammengekniffenen, von der Sonne geblendeten Augen auf das Drama und fühlte sich dem grausamen Schicksal gegenüber unendlich hilflos, weil er außerstande war, den Ertrinkenden zu helfen. Es gab kaum eine Möglichkeit, einem einmal Eingebrochenen zu Hilfe zu kommen. Aber jetzt sah es so aus, als würde durch den Tumult und die Blockierung die ganze mühsam erzeugte Eisbrücke zerstört. Damit wären nicht nur einige, sondern Tausende von Menschen verloren, die in der Hoffnung den Fluss erreichten, noch auf die andere, vielleicht rettende Seite zu kommen. Es musste etwas geschehen. Die Kameraden am anderen Ufer konnten die Gestürzten nicht erreichen, aber er – er konnte doch hier, an dieser Stelle, der Katastrophe nicht tatenlos zusehen!

Hinter ihm, im Stau der umgekippten großen Kutsche, erhob sich neues Geschrei. Doch um den Weg wieder frei zu machen, musste der Wagen ins Wasser geschoben werden. Die Insassen konnten dann, entweder zu Fuß oder von den anderen aufgenommen, ihren Weg über die glatte, trügerische Schneefläche fortsetzen.

Während all diese Überlegungen durch seinen Kopf gingen, hielt sich der junge Soldat mit aller Kraft auf dem hin und her rutschenden Schlitten fest. Er hatte keine Ahnung, was mit Willi geschehen war, der sich einige Wagen hinter ihm befinden musste und von dem er hoffte, dass er nicht zu den Versunkenen gehörte. Aber war nicht der Krieg so? Musste nicht jeder selber sehen, wie er sich fortbrachte? Ein grausames Rezept, das Überleben um jeden Preis, der Weg rechts und links von Opfern gesäumt. Die Hilfeschreie der Frauen und Männer gellten in seinen Ohren, bis er es nicht mehr aushielt. In diesem Moment wusste er, dass er nicht anders handeln konnte.

Mit einem Satz sprang er von seinem Schlitten, der wie

ein wild gewordenes Tier, hin- und herbockend durch die schneller gewordene Fahrt, über die Eisschollen rumpelte. Hinter ihm, ganz nahe, die geifernden Pferde, die, Schaum vor dem Maul, fast auf der Stelle galoppierten. Diese Fluchttiere konnten im Augenblick der Angst nicht ruhig verharren, und wenn sie sich auch ins Verderben stürzten. Keuchend ergriff er die Zügel der schlingernden, viel zu großen Kutsche und fasste den Pferden in die Nüstern, um sie zum Halt zu zwingen. Ein großer Brauner blieb mit dem Huf in einer Eisspalte hängen und brach in die Knie, den rasenden Lauf der anderen stoppend. Tollkühn warf sich Conny auf den Wagen, kletterte über die schreienden Insassen und sprang auf der Rückseite wieder hinab. So sich von Wagen zu Wagen hangelnd, langte er endlich bei dem eingebrochenen Gefährt an. Der eher ärmliche Karren hing, schon halb auseinander gerissen, zur Hälfte im Wasser und blockierte mit dem anderen sperrigen Teil seiner Rückwand den Weg. Die Räder hingen halb in der Luft, die gesamte Habe der Leute, in Säcke verpackt, lag ringsum verstreut auf dem Eis. Der unglückliche Kutscher war mit dem Vorderteil des Gefährts ins Wasser gestürzt und klammerte sich krampfhaft an ein Stück Holz des Wagens; er kämpfte verzweifelt in den eisigen Fluten, die ihn mitzureißen drohten. Sein weißes Gesicht mit offenem Mund, dem sich nicht einmal mehr ein Schrei entringen konnte, trieb wie ein Ball auf dem Loch im Eis, das der Wagen gerissen hatte. Seine Frau und die Tochter, ein junges blondes Mädchen, hatten sich auf den hinteren Teil gerettet; sie jammerten ununterbrochen, riefen alle Heiligen um Hilfe an und streckten die Hände nach dem Vater aus.

Conny überlegte nicht lange, riss eine Planke aus den Trümmern und setzte vorsichtig einen Fuß auf eines der Wagenräder, selbst in Gefahr, mit allem, was da war, zu versinken. Der Wagen schwankte. Vorsichtig zerrte er das raue Brett hinter sich her, während es unter ihm bedrohlich zu schaukeln begann und das Eis verdächtig ächzte. »Schluss, aufhören, lasst ihn doch! Der ist nicht mehr zu retten!« Wildes Gemenge und aufgeregte Rufe waren hinter ihm zu vernehmen, in die sich die spitzen Hilfeschreie der Frauen mengten, die sich bedrängt fühlten. »Da ist ja doch nichts mehr zu machen. Die ganze Eisbrücke wird einstürzen und wir werden alle mit untergehen!«, riefen aufgebrachte Männer, die nicht vor und nicht zurück konnten, im Rücken der Kolonne. »Lasst den Mann, er ist verloren. Weiter, sonst gehen wir alle mit unter! Schiebt den Wagen ins Wasser. Alle anpacken!«

Der Soldat sah sich nicht um, unter sich nur das Knirschen des Eises und die trügerisch glasige Oberfläche, die unvermutete Löcher verbarg, unter denen das Wasser und die Strömung gurgelten. »Keine schnellen Bewegungen – langsam heraus«, ermutigte er die beiden Frauen, die gehorchten und vorsichtig nacheinander über die Rückwand des Wagens kletterten. Das junge Mädchen rutschte in letzter Minute auf dem glitschigen Holz aus, fiel zurück und brachte den Wagen dadurch in gefährliches Trudeln. Vom Schreckensschrei der Mutter und gleichzeitig von jähem Überlebenswillen getrieben, bäumte sie sich wieder auf und nach zwei Ansätzen gelang es ihr, endlich das tragende Eis zu erreichen. Schwer atmend, mit bläulichen Lippen von der schier übermenschlichen Anstrengung und der Kälte des Wassers blieb sie bäuchlings liegen. Die Mutter half ihr auf und schloss sie in die Arme, den Vater nicht aus den Augen lassend; der immer noch gegen den eisigen Strom, der ihn zu verschlingen drohte, ankämpfte. Vorsichtig hangelte sich Conny über das vordere Rad, das halb im Wasser hing und mit einem leichten Ruck ein Stück nachgab, als er es betrat. Jetzt streckte er die Planke langsam über die Wasseroberfläche und der Mann, dessen Kräfte im Eiswasser sichtlich nachließen, versuchte verzweifelt, sie zu erreichen und zu packen.

Hinter Conny hatte die Unruhe der auf der Eisbrücke Blockierten zugenommen. Wilde Rufe erhoben sich, Drohungen wurden ausgestoßen, jeder sah sein eigenes Leben und das seiner Familie in Gefahr. Wenn man noch länger in dieser Lage verbliebe, würden alle untergehen. »Aus dem Weg! Wir wollen weiter – wenn es nicht anders geht, mit Gewalt! Wir haben keine andere Chance mehr. Die Pferde drehen durch! Den Wagen ins Wasser! Schiebt ihn zur Seite!«, hallte es aufgeregt mit vielen Stimmen hinter ihm. Ein paar Männer kamen näher und machten Anstalten, den Wagen samt dem Soldaten in die Weichsel zu befördern. Conny, der mit dem Holzstück fast den Eingebrochenen erreicht hatte, richtete sich auf, als er die zu allem Entschlossenen sah, die schon die Fäuste ausstreckten, um die Reste des Karrens aus dem Weg und ins Eiswasser zu befördern. »Halt!«, schrie er donnernd, als er in die vor Angst und Verzweiflung weit aufgerissenen Augen der Männer sah; er packte seinen Karabiner und legte ihn an. »Wer näher kommt, ist als erster im Fluss.«

Die Männer wichen einer nach dem anderen zurück, doch die Planke war ihm bei der abrupten Bewegung aus der Hand geglitten, über das Eis gerutscht und trieb auf den Ertrinkenden zu, der nicht wusste, ob er es wagen sollte, den Wagen loszulassen und das Holz zu ergreifen. Mit einem letzten verzweifelten Schrei warf er sich auf die Planke und Conny beugte sich weit über das letzte Wagenrad, das mit einem hässlichen Geräusch bedrohlich splitternd einsank.

»Vater!« Ein verzweifelter, lang gezogener Schrei entrang sich in diesem Moment der Kehle des jungen Mädchens, das bisher tatenlos und unbeweglich vor Angst am äußersten Rand der Eisbrückenabsperrung gestanden hatte. Sie stürzte vor und streckte dem Soldaten verzweifelt die Hände entgegen. »Retten Sie ihn, um Gottes willen, retten Sie ihn!«

VI. Kapitel

Nächtlicher Spaziergang im Schnee

Im Kulmer Kloster, das kaum noch jemanden von den neu Ankommenden aufnehmen konnte, weil es auf Gängen und Fluren und bis in alle Ecken hinein völlig überfüllt war, gingen die Vorbereitungen weiter, die Alten und nur leicht Verletzten auf Schlitten zu lagern, die man an die Wagen des nicht enden wollenden vorbeiziehenden Trecks anband. Nicht immer waren die Besitzer, die ihre gesamte Habe mit sich führten, damit einverstanden; aber der Arzt Dr. Michelsen, ein besonnener Mann mit besonderer Autorität, wusste manchmal auch einen gewissen Zwang anzuwenden, denn fast jeder hatte Alte und kleine Kinder dabei, die medizinischer Hilfe bedurften und zu behandeln waren. Ein großer Transporter des Roten Kreuzes, deutlich sichtbar mit dem weltbekannten leuchtenden Symbol gekennzeichnet, war als rollendes Lazarett mit allen notwendigen Instrumenten ausgestattet und mit Medizin bepackt. Ein paar von den ganz schwer Verwundeten fanden darin noch Platz und der Wagen sollte sich, neu betankt und beladen, sobald wie möglich auf den Weg machen. Treffpunkt und Station war fürs Erste ein anderes Kloster, Sankt Marien, das auf der gegenüberliegenden Seite der Weichsel lag. Der Sanitätswagen würde dort auf die Schlitten mit den Flüchtlingen und Verwundeten warten, die sich, so Gott wollte, an dieser Stelle wieder zusammenfänden.

Nach den paar Stunden Schlaf, die sie sich gegönnt hatte, arbeitete die junge Schwester unermüdlich. Sie wechselte Verbände, spendete Trost, streichelte Kinderwangen, verteilte Medizin und gab Spritzen. Doch die Medikamente wurden knapp – der Nachschub blieb aus und immer mehr musste eingespart werden. Dr. Michelsen beobachtete sie kritisch aus den Augenwinkeln; er bewunderte ihren Einsatz und war beeindruckt, dass die Soldaten ihr so bedingungslos vertrauten, als hätte sie unsichtbare heilsame Kräfte.

Immer neue Verletzte wurden eingeliefert; das Lazarett füllte sich im gleichen Maße, wie es sich durch die Transporte leerte. Beunruhigende Nachrichten über die Lage an der Front zwangen den Arzt und seine einzige Schwester zu unermüdlicher Hast. Wenn sie es nicht fertig brachten, das Kloster so schnell wie möglich zu räumen, würden sie selbst in Gefahr sein und im schlimmsten Fall in Gefangenschaft geraten. Die Unsicherheit war bedrückend. Wartete der Russe wirklich schon am anderen Ufer der Weichsel? Von welcher Seite würde er kommen? Waren sie schon eingeschlossen und konnte man sie vielleicht sogar noch in der Tuchler Heide abfangen und gefangen nehmen? Manche der passierenden Flüchtlinge berichteten von Bedrohung und Gräueltaten in der Nähe von Kulm, denen sie knapp entronnen waren. Dort sollten aber auch noch deutsche Soldaten die Stellung halten und dem Feind nach den neuesten Meldungen große Verluste zugefügt haben. Alles schien widersprüchlich. Selbst die Soldaten konnten nicht sagen, wo der sowjetische Gegner wirklich stand, von wo genau er angriff. Was war die Wahrheit, wie sah die Situation wirklich aus? Niemand wusste es genau und Hitler, mehrfach totgesagt, rief immer wieder zum Durchhaltung und zur Verteidigung auf. Doch keiner glaubte mehr an einen Sieg. Jeder hatte jetzt nur den einen Gedanken: weiter, fort gen Westen, in Sicherheit, vorwärts, in die unbekannte Zukunft.

Langsam leerte sich endlich das Kloster, obwohl der Flüchtlingsstrom nicht abriss. Selbst die Schwerverwundeten wurden nicht mehr aufgenommen und man versuchte sie, so gut es ging, einigen mitleidigen Bauern anzuvertrauen, die man gleich hinter dem Rotkreuz-Wagen fahren ließ, mit dem Versprechen, dass sie sich, am anderen Ufer der Weichsel angekommen, ihrer Last sofort wieder entledigen könnten. Gott würde es ihnen lohnen. Schließlich waren alle Verletzten auf die Schlitten gebettet und wie beim vorigen Mal machte Emilia mit dem Arzt einen letzten Inspektionsgang durch das verlassene Kloster. Alles war durcheinander, aber aufzuräumen lohnte sich nicht. Wenn der Russe käme, würde er sowieso alles zerstören.

Als Letzte setzte sich Emilia auf den Wagen eines Bauern mit mürrischem Gesicht, der einen Schlitten mit Schwerverwundeten ziehen sollte, die ständige Betreuung brauchten. Der Arzt fuhr mit einem der Sanitätstransporter voraus. Der Tag war bitterkalt, aber sonnig und Neuschnee glitzerte auf dem Weg, als die Schlitten vorwärts rumpelten – eine Tortur für die Kranken, denen jeder Stoß, jede Erschütterung unsagbare Schmerzen bereitete. Emilia verfügte nur noch begrenzt über Schmerzmittel und musste sparsam damit umgehen. Dr. Michelsen entschied, als letztes Mittel der Wahl Morphium zu geben. Sie versuchte den Kranken Mut zu machen, damit sie durchhielten, bis sie beim Sankt-Marien-Kloster waren, wo es Ablösung und Nachschub an Medikamenten geben sollte.

Doch die Wirklichkeit sah anders aus. Schon in der ersten Stunde starben in ihrer unmittelbaren Nähe drei Verwundete und ein Kind. Man legte sie einfach an den Weg, denn für Begräbnisriten war die Zeit zu knapp, der Boden zu hart gefroren und die Angst vor dem Feind zu stark. Nur weiter, immer weiter, das war die Devise. Tote Kinder, von ihren Eltern an den Straßenrand gelegt, säumten in trister Regelmäßigkeit den Weg. Mit müdem, abgestumpftem Blick streifte Emilia diese traurigen kleinen Gestalten, deren kurzes, unschuldiges Leben der Krieg so grausam beendet hatte. Warum gab es dieses Leid? Die ewige, nie beantwortete Frage brannte in ihrem Herzen. Warum mussten selbst diese unschuldigen Wesen leiden? Dostojewskis Roman »Die Brüder

Karamasow«, den sie in ihren Mußestunden, als die Situation noch nicht so ernst war, gelesen hatte, kam ihr in den Sinn, die Stelle, in der es hieß, wenn auch nur ein Kind in der Welt unsinnig leiden muss, so kann diese Welt nicht gut sein. Dieser Aufschrei der gequälten Seele, diese Frage nach dem »Warum?« erfüllte ihr ganzes Wesen und ihr Herz, das sich immer wieder gegen das Schicksal aufbäumte, um dann in müder Resignation zusammenzusinken, um ihre Pflicht zu tun. Sie selbst war ja noch so jung, hatte vom Leben noch nicht allzu viel gesehen, seit die Flucht aus Mariowka, dem kleinen rumänischen Dorf, sie und ihre Eltern der Existenzgrundlage beraubt hatte.

Um sich in all dem Schrecken rundherum nicht in die Düsternis der Depression zu verirren, verlor sie sich, während die weiße, glitzernde, doch monotone Landschaft vorüberglitt, in Tagträumen. Wie schön war ihr das Dasein noch vor kurzem erschienen, obwohl es Krieg war, obwohl sie ihre Heimat verlassen musste und das Schicksal ihres Vaters, ihrer Brüder ungewiss war, die ein Vaterland verteidigen sollten, das bereits verloren war – Volkssturm-Reservisten, letztes Aufbäumen. War diese rauchende, halb zerstörte und verlassene Stadt, in der sie etliche Jahre als Schwester verbracht hatte, wirklich der Ort, über dem ein unnennbarer Zauber gelegen hatte, in dem sie für eine Weile so unsagbar glücklich gewesen war? Dasselbe Kulm ihrer Erinnerung, in dem sie sich nach langem Sträuben endlich doch zu einem Spaziergang mit jenem Soldaten, der die Frauen zu wechseln schien wie die Hemden, überreden ließ, und der, ohne dass sie es zunächst merkte, ihr ganzes Leben veränderte? Lange hatte sie sich gegen seine Annäherungsversuche gewehrt, ein wenig halbherzig, zugegebenermaßen, doch in dem festen Gefühl, ihrem Verlobten Siegfried, der jetzt auch irgendwo an der Front kämpfte, treu sein zu müssen. Doch immer wieder hatte das Schicksal sie und Conny auf irgendeine Weise zusammengeführt.

Sie hörte das Gläserklirren, das Lachen der Gäste, die groben Witze der Soldaten auf dem Fest bei der Witwe eines hohen Generalmajors und meinte die raucherfüllte, zigarettendurchtränkte Luft zu spüren. Dort gab es alles, was in diesen mageren Zeiten normalerweise nicht zu kaufen war: Zigaretten, Alkohol, einen kräftigen Braten, Süßigkeiten und vor allem Champagner, den sie nie zuvor getrunken hatte und der ihr beim ersten Schluck so merkwürdig in den Kopf stieg und alle dunklen und sorgenvollen Gedanken darin auslöschte. Vor ihr, genau gegenüber, saß der junge, gut aussehende Soldat, der sie mit ernstem, nachdenklichem Gesicht unentwegt ansah. Er war ziemlich schweigsam und kümmerte sich, wie bei Bratkartoffel-Pelzer, wenig um seine Begleitung Martha. Durch den Nebel des Zigarettenrauchs, in der behaglichen Atmosphäre, die nach einem guten, lang entbehrten Essen entsteht, spürte sie mit wachsender Beunruhigung, dass jedes Mal, wenn sie aufsah, seine Augen sich mit den ihren trafen und dass jeder dieser tiefen Blicke ihr einen merkwürdigen Stich ins Herz gab. Es war ihr peinlich, dass Martha, die sie zur Teilnahme an diesem Fest überredet hatte, ein so enttäuschtes Gesicht machte und sich richtiggehend vernachlässigt fühlte. Sie mochte das Mädchen gern und wollte ihr nicht wehtun. Eine ungewohnte Verlegenheit hatte sie ergriffen, besonders als einer der Offiziere, der neben ihr saß, ihr auffällig und unverhohlen den Hof machte. Mit vom Alkohol gerötetem, animiertem Gesicht sagte er ihr die galantesten Komplimente und redete unentwegt auf sie ein, während sie von ihm abrückte und überhaupt nicht zuhörte.

Man war zu Schnaps und Likör übergegangen und immer wieder wurde eingeschenkt, kreiste die Flasche. Emilia, die niemals trank, sah sich verlegen vor bereits zwei wohl gefüllten Schnapsgläsern sitzen und der Offizier hob sein Glas und prostete ihr zu. Zögernd nahm sie das Glas und nippte daran, im selben Augenblick vor dem scharfen Geschmack, der ihr im Hals brannte, zurückweichend. »Trinken Sie, schöne Schwester, trinken Sie! Trinken ist vergessen!« Der Offizier rückte näher, beugte sich zu ihr und sein alkoholgetränkter Atem streifte sie. Emilia ließ wie unabsichtlich die Serviette fallen und ihr Nachbar bückte sich eilfertig, um sie aufzuheben. In diesem Moment ergriff sie ihr Glas, schob es langsam mit fragendem Blick über den Tisch und tauschte es mit dem leeren ihres Gegenübers. Ein amüsiertes Lächeln erhellte die ernsten Züge Connys, er nickte ihr verschwörerisch zu, prostete unmerklich und setzte das Glas an die Lippen. Wieder wurde nachgeschenkt, kreiste die Flasche und Emilia lächelte dem aufdringlichen Offizier gezwungen zu, seinen Arm abwehrend, den er um ihre Schultern zu legen versuchte. Kaum jemand bemerkte den ständigen stummen Austausch der Gläser zwischen den beiden und Conny spürte nur, wie der doppelte Schnapskonsum ihm die Sinne benebelte. Sein Freund Willi hatte sich ans Piano gesetzt und klimperte unverdrossen drauflos. Eine junge Frau mit weit ausgeschnittenem rotem Pullover lehnte sich lässig gegen das Instrument, die brennende Zigarette verrucht zwischen den Lippen. Sie begann, mit ihrer tiefen, rauchigen Stimme zu singen, und plötzlich war alles still und man hörte ihr wie gebannt zu. Es war ein Lied, das alle kannten:

> »Vor der Kaserne,
> vor dem großen Tor,
> steht eine Laterne
> und steht sie noch davor,
> so wolln wir uns da wieder sehn,
> bei der Laterne wolln wir stehen ...
> wie einst Lili Marlen,
> wie einst Lili Marlen.«

Den Refrain sangen jetzt alle mit. Die melodische Stimme mit dem heiseren Timbre fuhr fort:

Unsre beiden Schatten
sehn wie einer aus,
dass wir so lieb uns hatten,
das sah man gleich daraus …«

Die junge Frau spürte den Blick des Soldaten ihr gegenüber unverwandt auf sich ruhen und als sie einmal die gesenkten Lider hob, trafen sich wie mit einem elektrischen Schlag erneut ihre Blicke.

»… wenn sich die späten Nebel drehn,
an der Laterne will ich stehn,
wie einst Lili Marlen,
wie einst Lili Marlen«,

brüllte der Chor. Der Offizier neben Emilia rückte noch näher und verdoppelte seine Annäherungsversuche.

Die junge Frau erhob sich ganz plötzlich, auf ihre Armbanduhr sehend. »Ich habe in ein paar Tagen Prüfung«, sagte sie entschuldigend in die Runde, aber niemand hörte ihr zu, alle waren sie in den Sog der Melodie und des Refrains gezogen, der immer wiederholt wurde. Nur ihr angetrunkener Nachbar versuchte, sie wieder auf ihren Platz zu ziehen. »Was soll 's, schöne Frau – du wirst die Prüfung bestehen. Wer in deine Augen sieht, der ist doch schon gesund!«, lallte er und fasste sie um die Hüften. Emilia machte sich energisch los. »Ich bringe Sie nach Hause, reizendes Kind.« Der Offizier erhob sich, ebenfalls schwankend, doch die Schwester, in seinen Augen die Enthemmung des Alkohols lesend, wehrte ab. »Danke – auf gar keinen Fall. Mein Verlobter wartet draußen.«

»Schei…!«, fluchte der Offizier unfein und ließ sich schwer auf seinen Sitz fallen. »Dann beim nächsten Mal, Süße.«

»Möchten Sie noch etwas von dem Marmorkuchen, Major von Buchenstein? Ich habe Ihnen extra ein Stück aufgehoben.« Die Gastgeberin, eine ausnehmend hässliche Dame mit lückenhaften, schiefen Zähnen, einer stumpfen Nase und wulstigen Lippen, beugte sich lächelnd über den Angesprochenen und ihre dünnen aschblonden Locken fielen, strähnig von der Hitze des Raumes, aus der ondulierten Hochfrisur. Man umwarb und umschwärmte sie nicht wegen ihrer Schönheit und noch weniger wegen ihrer Intelligenz, sondern einzig und allein deswegen, weil sie eine unerschöpfliche Quelle von Lebensmitteln und Alkohol besaß, mit der sie bei ihren Einladungen recht großzügig umging. Bei ihr konnte man sich einmal richtig satt essen und so hatte diese von der Natur Vernachlässigte immer eine Schar Verehrer um sich, die sich um ihre Gunst und vor allem um die Essen, die sie gab, rissen. Der Major wandte sich der Gastgeberin schwerfällig mit einem breiten Grinsen zu und ließ seine Hand wie zufällig über ihren üppigen Busen gleiten. Schmunzelnd neigte sie sich ihm zu und flüsterte ihm etwas ins Ohr. Er zog sie herab und mit einem kreischenden Lachen schmiegte sie sich eng an ihn und nahm den Platz Emilias ein.

Vor der Tür schlug der Schwester die eiskalte, klare Schneeluft des Winters entgegen und einige verlorene Flocken zerschmolzen auf ihrem Gesicht. Fröstelnd hüllte sie sich in den warmen, innen mit schwarzem Pelz gefütterten Wendemantel und zog ihn fest um die Schultern. Es war ein elegantes Stück, das sie noch aus den vergangenen Zeiten in Mariowka besaß und den sie sich nach ihrer Fa Gon modisch umgearbeitet und mit einem flauschigen Fuchskragen besetzt hatte. Auch ein passender Muff und eine Mütze aus dem gleichen Pelz gehörten dazu. Die reine Winterluft wirkte nach dem qualmigen, überheizten, mit allen möglichen Ausdünstungen durchsetzten Gemisch in der Stube wie eine Reinigung, die Gehirn und Gedanken durchdrang. Tief atmete Emilia den frischen Hauch ein, den der Wind ihr entgegentrug. Von drinnen klang erneut das Lied:

»… wie einst Lili Marlen,
wie einst Lili Marlen.«

Als sie sich umwandte, sah sie hinter sich einen Schatten auftauchen. »Ich würde Sie gerne nach Hause bringen«, sagte Conny höflich und mit belegter Stimme, »wenn Sie es erlauben – und wenn ich nach dieser Menge von Schnäpsen noch dazu imstande bin.« Er schwankte tatsächlich in diesem Moment und musste sich am Türrahmen festhalten, seinen Fuß zurückziehend, den er schon auf die Stufen gesetzt hatte. »Sie mögen vielleicht eine schlechte Meinung von mir haben« – er zögerte verlegen, als er ihre abweisende Miene sah –, »ich meine, was die Frauen betrifft; aber glauben Sie mir, das war eigentlich nur eine Verkettung unglücklicher Zufälle. In Wirklichkeit …«

»In Wirklichkeit geht mich das alles gar nichts an«, gab Emilia kühl zurück und zog ihren Kragen hoch. »Ich bin verlobt, wie Sie wissen, und kann ganz gut alleine heimgehen. Bilden Sie sich nur ja nichts ein – nur weil Sie meinen Schnaps getrunken haben, müssen Sie sich nicht um mich kümmern. Im Übrigen glaube ich, dass eher Sie jemanden bräuchten, der Sie nach Hause begleitet.«

Bei dem Versuch, möglichst aufrecht die Treppe hinunterzugehen, verlor er, eine Stufe übersehend, den Halt und stolperte über seine eigenen Füße.

»Hoppla!« Sie konnte ein kleines Auflachen nicht unterdrücken und streckte noch rechtzeitig die Hand nach ihm aus, an der er sich krampfhaft festhielt. Einen Augenblick sah sie ganz nahe seine rehbraunen Augen vor sich und der Vertrauen erweckende, sanfte und fast hilflos wirkende Blick unter dem zerwühlten, in leichten Wellen in die Stirn fallenden Haarschopf, den er ihr sandte, machte sie ein wenig unsicher. Ein Frauenverführer, wie er im Buche steht, schoss es ihr durch den Kopf. Ich muss Acht geben, dass ich nicht auch auf ihn hereinfalle – auf die treuherzige Art, mit der er die Frauen erobert, um sie dann wahrscheinlich gleich wieder fallen zu lassen. Die anderen hatten sie schon gewarnt. Ein stilles Wasser, eine ruhige, schüchtern scheinende Art, hatten sie gelacht, genau das ist seine Masche, mit der er alle fängt. Schnell ließ sie los, riss ihre Hand aus der seinen, als hätte sie sich verbrannt.

Conny, selbst mit vom Alkohol benebeltem Kopf, fühlte sich verwirrt von dem rätselhaften Blick aus den eiskalt scheinenden Bergseen dieses großen blaugrünen Augenpaars unter langen, dunklen Wimpern und fein gezeichneten Brauen, die vom ersten Moment an eine Tiefe zu haben schienen, die er nicht zu ergründen verstand. Was mochte hinter diesem kühlen Blick, der klaren Stirn und dem abweisenden Ausdruck stecken? Drinnen in der Stube, als sie ihm den Schnaps hinüberschob, hatte er eine kurze Sekunde geglaubt, Wärme und Zärtlichkeit darin zu erkennen, einen Ausdruck, der ihn gebannt und hypnotisiert hatte und den er immer wieder darin suchte. Das Lächeln ihres fein modellierten Mundes, dieser schönen, vollen Lippen, die den so abweisend blickenden Augen für einen Moment unvermutete Wärme verliehen, hatte ihn fasziniert. In dieser Minute sagte eine warnende Stimme in ihm: »Halt, Vorsicht! Diese Frau wird gefährlich für dich! An der sind schon viele zerschellt.« Er hatte ein unbestimmtes Gefühl dafür. Aber ihre Kratzbürstigkeit und Abwehr reizten ihn ohne Zweifel. Mit resignierendem Zucken um die Mundwinkel und jenem gespielt melancholischen Ausdruck in den dunklen Augen, der jedes Mal unwiderstehlich auf seine Freundinnen wirkte, wollte er sich abwenden. »Entschuldigen Sie. Aber ich will Ihnen natürlich nicht lästig fallen.«

Emilia schien ihm nicht zuzuhören. Ihr schönes Profil zeichnete sich in der blassen Helligkeit der Vollmondnacht wie aus Marmor gemeißelt vom Dunkel des Himmels ab, dessen leichte Wolkenfetzen flackernde Schatten auf ihre Züge warfen und ihrer ernsten Miene eine klassische Trauer und Ernsthaftigkeit aufprägten. »Wie schön Sie im Mondlicht sind – Sie sehen aus wie eine russische Gräfin, romantisch in einen schwarzen Pelz gehüllt«, stieß Conny hervor und starrte sie wie gebannt an.

Die sekundenlange Stille, die nach diesen schwärmerischen Worten eintrat, wurde durch das Klappen der Tür und lärmendes Stimmengewirr aus der Stube gestört. Die junge Schwester schien aus ihren sorgenvollen Gedanken aufzuschrecken. »Die Luft tut so gut«, sagte sie, wie von weit her kommend, »aber ich muss jetzt unbedingt heim.« Tief einatmend packte sie ihre Tasche fester, die sie niemals aus den Augen ließ. »Es ist ja schon spät.«

»Nein, noch nicht, gehen Sie nicht! Ich sehe, dass Sie traurig sind«, rief Conny ernüchtert und zog sie in den Schatten des Hauses, als ein grölender Gast sich auf den Heimweg machte. »Diese wundervolle Vollmondnacht – wenn Sie wüssten, wie herrlich die Weichsel bei diesem Licht aussieht! Lassen Sie uns ein wenig an den Fluss hinuntergehen, nur um zu reden – oder auch zu schweigen, wenn Sie wollen – oder nur, um den Schein des Mondes über dem glitzernden Eis zu betrachten. Ich verspreche Ihnen, das ist ein unvergesslicher Anblick, der der Seele gut tut …«

»Nein«, unterbrach ihn Emilia mit einem leichten Schwanken in der Stimme, »ich habe wirklich keine Zeit. Morgen muss ich ausgeruht meinen Dienst tun. Und außerdem – meine Prüfung …«

»Das wird Ihren Kopf frei machen! Nie mehr wieder wird es eine solche Nacht geben. Sie und ich, die klare Luft, der Duft kommenden Schnees liegt darin – der seidige Schimmer über der Eisfläche der Weichsel …«

Emilia lachte auf. »Sie sind ja geradezu poetisch! Nun gut, überredet! Ein paar Schritte werden uns vielleicht gut tun.«

Der Soldat nahm ihren Arm und sie gingen die Straße entlang und bogen hinter den Häusern in den schmalen Weg zum Flussufer ein. Als sie die Biegung des breiten Stromes erreicht hatten, zeigte sich ihnen ein atemberaubender Anblick. Der Mond erhellte die Szene mit seinem weißen Licht, das in den Zweigen der gefrosteten Äste der Uferbäume glitzerte und sich auf der ungleichmäßig in Partien gefrorenen Oberfläche der Eisschollen brach. Dazwischen leuchteten matte Schneeflächen weiß in samtiger Kühle vor der Silhouette des dunklen Himmels, an dem in eiliger Hast flüchtige Wolkenfetzen dahinzogen. Es war fast windstill, man spürte nur einen leichten, eisigen Hauch, der den unnachahmlichen Duft kommenden frischen Schnees mit sich brachte. Ein seltsamer Zauber lag auf dem einsamen Fluss und die beiden Spaziergänger schritten langsam und schweigend durch den knirschenden Schnee, als wagten sie nicht, die Magie des Augenblicks durch Worte zu brechen. Am Horizont zeichneten sich die dunklen Umrisse des unbekannten anderen Ufers ab und Emilia schauderte plötzlich vor der Ahnung ungewissen Unheils, das dieser Krieg noch bringen würde.

»Wie lange bleiben Sie eigentlich in Kulm?«, durchbrach Conny die Stille, in der sie Arm in Arm, eingehüllt vom silbrigen Glanz der Mondnacht, schon eine Weile ohne etwas zu sagen gingen und nur ihre rhythmischen Schritte auf dem hart gefrorenen, pulvrigen Untergrund knirschen hörten. Langsam begannen einige leichte Schneeflocken zu fallen, die schwerelos durch die Luft tanzten und sich wie sprühende Edelkristalle auf die dunklen Haare Emilias setzten.

Sie zuckte die Schultern. »Nach meiner Prüfung werde ich vielleicht vom Roten Kreuz versetzt – und dann muss ich mich schweren Herzens von meinen Eltern trennen, die vorläufig auf einem fremden Hof angesiedelt sind. Sie haben die Anstrengungen der Flucht noch nicht ganz überwunden. Mein Vater ist nicht gesund – er ist Asthmatiker, aber er will sich nicht behandeln lassen. Man weiß nicht, wie es weitergeht. Glauben Sie, dass wir den Krieg noch gewinnen können?« Sie wandte ihm ihr blasses, in diesem Moment verletzlich scheinendes Gesicht in banger Frage zu und in diesem Augenblick hatte sie alle abwehrende Selbstsicherheit, die sie sonst wie ein Panzer umgab, verloren.

Connys Mundwinkel zuckten. Der in großen Mengen genossene Schnaps verlieh ihm trotz der leichten Ernüchterung in der Kälte eine Art Schweben über der Situation, ein Gefühl der Unwirklichkeit, die über den Rausch hinausging und in der er ewig so hätte weiterschreiten können, am Arm dieser ihn faszinierenden Frau, am Ufer des Flusses in einer Mondlandschaft, die mit ihrem Märchenzauber sein Herz berührte. Wie wäre es, immer so mit ihr zu gehen – in eine neue Zukunft hinein? Was konnte ihn jetzt noch berühren, aus der Ruhe bringen, gar ängstigen? Ihm schien plötzlich das Leben leicht, unbeschwert und frei. »Wir werden es schaffen, so wie wir es bisher geschafft haben. Hitler wird siegen, so wie er immer gesiegt hat. Man darf sich durch eine Niederlage nicht entmutigen lassen. Der Glücksstern ist trügerisch – einmal leuchtet er und man gewinnt mühelos, dann wieder versteckt er sich, und nur, wenn man ängstlich zurückweicht, ist man verloren. Er wird sich uns wieder zeigen, da bin ich sicher!« Seine Stimme, ein wenig verlangsamt durch den Alkohol, war lauter geworden und er begleitete seine Worte mit energischen Gebärden.

»Nein. Ich glaube nicht mehr daran, an seine Worte, an seine Versprechungen«, murmelte Emilia mit trauriger Resignation, »und es gibt viele, die so denken. Das Attentat – die Offiziere, die es verübt haben, wussten vielleicht mehr als wir.«

Conny sah sie mit glänzenden Augen an, in denen die alte Begeisterung schimmerte, mit der er in den Krieg gezogen war. »Im Gegenteil! Sie waren feige und Hitler hat überlebt! Wie durch ein Wunder – eine Fügung! Darum müssen wir weiterkämpfen.«

»Lassen Sie uns über etwas anderes reden! Der Abend ist zu schön, als dass wir ihn mit Problemen verderben sollten.« Emilia, die auf einer Eisplatte ausgerutscht war, stützte sich auf seinen Arm und er zog sie leicht an sich, wie um sie zu halten. Diesmal wehrte sie sich nicht und sie schritten langsam voran, während vereinzelte Flocken auf ihren Gesichtern zu schmelzen begannen. Wie einst Lili Marlen… Musikfetzen klangen in ihrem Kopf und die leichte Melodie verfolgte sie. Sie begann sie leise vor sich hinzusummen. »Wissen Sie eigentlich, dass ich Gitarre spiele? Meine Mutter und ich, wir haben oft zusammen gesungen, sie hat eine wunderbare Altstimme.«

Er nickte und sah sie nur an. Die unwirkliche und romantische Atmosphäre dieses einsamen Spaziergangs am Ufer der Weichsel hatte sie ganz gefangen genommen und Conny schien es, als ginge er wie in einem Traum, neben sich die in einen Pelz gehüllte Märchenprinzessin, die ihm von Zeit zu Zeit ihr makelloses Profil zuwandte und ihn anlächelte. Die Kälte hatte ihre Wangen belebt und gerötet und ihre Augen, die ihre Zurückhaltung zu verlieren begannen, erwärmten sich und nahmen den Glanz der Winternacht an. »Was machen Sie eigentlich, wenn Sie nicht für das Vaterland kämpfen?«

Ein lautes Stöhnen und Rufe hinter ihr auf dem rumpelnden Schlitten rissen Emilia aus ihren Träumereien in die Wirklichkeit des nebelverhüllten Wintertages zurück. Sie schaute nach hinten, ihre halb abgestorbenen Finger in dem viel zu dünnen Handschuh bewegend. »Schwester, Schwester! Bitte anhalten! Helfen Sie mir!« Die Stimme, von Stöhnen erschüttert, klang brüchig, kläglich und schwach.

Emilia machte dem Fahrer ein Zeichen, der sich weigerte anzuhalten. »Wir werden aus der Kolonne kommen«, erwiderte er mürrisch, »und wer wird uns dann wieder hineinlassen? Das gibt eine Verzögerung, die uns vielleicht das Leben kostet. Sie jagen uns doch schon und sind hinter uns!«

»Um Gottes Barmherzigkeit willen, halten Sie an!«, fuhr die junge Schwester den beleibten Mann an. »Wenn das Ihre Frau oder Ihr Kind wäre … Wir kommen alle rechtzeitig zum Übergang und dort müssen wir sowieso warten. Sehen Sie, dort, da stehen schon alle!« Sie deutete auf die leichte Krümmung, in der von dem niedrigen Hügel aus der Fluss sichtbar wurde. »Wir können sowieso nicht alle auf einmal hinüber.«

»Aber dann werden wir die Letzten sein. Ich bleibe nicht stehen!«, fuhr der Bauer sie an und schnalzte den Pferden zu, um sie zu schnellerem Schritt anzutreiben. »Ich muss auch an meine Familie denken. Wir werden ja auf jeden Fall zum Stehen kommen, wie man sieht, aber nicht als Letzte. Ich fahre nicht raus!«

Die Schwester schüttelte den Kopf. Es gab Leute, die kannten kein Mitleid! Was sollte sie machen? Die junge Frau des Bauern, eingehüllt in dicke Decken, ihre kleine Tochter dicht an sich gedrückt, warf ihr einen bösen Blick zu und starrte weiter stumpfsinnig vor sich hin. Ihr schien alles gleichgültig zu sein. Die Rufe aus dem Schlitten wurden schwächer und sie schrie hinüber, um das Rütteln des Wagens zu übertönen: »Halten Sie durch! Wir sind gleich am Ufer und dann kümmere ich mich um Sie!«

Die lange Schlange der Wartenden tauchte vor ihnen auf und der Wagen kam zum Stillstand. Mit einem wütenden Blick streifte Emilia den Kutscher, der ärgerlich und ungerührt vom Stöhnen der Verletzten auf die Ansammlung der verschiedensten Gefährte, der Karren, Kutschen und Planwagen starrte. »Das habe ich nun davon, dass ich mir die Kranken aufbinden hab lassen! Wir könnten schon längst drüben sein! Werden doch alle krepieren – was nützt es? Und jetzt noch mit dieser Bagage über den Fluss …« Sein missmutiges Murmeln ging in seinem breiten Bart unter, als er mit mitleidlosem Blick die vor Kälte schlotternden Kranken streifte, an denen sich die Schwester, Medikamente und

Verbandszeug auf der grauen Decke ausbreitend, eilig zu schaffen machte.

Die russische Armee schien in unerbittlichem Zangengriff weiter vorzurücken, während zu den deutschen Soldaten kaum mehr geordnete Nachrichten über die Lage durchdrangen. Es waren nur Bruchstücke, die sie erfuhren, Fetzen von Gerüchten, offizielle Verlautbarungen, die sich unglaubhaft anhörten, Mund-zu-Mund-Propaganda, an der nichts sicher schien. Durchhalten – das war die einzige Parole, die noch zählte. Die Russen gewannen trotzdem Stück für Stück die vormals eroberten Gebiete zurück und zwangen die Divisionen der Heeresgruppe Mitte, immer weiter zurückzuweichen. Der letzte Verzweiflungsversuch, die Ardennenoffensive im Westen, mit 75 000 deutschen Soldaten, unter denen sich die Reserve der ganz Jungen und der Alten befand, war gescheitert. Im Osten konnte der Einsatz von neuen Düsenjägern und schnellen Raketenwaffen die Erfolge der sowjetischen Armee, die waffenmäßig durch die Amerikaner ungeheuer aufgerüstet schien, nicht aufhalten. Der Glücksstern sank unaufhörlich – die Welt war gewonnen, jetzt verlor man sie Stück für Stück wieder, in schmerzlichem, unerbittlichem Ringen, immer noch in der Hoffnung auf eine glückliche Wendung. Ostpreußen und Polen, zuerst so schnell und glorios eingenommen, schienen endgültig verloren und der noch frische Hass der vorher all ihrer Güter beraubten Besiegten war gewaltig. Aus dem Verfolger war ein Verfolgter geworden; das Rad hatte sich gedreht und war nicht aufzuhalten. Der Siegesruf »Deutschland über alles! Ein Volk – ein Führer!« erstickte in den Kehlen. Das Schlimme war, dass die Berichte unvollständig waren, dass immer wieder Hoffnung aufflammte, das Blatt könnte sich noch wenden – dass man nicht wusste, wie hoch die Verluste waren und ob man in Wirklichkeit schon eingekesselt und jeder Widerstand daher sinnlos war. Kämpfen bis zum letzten Blutstropfen, wie Hitler sagte – würde das jetzt, in dieser Situation, noch etwas nützen? Schon zu viele hatten diese Parole geglaubt und waren gefallen – ein Meer von Toten, die sinnlos sterben mussten. Wollte man dieses letzte Opfer noch bringen? Keine andere Frage stand in den bleichen, abgezehrten Gesichtern der ausgebrannten Soldaten und lähmte ihre Widerstandskraft, mit der sie ihr Letztes zu geben bereit waren.

Zu diesem Zeitpunkt, ohne es zu wissen nicht weit von Emilia, kämpfte Conny um das Leben des im Eis Eingebrochenen. Er hatte sich mit einem kurzen Ruck an der Hand des Mädchens über das halb eingesunkene Wagenrad wieder auf festen Boden gebracht, doch die Planke war ins offene Wasser getrieben und man sah den Mann sich noch eine geraume Weile daran klammern, im tödlichen Eiswasser bereits zu unterkühlt und zu schwach, um nach Hilfe zu schreien; und plötzlich, ohne einen weiteren Laut, war sein rundes, vor Entsetzen weißes Gesicht einfach von der glitzernden Wasserfläche verschwunden.

Der Wagen rutschte jetzt mit einem scharrenden Knirschen langsam schaukelnd ganz vom Eis ab und brach durch die dünnere Oberfläche. Ein Schrei, ein wildes Schluchzen entrang sich der Brust der beiden Frauen – doch es erstickte im Entsetzen, nicht nur ihr ganzes Hab und Gut, sondern auch den Vater wie in einem Alptraum im gluckernden Wasser verschwinden zu sehen.

Die anderen Flüchtlinge, selbst von einem ähnlichen Schicksal bedroht, schienen für eine Weile den Atem anzuhalten. In das dumpfe Schweigen der Angst mischte sich das erneute Anrollen der Räder und das Aufwiehern der Pferde. Conny, der sich – bedauernd, nicht mehr helfen zu können – von dem grausamen Schauspiel abgewendet hatte, drängte sich zu Fuß an den anderen vorbei. Er wollte seinen Panjewagen einholen. Die beiden Frauen verlor er aus den Augen – irgendein Wagen würde sich ihrer wahrscheinlich mitleidig angenommen haben.

Die Fahrt stockte noch einige Male, wenn sich Pferde weigerten weiterzugehen, aber langsam kam man doch voran und das Ufer rückte in greifbare Nähe. Atemlos lief er neben und hinter den vorausfahrenden Wagen her, von Zeit zu Zeit besorgt seine Stiefel und die Lappen prüfend, mit denen er zum Schutz vor Erfrierungen seine Füße umwickelt hatte. Glücklicherweise nahm das eingefettete Leder kaum Feuchtigkeit auf und er riss sich ein Stück seines Unterhemdes heraus, um die mit Absicht zu weiten Stiefel auszupolstern.

»Hier!« Eine alte Bäuerin auf einem Holzkarren, die ihn beobachtet hatte, warf ihm einen wollenen Schal zu und bekreuzigte sich mehrere Male: »Komm herauf zu uns! In Christi Namen, du hast ein gutes Werk getan. Die arme Frau, das arme Mädchen! Gott wird es dir lohnen!« Sie murmelte angstvoll ein Gebet und zog sich das Kopftuch übers Gesicht, um nicht rechts und links die offenen, tückisch spiegelnden Wasserstellen zu sehen, die die Pferde scheuen ließen. Dankbar stieg Conny auf den Bock und setzte sich neben den Bauern, der gleichmütig an seiner kalten Pfeife sog und kein Wort sprach, die Augen auf den Boden gerichtet.

Der Zug rollte nun schon eine Weile ohne Zwischenfall vorwärts, und obwohl das Pferdchen auf jedes Krachen des Eises mit einem leichten Satz reagierte, konnte der Bauer es gut im Zaum halten. Doch je näher man dem Ufer kam, umso mehr steigerte sich die Unruhe, nicht schneller voran zu können, dem Fluss immer noch auf Gedeih und Verderb ausgeliefert zu sein. Würde die Eisbrücke bis zuletzt halten? Es hatte in den vergangenen Tagen mehrfach getaut und man sah, dass es nicht mehr lange dauern würde, bis dieser Übergang endgültig versperrt war. Mensch und Tier waren bis zum Äußersten angespannt.

In der zur Festung erklärten Stadt Graudenz traf endlich die lang erwartete 83. Infanterie-Division ein. Sie sollte dort die Stellung halten und bekam weitere Verstärkung. Ein Ersatzbataillon »Hermann Göring« sowie vereinzelte, versprengte Soldaten, die es geschafft hatten, sich bis hierher durchzuschlagen, waren ebenfalls angelangt. Es war höchste Zeit. Auch die Soldaten unter dem Kommando von Lehnbergs, die eisern in der halbverfallenen Burg ausgeharrt hatten, konnten sich nun mit einer gewissen Erleichterung den anderen anschließen.

Es war klar, dass die Stadt nunmehr geräumt, die Bevölkerung evakuiert werden musste; doch nicht alle Bewohner waren zu bewegen, alles im Stich zu lassen. Zweitausend Deutsche blieben zurück. Der starke Rückhalt, den Generaloberst Guderian schon im Herbst ostwärts des Flusses aufgebaut hatte, und die Munitionslager verschiedener Kaliber am Truppenübungsplatz Gruppe machten den Soldaten vorübergehend Mut. Doch der Gegner schlief nicht und konstruierte für sich am Westufer der Weichsel eine Eisbrücke nach dem gleichen Muster, um überzusetzen und von dort aus die deutsche Front über Schwetz in Richtung Norden in die Richtung des Truppenübungsplatzes zu drücken. Es sah schlecht aus für Graudenz. Gegen einen Beschuss von zweieinhalb russischen Divisionen und fünfzig Batterien waren selbst die tapfersten Soldaten machtlos. Sollte die Stellung weiter gehalten werden oder nicht?

Generaloberstleutnant Fricke erhielt ein Fernschreiben Himmlers, des Oberbefehlshabers, dass eine Genehmigung zum Verlassen der Festung Graudenz ab jetzt unmöglich sei – sie müsse bis zum letzten Mann verteidigt werden. Unruhe machte sich daraufhin unter den Soldaten breit und die Sicherheitsvorkehrungen wurden nach dem Ausbruch einiger Leute zunächst weiter verschärft.

Das Verschwinden Connys und Willis aus dem anderen Regiment war durch die verschiedenen versprengten Einheiten gar nicht ins Gewicht gefallen. Doch die Lage verschlimmerte sich trotz verzweifelten Kämpfens mehr und mehr.

Verletzte Soldaten wurden in die Kasematten der Festung gebracht, wo sie wiederholt von Bombensplittern getroffen wurden. Widerstreitende Befehle Himmlers verwirrten Generalleutnant Fricke. Nun sollte auch noch die 83. Infanterie-Division abgezogen werden – und mit ihr verschwand die Sanitätskompanie. Es herrschte akuter Ärztemangel und ohne Chirurgen konnte man der vielen Schussverletzungen kaum Herr werden.

Man hielt den Rotkreuzwagen mit Dr. Michelsen auf und bat ihn um Hilfe. Aber der Arzt, der in der Chirurgie noch nicht viel Erfahrung gesammelt hatte, stand den Wunden der Soldaten, die schwer verletzt und mit zum Teil ernsten Bauchschüssen in das notdürftig errichtete Festungslazarett gebracht wurden, nahezu hilflos gegenüber. Er hatte mit seinen eigenen Flüchtlingen und Kranken wirklich genug zu tun. So ließ man ihn schließlich mit dem Treck weiterziehen und lud ihm nur einige transportfähige Fälle mehr im eigentlich schon überfüllten Wagen auf.

VII. Kapitel

Trügerische Eisschollen

Emilia überblickte sorgenvoll die sonnig überglänzte, glitzernde Eisfläche des Flusses und bemühte sich, nichts von ihrer steigenden Unruhe merken zu lassen. Nachdem die Wartenden in der Reihe genügend Zeit gehabt hatten, die immer wiederkehrenden Szenen der mit den Schwierigkeiten der Überfahrt kämpfenden Fahrzeuge zu beobachten, rollte der Wagen mit den angebundenen Schlitten, auf denen die Verletzten lagen, langsam und vorsichtig auf das Eis. Die Räder drehten sich knirschend auf dem gefrorenen Boden, der krachte, als wollte er brechen, und stumm fühlte jeder in sich ein hilfloses Ergeben in das Schicksal, das ihn möglicherweise erwartete. Jetzt konnte man nur noch beten. Die Pferde sträubten sich, diese unsichere Oberfläche zu betreten, und der Fahrer, immer noch mürrisch und unzugänglich, fluchte gotteslästerlich, war aber so klug, von seiner Peitsche keinen Gebrauch zu machen. Er sprang geschickt vom Bock, um die Tiere die ersten Meter weit zu Fuß am Geschirr zu führen. Emilia stockte der Atem und die Verletzten hielten ihr Stöhnen zurück, als der Schlitten über die Unebenheiten des Eises polterte. Langsam, stockend, mit immer längeren Pausen, unterbrochen von Zwischenfällen anderer Fahrzeuge, die mit gebrochenen Achsen und durchgehenden Gespannen zu kämpfen hatten, ging die gefährliche Fahrt über die rissigen Schollen voran.

Emilia, von Schwindel ergriffen, der von ihrem leeren Magen herrührte, der seit dem Morgen außer trockenem Zwieback nichts mehr bekommen hatte, wagte kaum ihre Augen zu heben. Sie sah nicht auf, presste nur ihre Rotkreuztasche an die Brust, als wäre dies ihr einziges Gut, das sie zu verteidigen hätte, die Rettung, die sie noch vielen Menschen bringen wollte.

Doch nach einer Weile, vom Gluckern des Wassers an der schwächsten Stelle in der Mitte des Flusses aufgeschreckt, wagte sie es, einen Blick auf die Biegung des Stromes zu werfen, der im glitzernden Sonnenlicht im Glanz einer unbeschreiblichen Schönheit vor ihr lag. Die Natur, wie immer gefühllos gegen all das Elend, das sich in ihr zutrug, hatte sich herausgeputzt und schimmerte in den Strahlen der Mittagssonne, die sich in den Eiskristallen der Bäume und Sträucher und auf der Oberfläche der blauweißen Eisschicht brachen, in lächelnder Mitleidlosigkeit. Die offenen Wasserstellen strömten und gurgelten in tiefblauer, glänzender Unschuld, sie spielten mit den Eisbrocken, als wollten sie sie liebkosen, um sie aufzulösen und hinabzureißen. Am anderen Ufer blendete das Auge der schneeige, samtene Hauch sanfter Hügelflächen, deren Weite sich ins Unermessliche erstreckte und hinter denen sich eine ungewisse Zukunft verbarg. Nichts Böses schien es dort zu geben, eine lockende Ferne, die man nur lebend erreichen musste. Gebannt von dem atemberaubenden Naturschauspiel, das sich vor ihren Augen ausbreitete, vergaß Emilia für einen Moment die gefährliche Lage, in der sie sich befand. Ein brennendes Gefühl des Überlebenwollens, eine Gier nach Schönheit und Lebenslust, ein Aufbäumen aller Kräfte ergriff sie. Der heftige Wunsch zu leben, eine Zukunft zu haben, alles Schlimme zu vergessen, erwachte plötzlich so stark in ihr, dass sie unbewusst die Fäuste ballte. Sie war doch noch so jung, sie musste es schaffen und sie wollte hier nicht zugrunde gehen! Ihr Leben, kaum gelebt, durfte in diesem sinnlos scheinenden Krieg noch nicht zu Ende gehen. Die Welt war trotz aller Grausamkeiten so schön!

Hinter dem Fluss lag die lockende Zukunft – dort gen Westen, vielleicht schon in der Tuchler Heide, würde sie ihre Eltern finden, und wenn sie jedem einzelnen der Flüchtlinge in die Augen sehen musste! Vom Schlitten her kam ein Geräusch, ein gurgelndes Stöhnen, ein halber Aufschrei, der sie wieder in die harte Wirklichkeit zurückriss. Als sie nach hinten sah, erblickte sie einen der Schwerverwundeten, dessen Kopf zur Seite gefallen war und der nach einem Ruck der Räder nun haltlos über den Rand seiner Trage baumelte. Die anderen Verletzten, im Nebel ihrer Schmerzen und im Rütteln des Schlittens, nahmen kaum Notiz von ihm. Er war tot – aber es war unmöglich, jetzt anzuhalten. Sie würde sich später um ihn kümmern und um die Menschen, von denen sie nicht sicher war, ob sie diesen Transport überleben würden.

Überraschenderweise hatte Conny den kleinen Panjewagen am Wegrand wieder entdeckt, als der Kutscher etwas an der Deichsel reparierte. Er ging dem Mann ohne viele Worte zur Hand, so gut es ging, und nahm sich damit das Recht, den Schlitten wieder zu besetzen, da man nach seiner Erfahrung mit dieser zähen Pferderasse und dem leichten Wagen im Schnee am besten vorwärts kam. Ohne es zu ahnen, befand er sich nur eine kurze Wegstrecke von dem Krankentransport Emilias entfernt. Bäuchlings, Munition und Gewehr unter dem dicken Ledermantel verborgen, lag er auf dem kleinen, wackligen Schlitten unter der Plane des Panjewagens, den Kopf in den Armen vergraben, während das stämmige Pferdchen mit müdem Trott durch den Schnee stapfte. Sie hatten es geschafft und die Weichsel lag bereits einige Meilen hinter ihnen. Wiederholt war er in der Monotonie der Landschaft vor Erschöpfung eingeschlafen und bei einem unerwarteten Ruck vom Schlitten gefallen. Der Bauer, immer vorwärts schauend, bemerkte es nicht oder hielt es nicht für der Mühe wert, wegen seines ungebetenen Passagiers anzuhalten. Dann war es mühsam, durch den hohen Schnee das Gefährt wieder zu erreichen, und einige

Male hatte er geglaubt, aufgeben zu müssen, wenn er mit berstenden Schläfen, keuchenden Lungen und bis zum Hals hoch schlagendem Herzen, atemlos von der Anstrengung, die hohen Schneewächte, in die er geschleudert worden war, zu überqueren versuchte und in mühsamem Stapfen und Springen den sich weiter und weiter entfernenden Schlitten erst im letzten Augenblick, als seine Kräfte schon erlahmten, noch erreichte. Seine Rufe verschluckte die dumpfe Watte der Schneeluft, das Rumpeln der Räder; und der Kutscher sah nicht einmal um, krampfhaft im aufgekommenen Nebel den Blick auf den Schatten des Vordermannes geheftet, in der Angst, vom Weg abzukommen, halb erstarrt von der Kälte und der eintönigen und hoffnungslosen Fahrt in eine Zukunft, die so trüb schien wie die Wolken, die nach der morgendlichen Sonnenpracht aufgezogen waren und neuen Schnee verkündeten. Der harte Winter hatte erst spät eingesetzt, nach unablässigen, Schlamm erzeugenden Regenfällen, und im Grunde erst richtig in diesem Januar 1945; nun aber wütete er mit Schnee und Kälte umso schlimmer.

Keuchend gelang es dem Soldaten, sich endlich wieder auf den hin und her rutschenden Schlitten zu werfen, der ihm jedes Mal hohnvoll auszuweichen schien. Diese unerwarteten Zwischenfälle hatten ein Gutes: Durch den angestrengten Lauf, das Kämpfen mit dem Schnee, der die Beine beim Einsinken wie mit Gummi festzuhalten schien, wurde sein Blut in Wallung gebracht und durchpulste die eingeschlafenen Füße, die in den feuchten Lumpen zu erfrieren drohten – ein Schicksal, das er deshalb so fürchtete, weil es ihn beim Marschieren behinderte und er auf der Flucht nicht mehr weiterkommen würde. Beispiele humpelnder Kameraden mit Frostbeulen, die sich nur noch unter höllischen Schmerzen vorwärts bewegen konnten, deren Zehen zuletzt abfaulten oder amputiert werden mussten, hatte er nur zu viele gesehen. Auch wenn er am Abend noch so müde war: Immer zog er seine Stiefel aus, massierte die Füße und wickelte sie in trockene Lappen, während andere, ohne sich auszuziehen, so wie sie waren, erschöpft auf ihr Lager fielen und am nächsten Morgen die unbarmherzige Quittung des abgestorbenen und erfrorenen Fleisches erhielten, das ihnen später, schwarz und entzündet, die grässlichste Pein, wenn nicht gar akute Lebensgefahr brachte.

Langsam begann es zu schneien. Erst fielen nur ein paar Kristalle, doch dann tanzten die Flocken in undurchdringlicher Dichte. Man sah den Weg nicht mehr und das Pferdchen wurde langsamer und langsamer. Es war eines jener muskulösen und strapazierfähigen russischen Tiere, die den Winter und harte Arbeit gewohnt sind. Immer mehr Fahrzeuge mussten anhalten und den Treck verlassen, da ihre Pferde aus Kräftemangel zusammenzubrechen drohten. Die Regelmäßigkeit des Trecks löste sich auf, die Abstände wurden größer und es gab nur noch ein instinktives Weiterfahren auf einem Weg, den man kaum mehr erkennen konnte.

Conny senkte den Blick vor den starren Körpern der am Wegrand einfach abgelegten Menschen, der auf dem Treck verstorbenen Kinder, der Alten, zu deren Begräbnis man keine Zeit hatte und deren Umrisse, halb zugeschneit, am Wegrand einen erbärmlichen und makaberen Anblick boten. Er legte die Plane zum Schutz gegen die heranfegenden Windböen über seinen Körper und klammerte sich fest an das schlingernde Gefährt. Wenn er jetzt noch einmal herabfiele, würde er den Wagen vielleicht im dichten Schneetreiben, bei dem man nur noch einige Meter weit sah, nicht mehr wiederfinden. Er hatte keine Ahnung, wo Willi war – schon vor ihm oder vielleicht noch weit hinter ihm – wenn er nicht gar… Er wagte diesen Gedanken nicht zu Ende zu denken. Auf jeden Fall hatten sie ausgemacht, sich an irgendeinem markanten Punkt in der Nähe des weiten Gebietes der Tuchler Heide, einem Lazarett, einer Burg, einem Gut oder Kloster zu treffen, beide als angeblich Verletzte und von der Truppe Versprengte. Vielleicht konnten sie sich dann zusammen einer neuen Einheit anschließen. Auf der Karte hatten sie gemeinsam ein paar Stellen eingezeichnet, aber es war fraglich, ob sie sich in diesem Wirrwarr der Trecks, der widersprüchlichen Nachrichten über Kampflage und Frontlinie, in dem unwegsamen Gelände überhaupt finden würden. Auf jeden Fall waren sie ein Stück weiter, der Heimat entgegen.

Conny zweifelte immer mehr daran, dass in einem so kräftezehrenden Winter die ausgebrannten Soldaten, schlecht ernährt und von vielen Kämpfen geschwächt, noch irgendetwas gegen die Sowjets bewirken konnten, die plötzlich so übermächtig schienen. Von den Alliierten wurden diese mit unerschöpflich nachgelieferten Waffen und den neuesten Kampffliegern ausgerüstet, während es den Deutschen an allem mangelte. Ostpreußen war verloren, so siegreich und schnell es erobert worden war. Jetzt galt es nur noch, die eigene Haut zu retten, statt, wie Hitler es befahl, durchzuhalten, in sinnlos gewordenem Widerstand.

Wie ein Wunder tauchte plötzlich die Silhouette eines kleinen Dorfes auf. Conny ließ sich vom Schlitten gleiten und marschierte zu Fuß weiter. Er musste zusehen, auch ohne Willi sobald wie möglich irgendwo eine Kompanie zu finden, denn es konnte schlecht für ihn ausgehen, wenn man ihn, so allein im Gelände stromernd, anträfe. Mit Deserteuren wurde kurzer Prozess gemacht, gerade jetzt, da es um die deutschen Truppen so schlecht stand. Er hatte brennenden Durst und sein leerer Magen zog sich schmerzhaft zusammen. Immer auf der Hut vor einem Hinterhalt, einem Bataillon und sogar seinen eigenen Panzerdivisionen, die in diesem Gebiet den Zugang zur Tuchler Heide verteidigten, stapfte er, so gut es ging und immer wieder Deckung suchend, durch den Schnee. »Es wird um jeden Meter Boden gekämpft … Panikmacher und Hasenfüße müssen zum Schweigen gebracht werden!« Der letzte Aufruf des Führers war eindeutig. Connys ausgedachte Geschichte von der versprengten

Einheit und einer Verletzung musste irgendwie glaubwürdig klingen; darum hatte er sich für alle Fälle schon mal aus einem Stück Stoff eine Schlinge für seinen linken Arm angefertigt.

Aus einem kleinen Holzhaus, einer Kate eher, wölkte noch Rauch, die anderen Höfe schienen völlig verlassen. Verhalten klopfte er an die Tür, aber es rührte sich nichts, doch vernahm er von drinnen Geräusche. Ein leiser Singsang war zu hören, schmelzende Töne einer Melodie, von einer zarten Stimme intoniert. Vorsichtig drückte er die Tür auf, die unverschlossen war.

Von der weiß flimmernden Helligkeit des Schneelichts draußen geblendet, nahm er in dem dunklen, rußgeschwärzten Raum zunächst nur die knisternden Flammen einer Feuerstelle wahr. Dann sah er die rabenschwarzen, langen Haare einer knienden Frauengestalt, die, ihm sorglos den Rücken zuwendend, im Feuer stocherte, Holz nachlegte und dabei gedankenversunken, ein deutsches Lied vor sich hinsang. Die gutturalen, halb deutschen, halb russischen Worte mischten sich mit den Tönen der Stimme, hoben und senkten sich selbstvergessen in einer wunderschönen Melodie, die das Herz ergriff.

»... Gold und Silber, Edelstein,
schönster Schatz, ja du bist mein,
ich bin dein, du bist mein,
ach, was kann denn schöner sein ...«

Der Soldat lauschte reglos dem sanften, betörenden Klang und der schönen Stimme, die selbstvergessen auf und nieder stieg.

»Mamutschka!« Der Aufschrei des kleinen Jungen, der in einer dunklen Ecke zu Füßen der alten Großmutter, die eingenickt in ihrem Stuhl schaukelte, mit ein paar Klötzchen spielte und nun mit dem Finger ängstlich auf den Fremden zeigte, riss ihn aus seiner Betrachtung. Die Stimme versagte, das Lied brach ab; die junge Frau hatte sich mit einem Ruck umgewandt und starrte, das Holz in der Hand, wie ein aufgeschrecktes Reh auf den fremden Mann, der verlegen in der Türe stand. Kein Laut war zu hören, nur die Flammen knisterten hell im gemauerten Kamin und beleuchteten die furchtsamen Gesichter der drei Menschen.

»Keine Angst, ich komme als Freund«, versuchte Conny zu lächeln und machte eine beschwichtigende Handbewegung. Im gleichen Moment fühlte er, wie ihn in der dumpfen Luft des überheizten Raums plötzliche Schwäche erfasste; er schwankte, zog mit einem Griff den wackligen dreibeinigen Hocker in seiner Nähe zu sich heran und ließ sich mit einem tiefen Seufzer darauf fallen.

Der Junge war bei dieser abrupten Bewegung zurückgewichen und klammerte sich an die Röcke seiner Großmutter, die blinzelnd die halbblinden Augen geöffnet hatte und mit verwirrtem zahnlosem Lachen auf den Ankömmling starrte. Die junge Frau erhob sich langsam, schüttelte ihre langen Haare und strich die Röcke zurecht, während sie ihn mit einem scheuen, fragenden Ausdruck musterte.

»Ich habe Hunger und Durst.« Er machte eine Gebärde des Essens und Trinkens und ihm war, als könnte er keine Minute mehr warten, als drehte es ihm seine Gedärme, wie von einer eisernen Hand gefasst, im Inneren um. Seine Zunge klebte am Gaumen und er konnte kaum die Worte hervorbringen.

»Ich spreche deutsch. Was willst du?« Die Stimme der jungen Frau, vorher so melodisch, klang jetzt tonlos und hart. »Wir haben nichts!«

Conny überlegte einen Moment, ob er sich mit seinem Karabiner Proviant erzwingen sollte. Doch müde ließ er die Hand, die er schon nach der Waffe ausgestreckt hatte, wieder sinken. Es würde keinen Zweck haben, sich bei dieser schutzlosen Frau etwas mit Gewalt zu holen. In vielen verlassenen Häusern gab es genug Vorräte, wie er aus Erfahrung wusste. Er würde sich Schneewasser schmelzen und irgendwo anders etwas zu essen finden. Das war immer noch besser, als sich jetzt auf einen sinnlosen Streit mit zwei hilflosen Frauen und einem Kind einzulassen. Müde erhob er sich, versetzte dem Hocker einen Tritt und wandte sich mit einem letzten Blick auf das wärmende Feuer langsam zur Tür.

»Warte.« Die Stimme der jungen Frau war weicher geworden und ihr gebrochener Akzent formte die Worte in drolliger Rundung. Der kleine Junge war neugierig näher gekommen und versteckte sich hinter dem Rücken seiner Mutter. »Gott will nicht, dass man einen Gast so gehen lässt!«

Die alte Großmutter nickte bestätigend und lächelte milde, aber unverständig mit zahnlosem Mund. »Komm, mein Junge«, wisperte sie, »du siehst meinem Alexander ähnlich. Hast du ihn gesehen? Wir haben schon so lange nichts mehr gehört, aber er lebt, ich fühle es! Nicht wahr, er lebt. Sascha, mein Sonnenschein, du warst immer mein Liebling, aber jetzt hat man dich mir weggenommen.« Ihr Gesicht verzerrte sich, sie ballte die mageren, vom Alter abgezehrten Hände zu Fäusten und ihr Blick schweifte ins Leere, während ihre Worte in ein unverständliches Murmeln übergingen, mit dem sie sich mit dem unsichtbaren Schatten des Sohnes zu unterhalten begann.

»Schon gut, Babuschka.« Die junge Frau zog ihr die herabgeglittene Decke über den Schoß und strich ihr beruhigend über den Arm. Dann wandte sie sich wie entschuldigend an den Soldaten. »Er ist ja schon lange tot! Aber sie spricht immer noch mit ihm und hofft, dass er zurückkehrt.« Sie streifte die langen Ärmel ihrer wollenen Bauernbluse hoch, trat zu einem Tischchen am winzigen Fenster der Kate und wickelte aus einem darauf liegenden Tuch ein dunkles Stück Brot, von dem sie mit einem kurzen Messer mit Mühe ein Stück abschnitt. »Hier, nimm«, sagte sie und hielt ihm den Brocken hin, »das ist alles, was wir haben. Ich weiß, dass wir fort müssen, wenn wir nicht Hungers sterben oder vom Feind getötet werden wollen, aber …« Sie zögerte. »Ich habe Angst um Babuschka und vor allem um Aljoscha, meinen Sohn. Mein Mann ist halb Russe, halb Deutscher; ich bin russischer Abstammung, wie Babuschka. Aber sie werden mich und Aljoscha trotzdem umbringen. Wir gehören nicht mehr dazu, wir gehören nirgendwo hin. Ich habe gesehen, wie sie alle Flüchtenden ohne Ausnahme abschlachten, sie mit Panzern überrollen, Greise, Säuglinge, Mütter – in ihrem abgrundtiefen Hass. Wir sind mit einem solchen Treck aus dem Osten gekommen und gehörten zu den wenigen Überlebenden. Mein Mann ist tot, auch sein deutscher Vater und dessen Schwester.« Sie schlug die Hände vor die Augen und weinte leise. »Ich will nicht hinaus, nicht fort, nicht mehr weiter! – Die alte Frau, Aljoscha und ich – wir würden die Strapazen nicht überleben, selbst wenn wir entkommen!« Der Soldat nahm das Brot und biss, ohne ein Wort zu sagen, hungrig hinein. Er schwieg. Auf diese Dinge gab es keine Antwort. Langsam kaute er, genussvoll jeden Bissen schluckend, der das Grollen seines aufrührerischen Magens beschwichtigte und das leere Gefühl aus seinen Adern wegwischte.

Die junge Frau fuhr sich über die Augen, als erwachte sie und hätte zu viel gesagt. Dann ergriff sie den Krug, der auf dem Herd stand, um ihn dem Gast zu reichen.

Gierig trank er das warme Schneewasser und es schien ihm, als gäbe es nichts Köstlicheres als das: hartes Brot und Wasser!

Erst nach einer Weile und nachdem er sich auf dem näher ans Feuer gerückten Hocker ein wenig erwärmt hatte, sprach er, während er seine Blicke über die dürftige Einrichtung der Kate wandern ließ. »Sag mir doch, wo ich hier überhaupt hin. Hast du irgendwo deutsche Soldaten gesehen? Eine Division? Gibt es ein Gut oder Kloster hier in der Heide? Ich bin sicher, es muss eines geben. Ist es noch weit?« Die Schwarzhaarige sah ihn nur schweigend mit ihren dunklen Glutaugen an, als müsste sie nachdenken, ob sie ihm glauben sollte. »Wie heißt dieser Ort? Ich verspreche euch, wenn ich meine Kameraden finde, lasse ich euch dorthin bringen und ihr könnt euch dem Treck anschließen und nach Westen gehen. Ihr müsst hier weg. Was wollt ihr hier noch? Ihr werdet verhungern!«

Die junge Frau schüttelte abwehrend den Kopf und antwortete nicht. Die Alte war wieder in ihr träumerisches Schweigen gefallen und starrte blicklos vor sich hin und der Kleine, der gemerkt hatte, dass der Soldat nichts Böses wollte, löste sich von der Schürze der Mutter und wendete sich wieder seinen Klötzchen zu.

Conny zögerte. Sollte er sich gleich wieder auf den Weg machen oder war es besser, hier eine Nacht auszuruhen? Seine steifen Glieder, die lähmende Müdigkeit in seinen Knochen nahmen ihm die Entscheidung ab. Sein Blick glitt zu dem kleinen Fenster. Draußen tobte ein Schneesturm und die Hütte war beinahe eingeschneit. Bei diesem Wetter würde er nicht die Hand vor Augen sehen. »Kann ich eine Nacht bei euch bleiben?«, fragte er vorsichtig, fast schüchtern.

Die dunklen, ausdrucksvollen Augen der jungen Frau sahen ihn voller Abwehr, doch mit einem Fünkchen von Unsicherheit an, während sie schwieg, als dächte sie nach und müsste herausfinden, ob er Feind oder Freund sei. »Du kannst bleiben«, sagte sie schließlich kühl, »wenn es dir nichts ausmacht, auf dem Boden in der Diele zu schlafen. Hier.« Sie zerrte ein löchriges Tierfell undefinierbaren Ursprungs aus einer Ecke. »Mehr habe ich nicht.«

Conny warf es ohne weiteren Kommentar in den Korridor, nickte ihr kurz zu und schlug die Tür zur Stube zu. Er wälzte sich auf das Fell wie ein Stein, wie eine erschöpfte Masse, den schweren Ledermantel als Decke über seine Schultern ziehend. Doch dann, einer kurzen Eingebung, einer Gewohnheit folgend, raffte er sich noch einmal auf. Die Stiefel! Sorgsam packte er seine Füße aus den Lappen, hängte den Stoff zum Trocknen an die Türklinke und begutachtete dann seine Zehen, während er sie vorsichtig bewegte. Die Fersen waren blutig, das war nicht zu ändern und kam von den zu großen Stiefeln. Aber besser als Frostbeulen war das allemal. Er zog die dicken, von den Händen angewärmten Handschuhe über die Füße. Seufzend streckte er sich aus. Er war hundemüde. Morgen würde man weitersehen.

VIII. Kapitel

Natalja

In einem überraschenden Angriff am Nachmittag des vorangehenden Tages waren plötzlich russische Tiefflieger herangebraust und hatten alles niedergemäht, was sie an Flüchtlingen nur treffen konnten. Emilia, die unbeschadet mit ihren Verletzten das andere Ufer der Weichsel erreicht und zusammen mit dem Bauern und seiner Familie mit Pferd und Wagen in einem Unterstand, einer halben Scheune, Zuflucht gesucht hatte, bot sich nach ein paar Stunden, als sie sich wieder hervorwagten, ein grauenhaftes Bild. Erfrorene Menschen ragten aus dem fußhohen, geborstenen Eis neben dem mühsam befestigten Fahrweg, kleine Kinder, noch auf Schlitten geschnallt, Säuglinge in Kinderwagen, in der Flucht vor den Bomben am Wegrand abgestellt, hoben sich bizarr ab, unwirklich und erstarrt unter einer Schicht des feinen weißen Schnees, der kurz danach gefallen war. Tote Pferde lagen in großer Zahl, wie Gepäckstücke verstreut, mit steif weggestreckten Beinen auf der weißen Oberfläche, dort, wo das Wasser wieder gefroren war. Sie selbst hatte versucht, drei der Verletzten, die letztendlich doch an ihren Verwundungen zugrunde gegangen waren, ohne Hilfe an den Straßenrand zu schleppen und zu versorgen. Jeder war mit sich selbst beschäftigt, niemand hatte geholfen, zu groß war das Elend der Einzelnen, als dass man noch an den anderen denken konnte. Nur der Gedanke der Flucht, an das blinde »Vorwärts«, ohne Halten, einfach immer weiter ziehen, in die vermeintliche Sicherheit, das war es, was sich in den Köpfen festbrannte. Mit zurückgedrängten, gelähmten Empfindungen verband Emilia die restlichen, erbärmlich stöhnenden Verwundeten und half, soweit es in ihren Kräften stand. Doch man musste weiter, der Angriff konnte sich wiederholen. Der mürrische Bauer, der den Wagen fuhr, weigerte sich, länger an der Schreckensstätte zu verweilen, und drängte fort, ließ die Pferde laufen, bis sie nicht mehr konnten. Die Nacht verbrachten sie in einem Heuschober, dem Stall eines verlassenen Hauses und der aufziehende Schneesturm zwang sie schließlich, das Haus aufzubrechen und sich darin einzurichten.

Alles war, als kämen die Bewohner bald von einer längeren Reise zurück. Im Keller lagerten Sauerkraut, Fässer mit Wein und eingelegter Speck. Es mangelte beileibe nicht an Nahrung und sie konnten sich in aller Ruhe an den Vorräten gütlich tun. Die Frau des Bauern, ein schüchternes, unterdrücktes Wesen, das sich nicht gegen das grimmige Oberhaupt der Familie aufzulehnen wagte, sah sich im Hause um, machte Feuer und begann, aus dem, was sie vorfand, etwas zusammenzukochen. Die heiße Suppe tat gut; mit dem beigefügten Sauerkraut und dem Speck aus dem Keller schmeckte sie beinahe wie Borscht, die russische Alltagsspeise. Emilia aß die wässrige Brühe mit Heißhunger, bis sie so satt war, dass sie den Löffel sinken lassen musste. Trotz des Elends um sie herum hatte ihr schon lange keine Mahlzeit mehr so gut geschmeckt.

Die Verwundeten, denen sie, so gut es ging, ein Lager auf dem Boden herrichtete, hatten kaum Appetit. Sie fieberten und phantasierten die ganze Nacht über. Emilia gab ihnen wieder und wieder zu trinken, versorgte ihre Wunden, teilte Medikamente aus, bevor sie selbst, in ihren pelzgefütterten Mantel gehüllt, auf der nackten Matratze in einer der Stuben in tiefen Schlaf sank.

Der Bauer richtete kein Wort an sie, streifte sie nur hin und wieder mit wütenden Blicken. Dass man ihm so etwas aufgeladen hatte! Er war doch kein Krankentransport! Statt seine eigene Haut zu retten, musste er sich vom Ächzen und

Stöhnen Sterbender den Schlaf rauben lassen! Am nächsten Morgen, als er sich in aller Frühe erhob und den Pferden Futter gab, hatte sich der Schneesturm gelegt, doch ein grimmiger Frost, in dem trügerisch eine kalte Wintersonne glitzerte, ließ den Atem in der Brust stocken. Leise spannte er die Pferde an, winkte seiner Frau, die ihre Tochter, ein verschüchtertes Spiegelbild ihrer selbst, mit sich zog und mit einem mitleidigen Blick auf Schwester Emilia, die nach einer Nacht der Unruhe in tiefem, erschöpftem Schlaf auf ihrem Lager lag, auf Zehenspitzen das Haus verließ. Lautlos zog sie die Tür hinter sich zu. »Hans« – ihre Augen flehten bettelnd –, »willst du sie wirklich so einfach zurücklassen? Wir können doch nicht …«

Ein wilder Blick ihres Mannes, dem die struppigen grauen Haare ins Gesicht hingen, streifte sie. »Halt den Mund von Sachen die du nicht verstehst! Warum sollen ausgerechnet wir uns mit dieser Last beladen? Was haben wir mit dem Elend der anderen zu tun? All diese Kranken … Sie werden ja doch krepieren! Sollen sich doch die anderen um sie kümmern, wenn überhaupt einer von diesen Todkranken den Transport und die Kälte überlebt. Wir haben genug mit uns selbst zu tun. Eine Dümmere als diese Krankenschwester konnte man wohl nicht finden! Sie bildet sich doch tatsächlich ein, dass sie mit denen ins nächste Lazarett kommt! Aber es ist ja schließlich auch ihr Beruf. Hüh!« Er schnalzte den Pferden zu, die sich in schwerfälligen Schritt setzten.

»Aber eine so junge Frau – so ganz allein …« Die kleine Hand der Tochter, die mit großen, aufgerissenen Augen die Unterhaltung verfolgt hatte, legte sich auf die schwere, von der Arbeit schwielige Pratze des Vaters, der die Zügel hielt. »Papa, sie war so nett zu mir. Die armen Menschen!«

»Zum Teufel mit eurem Mitleid!« Der Vater schlug die Hand der Tochter mit einem groben Griff herunter. »Frauengewinsel! Wir müssen froh sein, wenn wir selbst mit dem Leben davonkommen. Ich will jetzt nichts mehr davon hören. Hüh!« Er schlug mit scharfem Peitschenschlag auf die Pferde ein, die sich in einen langsamen Trab setzten und in den Zug des Trecks einreihten, der trotz der frühen Morgenstunde schon wieder in Gang gekommen war.

In die kleine Bauernkate fiel kaum Licht. Die Großmutter schlürfte ihren Morgentrank, ein Stück harten, gebrockten Brotes eingeweicht in eine Schale warmer Ziegenmilch aus dem Stall nebenan, wo in einem ärmlichen Unterschlag drei Tiere und ein Junges im Stroh standen. Natalja hatte Feuer gemacht, die Hütte aufgeräumt und die Ziegen mit Heu gefüttert.

Conny starrte in die Flammen und murmelte mehr für sich selbst: »Leska, Liska, Linsk – wer kennt schon einen so kleinen Ort? Ich kann mich nicht erinnern, ihn auf der Karte gesehen zu haben.« Er wandte sich der jungen Frau zu, die ihn mit noch immer misstrauischen Augen musterte und ihr dichtes Haar mit den Fingern zu kämmen und es zu zwei dicken Zöpfen zu flechten begann. »Kennst du Gut Kasau? Oder Posen? Die große Festung? Wo geht es nach Danzig? Welche Richtung kann das sein? Es muss doch eine Straße dahin geben! Dort kann ich zu meinen Leuten finden. Vielleicht ist auch eine Vorhut in der Nähe, um den Weg freizuhalten. Wir hatten den Befehl, jeden Meter Boden zu verteidigen, doch dieses öde Schneeloch hier, in dem alles gleich aussieht ...«

Sie schüttelte abwehrend den Kopf und wandte sich dem Kleinen zu, der den Soldaten und seine Waffe mit neugierigen Augen musterte. Langsam war er zutraulicher geworden. Der Helm, der Mantel, das Gewehr interessierten ihn. »Komm, Aljoscha.« Mit hartem Griff zog sie den Jungen zurück, der sich dem Soldaten genähert hatte.

»Ich weiß«, rief er aufgeregt, sich in den Armen der Mutter windend, »die Festung, ich habe sie einmal gesehen! Sie ist ganz weit von hier. Sie glänzte in der Sonne wie eine Ritterburg!« Ohne es zu wollen, musste die Mutter über das Kind lächeln. Doch sie gab sich streng. »Schweig, Aljoscha, das geht uns nichts an.«

Conny schmunzelte ebenfalls. »Komm her, Junge, willst du das Gewehr mal halten? Schau, ich nehme die Munition heraus – es ist nicht geladen.«

Mit widerstrebenden Gefühlen näherte sich der Kleine erneut und streckte seine Hand aus, um den Kolben des Karabiners zu berühren. Seine Augen glänzten und sein Mund öffnete sich vor Eifer, als der Soldat ihm die Waffe in den Arm legte. »So, siehst du, dort ist der Abzug und hier sicherst du ...«

»Lassen Sie ihn! Ich will nicht, dass er so etwas anfasst!« Es war fast ein Schrei, mit dem Natalja wie eine Furie dem Kind das Gewehr wegriss und es in die Ecke warf. Ihre schwarzen Haare, die sich aus dem lockeren Zopf gelöst hatten, fielen ihr wild und offen ins Gesicht und ihre Augen blitzten in dunklem Feuer. Der fahle, bräunliche Teint hatte nun Farbe bekommen, heiße Röte war ihr in die Wangen geschossen und sie schien dem jungen Soldaten so schön wie eine Märchengestalt. Er starrte sie an, verblüfft und überrumpelt von so viel ungezügeltem Temperament. Der Junge, erschreckt von dem heftigen Widerstand seiner Mutter, hatte zu weinen begonnen und sie presste ihn mit zärtlichen russischen Worten fest in ihre Arme: »Sei ruhig, Aljoscha, mein Täubchen, mein Herz ...« Sie senkte langsam den Kopf und wiegte das Kind, während ihr blauschwarz schimmerndes Haar wie ein dunkler Vorhang abwehrend über ihr Gesicht fiel. Doch der Junge stieß sie mit rotem, wütendem Gesicht zurück, befreite sich aus der engen Umklammerung und lief in eine dunkle Ecke des Zimmers, um die Tränen zu verbergen. »Geh weg!«, rief er seiner Mutter zu, als sie ihn holen wollte.

Aus Nataljas Gesicht war mit einem Schlag der Ärger verschwunden, die Wut verraucht und ihre Züge zeigten sich beherrscht. Sie strich sich die Haare aus der Stirn, bückte sich nach dem Karabiner und legte ihn auf den Tisch. »Entschuldigen Sie, aber ich will nicht, dass mein Joschi eine Waffe auch nur anrührt«, stammelte sie nach einer Weile. »Ich… Ich bin manchmal etwas…« Sie sprach nicht weiter, als gäbe es keinen Ausdruck für ihr Verhalten, keine Erklärung. Doch dann, als hätte sie es sich plötzlich anders überlegt, fügte sie hastig hinzu: »Wenn Sie eine Burg meinen, die Festung Posen – die ist aber so weit von hier – vielleicht hundert Kilometer. Da müssen Sie vorsichtig sein. Ich habe gehört, dass die Russen sie belagern, und Sie werden dort nicht durchkommen. Von einem Gut weiß ich nichts.«

Conny nickte. Er dachte nach, während er die Waffe vom Tisch nahm, lud und sicherte. »Aber ich bin überzeugt, dass hier in der Nähe deutsche Soldaten sind, dass hier noch eine deutsche Einheit liegt. Schließlich muss der Rückzug von der Festung, wenn er nötig sein sollte, auch gesichert sein. Posen hat fast so eine Art Schlüsselposition, wenn Sie verstehen, was ich meine.« Natalja schwieg und sah ihn unverwandt an, als verstände sie nicht und müsste nur prüfen, ob er ein guter oder ein schlechter Mensch wäre. Er fuhr fort, halb zu sich selbst: »Wenn man mich hier in diesem Haus oder draußen allein erwischt, wird man mich als Deserteur abknallen. Ich muss mich also so bald wie möglich wieder einer Truppe anschließen. Dann kann ich vielleicht auch Ihnen helfen.«

»Kümmern Sie sich nicht um uns«, fuhr ihm Natalja barsch über den Mund, »wir kommen schon zurecht!«

Conny zuckte die Achseln und wendete sich ab. »Dann wünsche ich Ihnen viel Glück! Hier können Sie aber nicht ewig bleiben. Und Sie wissen doch, was russische Soldaten im Allgemeinen mit Frauen machen, die sie allein antreffen – auch wenn sie vielleicht russisches Blut in den Adern haben!« Natalja zuckte zusammen.

Er warf ihr noch einen warnenden Blick zu und nickte in die Richtung der Großmutter, die dämmernd im Sessel ruhte, zwinkerte Aljoscha zu, der ihm über die Schulter hinweg aus der Ecke heraus nachsah, schlug seinen Kragen hoch und öffnete die Tür zur engen Diele der Kate.

Gerade als er ins Freie treten wollte, hörte er hinter sich ein Rascheln und weiche Arme legten sich unvermutet um seinen Hals. Natalja, von einem ihrer brüsken Stimmungsumschwünge mitgerissen, war ihm wie ein flüchtiger Schatten gefolgt und presste sich mit einer schnellen Bewegung eng an ihn. In der schummrigen Dunkelheit küsste sie ihn rasch und ohne auf ernstliche Gegenwehr zu stoßen auf den Mund. Er spürte noch den weichen Druck ihrer Lippen und das leichte Kitzeln ihres dichten Haares, das ihn streifte, als sie sich losriss und ihn verwirrt zurückließ. »Gott schütze dich, du bist gut«, flüsterte sie ihm zu und war schon wieder halb in der kleinen Stube, das Kreuzzeichen in seine Richtung machend. »Mama«, hörte er von drinnen das Kind weinerlich rufen, »ist er schon fort? Kommt er wieder?« Ein kaum hörbares Murmeln antwortete und die schöne Stimme, vorher so aufgebracht und angriffslustig, summte erneut das beruhigende Lied, das er als Erstes vernommen hatte, als er die Hütte betrat.

Conny schüttelte den Kopf; ihm war heiß geworden und selbst die eisige Luft, die ihm entgegenschlug, konnte seine Gedanken nicht ordnen. Kenne sich einer mit den Frauen aus! Diese schöne Wildkatze hätte ihm gefährlich werden können. Doch dann, wie mit schlechtem Gewissen, sah er die grünen, ein wenig abwehrenden und kühlen Augen Emilias, ihren distanzbewahrenden Augenaufschlag vor sich und hörte ihre weiche Stimme: »Ich lasse mich auf gar keinen Fall von Männern einladen, die mit jeder gehen…« Was hatte Heini damals gesagt? »Das ist die Frau, die du einmal heiraten wirst…« Wie kam er jetzt nur darauf? Aber vielleicht hatte Heini Recht. Vielleicht, wenn sie das alles hier überlebten – wenn ein Wunder geschähe…

Als Emilia aus einem tiefen, fast bewusstlosen Schlaf erwachte, war sie mit ihren Kranken allein. Das Haus war groß und der Raum, in dem sie sich, ohne auf die Einrichtung zu achten, ausgestreckt hatte, so ordentlich und aufgeräumt von den Bewohnern verlassen, als wollten sie bald wieder zurückkehren. Ein fahles Winterlicht drang von draußen durch das kleine Fenster. Sie streckte ihre von der gekrümmten Haltung auf der Matratze steifen Glieder, rieb sich die Augen und tastete nach ihrer Medizintasche. So tief hatte sie lange nicht geschlafen!

Sie sah sich um, mühsam im Kopf die Ereignisse des letzten Tages rekonstruierend. Es war so ruhig. Der Bauer, seine Frau und das Kind schienen fort zu sein. Sie sprang auf und eilte zum Fenster. Mit fliegenden Fingern riss sie an den Griffen des Rahmens, um es zu öffnen. Der Wagen war fort, die Pferde nicht mehr im Unterstand und die ganze Landschaft vor ihr von frisch gefallenem Schnee bedeckt, der sich wie ein weißes Tuch über die noch leicht sichtbaren Spuren der Räder gelegt hatte. Nur der Schlitten stand, von einer dicken Schneehaube bedeckt, noch vor dem Haus.

Erst begriff sie nicht, wollte nicht begreifen, dass man sie allein gelassen hatte, mit der Verantwortung für die Menschen, die nicht einmal mehr gehen konnten und auf die Hilfe anderer angewiesen waren. Bange Angst durchfloss sie und sie stieß heftig alle Türen auf, als könnten sie sich noch irgendwo verborgen haben und hervorkommen, um mit einem Lächeln zu sagen: Natürlich würden wir Sie niemals hier zurücklassen, dem Tod ausliefern, dem Verderben, Sie und die armen Kranken, die so hilflos sind! Es konnte doch gar nicht sein, dass sie sie so im Stich gelassen hatten! Welche Herzlosigkeit! Was sollte nun weiter geschehen?

Das Stöhnen und Ächzen aus dem Nebenraum, in dem die Verletzten sich in einer nahezu schlaflosen Nacht auf ihrem harten Lager gewälzt hatten, schnitt ihr ins Herz. Sie machte ihre Runde mit Medikamenten und Verbänden,

spendete Trostworte und versuchte an Essen zusammenzu-
kratzen, was im Haus noch übrig geblieben war, und sich im
Übrigen die schwierige Lage, in der sie sich befanden, nicht
anmerken zu lassen.

Was sollte sie nur tun? Diese Frage kreiste unablässig in
ihrem Kopf. Unmöglich konnte sie allein den Schlitten
mit den Verwundeten an den Weg schleppen, auf dem der
Treck vorbeikam. Außerdem lagen im Nebenraum ein paar
schwere Fälle mit entzündeten Wunden und starkem Fieber, deren Lage so gut wie hoffnungslos war. Jede Bewegung
musste ihnen schreckliche Qualen bereiten und sie zweifelte
an ihrem Überleben.

»Schwester, Schwester ...« Das Seufzen und Klagen tönte
in ihrem Kopf. »Ich halte die Schmerzen nicht mehr aus.
Lassen Sie mich doch sterben. Mein Fuß – er ist schon ganz
schwarz!«

Emilia ging zu dem jungen Mann, der sich unruhig auf
seinem Lager wälzte, dessen Gesicht bleich und vom Tod
gezeichnet war, und kniete neben ihm nieder, ergriff sacht
seine fieberheiße Hand und versuchte vorsichtig, den blut-
verklebten Verband auf der Wunde in seiner Brust zu entfernen. Mit einem raschen Blick sah sie, dass einer seiner Füße
vom Frost völlig schwarz war und sofort amputiert werden
müsste. Doch wer sollte in dieser Einöde eine solche Operation fertig bringen? Wo war ein Arzt? Wie weit waren sie
noch von dem Kloster entfernt, in dem das Lazarett eingerichtet war? Es sollte am Weg der Treckstrecke liegen und
nicht zu übersehen sein. Vielleicht war der Rotkreuzwagen
schon dort und es gab noch Rettung.

Die Augen des jungen Mannes lagen tief in den Höhlen
und waren weit aufgerissen; der Brand des Fiebers glühte auf
seiner Stirn und seine Lippen waren ausgetrocknet und aufgerissen. »Wasser, Schwester, Wasser! Geben Sie mir etwas,
damit ich sterben kann. Ich halte diese unmenschlichen
Schmerzen nicht mehr aus! Schwester, hier, sehen Sie ...«

Er wollte mit zitternden Fingern einen zerknitterten Brief aus seiner Jacke nesteln, als ein erneuter Fieberschauer ihn überlief und er die Hand sinken ließ. »Das ist für meine Frau. Die Adresse ist – sie steht auf dem Umschlag.« Seine Stimme verlor sich und seine Augen schlossen sich in kurzer Bewusstlosigkeit, doch dann schlug er sie in angstvoller Besorgnis wieder auf und sie wanderten deutend zu seiner Jacke. »Hier drinnen – sehen Sie?«

Die Schwester beugte sich über das Kleidungsstück und nahm achtsam eine zerdrückte Brieftasche heraus, aus der ihr beim Öffnen das Foto einer strahlenden jungen Frau mit einem Säugling auf dem Arm entgegensah. Das bleiche Gesicht des Soldaten entspannte sich einen Augenblick zu einem zärtlichen Lächeln; in seine vom Schmerz verdunkelten blauen Augen in dem noch jungenhaften Gesicht trat ein leuchtender Ausdruck und seine aufgesprungenen Lippen flüsterten: »Meine Frau – mein Kind – ich werde sie nicht wiedersehen, ich fühle es!« Er versuchte sich aufzurichten. »Sagen Sie ihnen…« Mit einem Stöhnen fiel er wieder zurück und schloss erschöpft die Augen.

»Wie heißen Sie?«, flüsterte die Schwester mit Tränen in den Augen, sich nahe zum ihm beugend, ganz dicht an seinem Ohr. Aber der junge Mann blieb die Antwort schuldig und sie strich ihm leise über die Stirn, die jetzt von kaltem Schweiß bedeckt war. Als sie sich erhob, stöhnte der Kranke und murmelte: »Toni. Vergessen Sie es nicht. Anton Bauer aus…«

Ein unwillkürliches Schluchzen krampfte die Kehle der Schwester zusammen und sie sank, in Tränen ausbrechend, auf einen Stuhl nieder. Auf ihrer Brust lagen das Leid, die Verantwortung wie ein Stein, sie fühlte sich so hilflos, angesichts des Elends, das sie nur lindern, aber nicht heilen konnte. Warum musste dieser Krieg sein, der Tod und Schmerz brachte!

Plötzlich zuckte sie von einer Hand, die sich auf die ihre

gelegt hatte, zusammen. Einer der Verwundeten, dem es anscheinend besser ging, hatte sich von seinem Lager erhoben und war trotz seines von einer Kugel getroffenen Beins zu ihr gehumpelt. »Schwester.« Sein rundes, gutmütiges Gesicht unter struppigem rotem Haar tauchte vor ihr auf, aus dem wasserblaue Kinderaugen, an denen der Ernst des Lebens und des Krieges vorübergegangen schien, sie mitleidig ansahen. »Das ist doch alles zu viel für Ihre schmalen Schultern. Wenn ich irgendetwas tun kann …« Er fuchtelte mit dem Stock, auf den er sich stützte. »Ich würde mich gerne nützlich machen. Aber sehen Sie selber …« Er wies auf sein Bein. »Doch ich glaube, es war nur ein Streifschuss. Ich merke, es wird immer besser. Übrigens, ich bin der Paul.«

Er reichte ihr die Hand und Emilia ergriff sie gerührt, ihre Augen trocknend. »Gut – Paul. Lassen Sie mich überlegen – Sie könnten vielleicht etwas tun. Aber – ich muss Hilfe herbeiholen. Ich werde mich an die Straße stellen … Bleiben Sie hier und schauen Sie nach den Leuten, bis ich zurück bin.«

Der Soldat legte mit einer Art Galgenhumor die Hand an die Stirn und grinste über beide Ohren. »Zu Befehl!«, stieß er militärisch grüßend hervor. Dann bewegte sich seine kleine, runde Gestalt auf den kurzen Beinen mühsam fort und humpelte zu seinem Lager zurück.

Von der unfreiwilligen Komik des Burschen aus ihrem Kummer gerissen, schüttelte Emilia gerührt und mit einem halben Lächeln den Kopf. Dann raffte sie sich mit neu erwachter Energie auf. Sie durfte sich jetzt nicht entmutigen lassen!

Doch von überall her klang das heisere Stöhnen und Ächzen der Kranken in ihren Ohren, während sie noch einmal geschmolzenes Schneewasser verteilte und in die Feldflaschen füllte. Sie blickte wieder in das verzerrte Gesicht des Soldaten Toni, in seine jungen Züge, die von schweißverklebten, blonden Locken umgeben waren, und ihr wurde klar, dass es für ihn keine Hilfe mehr gab. Einen Moment zögerte sie, in ihrer Tasche nach einem schmerzstillenden Medikament suchend. Doch in diesem Fall würde nichts anderes mehr als Morphium helfen und das besaß sie nicht. Nun wusste sie, warum ihr die Oberschwester die großen Mengen des Schlafmittels mitgegeben hatte. Auch das würde den Schmerz nicht nehmen, aber es würde immerhin das Bewusstsein betäuben. Sie nahm das Veronal, löste es in Wasser auf und flößte es dem jungen Mann ein. Den Brief steckte sie in ihre Schürzentasche und legte ihm das Foto in die verkrampfte Hand. Vielleicht würde es ihm in diesem schweren Moment helfen.

»Schwester, Schwester!« Das Stöhnen, Klagen und Jammern hallte mehr denn je in ihren Ohren. »So kommen Sie doch, kommen Sie zu mir! Mein Bein, meine Brust... Mein Verband hat sich gelöst! Ich halte es nicht mehr aus! Was machen wir hier so lange? Ich muss zu einem Arzt!«

Einer der leichter Verletzten, ein kräftiger Bulle mit einem nicht allzu tiefen Schulterschuss, herrschte die Männer mit energischer Stimme an und brachte das Elendsgeschrei für eine Weile zum Schweigen. »Lasst doch die Schwester! Seht ihr nicht, dass das alles zu schwer ist für sie allein? Jeder von uns muss jetzt mithelfen, wenn wir überleben wollen!« Im Begriff, sich von seinem Lager zu erheben, schoss eine Welle roten Blutes aus der neu aufgerissenen Wunde und färbte den Verband. Stöhnend sank er auf seine Decken zurück.

Emilia in ihrer Verzweiflung, angesichts des geballten Leides, das sie umgab, fast den Kopf verlierend, wusste sich wieder nicht anders zu helfen als Veronal zu verteilen – das einzige Medikament, das ihr in genügender Menge zur Verfügung stand. Das ernste Gesicht von Oberschwester Paula stand plötzlich vor ihren Augen, als sie ihr die Kette mit dem Kreuz in die Hand legte, und sie hörte ihre Worte: »Wenn Sie sich keinen Rat mehr wissen...« Sie tastete nach dem Kreuz mit der Kapsel um ihren Hals, doch dann ließ sie die

Hand wieder sinken. Vielleicht würde sich doch ein Ausweg finden.

Langsam beruhigte sich das Geschrei und nur vereinzeltes Stöhnen und ersticktes Seufzen füllte den Raum. Toni rührte sich nicht mehr. Er war in tiefen Schlaf gefallen und seine Züge schienen entspannt und fast lächelnd. Sie schloss die Tür und lehnte sich mit dem Rücken dagegen, während erneut eine Tränenflut über ihre Wangen rann. Das fremde Leid, das sie nur lindern konnte, zerriss ihr das Herz. Sie spürte, dass ihre Nerven nicht mehr lange durchhalten würden, dass sie das alles ohne Hilfe nicht mehr ertragen konnte. Was sollte sie nur anfangen? Sie musste durch den Schnee zur Straße, auf der der Treck vorüberzog, und mitleidige Seelen finden, die sie und ihre schwere Bürde mitnahmen und ihr halfen, die Schlitten wieder an irgendeinem der Wagen zu befestigen. Vielleicht war auch das rettende Kloster gar nicht mehr weit. Der Rotkreuzwagen, der vorausfuhr, war sicher schon angekommen und man wunderte sich, dass sie nicht nachkam. Sicher hatte er irgendwo auf sie gewartet. Aber wer ahnte denn, dass man sie und die ihr Anvertrauten so schmählich im Stich lassen würde? Konnte sie einen Wagen, wenigstens einen Karren mit einem Freiwilligen finden, der diese Last überhaupt aufnahm? Jeder dachte doch nur an sein eigenes Fortkommen. Aber sie musste es versuchen! Sie würde es schaffen, so wie sie bisher vieles geschafft hatte. Vorsichtig befühlte sie die Arsenkapsel, die im Kreuz an der Silberkette an ihrem Hals hing. Die Existenz dieses letzten Mittels beruhigte sie. Wenn es nicht mehr anders ginge – wenn sie dem Feind in die Hände fiele – wenn sie keine Kraft mehr hatte … Sie wagte nicht, diesen Gedanken zu Ende zu denken, und erhob sich mit einem Ruck. Sie mussten fort und sie würden das Lazarett erreichen. Vielleicht war es ganz in der Nähe! Und wenn auch nur ein Einziger ihrer Schützlinge überlebte … Sie würde kämpfen, genau wie die

Soldaten gekämpft hatten, die nun verwundet und krank im Nebenraum lagen.

Nach einer Weile mühevollen Umherirrens durch die weitläufig gestreckten, verlassenen Häuser des kleinen Dorfes gelang es ihr endlich, völlig außer Atem, den Geräuschen des Räderrumpelns, den Rufen und dem Pferdegewieher folgend, die breite Durchgangsstraße zu erreichen, den Weg, auf dem die Trecks unablässig vorbeizogen. Neue Zuversicht erfüllte sie. Sie spürte, wie sich ihre jungen Glieder auf angenehme Weise durch den Marsch in der Kälte belebten, wie auch ihre Gedanken sich klärten.

Der Tag war grau und trüb und neue Schneewolken erschienen am Horizont und drückten auf das Land. Leichter Nebel brachte schlechte Sicht, alles war in einen grauen Schleier gehüllt, der wie klebriger Schaum das Leben zu ersticken schien. Die Umrisse der mit Wagen und Karren unablässig fortziehenden Flüchtlinge, die hinter einer Wegbiegung erschienen, kamen ihr wie Vorboten der Rettung vor. Schon von weitem winkte sie, bis eine breite, mit zwei Pferden bespannte Kutsche anhielt, hinter der ein beladener Schlitten rumpelte. Der Fahrer musterte sie misstrauisch.

»Um Gottes Barmherzigkeit willen, helfen Sie mir!«, rief sie ihn keuchend an. »Ich bin Krankenschwester des Roten Kreuzes und man hat mich mit zwölf Verwundeten einfach hier ausgesetzt. Es sind Soldaten, die dringend einen Arzt brauchen!« Sie näherte sich dem Wagen und spähte hinein. Er war voll bepackt bis obenhin und die mehrköpfige Familie beäugte sie mit ängstlicher und verschlossener Miene. »Unser Sanitätsfahrzeug kann nicht weit sein. Vielleicht wartet es schon ein Stück weiter vorne auf mich. Wir konnten wegen des Schneesturms nicht weiterfahren und haben in einem der Häuser übernachtet. Und heute Morgen waren die Leute weg – und ich blieb allein mit den Kranken zurück.«

Der Bauer schüttelte abweisend den Kopf. »Ich kann

niemanden mehr mitnehmen, bin voll bis obenhin!«, rief er ihr zu, schnalzte und trieb die Pferde an.

»Aber es ist nur ein einziger Schlitten!«, schrie Emilia enttäuscht, sich an das Trittbrett klammernd, in Gefahr, von den Rädern überrollt zu werden. »Er muss nur hinten angebunden werden.« Sie musste loslassen und ihre Stimme verlor sich im Klappern der Ladung.

Der Nächste gab ihr die gleiche Antwort; der Dritte, mit einem größeren Gespann, wies auf die Pferde hin, die erschöpft wären und eine neue Last nicht mehr schafften. »Ich würde Ihnen ja gerne helfen. Aber aus dem Zug der Wagen hinaus, den Treck verlassen – da verliere ich nur Zeit. Ich habe selbst meine kranke Mutter dabei. Sie sehen doch, wie die Leute drängen! Jeder will sich in Sicherheit bringen, bevor der Russe uns abknallt. Haben Sie das nicht gehört, wie der mit Panzern auf der anderen Seite gewütet hat? Sie sind einfach in den Treck hineingerollt, haben alles platt gewalzt und abgeschossen, was im Weg war. Das ist blinder Hass. Was sich dann noch bewegte, ob es Kinder, Greise, Frauen oder Pferde waren, da wurde auch noch draufgehalten – nichts haben sie übrig gelassen. Wir haben Angst, das sehen Sie doch! Unsere Kinder – ich kann das Risiko nicht eingehen!« Er machte eine entschuldigende Handbewegung.

Emilia nickte wie versteinert – sie kämpfte wieder mit den Tränen und setzte sich erschöpft auf einen der Steine am Wegrand, blicklos auf die weiterrollenden, hoch beladenen Karren schauend, auf denen nirgendwo ein Platz war. Man konnte es den Menschen nicht einmal übel nehmen – sie wollten doch nur die eigene Haut und die der Ihren retten. Immer wieder hob sie die Hand, winkte, oft hielt jemand an; doch wenn sie hörten, sie sollten einen Schlitten mit Verwundeten mitziehen und ihn gar erst noch durch den tiefen Schnee aus einem Haus weiter draußen im Dorf holen, dann gab es immer wieder die gleiche Geste zur Antwort. Emilia senkte den Kopf und weinte leise vor sich hin. Ihre Lage und mehr noch die ihrer Schützlinge schien hoffnungslos.

Plötzlich legte sich ihr eine fremde Hand auf die Schulter. Sie hob den Kopf und sah in das fragende Gesicht eines deutschen Soldaten unter dem Sturzhelm, hinter dem eine Gruppe Bewaffneter auftauchte, die aus einem Geländewagen sprangen. »Warum weinen Sie denn? Kann ich etwas für Sie tun, Schwester?«, fragte eine Vertrauen erweckende Stimme. Emilia sah, von neuen Hoffnungen durchströmt, zu ihm auf und wischte sich die Tränen ab. »Ja, das können Sie! Ich glaube, Sie schickt der Himmel!«, sagte sie erleichtert und ergriff die stützende Hand, die er ihr hinhielt.

IX. Kapitel

Rettender Motorschaden

Scheinbar aus dem Nichts kommend, pfiffen plötzliche Schüsse ihm drohend um die Ohren. Das ratternde Trommelfeuer eines Maschinengewehrs überraschte Conny auf einem verschneiten Feldweg ohne Deckung. Reflexartig warf er sich zu Boden.

In der Feuerpause jagte er mit großen Sätzen, unangenehm behindert von seinem schweren Ledermantel, dem schützenden Waldstück zu. Um ihn herum Getümmel, Schreie, fallende Körper auf einem überschneiten Feld, schwarze Schatten bewaffneter Männer, unklar, ob Feind, ob Freund, die aus einem Gehölz kreuz und quer in alle Richtungen auseinander stoben und sich wie er in wilder Flucht in Sicherheit brachten. Er sah sich nicht um, wusste nicht, ob er mit den Russen um sein Leben lief oder ob er auf einen versprengten Trupp seiner eigenen Kameraden gestoßen war. Ein wildes Durcheinander von Geschützfeuer, Kommandos und Schüssen begleitete den Angriff. War er in eine Falle geraten?

Die Einschläge der Kugeln hinter ihm verursachten ein trocken knallendes Geräusch und mischten sich mit dem unablässigen Knattern der Maschinengewehre, das die Luft mit einem hässlichen Misston erfüllte. Mit keuchenden Lungen und versagenden Beinen erreichte er unverletzt den Waldrand. Glück gehabt – wie immer hatte sein Schutzengel ihn vor dem Schlimmsten bewahrt.

Er warf einen kurzen Blick zurück auf die Lichtung, über die er querfeldein um sein Leben gelaufen war. Schemenhaft sah er dunkle Körper mit verrenkten Gliedern in Abständen auf dem blassen Boden liegen. Er versuchte genauer hinzusehen, etwas zu erkennen. Ja – das war die vertraute Uniform, die Helme – das waren eindeutig Soldaten der deutschen Wehrmacht! Nahes Geschützfeuer jagte ihm einen erneuten Schauder über den Rücken. Ohne Zweifel, es handelte sich um einen russischen Angriff. Stimmte es also doch, dass die russischen Truppen schon auf dieser Seite der Weichsel warteten, um die Deutschen in aller Ruhe einzukassieren? Dann war er geliefert. Wie sollte er wissen, wer hinter dem Wäldchen lauerte, ob es sich bei den Gefallenen um eine versprengte Truppe handelte, die schon aufgerieben oder gefangen war, oder um Teile einer stärkeren Einheit, der er sich zugesellen konnte? In diesem Wirrwarr von Freund und Feind, in dem man keine Kampflinie mehr erkennen konnte, schien es unmöglich, sich in Sicherheit zu bringen. Jede Richtung, die er einschlug, konnte gefährlich sein. Auf welche Weise sollte er jetzt noch die Kameraden, die rettenden Divisionen erreichen, die es vielleicht gar nicht mehr gab?

Wenn man ihn schon hier abfinge und er in russische Gefangenschaft geriete – wäre es nicht besser, wie die anderen dort reglos und niedergemäht auf dem weißen Schneefeld zu liegen, auszuruhen wie sie, die diesen ganzen sinnlos gewordenen Kampf hinter sich hatten? Aber dieser Gedanke schoss ihm nur einen kurzen Moment durch den Kopf, dann siegte der Überlebenswille. Er wollte doch leben, um jeden Preis! Und er würde seine Haut teuer verkaufen, das schwor er sich.

Nach einer weiteren Salve gab er, seinerseits Deckung suchend und von Baumstamm zu Baumstamm springend, Schüsse ab, bis er plötzlich in einer fast schneefreien Lichtung zu seinem Erstaunen und seiner Erleichterung eine Gruppe von Panzerfahrzeugen und Wehrmachtswagen entdeckte. Endlich! Eine unnennbare Erleichterung, ein freudiges Gefühl, ein fast heimatliches Angekommensein durchrann ihn, als er die vertrauten Uniformen sah und Kameraden fand, in der gleichen Lage wie er. Hier waren sie – nicht geschlagen, nicht vernichtet, sondern stabil, standfest und verlässlich. Fast hatte er vergessen, dass er seine Geschichte vom versprengten Soldaten aus der Schule für Heeresmotorisierung aufrechterhalten musste, der sich verletzt, aber tapfer von der Weichsel bis zur nächsten Truppe durchgeschlagen hatte. Würde man ihm glauben? Er zog hastig die Schlinge aus der Tasche, um seinen Arm hineinzuwickeln. Mit dem Messer ritzte er mit entschlossenem Ruck, die Lippen zusammenbeißend, eine Spur hinein, bis Blut floss. Ein banges Gefühl durchzog seine Brust, als er jetzt, die Hand hoch erhoben zum Hitler-Gruß, auf die Lichtung trat.

Die Soldaten sahen ihn erstaunt an und zogen ihn in Deckung. »Spinnst du? Willst du dich abschießen lassen?«, schrie einer der Männer ihn an, fuchtelte mit dem Maschinengewehr und rückte den Stahlhelm, der weiß angestrichen war, in den Nacken. »Wer bist du und woher kommst du? Bist du allein?« Seine Antwort ging in neuerlichem Geschützdonner unter.

»Aufhören! Schluss!« Die Stimme des Kommandanten erhob sich, er winkte und deutete auf einen heranrollenden Panzer. »Ihr Idioten, seht ihr denn nicht, dass das unsere Einheiten sind? Wollen wir uns jetzt gegenseitig abknallen?«

Mit einem Seufzer der Erleichterung ließen die Männer die Waffen sinken und krochen aus den Unterständen und Büschen hervor.

»Das hätte leicht deine letzte Stunde sein können. Wir hätten dich um ein Haar mit den Russen verwechselt, genauso wie deine Truppe. Gehörst du zu denen?«, fragte der Offizier.

Conny schüttelte den Kopf und zögerte. »Nicht direkt, ich komme aus Graudenz – bin versprengt – verletzt. Ich …« Er hielt den eingebundenen, blutbefleckten Arm hoch. Doch der Mann, der schon auf die Panzerbesatzung zuging, die ernst und erschöpft aus ihrem Gefährt sprang, nickte nur zerstreut. »Ach, ja, das kennen wir schon. Sei froh, dass man dich nicht allein irgendwo aufgegriffen hat! Du weißt, Deserteure werden ohne viel Federlesens erschossen. Lass dich dort drüben am Lazarettwagen verbinden.«

»Aber ich …«, wollte Conny sich verteidigen, doch der Leutnant brummelte vor sich hin: »Ich sag 's doch, keine richtige Strategie mehr, so weit sind wir gekommen!« Dann rief er der ankommenden Panzerbesatzung zu: »Habt ihr denn keine Augen im Kopf? Jetzt bekämpfen wir uns schon gegenseitig. Das ist ja wohl das Letzte!«

»Das Gleiche könnten wir auch fragen«, schallte es ihm wütend entgegen. »Wir haben Befehl, die Straße nach Danzig zu verteidigen …«

»Und? Was wollt ihr dann überhaupt hier?«

»Jedenfalls ist nicht Ort noch Zeit, uns jetzt darüber zu streiten«, beschwichtigte der befehlshabende Offizier; »wir sind hier eingesetzt, um die Frontlinie zu verteidigen.«

Der Kommandant brach in bitteres Lachen aus. »Frontlinie? Wo? Die gibt es nicht mehr, die haben wir irgendwo verloren, habt ihr das noch nicht kapiert? Wir weichen immer weiter zurück und verteidigen doch nur noch!«

Die umstehenden Soldaten sahen einander bedeutungsvoll an. »Und was ist mit Posen?«

»Keine Ahnung! Wird immer noch von den Russen belagert. Wenn die da das nur durchhalten! Das sind ja noch um die zehntausend Mann hoch. Deshalb sollen wir den Weg hier freihalten – wenn die ausbrechen müssen … Andere Befehle gibt es nicht. Ich sehe da im Übrigen keine Probleme. Die werden es schon schaffen! Die Festung ist umschlossen von einem Korps der 8. Gardearmee und der 69. Armee.«

»Aber das hier bei uns, das war bereits ein Vorgeschmack auf neue Probleme und es bedeutet, dass wir in dieser Gegend nicht mehr allein sind!«, warf der Major ein, ein korrekter, trotz des Kampfes tadellos gekleideter und penibel gescheitelter Mann. »Diese Kerle sind doch schon überall. Da ein Spähtrupp, dort eine Einheit. Und ein paar andere Sachen stimmen mich außerdem noch bedenklich!« Zweifelnd beugte er sich über seinen Plan und studierte die Karte. »Weiß der Teufel, woher die Russen die ganze Munition und die neuen Geschütze haben. Unsere Verluste sind riesig, die Fahrzeuge kaputt. Schaut euch doch um! Und die kommen mit dem neuesten Gerät daher, während wir nicht mal mehr genügend Schrauben…« Er vollendete den Satz nicht, wandte sich wütend um und versetzte dem verbeulten Kotflügel seines Wagens, an dem noch die Standarte flatterte, einen kräftigen Tritt. »Der springt auch nicht mehr an, nachdem er seinen Teil abgekriegt hat.«

»Auf jeden Fall haben wir strengsten Befehl aus dem Führerhauptquartier, die Position zu halten.«

»Herr Major von Stromberg!« Ein Feldwebel näherte sich und grüßte. »Melde gehorsamst, nach neuesten Erkundungen durch den Kurier sieht die Sache nicht gut aus – für Posen. Können wir Verstärkung stellen?«

»Verflixte Bande!«, fluchte der Kommandant. »Auf gar keinen Fall. Die haben hier unsere Schwäche ausgenützt, indem sie uns gegeneinander gehetzt haben. Jetzt bin ich nicht mehr so sicher, ob wir das noch schaffen – uns fehlen Munition, größere Geschütze und vor allem jede Menge Ersatzteile. Wir können nicht mal mehr ein Bataillon auf die Beine stellen. Ich sehe langsam schwarz. Wir haben eine Menge Geschütze verloren, während der Gegner unablässig beliefert wird und anscheinend unerschöpfliche Mengen an neuen Waffen erhält. Außerdem kriegen wir langsam den Moralischen – wir sind ausgebrannt, erschöpft. Wir sind fertig, können nicht mehr schlafen, sind andauernd auf der Lauer! Ich kann meine Männer nicht zum Äußersten treiben. Sie geben ohnehin schon alles.«

Der Feldwebel verzog das Gesicht. »Soll ich das melden?«

Der Kommandant verzog keine Miene und antwortete nicht, doch sein Gesicht schien ernst und entmutigt. »Melden Sie doch, was Sie wollen.« Mechanisch, mehr aus Gewohnheit, legte er kurz die Hand an die Mütze und gab seiner Truppe ein Zeichen, sich vorerst zurückzuziehen.

Conny stand schweigend daneben und hörte zu. Dann sah er zu dem kaputten Wagen des Majors hinüber. »Darf ich vielleicht mal reinsehen?«, fragte er schüchtern. »Ich hab schon manche Maschine wieder in Gang gebracht. Auf der Schule für Heeresmotorisierung war ich.«

»Quatsch.« Der Angesprochene sah kurz und ärgerlich hoch. »Der Wagen ist hinüber, das sehen Sie doch. Ausgerechnet jetzt, wo ich ihn unbedingt brauche! Aber wir haben schließlich auch Leute, die sich auskennen. Was machen Sie denn hier noch? Wer sind Sie überhaupt? Abtreten!« Wütend schnauzte er seinen Adjutanten an: »Wo habt ihr denn den aufgelesen? Hat der Papiere?«

Der Feldwebel war wieder an Conny herangetreten und sah ihn von oben bis unten misstrauisch an. Der blutende Arm in der Schlinge beeindruckte ihn nicht. »Ist doch klar – ein Simulant, der abgehauen ist. Es gibt so viele Ausreißer und Feiglinge – das demoralisiert die Truppe. So etwas können wir nicht zulassen. Da müssen wir scharf durchgreifen!«

»Ich, ich …« Conny wurde es heiß und er begann zu stottern.

Der Major, der kaum zuhörte und wieder sorgenvoll seinen Wagen betrachtete, sprach plötzlich wie zu sich selbst: »Halt, was haben Sie vorhin gesagt, wo Sie waren? Heeresmotorisierungsschule? Verstehen Sie denn was von Motoren?«

»Ich bin Schirrmeister«, fiel Conny hastig ein. »Ich würd mir den Wagen gern mal ansehen.«

»Hmm.« Der Major schien zu überlegen, dann sagte er: »Na gut, lasst den Mann erst mal verbinden. Dann sehen wir weiter, ob Sie was können.« Als Conny sich umdrehte, hielt er ihn unerwartet am Ärmel fest und sah ihn prüfend von oben bis unten an. »Wir bräuchten natürlich dringend einen Fahrzeugmeister. Schirrmeister, mmh, nicht schlecht, wenn das wahr ist. Aber wir haben kaum mehr Ersatzmaterial. Sagen wir, wenn du es wirklich fertig bringst und die Kiste in Gang kriegst, will ich mal ein Auge zudrücken bei deinen Papieren. Wenn nicht, muss ich leider meine Pflicht tun und Nachforschungen anstellen.«

Conny nickte mit trockener Kehle und folgte dem Vormann zum Verbinden. Wie an unsichtbaren Fäden zog es ihn gleich danach wieder zu den Fahrzeugen. Prüfend umkreiste er den beschädigten Wagen und sah ihn sich von allen Seiten genau an. Alle Achtung – ein Mercedes Cabriolet in Tarnfarbe mit allen Schikanen! Bis auf einige Beulen hatte er sich bis hierher tadellos gehalten. Neugierig wollte er die Motorhaube öffnen.

Einer der Männer trat heran und fuhr ihn feindselig an: »Lass die Finger von der Kiste! Die läuft nicht mehr. Ich hab ihn von vorne bis hinten durchgecheckt – nichts. Der Motor ist im Eimer. Du machst nur noch mehr kaputt. Ich kenn mich aus. Und du mischst dich gefälligst nicht in meine Angelegenheiten, du Deserteur.«

»Das kannst du dem Chef erzählen. Ich habe ausdrücklich seinen Befehl, mal reinzuschauen. Also, hau ab!« Conny vergaß seine Zurückhaltung und nahm eine drohende Haltung an – wenn es um Motoren ging, machte ihm keiner was vor.

»Da kannst du lange rummurksen, es nützt eh nichts, Angeber!« Mit einem unfeinen Fluch und bitterbösem Gesicht machte sich der andere davon.

Vorsichtig löste Conny die verklemmte Motorhaube und blickte lange in das Innere der Maschine, während seine Gedanken sich mit der Unterhaltung des Kommandanten der Heeresgruppe IV beschäftigten. Wir sind doch nur zum Abschuss freigegeben, ging es ihm durch den Kopf, genauso wie die andern in den deutschen Festungen, in Thorn, in Posen... Es war Wahnsinn, hier die Stellung halten zu wollen. Die Position war aussichtslos geworden, aber niemand wollte der Wahrheit ins Gesicht sehen. Befehle – Befehle aus dem Führerhauptquartier! Aus dem gesicherten Bunker, weit weg von der Wirklichkeit! Hatte der überhaupt eine Ahnung, was hier vor sich ging? Ihm war es doch egal, ob sie alle draufgingen. Die Stellung muss gehalten werden – Blödsinn!

Er klappte die Haube wieder zu, unruhig geworden. Panik wollte in ihm aufsteigen. »Ich muss auch hier wieder weg«, hämmerte es in seinen Schläfen, »und weiter nach Westen. Der Krieg wird bald zu Ende sein und dann bin ich der Dumme gewesen. Ich lass mich nicht einfach abschießen!« Sein Überlebenswille flackerte mit neuer Glut in ihm auf. »Ich will hier heil rauskommen, ich will eine Zukunft, nachdem mir meine Jugend genommen wurde! Wenn ich das schaffe, dann...« Ja, was dann? Er überlegte, was er geloben könnte, ein Versprechen, einen Eid ablegen...

»Los, stehen Sie hier nicht rum.« Die Stimme des Majors von Strombach, der unhörbar herangetreten war und ihn und das Auto misstrauisch begutachtete, riss ihn aus seinen Gedanken. »Am besten, Sie bauen den Motor mal ganz aus – obwohl ich nicht glaube, dass das etwas bringt, nachdem unser KfZ-Meister sich schon so damit abgemüht hat.« Er betrachtete erneut Connys Ausweis, schien ihm nicht ganz zu trauen, sagte aber nichts und steckte ihn vorläufig ein. »Wie lange waren Sie in der Schule für Heeresmotorisierung?«

»Beinahe ein halbes Jahr«, antwortete Conny nervös, ohne aufzusehen, und tastete im Inneren unter der Motorhaube herum.

»So so, bei den Theoretikern, den Oberschwätzern. Aber Sie können jetzt ja mal zeigen, ob davon etwas hängen geblieben ist. Ich will mal gnädig sein.« Er klopfte ihm ironisch auf die Schulter. Dann fügte er gutmütig hinzu: »Lassen Sie sich erst mal was zu essen geben. Sie sehen ja völlig erschöpft aus. Dann können Sie sich immer noch den Wagen ansehen. Langsam habe ich nämlich keine Hoffnung mehr, drum kommt es mir auf einen letzten Versuch auch nicht mehr an. Zu viele haben in der letzten Zeit schon daran herumgebastelt. Ein Teil der Truppe muss endlich weiter nach Gut Kasau. Dort haben sich einige Kameraden verbarrikadiert, denen sollten wir schon lange zu Hilfe kommen. Wir haben den Befehl, weiter hinten eine neue Kampflinie aufzubauen. Aber Sie sehen ja, wie schwer das ist!«

Von Stromberg fasste sich mit müdem Ausdruck an die Stirn und sah ihn aus seinen hellen blauen Augen nicht unfreundlich, aber durchdringend an. Conny schoss der Gedanke durch den Kopf, dass er mit seinen nach hinten glatt gekämmten blonden Haaren, der weißen Haut und den wasserhellen Augen den Prototyp des Ariers abgab, wie ihn der Führer sich vorstellte. Auch er selbst war blond, aber die dunkelbraunen Augen mit dem Kontrast der kräftigen Brauen darüber ließen trotz seines tadellosen Stammbaums auf andere Einflüsse schließen.

»Also los, spätestens übermorgen müssen ein paar von uns hier die Zelte abbrechen«, riss ihn die scharfe, befehlsgewohnte Stimme Strombergs aus den Gedanken.

Ein Gefreiter, der die ganze Zeit mit fragendem Blick hinter ihm gestanden hatte, meldete sich zu Wort. »Herr Major, und die Kameraden – ich meine, die Gefallenen dort?«, fragte er schüchtern, auf das Feld deutend. »Einer meiner besten Freunde liegt da. Ich würde ihn gerne begraben.«

»Das ist zu gefährlich. Die müssen wir liegen lassen.« Die Stimme des Majors fiel aus seinem schnarrenden Ton und zitterte ein wenig. Mit versteinertem Gesicht und ohne dem Mann in die Augen zu sehen wandte er sich beiseite, um die Knöpfe seiner Jacke zu schließen, und vertiefte sich in die markierten Felder der Landkarte, die auf dem Feldtischchen lag. Auch ihm ging der Verlust der Kameraden nahe und man war trotz der Länge des Krieges immer noch nicht abgehärtet genug, um die seelischen Wunden zu ignorieren.

»Was ist denn eigentlich mit dem Wagen passiert?«

Der Kommandant schien nicht zuzuhören; er betrachtete nachdenklich die eingezeichneten Linien auf dem Papier, fuhr sie mit dem Finger nach und schüttelte resignierend den Kopf. Conny, der ihn fragend ansah, wartete vergeblich auf die Antwort. Dann beugte er sich, angezogen und fasziniert wie immer, wenn er sich mit einem technischen Problem beschäftigte, über das Innere des Mercedes und verschwand unter der Motorhaube. Hunger und Durst waren ihm vergangen und er blickte mit gerunzelten Brauen konzentriert in das gewundene Gewirr aus Metall, Kabeln und Blech. Der vertraute Geruch von Öl und Benzin nahm ihn gefangen und die Spannung im Aufspüren eines versteckten Schadens war wie ein Abenteuer, eine Entdeckungsreise in die verborgene Welt der Maschine – etwas finden wollen und sehen, worüber andere in ihrer Hast blicklos hinweggingen. Vorsichtig tastete er jedes Metallteil, jedes Gummi ab, schnuppernd, ob etwas verschmort oder durchgebrannt sein könnte. Auf den ersten Blick ließ sich nichts finden, das Problem war nicht zu erkennen. Doch der Motor weigerte sich nach wie vor, anzuspringen. Trotzdem war Conny nicht davon überzeugt, dass die Maschine, wie die anderen behaupteten, kaputt sei.

Nach einer halben Stunde schmerzte sein Rücken und die anderen sahen mitleidig lächelnd zu ihm herüber. »Will sich einschmeicheln, der Neue«, witzelten sie. »Bleibt ihm ja wohl auch nichts anderes übrig!«

Conny warf ihnen einen vernichtenden Blick zu. Denen würde er es schon zeigen. Müde richtete er sich auf und dachte nach.

Ein perfekt gepflegter Wagen, die Karosserie leicht beschädigt, aber sonst völlig intakt. Was konnte da nur verkehrt laufen? Wieder beugte er sich unter die Motorhaube, überprüfte noch einmal jedes Verbindungsstück, jedes Rädchen und jede Schraube mit zärtlichen Händen und unendlicher Geduld. Da! Seine Finger hatten eine unebene Stelle ertastet, die mit bloßem Auge nicht zu erkennen war. Das Zündkabel! An einigen Stellen, kaum wahrnehmbar, fühlte sich die Oberfläche rau an, schien brüchig zu sein. Kleine, mit bloßem Auge fast unsichtbare Risse hatten vielleicht den Kontakt unterbrochen.

Ohne etwas von seiner Entdeckung zu sagen, begann er das Kabel auszuwechseln. Er säuberte zusätzlich die verschmutzten Teile, füllte Öl nach und kontrollierte das Benzin. Dann, mit einem Seufzer der Erleichterung, schlug er die Motorhaube zu und wischte sich die ölverschmierten Hände an einem Lappen ab.

Von Stromberg hatte ihn, über die Karte gebeugt, von Zeit zu Zeit aus den Augenwinkeln beobachtet. »Fertig!«, rief Conny. »Herr Major, ich bitte Sie, den Wagen zu starten. Ich glaube, ich habe den Fehler gefunden.«

Das spöttische Grinsen der Kameraden gefror und der Major sah ihn mit undurchdringlicher, aber verdutzter Miene an. »Sie wollen mich wohl auf den Arm nehmen! In so kurzer Zeit möchten Sie den Fehler gefunden haben, an dem meine Leute schon seit Tagen operieren? Na, wollen mal sehen, welches Wunder Sie da vollbracht haben.« Er setzte sich ans Steuer und drehte den Zündschlüssel um. Mit einem schnarrenden Geräusch sprang der Wagen an.

Der Major blickte ihn erstaunt an. Dann gab er so heftig Gas, dass die Räder sich auf dem gefrorenen Boden drehten. »Potz Donner und Wolkenbruch!« Ein ungläubiges Lächeln trat auf seine Züge. »Sie sind mir wirklich vom Himmel gesandt! Was haben Sie denn da bloß gemacht?«

»Ach, nur eine Kleinigkeit«, antwortete Conny bescheiden, »kleine Ursache, große Wirkung. Das haben wir als Erstes gelernt.«

»Kompliment, mein Lieber.« Der Kommandant startete und stoppte den Wagen einige Male hintereinander. »Sie sind ein cleverer Bursche! Von jetzt an arbeiten Sie nur noch für mich. Sie sorgen persönlich für den tadellosen Zustand meines Wagens, verstanden? Sie sind jetzt mein Fahrer!«

Der Kraftfahrzeugmeister, der die Szene mit ungläubigem Blick verfolgt hatte, zog ein schiefes Gesicht. Erleichtert und trotz der ernsten Lage zu einem Scherz aufgelegt, wandte sich Conny den anderen zu. »Na, und wo ist jetzt die Kantine?«

Wenige Kilometer entfernt nahm Emilia mit großer Erleichterung auf einem der Pferdewagen Platz, einem von den vielen, die vorher ohne anzuhalten mit kurzem, bedauerndem Blick auf sie vorübergerollt waren. Die Soldaten, die manchmal die Wege der Trecks kontrollierten und kreuzten, hatten ihr sofort geholfen, als sie ihre Notlage schilderte, sehr zum Unwillen der Familie in dem großen Wagen, den sie herauswinkten und aus dessen Anhänger sie, ohne weiter zu fragen, einige Möbelstücke abluden und eine Kommode und sogar ein Sofa an den Wegrand stellten. Dadurch würde es möglich sein, einige der Schwerstverletzten bequemer zu betten und die anderen je nach Zustand wieder auf den Schlitten zu verteilen, den man hinten befestigte.

Als die Soldaten das von Emilia beschriebene Haus erreichten, in dem die Zurückgelassenen vor sich hindämmernd auf Hilfe harrten, waren zwei von den Verletzten, darunter Toni, schon gestorben. Die anderen fassten neuen Mut, heilfroh über die Rettung. Man transportierte sie auf dem Schlitten, an einen leichten Geschützwagen angebunden, zum Weg. Die junge Schwester verspürte wieder Zuversicht bei der tatkräftigen Hilfe der Soldaten, die sich einfach über die Proteste der Flüchtlinge hinwegsetzten. Der Verantwortung müde, ermattet vom Weg durch den tiefen Schnee, hatte sie schon gefürchtet, niemals einen Platz auf den Wagen für sich und die Kranken zu ergattern. Nicht, dass die Leute mitleidlos waren – ganz im Gegenteil! Jeder half dem anderen in dieser schweren Notlage. Doch wer konnte noch so viel fremdes Leid mittragen, wer wollte sich mit Sterbenden und Siechen belasten, sich von dem bisschen Besitz trennen, den man noch transportieren konnte, wer sich eine neue Sorge aufladen, wenn die eigenen Alten, die Kinder den Strapazen des Trecks kaum gewachsen waren, der Kälte, dem Nahrungsmangel nicht standhielten und einfach vor Entkräftung starben!

Die Straße zog sich, im endlosen Nebel der eisigen Winterlandschaft verschwimmend, durch das flache Land, an einzelnen Gehöften vorbei, aus denen sich immer neue Flüchtlingswagen in die Schlange einreihten, Menschen, die bis jetzt in der Hoffnung gewartet hatten, dass es Siege gäbe, dass sie bleiben könnten. Soldaten mussten beinahe mit Gewalt dafür sorgen, dass die Dörfer geräumt wurden, denn nicht alle waren bereit, ihr Leben und ihre Heimat für eine ungewisse Zukunft aufzugeben, und manche harrten starrköpfig aus und hofften wider alle Vernunft, es würde zuletzt noch eine Wende eintreten.

Das Stöhnen der Verletzten, die von den rumpelnden Stößen des Gefährts gemartert wurden, drang schon bald nicht mehr in das Bewusstsein Emilias. Wieder hatte man zwei weitere von ihnen, die die Strapazen, die Kälte, das Rütteln des Schlittens, der ihre Wunden wieder aufriss, nicht überstanden hatten, einfach an den Wegrand in den Schnee gelegt. Dort lagen sie, armselig, starr, wie schlafend und bald von den unablässig fallenden Schneeflocken zugedeckt. Emilie sah nicht mehr hin, sie musste ihre Augen abwenden von den vielen, die die eisige Reise des Trecks nicht überlebten, die auf irgendeiner Böschung als stumme Merkzeichen der erlittenen Grausamkeiten abgesetzt wurden. Noch immer hatte der ständig ihren Weg begleitende Tod ihr Herz nicht abgestumpft und sie wäre am liebsten bei jedem Kinderwagen, der mit seinem steif gefrorenen Inhalt am Straßenrand stand, vom Wagen gesprungen, um den Säugling mitzunehmen. Mechanisch funktionierte sie, tat, was sie konnte, doch sie sehnte mit aller Kraft das Ziel dieser Mission, das Kloster, herbei, in dem sie ihre Schützlinge endlich im Lazarett abgeben und diese schreckliche, sie allmählich erdrückende Last von ihren Schultern wälzen konnte.

Wenn sie nur ihre Eltern heil wiederfände! Ihre Gedanken kreisten unablässig um die verschollene Familie. Zogen auch sie jetzt, so wie die anderen, im endlosen Zug des Trecks in Richtung Westen? Waren sie einem Lager zugeteilt? Oder hatte man sie vielleicht überfallen, gefangen, lagen sie – schrecklicher Gedanke! – bereits erfroren wie die anderen am Wegrand? Sie dachte an ihre kleine Schwester, das zarte blonde Lorchen, dessen fragile Gesundheit von jeher viele Sorgen gemacht hatte. Würde das zerbrechliche Wesen mit dem lustigen Lockenkopf, dies schwache, krankheitsanfällige Kind, eine solche Reise, eine solche Strapaze überstehen? Sie liebte die Kleine, den späten Nachzügler, mit einer Zärtlichkeit, als wäre es ihr eigenes Kind. Unerklärliche Angst befiel sie und krampfte schmerzlich ihr Herz zusammen, als sie ein wenig abseits wieder einen der schmalen, kindlichen Schatten zusammengekrümmt unter einer Decke liegen sah. Wenn die Kleine nun auch so reglos am Wegrand lag wie diese armen Wesen, die man hier zurückließ, schutzlos dem eisigen Frost, dem Schnee und dem Wetter preisgegeben, mit einem Körper, der nichts mehr spürte!

Schaudernd wandte sie die Augen von den dunklen Umrissen auf der fahlen Weiße des Schnees ab. Die Kälte drang ihr durch alle Glieder und sie presste die Arme an den Körper. Ein leises Zittern ergriff sie. Sie durfte sich nicht gehen lassen, nicht daran denken, was passieren konnte! Niemals durfte sie die Hoffnung aufgeben – fort mit den hohlen Gespenstern der Angst! Sie würde sie finden! Und sie mussten hier auf diesem Wege sein – es gab keinen anderen für die Flüchtlinge. Wenn sie schon weiter waren als sie, umso besser; wenn nicht, dann würde sie auf sie warten, und wenn sie Tag und Nacht am Wegrand nach ihnen Ausschau hielte –

irgendjemand musste sie ge- sehen, von ihnen gehört haben. Vielleicht gab es im Lazarett schon eine Nachricht von ihnen? Zweifel kamen plötzlich in ihr auf, düstere Gedanken überfielen sie und der Mut drohte sie zu verlassen. War es nicht ein fast aussichtsloses Unterfangen wie das Suchen einer Stecknadel in einem Heuhaufen? Sie dachte an Gott. Er würde sie führen, ihr ein Zeichen geben, irgendeinen Anhaltspunkt. Immer hatte der Zufall sie zu dem richtigen und rettenden Punkt geführt; warum sollte das nicht auch jetzt so sein? Allen Menschen, denen sie bisher begegnet war, hatte sie die Frage gestellt: »Kennen Sie Familie Reich aus Waltersdorf?« Kopfschütteln war die Antwort gewesen, wieder und wieder. Aber irgendjemand musste doch aus diesem Ort kommen und etwas von ihren Angehörigen wissen! Ihre Mutter war als Hebamme in verschiedenen Dörfern bekannt. Und wie mochte es dem Vater gehen? Warum mussten sie ausgerechnet ihn noch in letzter Minute holen, einberufen in die Bewegung des »Volkssturms«, die allen Männern über vierzig einen Karabiner und eine Panzerfaust in die Hand drückte und sie damit losschickte! Ob er überhaupt noch lebte? Konnte man denn, wenn alles schon verloren war, seine Pflicht für das Vaterland noch erfüllen? An ihre beiden Brüder wagte sie gar nicht zu denken. Oskar war von Anfang an ein fanatischer SS-Mann gewesen, Emmanuel seit Beginn des Krieges vermisst, verschollen, unauffindbar. Vielleicht würde auch er eines Tages, wenn alles vorbei war, wiederkommen! Ihre Mutter gab die Hoffnung niemals auf und sie durfte es auch nicht tun.

Einige der Kranken phantasierten und redeten im Delirium. Mehrfach bat Emilia den Fahrer anzuhalten, damit sie nach den Fiebernden sehen konnte. Das gab immer wieder eine Verzögerung, einen unliebsamen Halt, der ein erneutes Einreihen in den Treck nötig machte.

Es begann wieder stärker zu schneien und die Flocken fielen in dichter Folge herab, während der Weg im dichten

Treiben der Schneekristalle und des Nebels beinahe aus dem Blickfeld verschwand. Man sah kaum den Vordermann, dessen Pferde sich ebenfalls mühsam vorwärts kämpften. Wie sollte sie bei diesen Wetterverhältnissen das Kloster finden? Emilias Augen versuchten den weißen Wirbel zu durchdringen. Sie verlor die Orientierung. Wie lange waren sie schon unterwegs? Sie schloss die übermüdeten Lider, vergaß den beißenden Frost und war für eine Weile eingeschlafen und der harten Wirklichkeit entrückt.

Ein scharfer Ruck des Wagens ließ sie hochschrecken. Der Fahrer deutete mit spürbarer Erleichterung, die unliebsame Last endlich loszuwerden, auf den weißen Sanitätswagen, der sich zwar kaum von seiner Umgebung abhob, dessen rotes Kreuz aber wie ein Signal durch das Schneetreiben leuchtete, und rief: »Ich glaube, man wartet auf Sie, Schwester!«

Von neuer Hoffnung beseelt, raffte Emilia ihre Sachen zusammen und winkte mit freudiger Hast den Helfern zu. Dann wandte sie sich dem Kutscher zu. »Ich danke Ihnen – Gott wird Ihnen Ihre Hilfe vergelten!«

»Und wer gibt mir meine Sachen zurück, die ich auf der Straße lassen musste?«, knurrte der Alte in den Bart und warf ihr einen ärgerlichen Blick zu. Seine Frau nickte und keifte: »Gott! Wenn er bis jetzt geholfen hätte! Was nützt es jetzt noch? Und von denen da« – sie wies mit dem Kinn zu den Schlitten – »kommt ja doch keiner mehr auf!«

Emilia antwortete nicht, sie war schon vom Sitz gesprungen. Sie spürte die Kälte und ihre halb erfrorenen Füße nicht mehr – der Sanitätswagen wartete auf sie, man hatte sie nicht vergessen. Trotz seiner Bärbeißigkeit half der Fahrer, die Schlitten loszubinden und die Kranken auf den Lazarettwagen umzuladen. Geschafft!

Die junge Schwester stieg ein und lehnte sich mit klammen Händen, ihre Medizintasche achtsam über die Schulter gehängt, in die harten Polster des geschlossenen Wagens.

Die Sanitäter kümmerten sich um die Verletzten und starteten den Motor. Doch die Räder des Wagens drehten sich ins Leere. Der Schnee war tief und durchzukommen war trotz mühevollen Ausschaufelns des Weges schwierig. Aber endlich tauchte die Silhouette des Klosters, das eher einer Kirche mit Anbau glich, vor ihren Augen auf.

Es war ein altes Gemäuer, baufällig, angenagt vom Lauf der Jahrhunderte, heruntergekommen und ganz anders als das im Vergleich dazu gut in Stand gehaltene Gebäude in Kulm, in dem sie genügend Platz und sogar Betten und Wäsche besessen hatten. Hier spielte sich beinahe alles auf dem Fußboden ab, improvisiert und in einer Härte, die sie zurückschrecken ließ.

Es war kalt in den unbeheizten Räumen und es gab kein Wasser, da der Brunnen eingefroren war. Hilfskräfte und Medikamente fehlten, ebenso Decken und Verbandszeug, und es war kein Wunder, wenn die Kranken in diesem Umfeld starben wie die Fliegen. Schon länger hatte es wegen der schlechten Wetterverhältnisse und der entmutigenden Kampflage nur noch eine Notversorgung gegeben.

Dr. Michelsen erwartete sie mit ernster, abgezehrter und leichenblasser Miene. Er schien völlig erschöpft und machte ebenfalls einen kranken Eindruck. »Gott sei Dank, dass Sie da sind, Schwester Emmi! Ich dachte schon, wir sehen uns nicht mehr wieder«, begrüßte er sie mit dem Anflug eines Lächelns. Doch dann brach der lange zurückgehaltene Unmut durch und er machte seinem Herzen Luft. »Schauen Sie sich nur um, wie es hier zugeht! Täglich kommen neue Einlieferungen – wir wissen nicht mehr, wo wir die Leute unterbringen sollen. Und das alles nur mit zwei Schwesternhelferinnen! Ich werde mit allem nicht mehr fertig. Es übersteigt meine Kraft. Die Zustände sind untragbar – und täglich kommen neue Verletzte hinzu. Kann denn dieser Krieg nicht endlich ein Ende finden!«

Emilia zögerte und blickte beklommen um sich. »Ja, das

ist wahr. Aber – meine Eltern – sie sind nicht dagewesen, haben keine Nachricht für mich hinterlegt?«

Dr. Michelsen sah sie schweigend an und verneinte fast unmerklich.

Die Schwester senkte enttäuscht den Kopf. Sie wagte in diesem Moment nicht zu gestehen, dass sie eigentlich nicht bleiben wollte, dass sie den Transport nur begleitet hatte, um ihre Eltern zu suchen, und dass sie froh war, sich ihrer Aufgabe nun entledigt zu haben. Mitleid überkam sie, als sie in die müden und von Hoffnungslosigkeit geprägten Augen Dr. Michelsens sah, der gebeugt und erschöpft vor ihr stand.

Als ahnte er ihre Gedanken, bat er sie nach einem kurzen Schweigen, in dem sie ihre Blicke besorgt durch den kalten, dunklen Raum schweifen ließ, der vom Ächzen der Kranken erfüllt war: »Lassen Sie mich jetzt nicht im Stich, Schwester! Sie sind die Einzige, auf die ich mich jetzt noch verlassen kann. Es wird besser werden, das schwöre ich Ihnen! Mir ist über Funk eine Lieferung von Decken und Medikamenten fest zugesagt. Es kann nicht mehr lange dauern, bis sie eintrifft, bis die Soldaten hierher durchkommen. Aber wie Sie sehen, sind die Straßen blockiert – von den Flüchtenden, von den Trecks, von den vielen Tausenden, die fort wollen.«

Die Schwester antwortete nicht; ihre Kehle war wie zugeschnürt. Schließlich sagte sie mit stockender Stimme: »Wo kann ich – ich meine, wo habe ich einen Platz, um meine Sachen unterzubringen?«

Der Arzt zuckte die Achseln. »Die beiden Helferinnen teilen sich bereits ein winziges Zimmer, in das wir einen tragbaren Ofen gestellt haben. Aber für eine dritte Person – das dürfte für heute unmöglich sein. Im Moment gibt es nur einen heizbaren Raum – er hat einen Kamin. Es ist mein eigenes Zimmer. Wenn es Ihnen nichts ausmacht … Ich könnte auf dem Boden schlafen, es gibt noch eine zweite Matratze. Morgen werden wir schon etwas anderes für Sie finden.«

Emilia fühlte, wie tiefe Gleichgültigkeit von ihr Besitz ergriff. Was machte es schon aus, wenn sie mit dem Arzt in einem Zimmer schlief? Die Hauptsache war ein Platz, an dem sie sich endlich niederlegen konnte – ein wenig Wärme… Und Ruhe, endlich Ruhe. Ihre Gedanken verwirrten sich und der Arzt konnte sie gerade noch auffangen, bevor sie ohnmächtig zu Boden sank.

X. Kapitel

Im Kloster

Conny streckte sich erleichtert und mit einem hörbaren Seufzer unter der grauen Felddecke aus und fühlte sich nach allen Entbehrungen und der bitteren Kälte wie im Himmel in dem schlichten Zimmer, in dem ein Bullerofen eine angenehme Wärme verbreitete. Er hatte die erste warme Mahlzeit seit Tagen im Magen, eine einfache Erbsensuppe, die ihm so köstlich gemundet hatte, als wäre es Kaviar oder Lendensteak. Nichts ging über eine solche Suppe, heiß, duftend, die den Magen füllte und die Glieder wärmte, die satt machte und ein Wohlgefühl hinterließ, das nicht zu beschreiben war. Nachdem er den Wagen Major von Strombergs repariert hatte, war die Situation ganz zu seinen Gunsten umgeschlagen. Von Stromberg hatte Vertrauen zu ihm gefasst, eine deutliche Achtung und Sympathie. »Sie verstehen was von Maschinen«, hatte er gesagt, »das sehe ich! Lassen Sie sich in meinem Auftrag eine neue Bescheinigung ausfüllen, dass Sie nun zur Heereskampfgruppe IV, Tuchler Heide, gehören.«

Damit verfügte er über den Luxus eines eigenen Zimmers, das er in einem von den Soldaten besetzten Haus bekommen hatte, eines Raumes, der unmittelbar an die Unterkunft des Majors grenzte. Er war nun für dessen persönlichen Dienst zuständig, etwa im Sinne eines Adjutanten. Der Zufall hatte ihm wieder einmal mehr als geholfen!

Merkwürdigerweise kam ihm plötzlich der kleine, blasse Aljoscha in den Sinn, der viel zu dünne Junge mit seinem neugierigen Spitzmausgesicht, der nicht essen wollte und das harte, in Ziegenmilch getauchte Brot, das ihm die Mutter

173

anbot, zurückwies. Was würden die drei wohl jetzt machen, eingeschlossen in ihrer dunklen Bauernkate, umhüllt von Schnee, Eis und Einsamkeit? Er musste dem Jungen etwas zu essen bringen. Der Weg war nicht weit; vielleicht konnte er einmal einen heimlichen Abstecher mit dem Wagen machen. Wieso hatte Natalja ihn eigentlich geküsst? Anfangs war sie doch so kratzbürstig zu ihm gewesen, doch dann... Ein Lächeln überzog seine Züge und seine Gedanken verwirrten sich. Er war fest eingeschlafen.

Die schwarzen Haare zu einem dicken Zopf zusammengebunden, war Natalja mit hochgekrempelten Ärmeln in der dunklen Stube damit beschäftigt, in einem kleinen Bottich mit lauwarmem Wasser mit einem krummen Stück Seife die Wäsche einzureiben. Sie schrak zusammen, als es hart gegen die Tür klopfte, ließ die Kleidungsstücke aus der Hand in die Lauge fallen und flüchtete sich in ihrer ersten Angst zum Sessel der Großmutter, die unruhig vor sich hinmurmelte. »Soldaten«, flüsterte sie in einer ersten Aufwallung, »sie kommen uns holen!« Sie legte den Finger an die Lippen und die Hände des kleinen Aljoschas, der am Boden mit seinen Klötzchen spielte, erstarrten zu einer furchtsamen Gebärde und seine großen, dunklen Augen sahen fragend zu der Mutter auf. »Pssst«, fuhr Natalja unwillig auf, als das Kind eines seiner Bauklötzchen mit lautem Poltern aus der Hand fallen ließ. Es rüttelte erneut an der Tür, lauter, energischer und die Lippen der Großmutter, die die stumme Unruhe fühlte, begannen zu zittern und ihr Gesicht verzerrte sich. »Natalja, Aljoscha!«, rief von draußen eine bekannte Männerstimme durch die Tür. »Öffnet doch! Ich bins –Conny!«

Mit einem Seufzer der Erleichterung sprang Natalja zur Tür, schob den Riegel zur Seite und flog dem überraschten Soldaten um den Hals. »Du bist zurück! Oh, ich wusste es, du kommst wieder, mein Herz!«

Verlegen wich Conny zurück und befreite sich von dem

andrängenden Körper und den Armen, die sich um seinen Hals schlangen. »Langsam«, rief er aus, »nicht so stürmisch – ich verschütte ja alles!« Er hielt ihr ein Blechgeschirr entgegen, aus dem durch die wilde Bewegung ein paar Tropfen Brühe rannen. »Hier, das ist für Aljoscha. Er ist doch so dünn. Das wird ihm gut tun.«

Natalja nahm das Gefäß neugierig entgegen und besah es von allen Seiten, während Aljoscha an Conny hochsprang. »Spielst du mit mir? Wir könnten das Soldatenspiel spielen. Ich habe mir Pferde gemacht, aus Holz.«

»Lass ihn doch«, wehrte Natalja den Buben ab. »Sieh mal, was er dir mitgebracht hat!« Sie schraubte die Blechdose auf. »Hmm, eine Suppe. Wie das duftet! Eine gute Erbsensuppe. Davon wirst du groß und stark, mein Sohn!« Glücklich lächelnd sah sie Conny mit zärtlichen Augen an, den Blechnapf auf den Herd stellend. »Ich danke dir, du bist gut, ich wusste es!«

Aljoscha schnupperte an der Brühe und holte sich einen Holzlöffel. »Ich mag aber lieber Borscht«, murrte er unwillig, »mit Fleisch darin und nicht mit Speck wie hier!«

»Willst du wohl dankbar sein!«, fuhr ihn seine Mutter mit funkelnden Augen an. »Sei froh, dass du mal etwas anderes als das harte Brot mit Milch bekommst. – Komm, setz dich her, setz dich zu uns, du Guter.« Wieder umfing Natalja den Soldaten mit ihren Armen und drückte ihn auf den wackligen Stuhl, von dem er sich mit einer bedauernden Geste sogleich wieder erhob. »Ich muss fort, meine Kompanie wartet auf mich«, begann er mit einem entschuldigenden Lächeln. Als er die Enttäuschung in Nataljas Augen las, fuhr er fort: »Aber ich komme wieder – ich bringe dem Kleinen sein Essen, sobald es mir möglich ist. Besser wäre es jedoch, ihr würdet mit den Trecks mitfahren. Ich könnte dafür sorgen, dass ihr einen Platz bekommt.«

Das Gesicht Nataljas verdunkelte sich und sie senkte den Kopf. »Wir warten hier. Großmama würde den Transport

nicht überleben. Und Aljoscha – da draußen in der Kälte …
Er hustet doch so viel und manchmal hat er abends Fieber.«

Wie zum Beweis hustete Aljoscha gerade in diesem Moment mit einem bedrohlich rasselnden Geräusch, das tief aus der Brust des schmächtigen, kleinen Kerls zu dringen schien. Conny sah ihn an, sein blasses, spitzes Gesichtchen mit den dunklen Augenschatten, die dünnen Beinchen, die unter dem viel zu weiten Hemd hervorragten, und tiefes Mitleid mit dem unschuldigen Kind ergriff ihn. »Ich verstehe«, sagte er leise, »aber – eines Tages müsst ihr hier fort.«

Natalja antwortete nicht. Sie strich ihrem Sohn zärtlich über das zarte, watteähnliche Haar, das sich in kleinen schweißfeuchten Löckchen über seiner Stirn kringelte. Aus der dunklen Ecke des kleinen Zimmers drang eine schwache Fistelstimme: »Fort – wir gehen nicht fort«, greinte die Großmutter, immer noch mit dem gleichen verwirrten Ausdruck ihres von unzähligen feinen Falten durchzogenen Gesichts, den zahnlosen Mund weinerlich verziehend. »Wir warten doch auf Alexander. Hast du ihn gesehen?«

»Ach, Großmama, sei doch still! Alexander ist doch schon so lange tot! Sie redet immer noch von ihrem Sohn.« Die junge Frau nahm kopfschüttelnd und resigniert darüber, dauernd die gleichen Worte wiederholen zu müssen, den Napf vom Herd und goss den Inhalt in einen abgestoßenen Teller.

Die Alte stampfte wütend mit ihrem mageren Bein auf und beharrte mit kindischem Eigensinn: »Nein, ich weiß es, er hat es mir versprochen!«

Der Kleine sah gleichgültig zu ihr hin, nahm den Löffel und probierte neugierig die Suppe. Dann aß er hastig einen Teil der Mahlzeit, die ihm zu schmecken schien. Doch plötzlich hielt er inne und schob den Teller von sich. »Ich bin so satt!«, sagte er mit seiner dünnen Stimme und lehnte sich zurück.

»Aber Kind, iss doch«, beschwor ihn die Mutter mit tiefer Sorge in den dunklen Augen. »Komm, nur noch ein paar Löffel. Du musst doch zu Kräften kommen!«

Aljoscha schüttelte abweisend den Kopf und sah Conny bittend an. »Jetzt spiel mit mir, du hast es doch versprochen!«

»Ein andermal«, sagte Conny ausweichend und vermied es, in Nataljas weit geöffnete Augen zu sehen, die eine vage Lockung enthielten, einen unbestimmbaren Ausdruck, mit dem sie ihn anblickte. Sie sprang nervös auf, als er, dem Kleinen einen leichten, freundschaftlichen Klaps gebend, sich zur Tür wandte.

»Wir werden spielen, aber nur, wenn du beim nächsten Mal alles aufisst, was ich dir zu essen mitbringe.« Aljoscha nickte tapfer und wandte sich wieder seinen Klötzchen zu, die er in soldatesker Reihe, fein säuberlich einander gegenüber, aufzustellen begann. Mit einem lockeren Abschiedsgruß wollte Conny die Tür hinter sich schließen, doch Natalja, behände wie eine Wildkatze, war ihm gefolgt.

»Komm wieder«, sagte sie leise, »ich mag dich.« Im einfallenden Licht der offenen Tür sah er in ihre Augen, die ihn mit schmachtendem Glanz anblickten. Ihr im Nacken zusammengebundenes Haar hatte sich gelöst und eine dunkle, glänzende Strähne fiel ihr über die Schulter. Mit ihrem olivenfarbenen Teint, dem regelmäßigen, schönen Gesicht glich sie einer verführerischen Zigeunerin, geheimnisvoll und mit zauberischer Lockung. Sie streckte die Hand aus und strich ihm sacht über die Wange. Trotz des scharfen Windes, der eine kalte Böe zur Tür hereinwehte, löste sie mit der anderen Hand das fransenbesetzte, wollene Schultertuch und ließ es bis zu den Hüften hinabgleiten. Darunter trug sie nur einen einfachen Rock mit einem halb geöffneten, engen Mieder, das ihren vollen, weißen Busen bis zur Hälfte freigab.

Conny, der seit Monaten im Feld in entbehrungsreicher Männergesellschaft keine so schöne Frau mehr gesehen hatte, starrte sie fasziniert an. Er war wie behext, alle Gedanken an Emilia waren ausgelöscht – er sah nur noch diese verführerische Schönheit, deren volle Lippen ihn nun feucht und schmachtend, mit langsamem, sanftem Druck auf die Wange und den Hals küssten. Mit einem Ruck, ohne weiter darüber nachzudenken, zog er sie an sich und presste sie mit lang entbehrter Glut an seine Brust.

Nach einer unruhigen Nacht, von wirren Träumen gepeinigt, erhob sich Emilia schon im Morgengrauen wie gerädert und versuchte, die erloschenen Flammen wieder anzufachen. Sie hatte darauf bestanden, auf der eher unbequemen Matratze am Boden des hohen Raumes zu schlafen, in dem die spärliche Wärme des Kamins nahezu verpuffte. Zum Glück gab es genügend Holz; aber es reichte niemals, um alle Räume in den riesigen Sälen des Klosters zu heizen. Dann kniete sie auf dem kalten Marmorboden nieder und schickte ein Stoßgebet zum Himmel, das aus der Tiefe ihres Herzens kam: »Lieber Gott, lass mich meine Eltern und meine Schwester wieder finden!« Sie hielt inne, doch dann wiederholte sie murmelnd diesen einen Satz andächtig immer wieder aufs Neue. Worum sonst sollte sie denn noch bitten? Alles war unsicher, gefährlich, bröckelte um sie herum. Doch sie war überzeugt, dass Gott sie den richtigen Weg führen würde, wohin er auch wiese. Langsam stand sie auf, trat zu dem hohen, vergitterten Fenster und versuchte hinauszusehen.

Draußen herrschte eine düstere Stimmung, fahles Licht verbreitete sich langsam über der Schneewüste, die wie eine bleiche Leichendecke bis zum Horizont über der Landschaft lag. Durch die kleinen Luken und auch durch die größeren Fenster, die mit religiösen Szenen bemalten Vitragescheiben, die das Licht filterten, wurde es den ganzen Tag nicht hell in den Räumen und das dunkle Zwielicht ließ Menschen, Möbel und die ganze Umgebung noch elender und bleicher aussehen als gewöhnlich. Die abgeschabten Wände traten hervor, der Schmutz und der Verfall des Gebäudes bildeten einen tristen Hintergrund, vor dem nur die verblasstesten Malereien und nachgedunkelten Barockrahmen der Gemälde und die Grazie der Säulen und Pfeiler mit den geschwungenen Stuckornamenten dem Kloster ein wenig Leben einhauchten. Dumpfe, abgestandene Luft zog sich durch die ohnehin modrig feuchten Säle und Gänge, jener penetrante Gestank, der allen Kriegslazaretten anhaftete. Blut, Schweiß, Schmutz und Fäulnis mischten sich mit der Ausdünstung des Todes und der Angst – ein Geruch, der über allem schwebte und der in seiner Konsistenz sofort und bevor man noch wusste, woher er kam, die Seele bedrückte.

Dr. Michelsen schien sein Lager ebenfalls sehr früh verlassen zu haben, das Zimmer war leer; die beiden Schwesternhelferinnen hatten sich die Nachtschicht geteilt und es war Zeit, dass sie sich meldete und den Dienst übernahm. Wie würde nun alles weitergehen, wie sollte sie dem Arzt sagen, dass sie nicht im Lazarett bleiben konnte? Konnte sie das überhaupt mit ihrem Gewissen vereinbaren? Aber war es denn so schwer zu verstehen, dass sie zuerst in Erfahrung bringen musste, was mit ihrer Familie geschehen war, wo ihre Angehörigen sich befanden, ob sie ihre Hilfe brauchten? Andernfalls wären sie vielleicht für alle Zeiten auseinander gerissen – ein Gedanke, der sie bis in den Grund ihres Herzens erschreckte. Sie kleidete sich an, machte notdürftig Toilette, zog ihren Mantel, ihre Stiefel über und legte das warme Schultertuch, das ihr die mitleidige Bäuerin geschenkt hatte, um.

Als sie den großen Krankensaal betrat, prallte sie zurück, erschreckt vom Stöhnen und Ächzen der Leidenden, vom bestialischen Gestank, von der Kälte des riesigen Raumes und der Aussichtslosigkeit, unter solch schwierigen Umständen eine Pflicht zu erfüllen, die die Menschlichkeit gebot.

Dr. Michelsen sah zu ihr herüber, auf der Pritsche neben einem Schwerverletzten sitzend, dessen Puls er fühlte, und versuchte ein Lächeln in sein müdes und graues Gesicht zu zaubern. »Gut, dass Sie da sind, Schwester Emmi. Die Verbände müssen gewechselt werden. Es gibt auch ein paar Brandverletzungen, die Sie sich ansehen sollten. Später nehmen wir uns dann die Splitter- und Schusswunden vor. Dort auf dem Tisch« – er wies mit einem Nicken des Kopfes in eine Ecke – »finden Sie Spritzen und Verbandszeug. Nur, seien Sie sparsam! Kaffee ist dort, ich habe ihn schon selbst gemacht. Er steht drüben auf dem kleinen Kocher.«

In Emilias Kopf drehte sich alles. Mechanisch hob sie ihre Medikamententasche hoch. »Danke, aber – ich müsste diese hier auffüllen.«

»Ja, ja«, antwortete der Arzt zerstreut, »natürlich, tun Sie das. Und denken Sie daran, heben Sie das Morphium für die ganz schweren Fälle auf; wir haben nur noch sehr geringe Mengen. Stattdessen gibt es genügend Schlaf- und Beruhigungstabletten, die einzigen Mittel, die wir ausreichend zur Verfügung haben. Im Zweifelsfall die dreifache Dosis – Sie wissen schon.«

Emilia stürzte den noch lauwarmen, wässrigen Milchkaffee hinunter, nahm sich etwas von dem danebenliegenden trockenen Zwieback und machte sich an dem Tisch und dem wackligen Schrank zu schaffen, in dem ein Wirrwarr von Medikamenten lagerte. Dann fasste sie Mut. »Dr. Michelsen – ich – ich muss Ihnen etwas sagen. Ich kann nicht bleiben.«

Der Arzt schien nicht zuzuhören; er war damit beschäftigt, eine böse aussehende Kopfwunde zu säubern. Sie fühlte sich so erbärmlich, als ließe sie einen Menschen im Stich, der sich selbst opferte, um für andere da zu sein. Mit gepresster Stimme und schlechtem Gewissen wiederholte sie ihre Worte und der Arzt hob ungläubig den Kopf.

»Sie können nicht … Und warum, wenn ich fragen darf? Wollen Sie mich denn hier allein lassen – mit allem? Ich habe gerade ein kleines Zimmer für Sie organisiert. Die anderen müssen sich eben einschränken.«

Emilia holte tief Luft. »Nein – ja, danke. Ich will Sie natürlich nicht im Stich lassen. Aber sehen Sie, ich muss zuerst meine Eltern finden, ich muss den Treck abpassen. Ich will nicht, dass wir uns aus den Augen verlieren – das ertrage ich nicht!«

»Unsinn«, unterbrach sie der Arzt. »Wie wollen Sie das denn anstellen? Sie können doch nicht am Wegrand warten, bis sie zufällig vorbeikommen.«

»Genau das will ich«, erwiderte Emilia mit fester Stimme, »und nichts und niemand wird mich davon abhalten! Fragen Sie mich nicht weiter. Ich bin fest entschlossen und ich weiß, dass auch sie mich suchen. Ich kann es nicht erklären, aber es ist wie ein sechster Sinn. Wenn sie schon hier vorbeigekommen wären, hätten sie mir sicher eine Nachricht hinterlassen.«

Dr. Michelsen schaute sie an, als hätte sie den Verstand verloren, dann schüttelte er resignierend den Kopf. »Wenn Sie meinen… Aber das ist doch verrückt – die Kälte – die vielen Flüchtlinge! Sie werden sie nie finden!«

Schweigend wandte sich Emilia zur Seite, das Wolltuch fester um ihre Schultern schlingend, die unentbehrliche Medizintasche unter dem Arm. »Ich bin sicher, dass ich mich auch dort am Wegrand nützlich machen kann. Viele Flüchtlinge sind krank und brauchen Hilfe.«

Der Arzt antwortete nicht und konzentrierte sich auf die Wunde, aus der er mit einer Pinzette vorsichtig einige Knochensplitter entfernte, und die Schwester drehte sich trotzig um und ging den Gang des Konventsaals entlang, in dem ihre Schritte hallten.

Tief sog sie nach der stickigen, von Krankheit erfüllten Atmosphäre draußen die klare Schneeluft ein. Der Himmel hatte sich in einem verwaschenen Graublau aufgeklart und es war nicht sicher, ob die Sonne sich durchsetzen würde. Viel Schnee war gefallen und Emilia stapfte achtsam den Weg entlang, um ihre Stiefel vor Nässe zu bewahren. Immer wieder sah sie sich vorsichtig um. Man konnte nie wissen, ob irgendwo im Hinterhalt ein Trupp Russen wartete, der sie für einen Späher hielt.

Schon von weitem hörte sie die Geräusche der rollenden Wagen, der Schlitten und das Schnauben der Pferde. An einer Wegbiegung, an der sie die Schlange der Trecks über eine weite Strecke überblicken konnte, blieb sie stehen und rief einem jeden Kutscher die gleiche Frage zu: »Familie Reich aus Waltersdorf? Nathanael Reich – haben Sie ihn gesehen?«

Die meisten schüttelten stumm den Kopf, einige fragten nach der Wagennummer, die an jedem Gefährt befestigt sein musste; aber es gab auch solche, die einfach vorbeifuhren.

Stunden später glaubte Emilia, nicht mehr auf ihren vom Frost wie abgestorbenen Beinen stehen zu können, und sie sah sich nach einem Platz um, an dem sie sich wenigstens für eine kurze Weile niederlassen konnte. Ihre Füße waren kalt wie Eis und der aufkommende Wind zerrte an ihrem Mantel und den unbedeckten Haaren. Sie musste sich bewegen und lief ein Stück mit den Fahrzeugen mit. Niemand schien von den Ihren gehört, niemand sie gesehen zu haben. Es war zum Verzweifeln. Scheinbar war es doch eine verrückte Idee, wie Dr. Michelsen gemeint hatte, unter den vielen Menschen, die aus ihrer Heimat wegzogen, den Tausenden Vertriebener, die sich im Vertrauen auf die deutsche Wehrmacht erst in der letzten Minute auf den Weg gemacht hatten, einzelne Personen zu suchen. Sie begann am Sinn ihres Unterfangens zu zweifeln. Vielleicht war ihre Mutter mit Lore schon an dieser Stelle vorbeigefahren, ihr Vater wer weiß wo, erfroren in irgendeinem Straßengraben oder gar gefallen mit seiner armseligen Panzerfaust gegen eine russische Division. Schreckensvisionen marterten sie plötzlich und hoffnungslos und entmutigt von den ewig negativen Antworten ließ sie sich erschöpft und von der Kälte wie erstarrt auf einen schneebedeckten Baumstumpf fallen, die Hände vors Gesicht schlagend und in bittere Tränen ausbrechend.

Der Schatten einer Gestalt in Uniform baute sich vor ihr auf und sah auf sie herab. »Warum weinen Sie denn, Schwester?«, fragte eine ruhige, freundliche Stimme und als sie aufsah, blickte sie in die teilnehmenden Augen unter dem Stahlhelm eines Soldaten, der sich mitleidig über sie beugte. Hinter ihm warteten uniformierte Männer in zwei Geländewagen, die den Treck begleitet hatten. Emilia konnte kaum antworten, so erschütterte aufkommendes Schluchzen ihre Brust. Ihr war, als käme mit einem Mal der ganze Kummer, das Leid, das sie mit fast unmenschlicher Beherrschung all die Zeit, in denen sie Kranken und Verwundeten geholfen, Tote begraben und so viel Elend mitangesehen hatte, an die Oberfläche und überschwemmte ihre Seele. »Meine Eltern«, stammelte sie mit tränenblinden Augen, »ich suche sie. Sie müssen hier vorbeikommen. Ich weiß es!«

Der Soldat schüttelte den Kopf und versuchte sie hochzuziehen. »Sie können hier nicht bleiben. Ein Schneesturm ist im Anzug. Sehen Sie – da!« Er deutete auf die tobenden Windböen, die die kahlen, brüchigen Äste der Bäume schüttelten und feinen Schneestaub mitbrachten, der in den Augen brannte. »Das ist nur der Anfang! Kommen Sie, in kurzer Zeit werden Sie hier nicht mehr die Hand vor Augen sehen.«

Emilia wehrte sich mit dem dickköpfigen Eigensinn eines Kindes. »Ich bleibe hier. Ich kann nicht weg. Ich muss sie finden. Sie sind doch ganz allein – meine Mutter mit dem kleinen Kind. Sie werden nicht durchkommen ohne mich!«

Der Wind verstärkte sich, er brauste heran wie ein wildes Tier. »Aber wenn Sie hier bleiben, dann müssen sie in Zukunft sowieso ohne Sie auskommen – Sie werden nämlich hier an dieser Stelle erfrieren!«, schrie der Soldat gegen den tobenden Wind, der seine Worte forttrug. Mit einem Blick auf die schneebeschwerten, dunkel sich zusammenballenden Wolken packte er die junge Frau mit energischem Griff ohne ein weiteres Wort und hob die Zappelnde auf seine Arme.

Seine Kameraden grinsten ihm entgegen, als er sie wie eine Fracht auf den Wagen hob; im gleichen Moment sprang der Motor an. »Höchste Zeit!«, schrie der Fahrer, seine Kappe festhaltend, die der Schneekristalle vor sich herpeitschende Wind entführen wollte. »Ich kenne diese Stürme – eine tückische Angelegenheit.«

Das Weitere trug der Wind fort, der in kurzer Zeit alles in neblige Schwaden hüllte. Man sah buchstäblich nichts mehr, keinen Weg, keinen Strauch, die Landschaft schien plötzlich verschwunden und ausgelöscht von einem weißen Dunst. Wie Watte legten sich heranfegende Schneeflocken auf alles, was sich bewegte, und bedeckten langsam die dunklen, vereisten Furchen der Straße. Sie schienen alles Leben um sie herum zu ersticken und verschluckten sogar die Geräusche des mühsam auf Schneeketten dahinrollenden Jeeps.

Die kleine Eleonore klammerte sich an die Röcke ihrer Mutter. »Mama, ich hab Angst!«, wimmerte sie, den Daumen in den Mund steckend. »Ich will nach Hause! Mir ist so kalt und mein Bauch tut so weh!« Sie versteckte den Kopf vor den heranpeitschenden Schneeböen unter dem wollenen Umhang der Mutter, die nicht auf ihre Klagen achtete und angespannt den Weg verfolgte. »Die Brücke kann nicht mehr weit sein, Franz«, rief sie dem dick vermummten und unbeweglich die Zügel haltenden Mann auf dem Bock zu, der die erschöpften Pferde antrieb, die im tiefen Schnee kaum weiterkamen.

Der Kutscher wandte mit müden und verzerrten Zügen kurz den Kopf und seine zusammengekniffenen, schneeblinden Augen versuchten vergeblich, das Toben des kalten Wirbels ringsum zu durchdringen. »Ich fürchte, wir müssen anhalten, Frau Reich!«, schrie er durch das immer stärker werdende Pfeifen. »Die Pferde sind am Ende und der Wind nimmt zu. Das ist ja ein Schneesturm! Wir sollten uns unterstellen, bis er vorbei ist, und dann weitersuchen. Wir werden uns sonst verirren und im Kreis herumfahren. Es war sowieso gefährlich, den Treck zu verlassen.«

»Fahren Sie, Franz – ich befehle es Ihnen!« Die Stimme der Frau wurde hoch und schrill. »Wir haben keine Zeit zu verlieren, und wir müssen ganz in der Nähe sein. Sehen Sie dort – den Schatten?« Sie wies mit der dick behandschuhten Faust in die unbestimmte Ferne des weißen Nebels.

Der Angesprochene riss die Augen weit auf, ohne etwas erkennen zu können. Resigniert zuckte er die Achseln und antwortete nicht. Sie würde schon sehen, was sie davon hatte! Einem Phantasiegebilde nachzujagen! Selbst wenn sie die Eisenbahnbrücke fänden, so wäre ihr Mann doch schon längst fort. Dieser lächerliche Volkssturm war niemals in der Lage, gegen eine übermächtige Russenarmee bei solch unwirtlichen Wetterverhältnissen eine Brücke zu verteidigen! Ein einziger Panzer und sie wären wie weggewischt, schwache Reservisten, die sie waren, ausgerüstet mit einer lächerlichen Panzerfaust und völlig unzureichenden Waffen. Er hatte sie geradewegs ins Verderben geschickt, dieser Hitler, der glaubte, dass jetzt noch irgendetwas zu verteidigen war. Franz jedenfalls würde ein solches Theater nicht mehr lange mitmachen, das hatte er sich im Stillen vorgenommen. Sein Brotherr, der Gutsbesitzer Nathanael Reich, lebte sicher schon längst nicht mehr und er, Franz, würde mit dem Irrsinn dieser unsinnigen Fahrt nur sein Leben aufs Spiel setzen. Sicher stand er treu zu seiner Herrschaft; aber diese Weiber verlangten einfach zu viel. Was zu weit ging, ging zu weit! Er musste sehen, dass er sich irgendwie davonmachte, weg von diesem Krieg, den Bomben, dem traurigen Anblick der Flüchtenden. Sobald sie das nächste Dorf erreicht hatten, würde er seinen Dienst aufkündigen. Mehr konnte niemand von ihm verlangen! Ständig die Verantwortung für die Frau und das schutzlose Kind – all das überforderte ihn! Wie leicht konnte ihnen ein Unglück, eine Krankheit zustoßen – oder gar ein Überfall aus einem russischen Hinterhalt! Sollte er die beiden dann ganz allein verteidigen?

Der Sturm nahm zu und die kleine Lore jammerte mit weinerlichem Stimmchen, die Nase tief in ihren weißen Hasenfellkragen steckend: »Mama, mir ist so kalt – der Wind bläst mir die Schneeflocken in den Nacken! Mama, ich will nicht mehr weiterfahren, ich will hier weg – nach Haus!«

Anna-Maria Reich antwortete nicht. Sie starrte reglos in das dichte Schneetreiben, nahm nur den Arm des Kindes und drückte ihn. Was sollte sie sagen? Wie dem Kind erklären, dass sie seinen Papa suchte, ihn mitnehmen wollte, weil sie fühlte, dass er sonst verloren wäre? Er hatte ja nicht einmal einen warmen Mantel oder seine Pelzmütze dabei! Vor ihrem inneren Auge entstand das Bild, als sie ihn holten, vom Feld weg, in seiner Arbeitsjacke, in den Stiefeln, ohne Gepäck, ohne irgendetwas. »Du bekommst alles, was du brauchst«, hatten sie gesagt, »und du bist bald wieder zurück! Wir sind jetzt froh um jeden Mann. Das Ende des Krieges ist nahe.« Wie nah es war, hatten sie nicht gesagt. Sie sah noch sein mutiges und sie aufmuntern wollendes Lächeln, als er sich umwandte und ihnen zuwinkte. Freudig war er mitgegangen, um das Vaterland zu verteidigen, sein früheres Vaterland, das sie alle sich in der Fremde über Jahrhunderte zu bewahren versucht hatten. Sie war den Soldaten mit Lorchen an der Hand verwirrt nachgelaufen und hatte atemlos gefragt: »Wohin bringt ihr ihn denn? Was muss er tun?« »Die Eisenbahnbrücke«, rief einer der Männer im Vorbeimarschieren, »gute Frau – die Brücke muss verteidigt werden, sonst erhalten unsere Soldaten keinen Nachschub mehr. Da können wir jeden Mann brauchen!« »Eine ganz wichtige Sache, zu der der Volkssturm aufgerufen ist!«, fügte einer der Soldaten hinzu, der mitleidig bei ihr stehen geblieben war, als er sie, das Kind auf dem Arm, so verzweifelt rufen hörte. »Alle kampffähigen Männer unter fünfzig zieht man ein und auch die Jungen unter zwanzig, die nun auch einmal in die Pflicht genommen werden, wie der Führer so schön sagt.«

»Gib mir Nachricht, Nathanael! Gott schütze dich!« Das war alles, was sie ihm noch zuzurufen vermochte. Jetzt drehte er sich nicht mehr um und sie wusste, er wollte nicht, dass sie seine Tränen sah. »Ich komm dich holen!« Ihre letzten Worte verhallten ungehört, denn die Männer waren schon in den Wagen gestiegen, der sich auf dem hart gefrorenen Boden rasch und leicht schlingernd entfernte.

Jetzt, da die Russen schon jenseits der Brücke auf der anderen Seite der Weichsel waren und es diese Brücke vielleicht schon gar nicht mehr gab, wollte sie ihr Versprechen halten und ihren Mann abholen – oder wenigstens in Erfahrung bringen, wo er sich befand und an welchen Platz er als Nächstes hinbefohlen wurde. Wie sollte ihn denn irgendeine Nachricht erreichen, wohin, in welchen Ort, in welches Lager sie selber zogen, auseinander gerissen, wie sie waren, heimatlos und in alle Winde versprengt! Ihr Leben war zerplatzt wie eine Seifenblase: Die Söhne im Krieg, die Existenz verloren. Von Emilia, ihrer ältesten Tochter, wusste sie nur, dass sie zuletzt als Krankenschwester im Kulmer Lazarett gearbeitet hatte – doch wo befand sie sich jetzt, in diesem Moment? Vielleicht war sie mit den Krankentransporten, von denen man hörte, schon ein Stück voraus, weit im Westen, in Deutschland, dem Land, aus dem ihre Vorfahren vor Jahrhunderten einmal aus dem Schwäbischen nach Bessarabien ausgewandert waren. Dort wieder ausgewiesen, fanden sie zuletzt voller Hoffnung in Westpreußen eine neue Heimat, in dem Ort Waltersdorf nahe der Weichsel. Bis zum letzten Augenblick war sie geblieben, mit Franz, dem Knecht, und ihrem Töchterchen, dem kleinen Lorchen, einem aufgeweckten, zarten Kind mit krausen blonden Haaren und großen grünen Augen, die verschüchtert in die Welt blickten und aus- drückten, dass sie nicht verstanden, warum sie unablässig durch diese eisige Kälte fahren mussten, ohne jemals anzukommen. Erst als es nicht mehr anders ging, verließen auch sie den Hof, auf dem man sie gerade erst angesiedelt hatte. Ihre ganze Habe war in diesem Wagen verstaut, alles, was sie jetzt noch besaßen. Welches Glück, dass Franz bei ihnen war, der treue Knecht, der ihnen schon so viele Jahre auf dem Hof daheim gedient hatte und der sich auch in Westpreußen vor keiner Arbeit drückte.

Der Sturm erhob sich mit stärkerer Macht und fegte in eisigen Windböen große Mengen nasskalten weißen Staubes heran. Anna-Maria duckte sich unter der Plane des Vorbaus tief in den Sitz und drückte Lorchen, die leise weinte, fest an sich. Mit einem unheimlichen Fauchen rüttelte der Wind an den Planken des Wagens und die Pferde kämpften sich mühsam Schritt für Schritt voran, bis sie schließlich, am Ende ihrer Kräfte, im tiefer werdenden Schnee stecken blieben.

Der unermüdliche Franz, dessen Schnurrbart einem Eiszapfen glich und auf dessen Lammfellmütze sich eine Schneelast angehäuft hatte, blickte mit zusammengekniffenen Augen, von weißen Flocken umtost, zurück. »Wir können nicht mehr weiter! Die Pferde bleiben stecken!« Seine Stimme verlor sich in der wirbelnden Schneehölle, die plötzlich losbrach. Er sprang vom Bock, während der brüllende Wind seinen schweren Mantel aufblähte und ihn zurückzuhalten schien, packte mit seinen groben Fäusten energisch die Zügel und versuchte, die sich aufbäumenden Pferde zu Fuß weiterzuführen.

Ganze Schneelasten schienen vom Himmel zu fallen und verwandelten in spielerisch jagenden Strudeln die Umgebung in ein undurchsichtiges Nirwana, in dem weder

Strauch, Baum noch Straße zu erkennen waren. »Einen Unterstand!«, versuchte Anna-Maria, der der Wind den Atem nahm, mit der ganzen Kraft ihrer Stimme zu rufen, doch jeder Ton erstarb in den tobenden Urgewalten, die mit erneuter Heftigkeit losfegten.

Der Knecht brauchte diese Aufforderung nicht. Er riss an den Zügeln, nahm die Peitsche und hieb auf die Pferde ein, die sich weigerten, in dieser nassen Hölle auch nur noch einen Schritt vorwärts zu tun. Schritt für Schritt stapfte er schließlich, den Kopf gesenkt, den Blick auf den vagen Rand des Weges geheftet, blinden Auges wie in Zeitlupe vorwärts, bis schließlich von ferne der Schatten eines Hauses vor ihm auftauchte, das schemenhaft im Wirbel der Flocken erschien und wieder verschwand wie eine Fata Morgana. Er wusste später nicht mehr, wie er es geschafft hatte, das schützende Dach der Scheune zu erreichen und die Frau und das Kind aus der Kutsche zu ziehen und sie in den Stall zu bringen. Keuchend fiel er ins Heu und rang nach Atem, völlig erschöpft von der übermenschlichen Anstrengung.

Draußen fauchte der Wind mit erneuter Gewalt um das Gebäude, als wollte er es einreißen, und im gleichen Augenblick, als er wieder zu Atem gekommen war, stieg Franz der heißende Geruch von Pestilenz und Verwesung in die Nase. Im Stall lagen verendete Tiere, verhungert, verdurstet, die Bewohner vermutlich geflüchtet. Keine seltene Erscheinung in diesen schweren Zeiten.

Anna-Maria, die Kleine auf dem Arm, war wie ohnmächtig auf dem schmutzigen Stroh zusammengesunken. Über ihre Wangen rannen Tränen. Franz versuchte sich in dem schweren, vom Schnee klammen Mantel zu erheben und stützte sie mit seinen kräftigen, von schwerer Arbeit rauen und schwieligen Händen, die Halt und Verlässlichkeit ausdrückten. »Hier können wir nicht bleiben«, murmelte er mit erstickter Stimme, sich den Zipfel seines Schals vor den Mund haltend, »das ist noch ungesünder als der Sturm draußen. Warten Sie, ich versuche, ins Haus zu kommen.« Anna-Maria nickte kraftlos und nach Luft ringend. Der Verwesungsgestank legte sich ihr wie ein Ring um die Brust und aufsteigender Ekel ergriff sie so stark, dass sie glaubte, sich übergeben zu müssen. Das kleine Lorchen, das sich aus der feuchten Decke, in die die Mutter sie gehüllt hatte, befreite, schrie aus Leibeskräften und begann zu würgen.

Conny hatte es sich angewöhnt, dem kleinen Aljoscha jeden Tag in einer Blechdose, die er sorgfältig säuberte, aus der Kantinenküche eine warme Mahlzeit vorbeizubringen. Das Kind aß wenig davon, ihm fehlte der Appetit, doch es war mehr, als ihm die Mutter anbieten konnte. Natalja war glücklich, ihr Kind essen zu sehen, an dem sie mit nahezu abgöttischer Liebe hing, und sie übertrug diese Anbetung auf den jungen Soldaten, der ihr wie ein vom Himmel herabgesandter Engel schien. Sie goss ihm jedes Mal sogleich einen der selbst gebrannten Schnäpse ein, den Trost der Armen und das Einzige, was immer vorhanden war, wenn es auch vorne und hinten an Essen und Geld mangelte. In den freien Stunden, von denen es nicht wenige gab, da die Soldaten auf obersten Befehl vorläufig die Position halten mussten, wärmte sich Conny, der als Fahrer des Majors nicht viel mehr zu tun hatte als den Wagen fahrbereit und in Ordnung zu halten, oft am blubbernden Herdfeuer des kleinen Ofens. Er lauschte selbstvergessen dem mit vielen Gesten untermalten Geplauder der glücklich lächelnden Natalja, die ihm ein paar Worte Russisch beibringen wollte, und genoss die Umarmung und die Zärtlichkeiten, die ihm die schöne Frau mit den langen schwarzen Haaren und den dunklen, glühenden Augen zuteil werden ließ.

Tief in seinem Innern meldete sich manchmal ein schlechtes Gewissen; das vorwurfsvolle Bild einer anderen tauchte vor ihm auf, unergründliche, meergrüne Augen sahen ihn traurig und ein wenig spöttisch an und die fein gezeichneten Brauen schienen sich in stummer Frage zu heben. Was war mit Emilia? Hatte er sie vergessen? Niemals! Der Name gab ihm immer noch einen schmerzlichen Stich durch die Brust. Sie war es doch, die er liebte, die Frau seines Lebens, die Frau, die er heiraten wollte, wenn sie sich wieder sahen! Und was tat er jetzt? Was machte er hier? Mit keiner anderen hatte er sich jemals so unsagbar glücklich und wie verzaubert gefühlt. Aber vielleicht war es nichts als Illusion, dass sie sich jemals im Leben wieder trafen. Vielleicht würde er nicht einmal mehr lebend aus diesem Krieg herauskommen und musste sich das nehmen, was das Leben ihm jetzt noch bot – keine Gelegenheit auslassen, den letzten Zipfel des Daseins einfach auskosten. Es konnte doch leicht sein, dass es auch ihn erwischte, dass auch er bald so steif gefroren, starr, mit verdrehten Gliedern und einer Kugel im Bauch auf dem eisigen Schnee läge, so wie unzählige der Kameraden, die aus ihren Einsätzen nicht mehr wiedergekommen waren. Was war das Leben denn schon? Man plackte sich ab, um zu kämpfen, um es zu retten, und dann war es mit einem Schuss vorbei, ausgelöscht und für immer dahin. Vorbei all das mühsam Gelernte, das Aufgebaute, die Erfahrungen, die Beziehungen, das Land, das Haus ... Nichts blieb mehr, nur ein Nichts, eine große Leere und eine Hand voll Staub!

Nach all dem, was er in diesen Kriegsjahren bisher gesehen hatte, konnte er nicht mehr an Gott, an eine Vorsehung glauben. Sein Glaube war ihm irgendwie abhanden gekommen. All diese sinnlosen Grausamkeiten, dieses Leid, das Zurückdriften nach den unzähligen militärischen Erfolgen in den Rückzug, die Vergeblichkeit der ganzen Aktion, die den Krieg ausmachte und die doch nur in Zerstörung ausartete, machten ihn mutlos. Das Schicksal, das die Sackgasse all dieser Bemühungen um die Macht mit grinsender Häme freizulegen schien, war nicht anders als grausam zu nennen. Wie begeistert war er losgezogen, beflügelt von den ersten Erfolgen, den Siegen, der Eroberung der neuen

Gebiete und der Menschen, die die Soldaten als Retter und lang erwartete Befreier begrüßten. Lange schon hatte er es aufgegeben, darüber nachzudenken, sich den Kopf zu zerbrechen. Jeder Tag musste so genommen werden, wie er war; doch in seinem Hinterkopf ließ sich die Hoffnung, das Licht, nicht ganz auslöschen. Wenn ich zurückkomme, dann fange ich ein ganz neues Leben an, dann mache ich alles anders. Ich bin doch noch jung, alles liegt vor mir! Eine Familie, Freunde, eine geordnete Existenz – Ruhe, Frieden, Aufbau! Magische Worte! Wenn ich es schaffe – wenn ich Emilia wieder sehe ...

»Was denkst du?« Die dunklen, ein wenig traurigen Augen, in denen nur dann und wann eine Spur von ungebändigter Wildheit aufblitzte, sahen ihn fragend an. Natalja streckte zögernd die Hand aus und strich ihm zärtlich über die Wangen. »Deine Haut ist so fein und weich, so weiß«, murmelte sie, »wie die eines Kindes. Du bist ganz anders als Alexander. Er war ein Bauer.« Sie senkte den Kopf. »Ich will mit dir gehen, bei dir bleiben!«, stieß sie heftig und unvermittelt hervor und sah ihn beschwörend an.

Conny blickte zur Seite und atmete seufzend aus. Das hatte er geahnt, es war immer dasselbe. »Du kannst nicht bei mir bleiben, und das weißt du ganz genau«, antwortete er unwillig.

»Und warum nicht?« Nataljas Stimme hatte einen kindlich fordernden, bebenden Unterton. »Wenn ich dich liebte? Wenn ich alles für dich tun würde?«

»Es geht einfach nicht«, wich Conny aus, dem kleinen Aljoscha, der ihn ernst ansah, über die Haare streichend.

»Was ist der Grund?«, beharrte Natalja, ihn nicht aus den Augen lassend. »Wieso nicht?«

Der Soldat wand sich vor Verlegenheit. »Weil ich schon verheiratet bin«, kam ihm plötzlich die rettende Idee, »weil ich schon eine Frau habe, und damit basta!«

Blitzschnell zog Natalja ihre Hand zurück und schluchzte

auf. »Ich hab es geahnt! Ich kann dich nicht behalten. Du kommst – und bringst mir doch nur Unglück!« Sie verbarg den Kopf in den Armen und weinte.

Der kleine Aljoscha, der nicht wusste, was seiner Mutter geschehen war, sah Conny böse an und gab ihm mit seinen dünnen Ärmchen einen heftigen Stoß. Dann klammerte er sich ängstlich an sie und schrie: »Mama, Mamutschka, nicht weinen – bitte nicht weinen!«

Die Großmutter in der Ecke öffnete erstaunt die Augen, aus dem Dämmerschlaf erwacht, in dem sie ihre Tage verbrachte, die Augen starr in dunklem Schrecken auf die Schwiegertochter geheftet, wirre Worte murmelnd: »Lasst sie nicht rein, die Soldaten. Es bringt Unglück.«

XI. Kapitel

Schneesturm

Die Lage an der Weichsel war mehr als angespannt. Und doch gelang es der siebten Panzer-Division durch einen verzweifelten Vorstoß, eine Verbindung nach Ostpreußen herzustellen. Aber umsonst – die Russen drangen von allen Seiten unaufhörlich vor; sie hatten, wie die deutschen Soldaten schon dumpf ahnten, die Weichsel bereits hinter sich gelassen und marschierten ungehindert nach Westen. Das ganze Material – Sturmgeschütze, Panzerspähwagen, die festen Schützenpanzer, Kanonen und ein volles Waffenarsenal der Deutschen – wartete auf dem Truppenübungsplatz Gruppe in der Nähe von Graudenz auf seinen Einsatz, zum Greifen nahe. Nur konnte keiner der bereits zu Tode ermüdeten, proviantmäßig schlecht versorgten und von den langen Kämpfen ausgebrannten Männer, die nur noch vom Idealismus der früheren Siege getragen wurden, etwas davon holen: Der Feind, die Rote Armee, war schon vor ihnen da. Einzelne deutsche Kampfgrüppchen versuchten mit letzter Kraft und unerschütterlichem Enthusiasmus eine Verteidigungsstellung aufzubauen. Doch der traurige Strom von Verwundeten, Frauen und Kindern, von Greisen mit verstörten, Hilfe suchenden Augen, die die Soldaten anbettelten, ihnen beizustehen und etwas zu tun, um den schrecklichen Untergang, die Flucht fort von allem, was ihnen lieb und wert war, zu beenden und ihnen wenigstens die Russen vom Leibe zu halten, nahm nicht ab und entmutigte selbst den tapfersten Kämpfer.

Nur Hitler war nicht bereit, die Niederlage einzusehen. Zu klar, zum Greifen nahe war der Endsieg, das lang ersehnte

Ziel, bereits ins Bild gerückt! Die errungenen Erfolge waren zur Selbstverständlichkeit geworden. Mut, Kampfgeist und Logik schienen ein Rezept zu sein, dem keine Macht der Welt widerstehen konnte. Die Idee Nietzsches, der »Wille zur Macht«, das Recht des Stärkeren, des Klügeren in der Natur, die Bildung des beherrschenden »Übermenschen«, einer Rasse, die die Schwächeren regiert – diese Idee als Lösung gegen alle von Mitleid faselnden Dummköpfe, musste aufgeben, weil sie die einzig richtige schien. So kurz vor Erreichen der Vollendung dieses Traumes, der schon realisiert schien, durfte man nicht aufgehen. Es war wie das folgerichtige Aufgehen einer mathematischen Formel, etwas, wovon man überzeugt sein musste, weil es gar nicht anders sein konnte.

Doch die Unberechenbarkeit des menschlichen Lebens, das Schwanken des Schicksals, die scheinbaren Erfolge, der glänzende und trügerische Glücksstern, der für eine Weile so lockend leuchtet, dass man glaubt, er könne nie erlöschen, sein irreführender Glimmer, der einen brüchigen Weg sicher erscheinen lässt und der auch einen Napoleon in die Irre geführt hatte, ließ Adolf Hitler glauben, die eingeschlagene Richtung mit all ihren glorreichen Siegen könne nicht fehlgehen. Der Gedanke, die Welt zu beherrschen, diese verführerische Idee, Schimäre und Trugbild zugleich, hatte auch ihm die Sinne vernebelt. Es gab kein Zurück. Vorwärts, immer weiter vorwärts, auch wenn alle Generäle um ihn herum die Schultern hängen ließen, ihn mit leeren, illusionslosen Augen ansahen und den Kopf schüttelten, weil sie mit beiden Beinen in der Wirklichkeit standen, inmitten der müden, erschöpften und abgekämpften Soldaten, derer, die noch übrig geblieben waren von den Tausenden, die ihr Leben bereits auf diesem blutigen Schlachtfeld gelassen hatten.

Die Naturgewalten tobten wie von unsichtbarer Kraft angetrieben um das kleine, einfache Bauernhaus. Franz hatte mit Hilfe eines Eisenstückes das Fenster des verlassenen Anwesens, in dem alles auf einen überstürzten Aufbruch hinwies, energisch eingeschlagen und die Tür von innen geöffnet. Nun kauerten alle drei vor dem mageren Feuer des kleinen Ofens und sahen durch das schmale Stück der übrig gebliebenen Scheibe hinaus in die wabernden Nebel der schwirrenden und vom Sturm gepeitschten Schneeflocken. In der ärmlichen Stube war es finster in der plötzlichen Nacht des Unwetters. Anna-Maria hielt die steif gefrorenen Finger in die Nähe der tanzenden und leise aufzüngelnden Flammen der offenen Ofentür. Sie hatte Lorchen unter ihren Mantel gebettet, um ihr ein bisschen Wärme zu geben. Das kleine Mädchen, dessen rundes Gesicht mit den lustigen Sommersprossen auf den kindlichen Pausbäckchen jetzt von krankhafter Blässe war, schlief den kurzen Schlaf der Erschöpfung, losgelöst und angeschmiegt an die Brust der Mutter, Hunger, Durst und Kälte für einige Momente vergessend. Der Gestank der Verwesung war bis ins Haus gedrungen und das Atmen fiel auf merkwürdige Weise schwer.

Der Knecht begann gleichmütig, ohne auszuruhen, sich nützlich zu machen. Nachdem er seine feuchten, unförmigen Fellhandschuhe ausgezogen und in die Nähe des Herdes zum Trocknen aufgehängt hatte, wischte er ohne viel Federlesens mit seiner schwieligen Arbeitsfaust die verdorbenen Lebensmittel vom Tisch, die von Maden wimmelten.

Angewidert wandte sich Anna-Maria zur Seite, nahm vorsichtig ihre Pelzmütze ab und schüttelte ihre gegen die Mode der Zeit kurz geschnittenen dunklen Locken, die ihr schmales Gesicht mit dem porzellanfarbenen Teint jetzt wild und zerzaust umrahmten. Mit den Fingern strich sie sich ein paar Strähnen aus der hohen Stirn. Obwohl sie die Fünfzig schon gut überschritten und vier Kinder geboren hatte, war sie eine auffallende und ungewöhnliche Erscheinung von einem Aussehen, das einer Dreißigjährigen Ehre gemacht hätte. Stattlich, aber wohl proportioniert mit einer feinen, gepflegten Haut, die kaum Falten zeigte, ernsten meerblauen Augen mit dunklen Wimpern und ausdrucksvollen Brauen, bewunderte man sie, wo immer sie erschien. In ihrer Heimat wurde sie durch ihre Fähigkeiten als Hebamme des Dorfes, ihren unfehlbaren Instinkt zum Aufspüren von Krankheiten, das exakte Wissen über Kräuter und Tees bekannt und über die Grenzen des Ortes hinaus fast wie eine Heilige verehrt. Zusätzlich zu ihrer fundierten Ausbildung als Hebamme hatte sie sich ihre medizinischen Kenntnisse autodidaktisch und durch unzählige Erfahrungen und Studien selbst erworben und man holte sie anstatt eines Arztes bis in die entlegensten Winkel der Region. Sie schien ohne Zweifel die Gabe zu haben, heilen zu können, zu helfen, und immer war ihr bewusst gewesen, dass sie dieses Talent nicht ungenutzt lassen durfte. Eifrig bildete sie sich weiter fort, ließ sich Literatur aus der Stadt kommen und las nächtelang. Doch niemals, wenn man sie rief, sei es bei Nacht oder am Tag, weigerte sie sich zu kommen. Der medizinische Dienst war ihre Passion, ihr Eifer und sie erfüllte ihn mit der ganzen Hingabe ihres Wesens. Die Frauen akzeptierten, schätzten und brauchten sie. Ein Nimbus des Außergewöhnlich, des Mystischen, eines mit ungewöhnlichen Kräften begabten Wesens umgab sie.

Ihr selbstbewusstes Auftreten hatte allerdings auch eine andere Seite. Wo sie auch hinkam, lagen Männer ihr zu Füßen, sie waren dankbar, wenn sie ihnen helfen konnte, und verfielen ihr nicht selten in unsinniger Leidenschaft. Sie nahm diese Bewunderung eher gleichgültig hin, mit lächelnder, ein wenig mitleidiger Selbstverständlichkeit. Doch einmal, spät in ihrem Leben, ein einziges Mal hatte es sie selbst gepackt, sie, die sich unverletzlich glaubte inmitten all dieser Verehrung. Es war über sie gekommen wie ein heftiger Fieberanfall, die leidenschaftliche Attacke eines eher kühlen Herzens, das plötzlich aufflammt, bevor es für immer in gereifter Weisheit und Gelassenheit weiterschlägt.

Dieser Verbindung entstammte ein Kind, ein kleines Mädchen, die zarte, von Beginn schon allzu schwächliche Tochter Katharina, ein unerwartetes Geschenk in einem Alter, in dem sie sich mit ihren fünfundvierzig Jahren nicht mehr fruchtbar glaubte. Keine Minute hatte sie gezögert, nach der Geburt mit dem Vater, dem um einiges jüngeren Sohn des reichen Großbauern Breitmeier, dessen Pferdezucht weithin bekannt war, zu brechen. Wie oft war der selbst verheiratete stattliche Alexander, ein schöner Mann mit schwarzen Locken und ebensolchem Schnurrbart, später hoch zu Ross hoffnungsvoll an ihrem Hof vorbeigeritten, ihr verzweifelt Zeichen machend, er wolle sie sprechen. Die erste Zeit, nachdem sie jedes erneute Treffen abgelehnt hatte, kam er fast täglich, wenn er wusste, dass ihr Mann auf dem Feld war; er band sein schönstes Pferd, einen dunklen Hengst, selbst am Stall an, klopfte unverfroren an die Tür und verlangte, persönlich vorzusprechen und sein Kind sehen zu dürfen. Anna-Maria, mit wehem Herzen, die Kleine auf dem Arm, flüchtete vor ihm, versteckte sich im Haus und weigerte sich, ihn zu empfangen. Mit gesenktem Kopf ritt er nach einer Weile vergeblichen Wartens davon. Seine unzähligen Briefe, die verzweifelten Zettel mit der Bitte um eine Zusammenkunft, eine Unterredung, die in der Drohung mündeten, er habe das Recht, sein Kind zu sehen, hatte sie verbrannt. Es war schwer gewesen, ihn sich aus dem Herzen zu reißen. Aber sollte sie ihr Leben, ihren Beruf, ihre Familie wegen dieser schönen, dunklen Augen aufgeben, der Augen eines Mannes, der verheiratet war, der ihr zwar jetzt alles versprach, doch unzählige Affären bereits hinter sich hatte und sie bald mit einer Jüngeren betrügen würde? Sie hatte ihre besten Jahre hinter sich. Auch wenn sie jetzt noch schön war – was würde in zehn Jahren sein, wenn er erst im besten Alter wäre? Nein, es gab nicht das geringste Zögern.

Kein Zweifel, dass ihr Mann genau wusste, was sich abgespielt hatte. Er forderte keine Auskunft von ihr, übersah ihre zeitweilige Abwesenheit, zeigte sich weiterhin ruhig und freundlich und begrüßte die kleine Katharina bei der Geburt wie sein eigenes Kind. Keine Frage, kein Wort über die ganze Geschichte – hatte er Angst, dass sie ihn verlassen würde? Diese Affäre war unwichtig; er wusste, dass sie sich wieder fangen würde – eines Tages. Als Katharina mit acht Monaten ganz plötzlich an einer Gehirnhautentzündung starb, weinte er um sie, als wäre sie sein eigen Fleisch und Blut gewesen. Das Getuschel im Dorf ignorierte er. Es würde sich eines Tages von selbst legen.

Und nun war dieser ganze sinnlose Krieg über sie gekommen, der ihr Leben zerstörte, die Wurzeln zerriss, alles nichtig machte und ihre Familie in alle vier Winde verstreute. Nun wusste sie erst, wie sehr sie ihren Mann vermisste, wie sehr sie ihn liebte, wie es ihr das Herz durchbohrte, wenn sie daran dachte, wie er vielleicht in seiner dünnen Jacke den tosenden Sturmgewalten, dem eisigen Schnee standhalten musste. Sie sah ihn in seiner verzweifelten Tapferkeit vor sich, ihn, der nicht einmal ein krankes Pferd erschießen konnte, niemals auch nur einer Fliege etwas zuleide tat, sie sah ihn mit einer Waffe, einer zerstörerischen Panzerfaust, kämpfend mit anderen Kriegsunerfahrenen des Volksturms, in blindem Gehorsam eine Brücke gegen den unbekannten, übermächtigen Feind verteidigend. Ihr Herz, ihr ganzer Sinn lehnte sich gegen diese Vorstellung auf und erneute Unruhe erfasste sie.

»Sie müssen etwas essen.« Die Stimme des Knechtes, der sich in der Stube zu schaffen gemacht hatte, um den schlimmsten Unrat beiseite zu schaffen, klang hohl.

Anna-Maria schüttelte angewidert den Kopf; ihre Kehle, ihr Magen zogen sich schon beim bloßen Gedanken daran zusammen. Sie fuhr sich mit der Zunge über die ausgetrockneten Lippen, die von der Kälte aufgesprungen waren und schmerzten. »Nein. Nein, ich kann nichts essen. Nur etwas abgekochtes Wasser vielleicht.«

Franz rumorte ohne zu antworten mit den Töpfen am Herd und trat dann in den peitschenden Sturm hinaus, um Schnee für die Zubereitung eines Tees zu holen. Die zerbrochene Tür schlug im Wehen des Windes hin und her und das Kind erwachte und begann leise zu wimmern. »Mama – Bauchweh!« Anna-Maria strich ihr sanft die feuchten Haare aus der Stirn und zog ihr die nasse Kapuze von Kopf. »Mir ist so kalt, Mama. Ich friere, ich will heim!«

»Ja, ja«, murmelte die Mutter beruhigend, doch mit zitternder Stimme. »Aber zuerst müssen wir Väterchen finden.«

»Ich will nicht. Ich will ihn hier nicht finden. Er soll nach Hause kommen«, weinte die Kleine auf und versteckte ihr Köpfchen im Schoß der Mutter. »Ich will zu Mili! Wo ist sie?« Mit ihren großen seegrünen Augen sah das Kind bittend zu ihr auf.

»Du weißt doch, dass Emmi den Kranken helfen muss; ich habe es dir doch erklärt. Sie hat jetzt keine Zeit für uns.«

»Aber ich will zu ihr«, nörgelte die Kleine mürrisch in weinerlichem Ton und stampfte mit dem kleinen Fuß gegen die Tischplatte.

Anna-Maria musste lächeln. So müde Lorchen auch war, ihre kleinen Jähzornsanfälle, wenn etwas nicht nach ihrem Wunsch ging, würde sie nie ablegen! Das hatte sie von ihrem Vater, der trotz aller Gutmütigkeit eine herrische, selbstbewusste Art besaß, ein Wesen, das ihr in dieser Mischung anfangs sehr imponiert hatte.

Emmi war ihre älteste Tochter; als Lorchen zur Welt kam, war sie gerade siebzehn Jahre alt. Von Anfang an kam es allen so vor, als wäre die Kleine ihr Kind. Die Große kümmerte sich um das Mädchen, wenn Anna-Maria zu Hausbesuchen bei ihren Kranken unterwegs war, sie wickelte, fütterte und wartete es und Lorchen hing an ihr, als wäre sie wirklich ihre Mutter. Die beiden waren unzertrennlich und Anna-Maria spürte mit leisem Unbehagen, dass die Tochter langsam ihren Platz im Herzen des Kindes einnahm. Immer mehr überließ sie Emilia das Schwesterchen.

Lorchen war untröstlich, als ihre Ersatzmutter, mit der sie so gut spielen konnte, plötzlich nicht mehr um sie war. Sie weinte tagelang und war durch nichts zu trösten. Mühsam erklärte man ihr die Geschichte des Krieges, die Notwendigkeit der Flucht und den Beruf Emilias. Doch nichts konnte die Gegenwart der geliebten Schwester ersetzen.

Das Teewasser brodelte endlich auf dem kleinen Ofen und sie zog den Topf mit immer noch klammen Fingern beiseite. Die nassen, schweren Sachen, die wie Blei auf ihren Schultern lagen, ließen sie frösteln. Es würde nichts anderes übrig bleiben, als zu versuchen, sie ein wenig zu trocknen. Vor allem Lorchen musste trockene Kleider anziehen. Das Kind war doch so anfällig und schwächlich! Wenn nur dieser grässliche Schneesturm endlich aufhörte und sie diesen stinkenden, ungesunden Ort endlich verlassen könnten! Aber es schien ihnen keine andere Möglichkeit zu bleiben, als die Nacht hier zu verbringen und abzuwarten, dass sich die Naturgewalten endlich beruhigen würden.

Der treue Franz machte sich erneut am Herd zu schaffen. Er hatte Vorräte aus der Kutsche geholt, die sie vorausschauend mitgenommen hatten, und schnitt ein wenig von dem Speck und dem Brot ab. Auch eine Flasche selbst gebrannten Weizenschnaps zog er aus dem Vorratspaket, das außer dem großen Schinken auch einen Topf Schmalz und einige Gläser eingelegten Gemüses enthielt. Er goss ein sorgfältig mit Schnee gereinigtes Wasserglas halb voll und hielt es der Frau hin. »Hier, trinken Sie«, sagte er mit ungewohnt rauer, energischer Stimme und sah sie mit seinen ergebenen Augen unter buschigen Augenbrauen fest an. »Das ist das Einzige, was Sie wieder auf die Beine bringt. Es reinigt auch von der ungesunden Luft, die wir hier einatmen müssen.«

Anna-Maria schob den Arm beiseite, mit dem er ihr das Glas hinhielt, und verzog angewidert das Gesicht. Niemals trank sie Schnaps. Doch der beißende Dunst, der an Desinfektionsmittel erinnerte, war ihr plötzlich gar nicht unangenehm und mit einer plötzlichen Bewegung ergriff sie das Glas, setzte es an ihre Lippen und goss das Getränk mit einem Zug hinunter. Die Flüssigkeit brannte scharf in ihrer Kehle und sie musste husten.

Lorchen weigerte sich zu trinken und zu essen und schrie, bis ihr weißes Gesichtchen rot anlief. Was sollte man nur mit diesem rebellischen Kind anfangen? Es würde sich eher tot hungern, als dass man es zu etwas zwänge, was es nicht wollte. Emilia war die Einzige, die mit ihr umgehen konnte. Ihr gehorchte sie. Seufzend ließ Anna-Maria die Hand mit dem Becher heißen Tees sinken, in den der Knecht aus einer Blechdose einige Krümel Kandis geschüttet hatte, und warf ihm einen erschöpften, resignierten Blick zu. Der Schnaps erzeugte in ihrer Brust ein seltsames Gefühl trügerischer Wärme und nahm das Gewicht drückender Angst von ihrem Herzen. Eine Art gleichgültiger Müdigkeit erfüllte sie plötzlich, die ihre Lider schwer herabsinken ließ. Ihren erschlafften Armen entglitt das Kind und Franz nahm es in seiner ruhigen Art und bettete es auf eines der Kissen, das er aus dem Schlafraum geholt hatte. Es blieb nichts anderes übrig – man musste die Nacht hier verbringen und das Wetter abwarten. Er würde die Pferde ausspannen und sehen, ob er Futter fände. Sich die Fellmütze tief über die Ohren ziehend, trat er hinaus in das unablässige Wirbeln der Flocken und den fauchenden Wind, der ihm die Eiskristalle scharf und prickelnd in die Augen fegte.

Emilia schluchzte wie ein kleines Kind. Das bisherige, mühsam aufrechterhaltene Selbstbewusstsein, ihre von Dr. Michelsen gelobte Geduld und das Vertrauen erweckende Lächeln, das sie den Kranken schenkte, war von ihr abgefallen wie eine überflüssige Haut, unter der ein verletzliches, weinendes Wesen erschien, das nicht mehr ein noch aus wusste.

»Schwester.« Der junge Soldat fühlte sich hilflos und verlegen angesichts dieses Häufchens Elend, das jede Trostgebärde zurückwies. Er legte den Stift zur Seite, mit dem er auf einem wackligen Pult, das als Schreibtisch diente, Eintragungen in eine abgegriffene Kladde gemacht hatte. »Sobald der Sturm nachlässt, bringe ich Sie selbstverständlich ins Lazarett zurück. Aber sehen Sie mal, da draußen …« Er wies durch das kleine Fenster der Kate, in der die Soldaten so gut es ging Quartier genommen hatten und an der der Sturm rüttelte. Die Kameraden tuschelten und musterten die junge Frau mit neugierigen Augen.

Emilia blickte wie ernüchtert in das taumelnde Flockengeriesel. Draußen sah man wahrscheinlich nicht mehr die Hand vor Augen. Noch nie hatte sie sich so gehen lassen, selbst in den bittersten Augenblicken nicht. Sie strich ihre Schürze glatt, wischte sich mit dem Handrücken die Tränen aus den Augen, warf ihre dicken, halb gelösten Zöpfe zurück, auf denen das weiße Häubchen mit dem roten Kreuz, das Wahrzeichen ihres Standes, schief herabhing, und stand hastig auf.

Sie schämte sich plötzlich. Wie konnte sie sich nur so aufführen! So schnell dieser Ausbruch gekommen war, so rasch ging er wieder vorbei. Sie versuchte ihren verweinten Augen einen strengen Ausdruck zu geben. »Entschuldigen Sie«, flüsterte sie fast unhörbar, »ich – ich habe ganz einfach die Nerven verloren. Es klingt vielleicht naiv, aber ich will Gewissheit haben, ich muss meine Eltern finden, ich spüre es – sonst sehen wir uns vielleicht nie mehr wieder.«

Die Winkel ihres schön geschwungenen Mundes zuckten und der Soldat fühlte unendliches Mitleid mit der schönen Frau in sich aufsteigen. »Ich verstehe. Wenn ich etwas für Sie tun kann …«, murmelte er. »Aber im Augenblick sehe ich einfach keine Möglichkeit.« Er sandte einen Blick hinaus in die fauchende Schneewüste vor dem Fenster. »Am besten, Sie warten ab, bis sich der Sturm legt. Im Moment fährt sowieso niemand mehr weiter. Der Treck ist völlig zum Stillstand gekommen.«

Er hatte Recht. In dem wirbelnden milchigen Nebel, der sich wie eine weiße Schicht über die Landschaft legte, bis man zwischen Himmel und Erde nicht mehr unterscheiden konnte, war weder Weg noch Wagen noch irgendein menschliches Wesen zu erkennen. Emilia presste die Lippen zusammen, trat ans Fenster und sah mit blinden Augen in den wabernden Wirbel. Mehr zu sich selbst als zu dem jungen Leutnant gewandt, wiederholte sie hartnäckig und wie um sich selbst Mut zu machen: »Sie müssen hier vorbeikommen. Es gibt keinen anderen Weg.« Der Leutnant lächelte nachsichtig, schüttelte den Kopf und wandte sich wieder seiner Schreibarbeit zu.

Nach einem kurzen Schlummer mit bleiartig zugefallenen Lidern, aus dem sie durch bohrende Kreuzschmerzen wieder erwachte, verursacht durch ihre verkrümmte Haltung auf dem unbequemen Holzstuhl in dem fremden Haus, fühlte sich Anna-Maria ein wenig erfrischt. Doch Übelkeit stieg erneut in ihr auf, sobald das Bewusstsein zurückkehrte. Der Hauch des drückenden, die Brust zuschnürenden pestilenzartigen Geruchs, der vom Stall her kam, erfüllte sie mit steigendem Unbehagen und sie fürchtete, er könnte eine böse Krankheit hervorrufen und ihrer kleinen Tochter, die eine so äußerst empfindliche Gesundheit besaß, schaden. Sie beschloss insgeheim, unter allen Umständen ein Stück weiterzufahren und vielleicht einen anderen Unterschlupf zu finden als diese von der umgebenden Verwesung vergifteten Hütte.

Ein Blick durch das kleine, vergitterte Fenster nahm ihr die Hoffnung. Der Sturm tobte noch immer mit unverminderter Macht und der Schnee türmte sich auf. Sie waren nahezu eingeschneit. »Franz!« Sie rüttelte den nach dem mühseligen Füttern der Pferde vor Erschöpfung eingeschlafenen

Knecht an der Schulter. »Franz! Wach auf! Wir müssen hier weg! Sicher gibt es irgendwo am Weg noch eine andere Scheune – oder ein Haus, in dem wir rasten können. Ich halte es einfach nicht mehr aus. Wir werden hier sterben – dieser Verwesungsgeruch!«

Der entkräftete Knecht riss die Augen auf. »Ich weiß, ich weiß«, murmelte er abwesend. Er reckte seine grobe Faust gegen das Fenster. »Aber sehen Sie doch, Frau Reich, es ist unmöglich, die Pferde einzuspannen – der Schnee ist fast einen Meter hoch. Die Gäule brauchen Ruhe und sie würden es niemals schaffen, den Wagen durch diese Schneelast zu ziehen. Wenn wir ein Pferd verlieren – oder beide –, wie sollen wir dann weiterkommen? Ich muss erst schaufeln – aber verzeihen Sie – ich kann nicht mehr. Auch meine Kräfte sind erschöpft.«

Anna-Maria sah, dass er Recht hatte, aber sie ließ sich nicht von dem Vorhaben abhalten, auf irgendeine Weise das verpestete Haus, umgeben von Tod und Verwesung, zu verlassen. »Dann gehe ich mit Lorchen zu Fuß«, beharrte sie eigensinnig. »Was macht es für einen Unterschied, ob wir uns hier eine Seuche zuziehen oder draußen im Schnee sterben? So haben wir noch eine Chance, eine andere Unterkunft zu finden, und sei es die kleinste Hütte!«

Der Knecht sah sie kopfschüttelnd an; in seinen Augen lag Unverständnis. Doch als er sah, dass sie Ernst machte, die Pelzmütze über die Ohren zog und das schlafende Lorchen in die warme Filzdecke hüllte, durch die die Feuchtigkeit nicht durchgedrungen war, stand er schwankend auf und folgte ihr.

»So ein Unsinn«, murrte er, offen seinen Unwillen zeigend. »Wir werden nicht weit kommen.« Kopfschüttelnd stapfte er durch den Schnee, den Kragen bis zu den Ohren hochschlagend. Anna-Maria saß schon in der Kutsche und schlang die Arme um das Kind, dem die Augen vor Erschöpfung immer wieder zufielen. »Besser draußen, als sich die

Pest holen in solcher Umgebung!«, stieß sie starrköpfig hervor, doch Franz verstand kein Wort, er schrie ihr nur durch den Sturm zu: »Ein Wahnsinn, so loszufahren!« Stellte sie sich taub oder verloren sich seine Worte im Wind? Er trieb die Pferde an, die nicht vorwärts wollten und denen er die Peitsche geben musste.

Sie waren noch keine fünfhundert Meter durch die brausende Schneehölle vorwärts gekommen und hatten gerade ein Waldgebiet erreicht, in dem der pfeifende Wind ein wenig abgeschwächt wurde und die Bäume unter der Last des Schnees und den anrasenden Böen ächzten und schwankten, als ein dumpfes, anschwellendes Heulen durch das Toben des Sturmes drang, ein durchdringender Ton, den die Landbevölkerung im Winter in einsamen Gegenden mehr fürchtet als alles andere. »Wölfe!«, murmelte Franz mehr zu sich selbst, den Kopf zwischen die Schultern ziehend. »Haben Sie gehört?« Diese Worte schrie er jetzt mit voller Kraft nach hinten, doch nicht ein Ton drang zu der zusammengekrümmten Frau, die unter dem Schutz der Felldecke das Kind in den Armen hielt. »Frau Reich, nehmen Sie Vernunft an! Es hat keinen Sinn mehr, weiterzufahren!« Seine Worte verhallten im Toben der Naturgewalten und wurden vom Wind weggetragen. »Wölfe!« Er gab nicht auf und legte die Hände als Sprachrohr an den Mund. »Sie werden uns verfolgen und einholen, wenn sie schon einmal die Spur aufgenommen haben!«

Anna-Maria verstand seine Worte nicht, aber sie wusste sehr genau, worum es ging. Sie schüttelte eigensinnig den Kopf und machte ihm Zeichen, weiterzufahren.

Es dauerte nicht lange, da wagten sich die Tiere näher. Das Rudel streunender Wölfe erschien im dichten Schneetreiben in gebührendem Abstand hinter der Kutsche. Sie waren verwildert, ausgehungert durch die lange Frostperiode und hatten es sich angewöhnt, dicht bei den zum Teil verlassenen Gehöften auf Beute zu gehen. Der gelegentliche

Erfolg, mit dem sie in die Ställe mit halbverendetem Vieh eindringen konnten, hatte ihre Scheu vor dem Menschen verringert.

Immer wieder drehte sich Anna-Maria, den ins Innere des Wagens eindringenden Schnee abschüttelnd, um und spähte angestrengt in den weißen Flockenwirbel. Die grauen, verschlagenen Schatten hatten die Verfolgung längst aufgenommen. Auch die erschöpften, in Schweiß gebadeten Pferde lockten sie und versprachen leichte Beute. »Schneller«, rief Anna-Maria dem Kutscher zu, Lorchen fest an ihre Brust pressend, die trotz des Sturmesrauschens und der losgebrochenen Urgewalten in tiefen Schlaf gefallen war.

Dem treuen Franz stand die Ungeheuerlichkeit und Sinnlosigkeit dieses Unternehmens klar vor Augen. Das musste in einer Katastrophe enden! Nirgendwo war ein Unterstand zu sehen. Warum konnte man nicht abwarten, bis der Schneesturm vorbei war? Die Pferde waren am Ende ihrer Kräfte. Er musste etwas tun, musste sich gegen seine Herrin stellen! Dem schlichten Menschen mit dem untertänigen und immer zum Gehorsam bereiten Gemüt war dieser Gedanke zum Widerspruch, zur Revolte ein Gräuel. In seinem einfachen Kopf drehten sich die Gedanken. Er sicherte mit der freien Hand das Gewehr und stellte es ganz dicht an seine Seite. Das auffordernde und drohende Heulen der Wölfe, mit dem sie immer neue hungrige Kumpane herbeiriefen, drang durchdringend durch das Pfeifen des Sturmes.

Plötzlich waren die dunklen Silhouetten der Tiere verschwunden. Hatten sie die Verfolgung aufgegeben? Gab es ein anderes Wild, das sie zufrieden stellte?

Er hatte nicht einmal Zeit, diese Vorstellung zu Ende zu denken. Von der Seite, aus einem kleinen Gebüsch, schoss blitzschnell ein schwarzer Schatten, gefolgt von anderen zotteligen Tieren, deren gelbe Augen wie Lichter im Nebel aufleuchteten. In einem ersten Reflex packte er die Peitsche und hieb wahllos auf die hin und her springenden grauen

Knäuel ein. Die Pferde bäumten sich, wieherten angstvoll und der Wagen schlitterte den Weg entlang. Schnell, ein gezielter Schuss, der den vordersten Angreifer erledigte, bevor er zum Sprung ansetzen konnte. Der Leitwolf, ein buschiger, riesiger Bursche, brach tödlich getroffen zusammen und hinterließ eine sich rasch ausbreitende Blutspur. Franz packte die Zügel fest in die linke Hand und zog mit der Rechten den Abzug noch mehrere Male, bis das Magazin leer war. Die Wölfe drehten und verschwanden hinter den Sträuchern.

In wilder Fahrt, den eisigen Weg entlangrutschend, schleuderte der Wagen hin und her, bis die Pferde sich wieder beruhigt hatten. Mit zusammengepressten Kiefern, ohne zu fragen und der Frau, die mit leichenblassem Gesicht aus dem Fond der Kutsche zu ihm herüberstarrte, auch nur einen Blick zuzusenden, wendete er die Pferde an einer Ausbuchtung und kehrte um. Der absolute, nahezu bis zur Selbstaufgabe gehende Gehorsam, von Kind auf ihm eingetrichtert, hatte seine Grenzen. Jetzt ging es um das Leben, nicht nur das seine, sondern auch um das seiner Herrin und besonders um das eines unschuldigen Kindes. Diesem Wahnsinn musste er Einhalt gebieten.

»Was machst du, Franz?« Die Stimme Anna-Marias sollte streng klingen, doch sie verlor sich im Rauschen der Bäume, die sich gefährlich auf die Seite neigten, und im Weinen der Kleinen, die erwacht war und sich vor den schrecklichen Tieren, die in so vielen Märchen die Menschen fraßen, vor dem wilden Sturm der Elemente fürchtete, der in dichtem Flockennebel um sie herum raste.

Der Knecht lud in rasender Eile im Fahren sein Gewehr aufs Neue und feuerte sogleich einen weiteren Schuss ab, was er im Abstand von einigen Minuten als Warnung und um einen erneuten Angriff von vornherein abzuwehren, wiederholte. In schnellem Galopp, so gut es die erschöpften Pferde schafften, die von allein die Gefahr begriffen, in der sie schwebten, ging es den gleichen Weg wieder zurück. Der

Sturm schien sich noch zu verstärken und es war auf freiem Feld kaum mehr die Hand vor Augen zu erblicken. Zögernd, in weiterem Abstand sah man das Rudel immer noch der Kutsche folgen – scheinbar etwas abwartender als zuvor, da der Stärkste der Gruppe, der Anführer, erlegt worden war – ein Geschehen, das die anderen trotz ihrer Gier vorsichtig machte. Ihre Strategie war letztendlich immer noch die Erschöpfung des Gegners. Dann konnten sie ihn einholen und er wäre eine leichte Beute.

Anna-Maria, deren Pulse rasten, ließ die trabenden, sich anschleichenden grauen Tiere nicht mehr aus den Augen. Niemals hätte sie gedacht, dass sie es wagen würden, wirklich anzugreifen. Wenn sie nur schon in der schützenden Hütte wären! Franz hatte Recht gehabt, sie war zu leichtsinnig. Fest presste sie das kleine Lorchen an sich, das mit von der Kälte geröteten Wangen angstvoll schrie und ihr Gesicht unter dem Stoff ihrer Jacke verbarg.

XII. Kapitel

Flucht nach vorn

Conny hatte Natalja und Aljoscha weiterhin jeden Tag eine Portion einer heimlich herausgeschmuggelten Kantinenmahlzeit mitgebracht, doch der Junge aß wenig und mäkelte an allem herum. Sein Gesicht wurde immer spitzer und er hustete noch häufiger. Natalja versuchte alles für ihn zu tun, was möglich war; doch die Abgeschlossenheit in der stickigen Stube, der rußige Rauch des Kamins und die feuchte Schlafkammer trugen nicht zur Besserung seines Zustandes oder gar zu einer Gesundung bei.

Erst kürzlich war Natalja in Tränen ausgebrochen. Aljoscha hatte in der Nacht einen Erstickungsanfall erlitten, Blut gespuckt und war sehr schwach. Hilflos betrachtete er die junge Frau, die sich in seinen Armen ausweinte. Was sollte er auch machen? Ringsherum waren sie von Tod und Vernichtung umgeben und er wagte ihr nicht zu sagen, dass sie ihr Lager so schnell wie möglich aufgeben würden, weil man Thorn verloren hatte, die Festung Marienburg von den Russen gesprengt worden war und sie endlich ihre eigene Haut retten mussten, wenn sie nicht in Gefangenschaft geraten wollten. Niemand hätte je ernsthaft damit gerechnet, dass der Feind sich dieser Festungen bemächtigen würde. Nun hieß es, man habe tausend Gefangene gemacht. Viele konnten in letzter Minute fliehen, aber über die Gefallenen sprach man nicht. Unruhe kam in der verbliebenen Verteidigungstruppe auf, die jetzt keinen Weg mehr freizuhalten hatte, sondern nur den Versuch sichern sollte, über Danzig den Rückzug anzutreten. Die Nogatfront musste aufgegeben werden. Das bedeutete militärisch gesehen die Aufgabe von Königsberg

210

und Ostpreußen sowie die Einkesselung von Danzig. Im Lager herrschte panikartige Verwirrung. Man konnte das Undenkbare, die Tatsachen, einfach nicht glauben nach all den Siegen, die so leicht errungen waren, und nach der Sicherheit, in der sich die Soldaten entsprechend den Nachrichten gewiegt hatten, die Festungen Posen, Marienburg und Thorn seien auf jeden Fall uneinnehmbar. Doch nun wurde es höchste Zeit, die eigene Haut zu retten, auch wenn Hitler immer noch von Durchhalten sprach.

In der Nacht vom 12. auf den 13. Februar kam der plötzliche Aufbruchbefehl, der Funkspruch, dass die Truppe versuchen sollte, aus ihrer Position in den Brahewäldern bei Liebenau auszubrechen. Die vierte Panzer-Division war von den Russen an beiden Flanken umfasst und die erste Batterie musste sich notgedrungen zurückziehen.

Der Kommandant, trotz aller bereits getroffenen Vorbereitungen überraschend aus dem Schlaf gerissen, musterte besorgt den Lageplan. Stadtauswärts führte eine Straße etwa einen Kilometer Richtung Westen bis zu einer Brücke über einen kleinen Fluss – eine Position, die von der eigenen Infanterie noch gehalten wurde, aber dauernd unter Beschuss lag. Fahrzeuge wurden gesammelt; zwei schnelle Sturmgeschütze mit langen Rohren und starker Durchschlagkraft sollten vorausfahren und auch die schweren Zugmaschinen machte man startbereit.

Connys Gedanken kreisten in gedämpfter Stimmung um die schöne Natalja und den kleinen Aljoscha, die er jetzt wohl nie mehr wieder sehen würde. Natalja liebte ihn bedingungslos und war imstande, eine Dummheit zu machen, wenn sie erfuhr, dass er ohne Abschied fortginge. Er selbst empfand eine gewisse freundliche Zärtlichkeit, ja eher Mitleid für sie, doch sein Herz gehörte mit allen Fasern Emilia. Er hätte ihr von Anfang an die Wahrheit sagen müssen. Ahnte sie, dass sie ihn nicht länger bei sich behalten durfte? Wie auch immer, er konnte jetzt nichts mehr für sie tun und musste sie ihrem ungewissen Schicksal überlassen. Was hätte es für einen Sinn gehabt, sie zu beunruhigen? Es war Krieg und völlig klar, dass er eines Tages nicht mehr wiederkäme. Er zweifelte im Übrigen schon lange daran, dass der Kleine ohne medizinische Behandlung durchkommen würde.

Viel Zeit, über dieses Problem nachzusinnen, hatte er nicht; es gab weitaus größere Sorgen. Zunächst war er mit dem Fahrzeug des Majors ganz vorn an der Spitze eingeteilt worden, doch in letzter Minute änderte man den Plan und setzte ihn in den letzten Wagen, einen robusten VW, der als Werkstattwagen eingerichtete war. Dort war ein Talent wie er nach von Strombergs Meinung am richtigen Platz. Der Werkstattwagen war die größte Überlebensgarantie für alle.

Hastig und ohne Zeit zu verlieren fand eine letzte kurze Besprechung statt: mit vollem Tempo auf die Brücke zu, nicht rechts, nicht links sehen – Augen zu und durch. Das Kommando ertönte: Los!

Mit durchdrehenden Rädern schoss die Fahrzeugkolonne über die stockfinstere, vereiste und verschneite Straße auf die Brücke zu, wobei manche Fahrzeuge hängen blieben, in den Graben rutschten und von der Straße abkamen. Mit keuchenden Lungen, unter dem Pfeifen der Geschütze und Kugeln, die die eisklare Nachtluft durchschnitten, versuchten die Männer, in Windeseile und ohne immer auf ihre Deckung achten zu können, die Wagen wieder flottzumachen – und erneut ging es wie gejagt in höchstem Tempo durch das Dunkel, nur von dem einen Gedanken besessen: weiter, weiter bis hinaus über die Brücke.

Mehrmals musste Conny seinen Fahrer Emil am Steuer allein lassen. Er sprang ohne zu überlegen hinaus und schob das Fahrzeug an; denn Liegenbleiben hätte für den letzten Wagen den sicheren Tod bedeutet. Er stemmte sich unter Aufbietung aller Kräfte gegen die Karosserie, und sobald es wieder vorwärts ging, hängte er sich unter dem prasselnden Kugelhagel hinten an, um beim erneuten Steckenbleiben so rasch wie möglich anschieben zu können. Wie in einem rasenden Alptraum ließ er sich stückweise mitschleifen, während er, halb erstickt von der Anstrengung, versuchte, sich anschließend wieder am Fahrzeug hochzuziehen. Manchmal gelang es erst in letzter Minute, beim Anfahren und Aufheulen des Motors, sich krampfhaft festzuhalten und auf die Stoßstange zu springen, immer in Gefahr abzurutschen und – wie es einige Male nicht zu vermeiden war – sich in höchster Todesangst über die eisige, spiegelglatte, doch von spitzen Eiszacken überzogene Wegfläche mitreißen zu lassen. Die aufgekratzte Haut, die Schrunden und Schrammen spürte er nicht.

Es war, als täte sich die Hölle mit all ihrem Schrecken vor ihnen auf. Den Weg verstellten und verlegten zu Boden gestürzte Verletzte, undefinierbare Gegenstände, eine Masse Mensch – ob Freund oder Feind, war in der Eile, im ungebremsten Darüberfahren in der Dunkelheit nicht zu erkennen. Liegen gebliebene Teile von getroffenen Fahrzeugen, Blechstücke, Räder verkeilten sich unter Sterbenden, über die die rasende Kolonne hinwegrollte, weil es einfach kein Halten gab. Je mehr sie sich der Brücke näherten, umso schlimmer war der Weg mit Hindernissen gepflastert, über die die schweren Zugmaschinen und Fahrzeuge rücksichtslos hinüberbretterten. Selbst dem vollen Beschuss der feindlichen Truppen ausgesetzt, gab es nur ein Ziel – das Feuer erwidern und mit unverminderter Geschwindigkeit so schnell wie möglich aus der Schusslinie kommen. Jeder musste selbst sehen, wie und ob er durchkam. Conny wagte in diesem jagenden Inferno nicht zurückzublicken, auch dann nicht, als sie es geschafft hatten. Das war nichts anderes als russisches Roulett gewesen – rücksichtsloses Durchstarten. Und diejenigen, die überlebten, wussten nicht, wie sie es geschafft hatten: War es ein Schutzengel? War es das Zufallsprinzip? Niemand würde es je ergründen und man dachte nicht lange darüber nach, zählte nur die Übriggebliebenen. Besser, die Verluste zu verdrängen, um sich nicht ganz entmutigen zu lassen. Und so kam man nicht dazu, über das Schicksal der Kameraden zu grübeln, die jetzt im eisigen Schnee lagen, blutend, verletzt, vielleicht tot. Das Leben war hart und man dachte lieber nicht darüber nach. Jeden konnte es treffen, ohne Ausnahme. Wer wusste das? Vielleicht hatten die Toten es besser; sie fühlten nichts mehr, mussten nicht mehr kämpfen, nicht mehr hungern, nicht mehr durchhalten in diesem immer aussichtsloser werdenden Kampf, in dem alle Kräfte erlahmten und in dem es jetzt im Grunde nur noch um den Rückzug ging.

Hinter der Brücke, noch am Flussufer, bog die Wagenkolonne scharf ab, um aus dem Schussfeld der Infanterie und der russischen Panzer zu geraten, die sich ebenfalls nicht näher heranwagten, weil sie Respekt vor den mit drei Männern besetzten, starken Sturmgeschützen des Gegners hatten. Nach kurzem Atemschöpfen wurde ein neuer Funkspruch mit Erleichterung aufgenommen: Drei neue Tigerpanzer waren als Verstärkung unterwegs, um den von Verlusten Geschwächten auf halbem Wege entgegenzukommen und um den Durchzug zur eigenen Truppe freizuhalten.

Conny war wie betäubt. Emil, der Fahrer, der in Düsseldorf zu Hause war wie er, umarmte ihn strahlend, glücklich, dass man davongekommen war. Auch der Major erschien und reichte ihm schwer atmend die Hand. »Gut gemacht! Tüchtige Leistung! Sie werde ich mir merken! Sie bleiben an meiner Seite!« Er konnte sich über dieses Lob nicht recht freuen. Eine gewisse Abstumpfung hatte von ihm Besitz ergriffen. Kein Schmerz mehr, keine Freude, nichts! All das war zu unbegreiflich. Er hatte Sehnsucht nach Ruhe, nach Frieden. Würde es das jemals für ihn geben?

Nach drei Kilometern gingen die Soldaten wieder in Stellung, bauten die Geschütze auf, um der Infanterie den Weg freizugeben, damit auch sie sich zurückziehen konnte. Plötzlich ertönten laute Alarmschreie von den Meldern: »Panzer von vorn!«

»Endlich, das sind sie! Das sind die Unseren!« Von Stromberg drehte sich aufatmend mit leichtem Lächeln herum und gab den rollenden Ungetümen aus der Ferne winkende Handzeichen.

Doch seine kurze Erleichterung machte sofort tödlichem Schrecken Platz. Der lange August aus der Vorhut, der die Vorratsküche unter sich hatte und Conny immer mit der zusätzlichen Portion Proviant für Aljoscha versorgt hatte, kam völlig aufgelöst und von einem Streifschuss getroffen angestürzt.

»Nein, nicht die Unseren – es sind russische!«, schrie er in panischer Angst.

Irrtümlich hatten alle bei der Annäherung der schweren Fahrzeuge nur den einen Gedanken gehabt, dies wären die angekündigten eigenen Tigerpanzer, die zu Hilfe kämen; doch dann stellte sich schnell heraus, dass es russische T 34 waren, eine in der Dunkelheit unüberschaubare Menge schwarzer Schatten, die unerbittlich herannahte.

Konfus und in wirrem Durcheinander die anfängliche freudige Begrüßung im Ansatz abbrechend, versuchte man die neue Situation in den Griff zu bekommen. Aber auch der Gegner in seinen dicken, unbeweglichen und drohend sich nähernden Panzern hielt inne und schien eigenartigerweise überrascht, plötzlich schussbereiten Sturmgeschützen und einer kampfbereiten Kompanie gegenüberzustehen. Beide Seiten stutzten, die Panzer stoppten und alles hielt den Atem an, die neue Situation fixierend, bevor man reagierte.

Conny, der neben dem Fahrer des Werkzeugwagens saß und sich kaum von der immensen Anstrengung des Ausbruchs über die Brücke erholt hatte, war mit einem Schlag wieder hellwach und strengte seine Augen an, um in der rabenschwarzen Dunkelheit irgendetwas zu erkennen. Aber als er die Besatzung des vorderen eigenen Sturmgeschützes, eines ungelenken Kettenfahrzeugs, das den Panzern am nächsten gegenüberstand, von allen Seiten herunterspringen und sich rechts und links ins Feld stürzen sah, wusste er Bescheid. »Jetzt sind wir geliefert!«, schrie er mit greller, sich überschlagender Stimme Emil zu, der das Steuer krampfhaft festhielt, riss die Wagentür auf und ließ sich blitzschnell auf den Boden fallen. Es war wie ein Reflex. Im selben Augenblick begann von allen Seiten schon die Knallerei.

Aus den Augenwinkeln sah Conny den ersten T 34 mit der drohenden Kanone im Vorderteil anrollen und Emil, sein Kumpel, der noch wie erstarrt am Steuer seines VW-Werkzeugwagens saß, des wichtigsten Wagens, den er nicht so ohne weiteres im Stich lassen wollte, duckte sich über sein Lenkrad, gab noch einmal heftig Gas und rollte sich dann wie ein Ball aus dem vorwärts schießenden Gefährt in den Graben. Die Salve eines Maschinengewehrs folgte ihm, doch Conny sah zu seiner Erleichterung, dass Emil sich erhob und in geduckter Stellung hinter die nächste Bodenerhebung pirschte. Er hatte keine Zeit mehr, sich um die anderen zu kümmern. Alles ging rasend schnell.

Obwohl die schwarze Kanone noch nicht ausgefahren und im Einsatz war, reichten die unaufhörlich ratternden MG-Salven aus, um die Kolonne auseinander zu treiben und ein Blutbad anzurichten. Wer konnte, versuchte sich selbst in Sicherheit zu bringen und lief rechts oder links über Busch und Feld davon. Wie die Hasen, verfolgt vom Jäger, sprangen die Soldaten in der Deckung von Sträuchern und Bodenerhebungen dem nahe gelegenen Wald zu, löste sich die Truppe – Fahrzeuge, Geschütze und alles, was sie an Material besaßen, im Stich lassend – in ihre Einzelteile auf. Die Leuchtspur erhellte auf gespenstische Weise das nächtliche Treiben, das wie ein kleines, in Wirklichkeit aber grausames Spiel wirkte.

Conny, der zunächst links herausgesprungen war, lief kopflos ins Feld, drehte aber aus Gründen, die ihm selbst unbekannt waren, wieder um, lief um den Werkzeugwagen herum und schlug den Weg auf der anderen Seite ein, den anderen nach. Irgendein Instinkt trieb ihn, den er selbst nicht begriff; doch als er den Kopf wandte, sah er etwa zehn Meter von sich entfernt den feindlichen Panzer heranrollen, der erkannt hatte, dass hinter dem Werkzeugwagen, der ja das Schlusslicht gebildet hatte, die Kolonne zu Ende war.

Conny warf sich in den Schnee und blieb, vor Angst wie erstarrt, reglos liegen, im vollen Bewusstsein, jetzt unmittelbar im Visier des mächtigen Geschützes zu sein. Der Panzer setzte zurück und fuhr mit neuem Schwung wieder an – direkt auf ihn zu. Ein Stoßgebet gen Himmel schickend, schloss er die Augen, die er erst bei dem folgenden lauten Krachen und Knirschen, mit dem der Panzer den VW zermalmte und vollends in den Graben beförderte, wieder öffnete. Noch einmal fuhr das schwere Fahrzeug zurück und Conny presste die Zähne zusammen. Jetzt hatte er ihn gesehen und würde als Nächstes ihn überrollen.

Als er nach einer Weile vorsichtig unter den Lidern hervorblinzelte, sah er den grauen Schatten davonrollen und in der Dunkelheit verschwinden. Sein Herz klopfte wie ein Hammer, sein Atem hatte ausgesetzt und weitete ihm nun keuchend die Brust. Er wagte nicht, sich zu rühren. In der Nähe hörte er leises Stöhnen und sah unweit einen Körper mit Gliedern wie im Sprung verrenkt liegen. Vorsichtig robbte er näher, doch als er die Hände ausstreckte, sah er, dass es zu spät war. Der Kamerad hatte den letzten Seufzer schon getan.

Hier konnte er nicht bleiben, das war ihm klar. Er warf einen spähenden Blick zu den dunkel aufragenden Bäumen, dem schützenden Waldrand, der so nah und doch so fern schien. Scheinwerfer irrten suchend über das Feld. Der Panzer konnte jeden Augenblick wiederkommen. Er musste hier weg. Bis zu den rettenden Büschen des Waldstreifens vor ihm waren es etliche hundert Meter. Wenn er jetzt aufsprang und loslief, wäre er in seinem dunklen Wehrmachtsmantel auf der weißen Schneefläche weithin sichtbar. Er musste das gute Stück, das ihm in den eisigen Frostnächten dieses grausamen Winters so unschätzbare Dienste geleistet hatte, zurücklassen. Besser einen Mantel verlieren als das Leben. Vorsichtig hob er den Kopf und nestelte an den Knöpfen des sperrigen Ledermantels, der ihn außerdem beim Laufen behindern würde. Langsam, stoßweise atmend, wand er sich aus der dunklen Hülle. Darunter trug er seinen weißen Kampfanzug, und wenn er Glück hatte, dann kam er ungesehen bis zum Waldrand.

Umsichtig schätzte er das von Scheinwerfern ausgeleuchtete Gelände ab und rechnete sich aus, wie lange er für die Strecke bräuchte, die immerhin teilweise durch tiefen Schnee führen würden. Im Moment, als er aufspringen wollte, kehrte der Panzer zurück. Er hielt den Atem an.

Sollte er sich tot stellen, liegen bleiben oder losrennen? Er hörte, wie der Fahrer Gas gab, das Rasseln der Kettenräder ging ihm durch Mark und Bein. In Sekunden schossen ihm verschiedene Möglichkeiten durch den Kopf, dann sprintete er einfach los, mit hochgezogenen Schultern, geduckt im Zickzack durch den Schnee, immer bis über die Knöchel einsinkend. Es war unendlich mühsam hindurchzukommen und ihm war, als liefe er in Zeitlupe, als klebten seine Stiefel am Boden, während hinter ihm Schüsse knallten und das Maschinengewehr ratterte. Die Luft blieb ihm weg, Brust und Lungen drohten zu platzen, als er im tiefen Schnee um sein Leben rannte, stolperte, hinfiel und weiterlief. Rechts und links von sich hörte er Einschläge, die Kugeln pfiffen buchstäblich um seinen Kopf. Endlich erreichte er den festen Boden eines gepflügten Ackers und konnte seine Laufgeschwindigkeit verdoppeln. Im Hintergrund, nach einer Lichtung zwischen den Bäumen, sah er ein Dorf auftauchen und plötzlich waren da vor ihm noch andere flüchtende Gestalten, denen er sich in blindem Galopp anschloss.

Das zusammengeschmolzene Häuflein, das sich, nach Atem ringend, schließlich im Schutz der Bäume sammelte, wirkte im heraufziehenden fahlen Licht der Morgendämmerung trostlos. Es gab viele Verwundete und jeder, der sich noch einigermaßen vorwärts schleppen konnte, war mit letzter Kraft zu den Kameraden gestoßen. Mancher hatte einen Kumpel, den es erwischte, gerade eben noch aus der Gefahrenzone gezogen. Leise Schmerzlaute und ersticktes Seufzen mischte sich mit der Erleichterung der Überlebenden. Aus der Deckung heraus blickten die Männer aus der Ferne auf ihre vom grauen Lichtschimmer des trüben Horizonts erhellten, zum Teil zerstörten Fahrzeuge und das schwere Gerät, das, verlassen und im Besitz der Angreifer, ein tristes Bild bot. Das unterdrückte Stöhnen der von einer Kugel oder einem Splitter Getroffenen, die nicht einmal notdürftig versorgt werden konnten, deprimierte die Übriggebliebenen. Aber es war keine Zeit, darüber nachzudenken.

»Wie viel Mann haben wir denn noch auf dieser Seite? Abzählen!« Von Stromberg fasste sich als Erster. Vierundzwanzig immerhin. Und fünf Verletzte! Man wagte nicht, sich auszumalen, was aus den anderen geworden war. Dreißig Leute vermisst, vielleicht noch ein paar Versprengte, die sich anderswohin gerettet hatten.

Keiner sagte ein Wort, doch der Gedanke spukte kurz in allen Köpfen, was gewesen wäre, wenn man zur anderen Seite gelaufen wäre. Manchmal entschied der Zufall über Leben und Tod, Gefangenschaft und Freiheit. Conny schickte ein Stoßgebet an seinen Schutzengel. Wie schon so oft hatte der unerklärliche Instinkt ihn umkehren lassen, nachdem er schon auf die falsche Seite gelaufen war. Als er sich umwandte, sah er den Blick von Hauptmann Korz auf sich ruhen, der einige leise Worte mit von Stromberg gewechselt hatte.

»Schirrmeister Schlusen, Sie sind doch ein mutiger Mann. Sie verstehen was von Motoren und ich vertraue Ihnen. Wir haben nur eine einzige Chance, hier wieder lebend wegzukommen, das wissen Sie! Nehmen Sie sich ein oder zwei

Mann und holen Sie eine von den Zugmaschinen da raus, eine, die noch fahrbereit ist.«

Conny sah ihn fest an, dann blickte er auf das ameisenhafte Getümmel der Russen hinter dem großen Feld, die sich an den Fahrzeugen an der Straße zu schaffen machten, und eine eiskalte Gänsehaut lief ihm über den Rücken. Das konnte doch wohl nicht wahr sein! Ein Himmelfahrtskommando, ein Ding der Unmöglichkeit. Er würde nicht einmal bis zur Straße kommen, das war so sicher wie das Amen in der Kirche.

Stumm, ohne eine Regung sah er dem Hauptmann fragend in die Augen, der seinen Blick abwenden musste. Er sagte nichts – und von Stromberg, der ebenfalls eine Weile schwieg, spürte im gleichen Augenblick den Wahnsinn dieses Vorhabens. Das war nicht Feigheit, sondern eine klare Einsicht. Er blickte Korz mit einem unmerklichen Hochziehen der Augenbrauen an und senkte den Kopf. »Keine gute Idee. Hat jemand einen anderen Vorschlag?« Es sollte lustig klingen, doch niemand verzog auch nur die Mundwinkel. Die Lage war zu ernst.

»Wir müssen hier weg – wir sitzen mal wieder in der Falle! Aber wie?« Korz stützte den Kopf in die Hände. »Aber wie?«, wiederholte er nachdenklich mit monotoner Stimme, während von Stromberg sich an seinen Stiefeln zu schaffen machte, aus denen er den Lageplan herauszog.

In der Zwischenzeit trafen mit Panjewägelchen, Pferd und Schlitten noch ein paar Infanteristen ein, die sich in rasender Rückwärtsfahrt vor den Panzern gerettet hatten, und so konnten die Männer die Verwundeten auf die Schlitten packen und vorsichtig hinter einen leichten Hügel mit Büschen und Bäumen ziehen, einem günstigeren Platz, der nicht so leicht einsehbar war.

Wie aber konnte man von hier wegkommen, sich zu den Kameraden, der nächsten Infanterie-Division durchschlagen, die einige Meilen entfernt im nächsten Dorf lag? Sumpfiges Gelände, auf dem als dicke Schicht eine feste Schneefläche lag, erstreckte sich in der Nähe dieses Dorfes vor einem großflächigen Waldgebiet, das sich kilometerweit in den nebligen Dunst der Ferne hinzog.

Von Stromberg wies mit müder Geste hinüber. »Wenn wir diesen Wald erreichen, könnten wir überlegen, wie es weitergeht. Aber dazu müssen wir direkt über das freie Feld.« Er sah sich um und blickte in Gesichter, die zu allem entschlossen schienen, aber auch in solche, in denen die Angst stand. »Ich weiß, ich weiß«, murmelte er, »es gibt keine andere Möglichkeit. Jeder sieht, dass wir hier gar keine Chance haben, so oder so. Sie kesseln uns ein und knallen uns ab wie die anderen. Also, wer mit will, der muss es wagen – wir stürmen auf mein Kommando los. Nicht lange fackeln, jetzt sind sie vielleicht noch mit den Resten der Kolonne und den erbeuteten Maschinen beschäftigt!«

Das war richtig und so wollte man keine Zeit verlieren. Conny spürte sein Herz unter dem weißen Kampfanzug laut hämmern. Eine mehr als gefährliche Aktion, das war jedem Einzelnen bewusst. Hatte er etwa Angst? Würde sein Schutzengel auch jetzt wieder zur Stelle sein? Wie sollten sie ungesehen über das Feld kommen, fünfhundert Meter weithin sichtbar und durch einen Bruchharsch laufen, in den man wie in einem Alptraum einsank und aus dem man kaum mehr die Füße herausbrachte? Eine lebende Zielscheibe auf einem weißen Feld! Das war ja schlimmer als vorher, als es dunkel war und man keine Zeit gehabt hatte nachzudenken, in welcher Gefahr man schwebte.

Das Kommando riss ihn aus seinen Gedanken. Er spannte seine Kräfte an, immer mit Blick auf die russischen Panzer, die jeden Moment drehen und zum Beschuss ansetzen konnten. Doch wie durch ein Wunder erreichten alle den Wald – sei es, dass der Feind mit dem Sortieren der Beute beschäftigt war, sei es, dass man mit Überlebenden nicht rechnete und glaubte, sie seien in alle Winde verstreut. Erleichtert und mit neuer Hoffnung gruppierte sich die kleine Truppe.

Aus abgehörten Funksprüchen erfuhren sie, dass der Gegner westlich der Weichsel anscheinend bis auf die Höhe von Dirschau vorgerückt wäre. Die Frontlinie am Fluss Nogat war aufgegeben worden. Also waren sie umzingelt und mussten sehen, wie sie weiter nach Westen zu einer stärkeren Truppe kamen, der sie sich anschließen konnten. Major von Stromberg erwartete neue Befehle, die im allgemeinen Chaos auf sich warten ließen. Die Karte zeigte, dass die neue Frontlinie weiter nördlich zu vermuten war; also marschierte man aufs Geratewohl los.

Die Wanderung begann zumeist in der Nacht, durch eine endlose schneebedeckte und öde Landschaft, an einsamen Dörfern und kleinen Ortschaften vorbei, in denen sich die Soldaten heimlich durchmogelten und sich mit neuem Proviant versorgten, wie es sich gerade ergab. Von den Verwundeten starben die meisten und der schweigende Marsch, bei dem keiner ein überflüssiges Wort verlor, setzte sich Kilometer für Kilometer fort. Hinter den wenigen leichten Wagen und Schlitten stapften die Erschöpften über die eisigen Felder. Conny, der einen Fuß mechanisch vor den anderen hob, fühlte sich am Ende seiner Kräfte wie noch nie. Die Februar-Tauperiode hatte eingesetzt und der Schnee vermischte sich mit Schlamm. Im Dahintaumeln schwand manchmal sein Bewusstsein und einige Male sank er im nassen, klebrigen, schmelzenden Schnee in sich zusammen. Dann ertönte wieder wie durch eine seltsame Magie von ganz weit her irgendwo in seinem Kopf die Melodie, die er nicht loswurde und die den Tod, der schon nach ihm greifen wollte, aufs Neue verjagte.

> … wenn sich die späten Nebel drehn,
> werd ich bei der Laterne stehn …

Es war ein Versprechen und er wollte es immer noch halten. Mit letzter Anstrengung raffte er sich hoch und schwankte weiter, sich an einem Infanteriewagen, der von irgendwoher zu ihnen gestoßen war, festkrampfend, um einen Halt, einen Orientierungspunkt zu haben. Die Mannschaft war um zehn Leute reduziert, die irgendwo, irgendwie verloren gegangen waren. Die Toten blieben, so wie sie waren, am Straßenrand liegen – niemand hatte die Kraft, sie zu bestatten. Vielleicht lagen sie ja auch bald so da, wer wollte das wissen? Plötzliches starkes Tauwetter hatte eingesetzt und der Boden verwandelte sich von einer Stunde auf die andere in einen unabsehbaren Sumpf. Selbst Sturmgeschütze konnten in null Komma nichts darin stecken bleiben, das hatten sie alle selbst schon gesehen! Hunger, Durst mangelndes Wahrnehmungsgefühl quälte die Männer. Conny stopfte sich von Zeit zu Zeit eine Hand voll Schnee in den Mund. Seine verletzte Schulter stach. Wie lange noch?

Doch das Unglaubliche, schon nicht mehr Erwartete geschah. Eines Morgens, es war noch nicht hell, sahen die Männer plötzlich Leuchtkugeln hochgehen. Die Hoffnung schlug sofort in Enttäuschung um. Violette Blitze – das hieß ganz deutlich: feindliche Panzer rechts und links. Auch das noch, so kurz vielleicht vor dem Ziel!

Nun schien alles gleichgültig. Alle waren mit ihrer Kraft am Ende, man würde sich nicht einmal mehr wehren können.

… und sollte mir ein Leid geschehn …

Die Melodie verebbte, er konnte sich nicht mehr erinnern, konnte sie nicht mehr hervorrufen. Diese Müdigkeit, diese Schwäche! Im Gehen fielen die Augen wie von selbst zu, und wenn er sie aufriss, verschwamm alles, die Bäume, die Leuchtkugeln, der Wald, alles erhellte sich in einem violetten Licht. Es war zu Ende.

Ein letztes Aufbäumen, gewaltsam die Lider aufreißen, sich das Gesicht mit Schnee einreiben, er versuchte die müden Beine in Bewegung zu bringen. Drohende Panzer, direkt vor ihnen – und nicht einmal mehr die Kraft zum Weglaufen. Er würde sich ihnen entgegenstellen, stehen bleiben – es hatte ja gar keinen Sinn mehr. Es knallte. Der Wald bekam ein weißes, grelles Gesicht und Conny sank in die Knie. Er konnte nicht mehr laufen. Er würde sich ergeben, ganz einfach liegen bleiben auf dem feuchten Schnee, in den nassen, klebrigen Schlamm tauchen, den er freigab. Die riesigen Tigerpanzer rollten wie eine Welle dicht auf ihn zu, zwei an der Zahl und im Grunde leicht zu erkennen. Träumte er? Nein, das war die Wirklichkeit – deutsche Uniformen, die eigenen Linien und frische Truppen. Hoffnung, Rettung, Schlaf und endlich etwas zu essen. Das Unglaubliche war geschehen. Sie hatten es wieder einmal geschafft!

XIII. Kapitel

Eingeschlossen auf Gut Kasau

Ein blendender Sonnenstrahl, der durch das kleine, staubige Fenster fiel, weckte Anna-Maria aus tiefem, traumlosem Schlaf. Der Schneesturm, die blutgierigen Wölfe erschienen ihr wie ein schrecklicher nächtlicher Spuk aus einem schlechten Traum. In rasender Fahrt waren sie zu der verlassenen Hütte zurückgekehrt und Franz hatte die Pferde ausgespannt und sie untergestellt. Erleichtert, den Wölfen und den Naturgewalten entronnen zu sein, schien Anna-Maria der Gestank, der über dem Gehöft lag, gar nicht mehr so entsetzlich wie vorher. Benommen schreckte sie jetzt hoch und tastete nach dem leeren Platz auf dem buckligen, schmalen und viel zu kurzen Sofa neben sich. Wo war Lorchen?

»Mama? Bist du endlich wach? Schau mal!« Die blonden Löckchen standen wirr vom Kopf ab und mit ernster Miene saß die Kleine auf dem Fußboden, schichtete ein Häufchen getrockneter Bohnen sorgfältig zusammen und teilte es in Portionen. »Einundzwanzig«, zählte sie langsam, während ihre Zunge eifrig zwischen den Lippen spielte, »zweiundzwanzig, und wenn ich fünf wegnehme, dann...« Mit den Händchen schob sie sorgsam die Bohnen zur Seite und sah stolz zu ihrer Mutter auf. »Siebzehn! Ich kann schon gut rechnen, siehst du?«

Anna-Maria beugte sich zu dem Kind hinab und zog es an den viel zu dünnen Ärmchen hoch. »Wirst du wohl aufstehen von diesem schmutzigen Boden! Und kalt ist es außerdem – du bist ja förmlich zu Eis gefroren. Und wenn du krank wirst, was soll ich dann mit dir machen?«

»Aua, du tust mir weh!«, greinte die Kleine mit blutleeren Lippen.

Franz erhob sich mit schüchterner Miene aus der Ecke des
Ofens, in dem er versucht hatte, Feuer zu machen, und sagte:
»Sie ist schon eine Weile wach. Ich dachte« – er deutete
auf seine Jacke, die achtlos neben der Kleinen lag –, »ich
hänge sie ihr um, wenn ihr kalt ist – bis der Ofen brennt. Ich
habe auch schon Schnee zum Wasserkochen geholt und die
Pferde gefüttert. Es war genügend draußen in der Scheune.
Hier, der Tee wird gleich fertig sein, das Wasser kocht.«

Fröstelnd zog Anna-Maria der Kleinen die warme Lamm-
felljacke über, aus der sie sich während der Nacht befreit
hatte, und legte ihr den eigenen Pelzkragen um die Schultern. »Ach was, Wasser! Wir sollten schon längst fort sein«,
rief sie unmutig aus. »Wenn uns dieses schreckliche Haus
nur nicht allen miteinander den Tod bringt! Komm! Es
lohnt sich nicht, hier Feuer zu machen. Spann die Pferde
an!«, rief sie Franz zu. »Ich kann in diesem Seuchenhaus keinen Bissen herunterbringen.«

Franz zuckte die Schultern, streute einige Teeblätter in
die kochende Flüssigkeit und murmelte trotzig vor sich hin:
»Lola braucht etwas Warmes, wenn Sie schon nichts wollen.«

Anna-Maria hörte nicht zu, fuhr sich mit den Fingern
durch die dunklen Locken und begann ihre Stiefel anzu-
ziehen. Dann nahm sie die abgegriffene Landkarte und studierte sie gedankenverloren. »Es sieht im Winter doch alles
gleich aus. Alles verschneit, weiß, wie zugedeckt. Wie soll
man da etwas von Straßen und Wegen erkennen?«

Sie sprach mehr zu sich selber, doch Franz antwortete
ihr gleichmütig: »Ich habs ja gesagt, ich kenn den Weg zur
Eisenbahnbrücke, keine Sorge. Ich werd Sie sicher hinfüh-
ren, jetzt, wo es aufgeklart hat. Aber ob der Herr dort ist –
Gott weiß es!« Er bekreuzigte sich, als hätte er zu viel gesagt.

»Dummes Geschwätz!«, fuhr ihn Anna-Maria an.

»Schweig doch, du Dummkopf. Er muss dort sein!« Der Knecht wiegte bedenklich den Kopf, doch die Frau ließ sich nicht entmutigen. »Wir holen ihn. Und wenn er nicht will, dann bringen wir ihm wenigstens etwas Warmes zum Anziehen.« Sie deutete auf den schweren Lammfellmantel mit dem Biberkragen, den sie bei sich trug und der ihnen auf dem harten Sofa als Zudecke für die Nacht gedient hatte. Mühsam erstickte sie das Schluchzen in ihrer Stimme. »O Gott, was wird nur mit ihm sein? Mein Nathanael! Er ist zu gut für einen Krieg, ich weiß es. Sein Herz ist zu weich! Warum hat er nicht auf mich gehört und sich wenigstens mit Kleidern und Proviant ausgestattet, als man ihn abholte? Es wird ja nur für ein paar Tage sein, hat er gemeint. Jetzt sieht man 's ja. Aber dieser Krieg muss doch irgendwann zu Ende sein!« Ihre Stimme wurde schwach, brach ab und verlor sich in leisen Klagen. »Er hat doch nicht mal Ahnung, wie man schießt – und die eine Panzerfaust – was soll sie denn nützen gegen eine ganze Armee von Russen?« Sie zerdrückte eine Träne auf der Wange und richtete sich gerade auf. »Gott wird schon helfen. Wir werden ihn finden.«

Franz nickte seufzend, reichte ihr mit mitleidigem Blick eine dampfende Tasse und stapfte dann, sich seine Jacke über die Schultern werfend, aus der Stube. »Ich spann die Pferde an«, rief er, die in den Scharnieren ächzende Tür hinter sich zuziehend.

Die fünfte Batterie nahm sich des Häufleins Davongekommener an und der Divisionskommandeur teilte ihnen eine Art Kate für die Nacht zu, die sie noch vor Ort verbringen sollten, bevor sie einer anderen Einheit zugewiesen würden. Durch ständiges Artilleriefeuer war die Luft auch hier sehr eisenhaltig und die Erschöpften mussten trotz großer Müdigkeit eine Wache aufstellen, da man nicht wusste, was in der Nacht alles passieren konnte. Jeder sollte sich bereiterklären, für zwei Stunden vor dem Blockhaus Posten zu stehen.

Todmüde schleppte sich Conny um zwei Uhr Nachts, als die Reihe an ihm war, hinaus und stolperte mehr, als er ging, auf und ab, um nicht ungewollt einzunicken. Endlich, um vier, am Ende seiner Wache, fiel er wie ein Sack auf seinen Schlafplatz und im selben Moment in tiefe Träume.

Es musste gegen halb sechs sein, als ein Einschlag in der Nähe und laute Schreie vor der Tür die Männer hochjagte. Der Posten war blutüberströmt zusammengebrochen. Ausgerechnet Emil, den Fahrer des Werkzeugwagens, der schon so viele gefährliche Situationen überstand, hatte es erwischt. Wie es die dunkle Vorsehung wollte, war gerade er als Letzter draußen gestanden und ein Zufallstreffer, ein unsinniges, vom rätselhaften Schicksal ferngelenktes Geschoss, ein Querschläger, hatte ihn getroffen. Erschüttert starrte Conny auf den Verwundeten. Erst in den vergangenen Tagen waren sie sich näher gekommen, nicht nur weil der Kumpel genau wie er aus Düsseldorf stammte, sondern weil sie durch die gemeinsamen Strapazen enger aneinander geschweißt wurden und Freunde geworden waren. Man schaffte den blutenden und schreienden Kameraden hinein. Der Splitter einer Granate, die ganz in der Nähe explodiert sein musste, hatte sich in seine Lunge gebohrt, er blutete stark und die Wunde, ein tiefes Loch in der Seite, sah sehr schlecht aus. Für ihn waren die Würfel im Morgengrauen des beginnenden Tages gefallen, nach all den Gefahren, in denen er und Conny um Haaresbreite dem Tod von der Schippe gesprungen waren. Unendlich sinnlos war sein Tod. Conny hielt mit Tränen in den Augen seine Hand und versprach ihm, seine Eltern in der Heimat aufzusuchen, wenn er nach Düsseldorf kam, und ihnen die letzten Grüße des Sohnes zu bestellen. Er half, den nach Atem ringenden und mühsame Worte stammelnden Kameraden zu dem kleinen Verbandplatz zu bringen, den man in der Nähe eingerichtet hatte, doch es war bereits zu spät – der tapfere, neu gewonnene Freund verstarb, ohne dass man irgendetwas für ihn tun konnte.

Wo waren sie alle, die Kameraden, die Freunde, Willi, Albert, der Sepp und die andern, die er auf diesem Feldzug verloren hatte? Conny blieb keine Zeit, darüber nachzudenken, er fühlte nur eine tiefe Trauer, eine nachdenkliche Melancholie. Besonders Willi fehlte ihm, der wie versprochen nach der Flucht über die Weichsel wieder zu ihm stoßen wollte. Durch die Umstände wurden sie vielleicht für immer getrennt. Lebte Willi überhaupt noch? Doch fort mit den trüben Gedanken, es hatte keinen Zweck zu sinnieren, jetzt ging es nur noch um die eigene Haut.

Die Russen erzielten weitere Erfolge und die deutsche Armee musste sich, von Verlusten geschwächt, immer weiter zurückziehen. Mit neuen Waffen ausgestattet, erhielt Conny den Befehl, wie vorgesehen mit einer Einheit als Verstärkung nach Gut Kasau, einem nicht weit entfernten großen Besitz zu einer Division zu stoßen, die sich bereits seit einer Weile dort verbarrikadiert hatte, um eine strategisch wichtige Eisenbahnlinie zu verteidigen und freizuhalten. Außerdem sollte die Straße von Posen nach Danzig unter Kontrolle gehalten werden, dem Knotenpunkt für den Nachschub an Munition und Waffen. In der Zitadelle dieser Stadt, die auf einem Hügel lag, befanden sich immer noch die unermüdlich Ausharrenden, die schon unermessliche Verluste erlitten hatten. Es wurde erbittert gekämpft und die Belagerer waren hartnäckig. Würden die Deutschen aushalten, sich freikämpfen können? Vorläufig sah es gar nicht gut aus, denn Posen bedeutete für die Russen den Schlüssel zu Berlin und Schlesien. Aber immer noch hielt sich die Festung tapfer, umschlossen von der 69. Armee. Im äußersten Notfall sollten sie unter Waffenschutz von dort aus abziehen können.

Das Gut in Kasau bot sich für eine Verteidigung an; es war von einer Mauer umgeben und lag etwa drei- bis vierhundert Meter von der Straße entfernt. Hinter dem Grundstück befand sich ein dichter Wald, der an eine hart umkämpfte Bahnlinie grenzte. Diese Bahnlinie musste laut strengster Order unbedingt beobachtet und verteidigt werden, um die Sicherung des Bahnhofsgeländes nach Osten zu verstärken und weiter vorzuschieben. Der Gegner versuchte, gerade diese Linie zu durchbrechen und zu unterwandern. Von der Position des Gutes aus konnte man den Schienenstrang bis weit in den Wald überblicken und auf jede Bewegung hin kontrollieren. Da, wo die Eisenbahn aus dem Wald trat, stand ein verlassenes Bahnwärterhäuschen, dessen sich der Russe unglücklicherweise vor ein paar Tagen bemächtigt hatte und von wo aus er mit Maschinengewehren versuchte, sich freies Geleit für die Überquerung der Geleise zu verschaffen. Doch der Feind rechnete nicht mit dem Kampfgeist und Mut der Deutschen, denen es gelang – obwohl sie im Unterschied zu den hervorragend bewaffneten Russen nur über ihre Karabiner verfügten –, das Wärterhäuschen zurückzuerobern. Damit war allerdings noch nicht alles gewonnen. Die Linie wurde weiter heiß umkämpft und das Bahnwärterhäuschen wechselte mehrmals die Fronten.

Das Tauwetter hatte wieder aufgehört und einer unerwarteten trockenen Kälte von etwa 40 Grad° unter null Platz gemacht. Die Männer mussten sich alle Stunde ablösen, denn trotz dichtester Vermummung ging der hereingebrochene Frost schnell durch und durch und ließ den Atem in den Kopfschützern zu Eis und Reif werden.

Erneut sah sich Conny auf einem schwierig zu haltenden Posten. Wie lange würden sie der Belagerung noch standhalten? Die Unlösbarkeit dieser Aufgabe deprimierte ihn und die Kälte war kaum auszuhalten. Die Soldaten waren kaum noch fähig, ihre steif gefrorenen Glieder zu bewegen. Die Zahl der Kranken und Dienstunfähigen wurde immer größer. Doch es durfte kein Erbarmen geben. Es ging um Sein oder Nichtsein. Auf einem Nebengleis war zusätzlich zu allen Problemen ein Lazarettzug mit Kranken und Verwundeten eingetroffen, der durch Sabotage an den Schienensträngen nicht weiterkam und deren Besatzung auf die Kameraden und ihre Hilfe rechnete.

Es war eine schwierige Lage, die aber in manchen Punkten doch nicht so aussichtslos schien. Immer wieder versuchten Russen, mit dem bloßen Auge kaum erkennbar, über die Schienen nach Süden zu wechseln. Die Absicht war allen klar: Die immer wieder erfolgreich angewandte Taktik, ganze Ortschaften zu umgehen und einzuschließen, sollte auch hier angewandt werden. Also musste versucht werden, dem Gegner die Abwanderungsmöglichkeit nach Süden zu nehmen. Die klirrende Kälte verstärkte jedes Geräusch wie mit einem Mikrophon.

Ein plötzlicher Angriff mit Granatwerfern ließ Conny, der gerade zusammen mit einem Wachtmeister mit Reparaturen an den Schienen beschäftigt war, fluchtartig seinen Standort verlassen. Schwer bewaffnete Panzer, wie von Geisterhand hervorgezaubert, tauchten unvermutet hinter der Bahnlinie auf und beschossen ohne Umschweife das Gut, in das sich die Soldaten in letzter Minute zurückgezogen hatten. Sie setzten sich mit allen Mitteln zur Wehr. Mit der Panzerfaust gelang es, etliche Panzer abzuschießen und die anderen zum Rückzug zu zwingen. Glücklicherweise war die offene Bahnstrecke durch eine Fichtenschonung weithin übersehbar, so dass man einen Angriff des Feindes frühzeitig erkennen konnte. Allerdings war die Truppe selbst so eingeschlossen, dass auch sie nicht durchbrechen konnte, da ihre Lage sie vom Bahndamm abschnitt, den sie hätten überqueren müssen, und so jede Fluchtmöglichkeit vereitelte. In gewisser Weise befanden sie sich wie auf einem Präsentierteller und es gab im Grunde nur einen Weg: das Terrain gewinnen – oder verlieren.

Allmählich wurden ihre Geduld und Kraft durch die ständigen Angriffe, die sie nachts nicht schlafen ließen, erschöpft. Man hatte die Leute in zwei Schichten zu sechs Stunden eingeteilt, eine, die nach vorn auf Streife ging, und eine, die sich in der Zwischenzeit im riesigen Keller des Gebäudes, der mit Kohlen und Vorräten gefüllt war, ausruhte. Die Streife, die ausschwärmte, teilte sich ihrerseits in zwei Partien. Die Vorderen kundschafteten für den Fall eines Angriffs das Gelände bis zur Linie am Waldrand aus, damit die Hinteren sich zur Hauptlinie zurückziehen konnten. Es war nicht leicht, unter diesen ungünstigen Umständen die Schienen der Bahnlinie wiederherzustellen, damit wenigstens der Lazarettzug durchkam, aber letztendlich gelang es doch.

Trotz des ständigen Erschöpfungszustandes, in dem Conny sich mittlerweile befand, schloss er sich nicht ungern den gefährlichen Erkundungsexpeditionen an. Die Zeit, die er im Keller verbringen musste, war nicht angenehm. Die Verletzten, die ebenfalls dort untergebracht waren, stöhnten und phantasierten unablässig; es gab unter ihnen sogar einige verwundete Russen, die man aus Mitleid und Menschlichkeit verbunden und in die große Bibliothek des Gutes geschafft hatte. Die Leichen etlicher Kameraden, die man nicht begraben konnte, musste man in einem abgelegenen Raum des Gewölbes liegen lassen. Die Luft war zum Schneiden dick und man konnte kaum Atem holen. Alles lag kunterbunt durcheinander – Kartoffeln, Wein, Koks, Krautfässer und Mehl, aber auch eingelegte Speckseiten. Unter Hunger litten die Soldaten zumindest nicht. Bei den Gefechten waren mittlerweile einige Maschinenpistolen erbeutet worden und die Verteidigungslage hatte sich damit bedeutend verbessert.

Den einzigen Lichtblick, eine Hilfe und willkommene Abwechslung boten die drei polnischen Frauen, die sich wie durch ein Wunder eines Tages wieder bei den Soldaten einfanden, sich häuslich einrichteten und ihre gewohnte Arbeit wie Kochen und das Versorgen der Wäsche ganz selbstverständlich auch hier übernahmen. Neben Marja, die Conny wie ein treuer Hund folgte, ihn mit ergebenen Augen ansah und versuchte, ihm seine Wünsche von den Augen abzulesen, war eine Tanja zu der kleinen Gruppe gestoßen. Tanja war ein hübsches junges Mädchen mit wilden schwarzen Locken, zierlich und kokett, und vom ersten Augenblick an, als sie Conny allzu zärtlich in die Augen sah, wurde sie die Rivalin Marjas.

Max schüttelte nachsichtig und ein wenig neidisch den Kopf über den Freund. Was hatte der eigentlich, was die anderen nicht hatten, außer einer passablen Visage? »Was machst du eigentlich immer mit den Weibern, dass sie dich so anspinnen? Irgendeinen Trick hast du doch! Na ja, sie haben ja schon damals in der Soldatenzeitung so was wie… »Liebling der Frauen« über dich gedichtet. Muss wohl doch was dran sein.«

Conny schüttelte mit verlegener Miene den Kopf. »So ein Quatsch.«

Bei einem der nächtlichen Streifzüge, bei denen Conny als vorderster Kundschafter eingeteilt war, noch vor der Morgendämmerung, lag er in einem der ausgehobenen Gräben in Deckung, als er plötzliches ein deutliches Knacken im Gebüsch hörte. Er hielt den Atem an, blieb völlig still. Da flammte ein Feuerschein kurz vor ihm auf – eine Handgranate. Er duckte sich tiefer in den Schützengraben und feuerte in Panik blind um sich, schoss das gesamte Magazin seiner Maschinenpistole leer, etwa tausend Schuss in der Minute. In der nächtlichen Schwärze konnte er nichts sehen, denn außer dem eben aufgeblitzten Feuerschein, der ihn immer noch blendete, war es stockdunkel. Stille trat ein. Kurz darauf hörte er hinter sich, weiter entfernt, eine Schießerei und erwog, ob er die rote Leuchtrakete, die er bei sich trug, jetzt abfeuern sollte. Doch dann zögerte er. Ein mulmiges Gefühl beschlich ihn, als er sich vor Augen führte, dass er dadurch seinen Standort verriet. Vorsichtig hangelte er sich aus seinem Graben und robbte ein Stück zurück. Die beiden anderen Kameraden waren schon über alle Berge und der Morgen dämmerte langsam herauf.

Vorsichtig wagte er einen Blick auf die Lichtung vor ihm. Ein tiefer Schreck durchfuhr ihn, als er vor sich auf der Wiese und im Gebüsch im fahlen Schimmer des Morgenlichts Männer in Wehrmachtsmänteln mit Schlägermützen liegen sah. Um Himmels willen, er hatte doch nicht einen Spähtrupp der eigenen Leute niedergemäht?! Doch dann konnte er auch russische Uniformen erkennen. Einer der Toten krampfte seine Hand noch um eine Handgranate, die er nicht mehr hatte zünden können.

Vorsichtig stand Conny auf, taumelte bleich vor Entsetzen zu den mit verzerrten Gliedern daliegenden Männern und sah sie sich mit einem unterdrückten Würgen in der Kehle genauer an. Was hätte er tun sollen? Entweder läge jetzt er dort oder aber die anderen. So war der Krieg. Es war eine Schreckreaktion gewesen, nachdem die Handgranate so dicht neben ihm explodiert war. Doch trotzdem war der Anblick ein Schock. Seine Betroffenheit wich einer gewissen Erleichterung, als er erkannte, dass keine Kameraden vor ihm lagen. Die Gefallenen waren eindeutig Russen, die sich mit erbeuteten deutschen Uniformen und Mänteln ausgestattet hatten, um den Gegner zu täuschen.

Mechanisch nahm er die Waffen, die Handgranate und einen der Mäntel an sich und sah sich die neu wirkenden Stiefel genauer an. Seine eigenen waren voller Löcher und die losen Sohlen mit herausgerissenem Innenleder hatten seine Hacken an der Ferse in blutiges Fleisch verwandelt. Der Mantel, den er einem der gefallenen Russen abnahm, schlotterte um seinen abgemagerten und geschundenen Körper.

Ein plötzliches Motorengeräusch ließ ihn zusammenfahren und instinktiv warf er sich zu Boden. Als er den Kopf hob, sah er am Waldrand ganz in der Nähe Panzer, die wie aus dem Nichts herausgebrummt kamen. Ganz deutlich waren auf den Fahrzeugen Russen zu erkennen, die immer wieder Salven aus Maschinenpistolen abgaben. Conny lief in

rasender Flucht durch die Büsche, im Zickzack einen kleinen Pfad entlang, der auf kürzestem Weg zu dem ummauer-
ten Terrain führte. Ihn trieb der Gedanke, in letzter Minute
das Gut zu erreichen, wo er sich in Sicherheit glaubte. Aus
einem ihm unerklärlichen Grund hielt er plötzlich inne und
warf sich unter eine Tannenschonung, deren Zweige sich wie
ein dichtes Gestrüpp bis über den Boden ausgebreitet hatten. In rasender Hast kroch er mit seinem Karabiner hinein,
ohne zu merken, wie die Zweige und Äste seine Haut aufris-
sen. Atemlos vor Angst blieb er liegen, das Gewehr an sich
gepresst.

Nachdem er eine Weile reglos abgewartet hatte, wagte er
das Buschwerk vorsichtig auseinander zu drücken, um einen
Blick auf das vor ihm liegende Gut zu werfen. Was er nun
beobachtete, ließ ihm das Blut in den Adern erstarren. Die
Panzer setzten ganz in seiner Nähe mit vollem Beschuss zu einem Frontalangriff auf das ummauerte Gebäude an. Obwohl
die Kameraden sich heftig wehrten und feuerten, gelang es
ihnen doch nicht, die Situation in den Griff zu bekommen,
und nach kurzer Zeit war das Gut vom Feinde erobert und
eingenommen. Wer konnte, sprintete hinaus und flüchtete
Hals über Kopf in das umliegende Wäldchen, verfolgt von
den Kugeln und dem Maschinengewehrfeuer der Russen.

Bewegungslos beobachtete Conny das Geschehen aus seiner Fichtenschonung. Jetzt war wohl auch für ihn alles verloren. Man würde das Gelände absuchen und jeden Einzelnen abknallen, den man im Umkreis fände! Er tastete nach
seiner Null-acht-Pistole und steckte sie in den Stiefel für
den Fall, dass alles aus sein sollte. Wenn ihn einer hier abschießen wollte, dann musste er erst einmal in dieses Gewirr
von Zweigen eindringen – und das würde er zu verhindern
wissen, sagte er sich mit dem Mut der Verzweiflung.

Neben sich hörte er jemanden in seine Richtung laufen,
der nach einem Schuss mit dumpfem Fall auf dem gefrorenen Boden zusammenbrach. Unablässige Hilferufe folgten,

Stöhnen und der in Abständen immer schwächer werdende Schrei nach einem Sanitäter hallten ihm in den Ohren und seine Nerven vibrierten in hilfloser Verzweiflung. Aber er konnte nicht helfen und hätte sich in seinem Versteck selbst verraten.

Mit verbissenem Selbsterhaltungstrieb zog er sich, so gut es eben möglich war, an den Boden gedrückt tiefer ins Gebüsch zurück, als er plötzlich das heulende Geräusch einer angreifenden Fliegerstaffel hörte. Er zuckte zusammen, hob dann vorsichtig den Kopf, kroch ein wenig aus dem Unterholz hervor und spähte nach oben. Am Himmel zeigten sich Flugzeuge, die Hilfe der unverkennbar deutschen Luftwaffe rauschte in rasendem Flug heran und man konnte erkennen, dass sie direkt auf die Nachschublinie der Russen Bomben abwarfen. Das Gut wurde in Kenntnis der Situation verschont.

Die Erleichterung, die Conny beim Nahen der deutschen Flieger empfand, verwandelte sich in dumpfe Angst, als rings um ihn her die Erde beim Einschlagen einiger Splitter aufspritzte. Er duckte sich erneut tiefer unter die Äste und schloss die Augen, die Arme schützend über den Kopf und die Ohren gelegt, in denen es vom Aufjaulen und Explodieren der Geschosse dröhnte. Als die Flugzeuge endlich abgezogen waren, in der plötzlich eingetretenen Stille, drangen dicht an sein Ohr weitere Schüsse. Vorsichtig wagte er einen Blick hinaus und konnte unweit von sich ein paar Russen erkennen, die aus dem Gutshof herausrannten und das Weite suchten, verfolgt von einer neu eingetroffenen Fallschirmjägertruppe der Infanterie, die in letzter Minute das Gut, die letzte Zuflucht der deutschen Soldaten in strategisch nicht unwichtiger Position, gerettet hatten. Lange, sehr lange verharrte Conny unbeweglich in der Stille seiner Fichtenschonung. Er wollte ganz sicher sein, dass nicht etwa irgendein versprengter russischer Soldat ihm beim Auftauchen eine Kugel nachsandte. Die verzweifelten Hilfe- und

Sanitäter-Rufe in seiner Nähe waren schon schwächer geworden, als er sich daranmachte, sich aus dem Geflecht der sperrigen Zweige zu befreien. Er robbte über den sumpfigen Boden, Dornen und Äste hakten sich an ihm fest. Aber er spürte die Kratzer nicht – seine ganze Konzentration war auf die Beobachtung seiner Umgebung gerichtet. Der Wald rauschte in einsetzendem Graupelregen, der neues Tauwetter ankündigte. Die Waffe im Anschlag, sah er sich nach dem Verwundeten um, dessen Rufe nur noch in Abständen ertönten. Gerade als er das Stöhnen ganz in seiner Nähe vernahm, brach es mit einem Mal ganz ab und verstummte. Er wagte nicht, selbst seine Stimme zu erheben, um sich nicht zu verraten, und streifte vorsichtig mit angelegtem Gewehr durch die Umgebung. Niemand war zu sehen, bis er schließlich hinter einem Baum ein zusammengesunkenes Häuflein Mensch entdeckte. Als er näher kam, sahen ihm blicklose Augen entgegen. Er war zu spät gekommen – die Stimme und mit ihr das Leben waren erloschen.

Der Luftangriff mit Fallschirmjägereinsatz war auch die Rettung für den Lazarettzug gewesen. Man hatte Hilfsmittel und Medikamente abgeworfen, die Gleise konnten fertig repariert und frei gemacht werden und der Zug setzte seine Fahrt fürs Erste fort. Doch die Besetzer des Gutes mussten weiter ausharren. Sie blieben auf sich selbst gestellt und mussten sich auf ihre Aufgabe konzentrieren, die Bahnlinie und die Straße, so gut es irgend möglich war, unter Kontrolle zu behalten.

Eine unheilvolle Stille lag über dem Gut – die Stille nach dem Sturm. Conny schlich sich vorsichtig an, obwohl er wusste, dass die Russen abgezogen waren. Der erste Überlebende aus der Truppe, den er traf, war Max, der Posten, der den Arm in einer blutigen Schlinge trug. Er machte ihm von weitem mit einem halben Grinsen ein Zeichen und rief blass, aber erleichtert, noch einmal davon gekommen zu sein: »Streifschuss, nicht so schlimm! Aber hier war der

Teufel los! Wenn die Fallschirmjäger nicht geholfen hätten, wäre es aus mit uns gewesen. Und dich haben wir schon lange aufgegeben. Du siehst ja ganz hübsch strapaziert aus. Wo hast du nur so lange gesteckt? So lange im Graben gelegen?« Er deutete auf die erdige und zerrissene Uniform, in der Zweigreste steckten.

Conny nickte ihm mit grauem, schmutzverschmiertem Gesicht zu; er war außerstande, sofort zu antworten. »Sag doch, was hier los war. Alles in Ordnung jetzt?«, brachte er schließlich mühsam hervor und ließ sich schwer auf den Boden fallen.

»Das siehst du ja«, antwortete Max. »Die Unseren sind auf die Hälfte zusammengeschmolzen – aber die Verstärkung der Luftwaffe hat uns in letzter Minute aus dem Dreck gezogen. Sonst wären wir jetzt alle nicht mehr. Und wenigstens kann der Zug mit den Kranken weiterfahren!«

»Wo ist der Albert? Und Hans, Bodo und die anderen?« Conny brachte kaum mehr einen Ton über die ausgetrockneten Lippen und griff nach der Feldflasche, die Max ihm reichte. Nach einem tiefen Schluck und einem schweren, abgrundtiefen Seufzer gab er sie zurück.

Der Posten sah ihn nicht an und zuckte die Schultern. Conny senkte den Kopf. Dass es immer die Besten treffen musste.

»Nein, halt«, verbesserte Max sich plötzlich, »der Bodo, der ist munter und fidel. Den haben sie unter dem Koks versteckt«, fuhr der Posten mit leichtem Galgenhumor fort, »dort musste er drei Stunden aushalten – das hat ihm das Leben gerettet!«

Trotz der traurigen Situation kitzelte es Conny in der Kehle und seine Brust erschütterte ein dumpfes Lachen. Wenn er sich Bodo unter dem Koks vorstellte! »Die Mädels haben ihn vergraben und er ist fast darunter erstickt. Lang hätt er 's nicht mehr gemacht – das Gewicht hat ihm die Luft abgedrückt! Die Russen kamen und riefen: ›Wo ist

Fritz? Wo ist Fritz?‹ Ich glaub, er hat sich nicht zu atmen getraut. Als er wieder vorkam, war er schwarz wie ein Neger.«
Max sah ihn an, stimmte in das raue Lachen mit ein, und so ernst die Lage war, so erleichtert lachten die beiden in sinnloser Heftigkeit, bis ihnen die Luft wegblieb. Konnte, durfte man jetzt so lachen? Das war das Leben, das Überleben, dieses Glück, es noch einmal geschafft zu haben, bis zum nächsten Angriff. Schmerz, Leid und Tod, Lachen, Erleichterung, Liebe – alles lag doch so dicht beieinander und ließ sich nicht aus dem Dasein, wie schwer auch immer es war, verbannen.

Die Mädels, von denen Max sprach, gehörten zu der seltsamen Art von Frauen, die gerne mit den Soldaten mitzogen, eine Sorte, die es schon immer gegeben hatte. Aus irgendwelchen Gründen, sei es Abenteuerlust, Liebe oder weil sie nicht wussten, wohin, schlossen sie sich in Kriegszeiten den Soldaten an und suchten bei ihnen Schutz. Der Feind krümmte ihnen eigenartigerweise kein Haar und tolerierte sie. Sie gingen fort und tauchten auf, wie es ihnen gefiel, und lebten mit der Gefahr. Außerdem kochten sie gern, sorgten für die Wäsche und fühlten sich in der rauen Männergesellschaft wohl und beschützt. Und dann verliebten sie sich. Im Grunde suchten sie immer irgendeine Liebelei, die von den in der Soldateneinsamkeit ausgehungerten Männern gern erwidert wurde. Irgendwie vermittelten sie den Lichtblick, die Gemeinschaft und auch den dringend notwendigen Trost, wenn man ihn suchte. Auch jetzt waren sie wieder zur Stelle, ganz selbstverständlich, als wäre nicht viel geschehen.

Immer noch in sich hineinlachend, sinnlos, in unkontrollierten Intervallen, die seinen Körper erzittern ließen, von Erschöpfung, Erleichterung und einem merkwürdigen Gefühl der Erschütterung überwältigt, noch da zu sein, noch zu leben, wankte Conny die Kellertreppe hinunter in seine

Ecke, in der er ein paar Polster und Teile der Vorhänge aufgehäuft hatte, und ließ sich wie ein Sack auf sein Lager fallen, wo er im nächsten Augenblick in einen tiefen, bewusstlosen Schlaf sank.

XIV. Kapitel

Auf der Suche

Die gewaltige Eisenbahnbrücke spannte sich wie ein schwarzer Schatten über das bläulich glitzernde Eis des breiten Flusses, auf dem der gestrige Schneesturm kleine Schneewehen zu bizarren Wächten zusammengeschoben hatte. Büsche und Bäume streckten die überfrosteten Zweige starr und dürr der gleißenden Sonne entgegen, die sich, als wollte sie den Urgewalten des vergangenen Tages spotten, lachend erhoben hatte. Es war noch sehr kalt, doch man spürte einen leisen Hauch, etwas wie ein sanftes Streichen des fast stillstehenden Windes, der einen unnennbaren Duft nach Frische mit sich trug.

»Tauwetter«, knurrte Franz in seinen Bart, ohne sich umzudrehen. »Es wird nicht mehr lange dauern, dann ist es aus mit dem Vorwärtskommen. Wir werden im Sumpf stecken bleiben – und nicht nur wir, auch die Wehrmacht.« Doch in dieser Stunde rollte der Wagen mit knarrenden Rädern noch flüssig über den gefrorenen Boden und die Pferde gingen in rhythmischem Schritt durch den knirschenden Neuschnee und schnaubten wie zur Bestätigung seiner Worte kräftig aus.

Anna-Maria antwortete nicht. Sie saß starr und unbeweglich ganz vorn auf dem Wagen, über den Lammfellmantel noch eine Pferdedecke geworfen, unter der auf ihrem Schoß die blonden Locken des kleinen Lorchens aufleuchteten, das, fest unter das wärmende Fell gekuschelt, tief schlief. Anna-Marias umschattete Augen glühten im bleichen, abgespannten Gesicht unter der schützenden Pelzkappe und suchten unentwegt die Umgebung ab, den Kopf nach einem

Zeichen menschlicher Regung hin und her wendend. Es schien, als wäre sie über Nacht gealtert; feine Linien durchzogen die zarte weiße Haut, die die festen Konturen der hohen Wangenknochen absinken ließen und sich in sichtbare Sorgenfurchen um die schmaler gewordenen Lippen eingruben. Tiefe Stille herrschte in der unberührt scheinenden Natur, die von eigenartig ruhiger, faszinierender Schönheit war, als würde sie niemals Kampf und Leid zulassen können.

»Hier scheint niemand zu sein«, wiederholte Franz in mürrischem Ton und seine Mundwinkel in dem bei der Feldarbeit von Wind und Wetter gegerbten Gesicht zogen sich noch weiter nach unten. »Er wird grad warten, dass wir daherkommen.«

»Sei doch still, dummer Kerl!«, unterbrach ihn AnnaMaria herrisch, aus ihrer Versunkenheit erwachend. »Wir werden ihn finden. Er muss ja irgendwo sein.«

»Wenn er noch lebt«, konnte sich Franz nicht enthalten, vor sich hin zu murmeln, und zog den Kopf tiefer zwischen die Schultern, »oder wenn er mit seiner Truppe nicht schon über alle Berge ist! – Werden schon sehen«, sagte er lauter, mit einem Blick auf die Frau, die ihre Tränen, die hinter den Lidern warteten, mit Gewalt zurückhielt.

Ja, es erschien ihr plötzlich verrückt, ein Unsinn, dieses ganze verzweifelte Unternehmen, dass sie sich hierher aufgemacht hatte, statt geradewegs mit dem Flüchtlingstreck gen rettenden Westen zu ziehen. Wie wollte sie Nathanael finden, ohne die geringste Orientierung? Hier war sie allein, ganz auf sich gestellt, nur mit Lorchen und Franz an ihrer Seite, an dessen Verlass sie zu zweifeln begann. Vielleicht würde er sich bei der nächsten Gelegenheit davonmachen und sie im Stich lassen. Wer wusste, was in seinem Bauernschädel vorging? Man könnte es ihm nicht einmal verübeln. Jeder musste in diesen Zeiten sehen, dass er die eigene Haut rettete.

Die unendliche Weiße der Landschaft dehnte sich mit

leichten Erhebungen unberührt in der gleißenden Sonne. Nichts deutete auf Kämpfe, Besetzung oder Verteidigung einer strategisch wichtigen Brücke hin. Sie erhob sich jetzt genau vor ihnen, schwarz, glänzend, mit reifüberfrosteten Schienen wie ein gewaltiger Schatten über der Ausbuchtung des Flusses. Wenn man genauer hinsah, konnte man die Unterbrechung des verbogenen Eisens, das große Loch vor den steinernen Pfeilern erkennen, das ins Nichts führte.

Anna-Maria drehte unruhig den Kopf hin und her, doch sie blieb stumm. Und nun? War sie vielleicht ganz umsonst hierher gekommen? Sollte sie rufen? Wo waren die Soldaten, die diesen Stützpunkt verteidigen sollten, wo die Angreifer?

Langsam und ein wenig unwillig gingen die Pferde vorwärts, ihre Ohren spielten aufgeregt in alle Richtungen, als lauschten sie in der Stille unbekannten Geräuschen. Am Rande der Bahnlinie, deren Geleise sich hinter leichten Nebelschwaden, wie überzuckert von weißem Staub, am Horizont wieder in die Landschaft einschmiegten, lag ein zerstörtes Bahnwärterhäuschen ohne Dach, dem sie sich langsam näherten und dessen offene und aus den Angeln gerissene, mit Einschüssen übersäte Tür knarrend in der Verankerung schwankte. Im Innern hatte sich Schnee angehäuft, der, wie man erkennen konnte, eilig liegen gelassene Gegenstände bedeckte. Eine Mütze, ein einzelner Schuh und eine Blechdose lugten unter dem feinen Staub hervor. Anna-Marias Herz zog sich beklommen zusammen. Franz, der die Pferde, die unruhig in die Luft witterten, als spürten sie Unheil, hart gezügelt hatte, legte die Hand waagrecht über die Augen, um in der blendenden Sonne den Horizont abzusuchen. Kein Mensch war weit und breit zu sehen. Anna-Maria gab dem Knecht ein Zeichen und die Kutsche setzte sich wieder in Gang. Weiter hinten spannte sich vor einem Gehöft eine kleine Holzbrücke über einen Bach. Vielleicht wohnte dort noch jemand, der ihr Auskunft geben konnte. Was sollte sie jetzt nur machen?

Als sie sich dem windschiefen Haus näherten, sahen sie am Waldrand, wo die Bäume begannen, russische Panzer stehen. Ehe sie noch umdrehen konnten, sprang eine vermummte Gestalt hervor, legte die Maschinenpistole auf sie an und stellte sich der Kutsche in den Weg. Ein rauer Kommandoton in russischer Sprache gebot ihnen Halt und befahl den Kutscher vom Bock.

Franz duckte sich wie ein geprügelter Hund, warf einen vorwurfsvollen Blick in Anna-Marias Richtung, wie um zu sagen, das alles sei nicht seine Schuld, und gehorchte sofort, während Anna-Maria, das greinend erwachte Lorchen fest an sich drückend, aufrecht und stolz sitzen blieb. »Sie können eine schutzlose Frau und ihr Kind erschießen, wenn Sie wollen«, sagte sie ruhig, doch ein wenig stockend, in russischer Sprache. »Ich habe nichts mehr zu verlieren. Ich bin nur gekommen, um meinen Mann zu suchen, der vom deutschen Volkssturm eingezogen wurde. Ich will wissen, ob er noch lebt und wo er sich befindet.«

Der russische Soldat sah sie mit misstrauisch glitzernden Augen an. Dann schüttelte er den Kopf. »Du Deutsche? Alle tot! Alle! Keiner lebt!« Dann lachte er rau. »Diese Dummköpfe! Haben geglaubt, sie können uns mit ein paar Panzerfäusten wegjagen. Alte Männer und Kinder! Die Deutschen sind doch so dumm!«

Inzwischen hatten noch andere Russen neugierig die Kutsche umringt. »Komm runter!«, rief einer mit rot glänzendem Gesicht, der an einem Stück Speck kaute. »Es ist so langweilig hier. Eine Frau bedeutet Abwechslung.« Er lachte grob auf, sah in die Runde und wollte Anna-Maria am Arm fassen, um sie vom Wagen zu ziehen.

Das Kind, mit ängstlicher Miene um sich sehend, begriff die Gefahr und klammerte sich an die Mutter. Die großen Kulleraugen füllten sich mit Tränen und sie begann laut zu weinen. »Geh weg!«, rief sie mit aufgeregter Stimme und patschte mit dem Händchen mutig nach der Hand des Soldaten.

»Lass die Frau in Ruhe, lasst sie gehen.« Ein Soldat mit Rangabzeichen auf der Uniform und einer Persianerkappe, die schräg auf seinem Kopf saß, war herangetreten und schlug mit seinem Karabiner die grabschende Hand des Kameraden fort. Dann wandte er sich in gebrochenem Deutsch an Anna-Maria, deren Herz wie ein Trommelfeuer schlug. »Ich auch Familie, wie du. Kind wie deines – kleines Mädelchen.« Seine Augen wurden feucht, als er dem eingeschüchterten Lorchen, das vor Angst ganz still hielt, über die blonden Locken fuhr. »Geh fort«, suchte er mühsam die Worte zusammen, sich rasch über die Augen fahrend, »schnell. Nimm Kind. Aufpassen! Dort drüben – Lazarett – ein paar übrig – vielleicht. Deutsche haben geholt – ein paar – weiß nicht.«

Die blass gewordene Frau legte die Hand aufs Herz und sagte, die Tränen zurückhaltend, nur das eine russische Wort: »Spasiba – danke« und winkte dem Knecht, der so rasch wie nie auf den Bock gesprungen war, weiterzufahren.

»Hüh! Hüh, he!« Franz, vor Angst am ganzen Körper zitternd, trieb die Pferde zum Äußersten, um fortzukommen und den Weg, den man ihm bezeichnet hatte, so schnell es ging zu erreichen. Er schüttelte unablässig den Kopf. Das war knapp – aber man war noch einmal davongekommen. Gut, dass niemand ihn behelligt, gar gefangen genommen hatte! Aber wo sollte hier ein Lazarett sein? »Frau Reich« – er verlangsamte die Pferde –, »lassen Sie uns hier verschwinden! Wir sind mitten unter russischen Soldaten. Man kann uns jederzeit abschießen wie tolle Hunde – wenn nicht gar Schlimmeres. Ihr Mann ist tot. Das sehen Sie doch. Wer soll hier überlebt haben?«

Anna-Maria schüttelte mit zusammengepresster Kehle den Kopf. »Fahr!«, schrie sie dem Kutscher zu. »Fahr doch, du Dummkopf!«

Franz überlegte einen Augenblick, ob er gehorchen sollte. Er verging vor Angst, wie eine Schießscheibenfigur auf der Kutsche zu sitzen, von Russen umringt, die ihn aus dem Hinterhalt beobachteten. Vielleicht gab es hier gar kein Lazarett und woher sollten die Deutschen wissen, dass sie in friedlicher Absicht die Gefechtslinien kreuzten? Der Wagen rumpelte unbeaufsichtigt über gefrorene Schneewehen, während er sich zähneklappernd zusammenduckte. Hinter ihm fuchtelten die Russen, lachend über seine Furcht, mit dem Gewehr und man wusste nicht, ob es eine Drohung oder eine Wegweisung war. Er wagte kaum den Kopf zu wenden und starrte verbissen auf den Rücken der dampfenden Pferde. Hinter einem Wäldchen tauchten plötzlich ein paar Geschützfahrzeuge auf, die der deutschen Armee anzugehören schienen, aber Soldaten waren keine darauf zu erkennen. Vorsichtig rollte der Wagen weiter.

Lorchen hatte die dünnen Arme um den Hals der Mutter geschlungen, den Kopf an ihrer Brust vergraben und wimmerte leise vor sich hin. »Mir ist so kalt, Mama, ich will heim! Warum kann Papa nicht von allein zu uns kommen?«

Anna-Maria antwortete nicht, ihre Augen spähten angestrengt umher, bis sie schließlich einen unterdrückten Schrei ausstieß. »Hier, Franz, siehst du nicht? Hier ist es!«

Das weiße Bettlaken, das wie eine Fahne auf einem Haus flatterte und auf dem mit Farbe das Rote Kreuz aufgemalt war, hob sich kaum vom Hintergrund der öden Schneelandschaft ab; hinter einer leichten Wegbiegung tauchte es ganz unvermutet vor ihnen auf. Ein Schuss hallte in ihren Ohren.

»Halt! Stehen bleiben! Sind Sie verrückt geworden? Sie kommen hier so einfach angefahren ...« Die raue Stimme eines Soldaten mit Stahlhelm ließ sie zusammenschrecken. »Da haben Sie wirklich Glück gehabt, so mitten durch das russische Terrain zu fahren!«, schrie er wütend. »Ich hätte Sie beinahe selbst erschossen!«

»Ich, ich …« Anna-Maria fehlten die Worte, doch stürzten an deren Statt Tränen aus ihren Augen. »Ich wollte doch nur … Es geht um meinen Mann, wissen Sie?«

»Ich habe den Befehl, jedes fremde Objekt sofort zu attackieren!« Der junge Unteroffizier sah sie verständnislos an, seine Blicke glitten ärgerlich über die beladene Kutsche und die Frau, die das blondlockige Kind, dessen Wangen unter der Pelzmütze hochrot glühten, im Arm hielt. Seine gerunzelte Stirn, die harte Stimme und die auf sie gerichtete Waffe ließen Lorchen laut aufweinen. Der Mann hielt inne, Mitleid malte sich auf seinen Zügen. »Nun, nun, Kleine«, sagte er begütigend, »ich tu euch ja nichts. Aber das war gefährlich, was deine Mama hier angestellt hat.« Sein Ton wurde wieder offiziell: »Und Sie sagen mir jetzt, was Sie hier eigentlich verloren haben!«

Anna-Maria richtete sich gerade auf und erwiderte fest seinen Blick. »Ich – ich suche meinen Mann, Nathanael Reich – und ich muss ihn finden, ich muss wissen, was mit ihm geschehen ist. Er sollte als Mitglied des Volkssturms die Eisenbahnbrücke verteidigen. Aber die Russen sagten mir, alle Männer seien tot …« Ihre Stimme erstickte in einem Schluchzen, doch sie fasste sich erneut. »Man sagte mir auch, es gäbe in der Nähe ein Lazarett. Und nun bin ich hier. Wissen Sie, es ist so, ich will es Ihnen erklären: Er hatte nicht einmal eine Ausrüstung, nicht mal einen Mantel, als sie ihn holten, und ich, ich bin gekommen …«

Lautes Auflachen des Mannes unterbrach sie, das neue Tränen in ihre Augen trieb. »So was habe ich noch nie gehört. Na, Sie sind ja vielleicht naiv!«

»Aber ich …«

»Ja, ja.« Der Soldat winkte unwirsch ab. »Also gut, ich erlaube Ihnen ausnahmsweise, sich umzusehen. Aber ich glaube nicht, dass Sie Ihren Mann hier finden. Wir haben nicht viele Leute da drin. Die meisten sind schwer verwundet. Von dem Einsatz an der Brücke ist, soviel ich weiß, keiner mehr zurückgekommen. Die haben sie alle hochgehen lassen – einfach in die Luft gesprengt.«

Er gab den Weg frei und Anna-Maria stieg, den schweren Pelz ungeduldig von sich werfend, vom Bock. »Du bleibst bei Franz«, rief sie drohend der Kleinen zu, die ihr eigensinnig folgen wollte. »Ich will auch zu meinem Papa!«, rief das Mädchen aus und zog ein drolliges Schmollmündchen, bittend mit funkelnden grünen Katzenaugen zu dem jungen Soldaten aufsehend, der, unwillkürlich schmunzelnd, den Kopf schüttelte. Die Stimme der Mutter zitterte leicht, als sie befahl: »Bleib oben und rühr dich nicht, ungehorsamer Fratz!«

Lorchen spürte, dass die Mutter es ernst meinte, und kletterte enttäuscht zurück auf den Bock. Eigentlich war es ihr lieber, auf dem Wagen zu bleiben; sie fieberte, fühlte sich bei der Bewegung ziemlich schwach auf den Beinen und war froh, wieder unter die warme Pelzdecke zu kriechen. Ihre Zähne klapperten vor Frost und ihr Hals schmerzte. »Ich will heim«, jammerte sie leise vor sich hin, »ich will heim.«

Vorsichtig öffnete Anna-Maria die Tür des windschiefen Häuschens, dem Notbehelf eines Lazaretts, in dem wegen der Kälte alle Fenster verschlossen und fest abgedichtet waren. Es war so dunkel, dass sie im ersten Moment kaum etwas erkennen konnte. Stickige, von Desinfektionsmitteln erfüllte Luft schlug ihr entgegen, zusammen mit dem Klappern von Instrumenten, dem Stöhnen und Murmeln der Verletzten, die in Reih und Glied auf einfachen Pritschen, auf Feldbetten oder am Boden lagen. Es gab nur eine Schwester in dieser Hölle, ein streng und resolut aussehendes Wesen, das verwundert den Kopf hob, als sie eintrat. Viele Augen blickten ihr schmerzerfüllt, traurig und hoffnungslos entgegen und ihr Mut sank. Würde auf einer der elenden Pritschen auch ihr Nathanael so daliegen oder war er schon längst unter dem Schnee begraben, der sich so verdächtig hoch draußen hinter dem Haus aufgehäuft hatte? Man konnte ja die

Toten nicht einmal mehr begraben in der gefrorenen Erde. Sie schluckte ihre Verzweiflung hinunter und begann die Betten abzugehen.

Ein fahles Gesicht nach dem anderen sah ihr mit dem Ausdruck der Hoffnung auf Hilfe entgegen – und dann, wie ein Wunder, etwas abseits, in der Ecke des Raumes, auf einem wackligen Lager unter einer dünnen, zerrissenen Felddecke entdeckte sie ihn – eine zusammengekrümmte Gestalt mit unsagbar abgezehrtem, bleichem Antlitz, das sie kaum wiedererkannte und dessen geschlossene Augen tief in schwarz umrandeten Höhlen lagen. Die Wangenknochen, auf denen rote Flecken, Zeichen des hohen Fiebers, schimmerten, stachen scharf hervor. »Nathanael!«, schrie sie auf und stürzte sich auf den Kranken, der nicht einmal erwachte, sich nur unruhig herumdrehte. »Schwester«, rief sie aufgeregt, »Schwester, kommen Sie! Er ist es ja. Das ist mein Mann! O Gott, sagen Sie mir, was ihm fehlt! Was hat er? Ist er sehr schwer verletzt?«

Die Schwester, die sich unwillig genähert hatte, blickte mit grauem Gesicht unter dem Häubchen müde und gleichgültig auf. »Psst, seien Sie bitte ruhig. Der Feldarzt schaut alle paar Tage vorbei. Mehr kann ich Ihnen auch nicht sagen.« Sie warf ihr einen erschöpften und ausdruckslosen Blick zu. »Wer sind Sie, was machen Sie hier? Sind Sie Ärztin? Ich komme kaum durch und weiß nicht einmal die Namen all dieser Menschen. Der Patient hier« – sie deutete auf Nathanael – »ist nicht verletzt. Aber er ist sehr krank und hat hohes Fieber. Lungenentzündung, glaube ich.« Sie wandte sich einem anderen Verwundeten zu, der unablässig stöhnte und ächzte und seinen blutverkrusteten Verband zu entfernen versuchte. »Es sieht nicht gut mit ihm aus«, fuhr sie mit monotoner Stimme über die Schulter hinweg fort, ohne den Kopf zu wenden. »Man hat ihn eingeliefert, noch bevor die Sprengung stattfand. Er phantasierte, hustete sich die Lunge aus dem Leib. Kein Wunder…« Sie riss den Verband des Ärmsten mit einem energischen Ruck ab, der Kranke reagierte mit einem unartikulierten Schmerzensschrei. »Tut mir Leid, mein Lieber«, murmelte sie sanft und fasste seine Hand, »anders war es nicht möglich. Jetzt sieht die Sache schon besser aus. Noch ein paar Tage und du kannst wieder herumlaufen.« Der junge Soldat schien nicht zu hören, er schrie wie am Spieß und die Schwester presste neuen Zellstoff auf die blutende Wunde und begann ihn zu verbinden. »Kein Wunder«, nahm sie den Monolog wieder auf, »der gute Mann hatte nur eine dünne Jacke an und draußen fror es Stein und Bein. Was die Leute sich so denken, wie der Krieg im Winter aussieht – da kann man nur staunen!«

Anna-Maria hörte kaum zu, sie hatte sich vor das Notbett gekniet und streichelte den Kopf ihres Mannes, der im Fieber glühte. »Hörst du mich, Tannel? Ich bin 's doch, Anna, deine Frau. Ich bin gekommen, um dich zu holen. Du musst wieder gesund werden – wir brauchen dich doch! Bitte, werde wieder gesund, du hast ja nur ein wenig Fieber. Jetzt bin ich da, ich pflege dich!« Nathanael Reich murmelte mit geschlossenen Augen Unverständliches und seine Zähne klapperten vor Frost. Er zog mit pfeifenden Geräuschen den Atem ein und es gelang ihm kaum, Luft zu holen. »Wie lange ist er schon in diesem Zustand?«, fragte sie die Schwester, die nicht antwortete und nur mit den Schultern zuckte. Sie dachte einen Augenblick nach, dann erhob sie sich vom Boden, durchquerte mit starr geradeaus gerichtetem Blick die primitive Krankenstation und ging hinaus.

Ohne ein Wort nahm sie in der Kutsche die Pelzdecke von ihrem Sitz, steckte das protestierende Kind halb in den Fußsack und deckte es mit einem der Schaffelle, die den Boden des Wagens auspolsterten, zu. Dann nahm sie das Köfferchen mit ihren Medikamenten und betrat wieder den stickigen Raum.

Als sie die Decke über den Kranken gebreitet, ihm einige

Chinin-Tabletten verabreicht und Brust und Rücken mit einer heilenden Kampfersalbe eingerieben hatte, hielt sie erschöpft inne. Der Kranke hatte die Augen mit wirrem Ausdruck aufgeschlagen und ein rasselnder Husten erschütterte seine mageren Rippen. »Ich ersticke«, wimmerte er und rang mit blau angelaufenen Lippen nach Luft. Seine Frau half ihm vorsichtig, sich ein wenig aufzurichten, und legte ihn mit Hilfe eines zusammengeknüllten Leintuchs höher.

Die Luft im Raum war zum Schneiden, selbst Anna-Maria atmete schwer. Um sie herum stöhnten die Verletzten; ein Mann an Nathanaels rechter Seite röchelte unablässig und so erbärmlich, dass es ihr ins Herz schnitt und sie nach der Schwester rief. Diese sandte ihr nur einen bösen Blick, der zu besagen schien, dass sie allein nicht imstande sei, sich um jeden Einzelnen zu kümmern, der jammerte und stöhnte. Als sie nach einer Weile endlich herbeikam, war unerwartet Stille eingetreten; der Kranke hatte sich noch einmal gestreckt und die Schwester, mit gleichgültigem Blick auf seine starr geöffneten Augen, zog ihm mit resignierter Gebärde die Decke über den Kopf. »Einer weniger! Was wollen Sie, dass ich tue?« Mit hilfloser Geste sah sie nach oben, als könnte vom Himmel Hilfe kommen, seufzte demonstrativ und zuckte die Schultern. »Ohne ausreichende Medikamente – ohne medizinischen Beistand!«

Sie bekam keine Antwort. Mit einem scheuen Blick auf die reglosen Glieder unter der Decke neben ihr kauerte sich Anna-Maria ganz nah an die wacklige Pritsche. »Du musst hier heraus«, flüsterte sie ihrem Mann ins Ohr, der mühsam mit fiependem Geräusch den Atem einsog. »Hier kannst du nicht gesund werden. Ich werde dich irgendwo anders hinbringen – hörst du mich?« Er antwortete nicht, doch seine Hände schienen nach etwas zu greifen und die ausgetrockneten Lippen bewegten sich leicht. »Ich verstehe – Durst. Du hast Durst.« In der Nähe sah sie auf einem Tischchen einen Krug stehen und sie reichte ihrem Mann ein gefülltes Glas.

Wie von der Tarantel gestochen, kam die Schwester herbeigeeilt. »Was fällt Ihnen ein? Sie mischen sich hier in meine Kompetenzen. Dieser Mann könnte eine ansteckende Krankheit haben, vielleicht Tuberkulose. Da können Sie ihm doch nicht einfach aus diesem Becher zu trinken geben! Verschwinden Sie!«

Anna-Maria stellte wie ertappt mit zitternden Fingern das Glas zurück. Hier würde ihr Mann sterben, das war so gut wie sicher. Sie musste ihn mitnehmen. Aber ob er einen Transport überlebte? »Ich wollte doch nur helfen!«, rief sie der Schwester nach, die ihr einen genervten Blick zusandte.

»Gehen Sie!«, stieß diese mit gepresster Stimme hervor und die schmalen Lippen in dem grauen Gesicht zogen sich zu einer messerscharfen Linie zusammen. »Ich kann Sie hier nicht brauchen. Sie sehen doch, dass Sie stören, wenn Sie einfach für einen Patienten eine Extrabehandlung machen. Ich tue, was ich kann, und Sie – Sie bringen mir hier nur Unruhe herein.« Sie warf einen kalten Blick auf den Fiebernden. »Ihr Mann wird sowieso sterben. Das sieht man doch. Wahrscheinlich wird er die Nacht nicht überleben.«

Anna-Maria sah der Schwester, die sich mit einem Tablett voller Mullbinden bereits wieder abgewandt hatte, mit Tränen in den Augen nach. Unbeweglich blieb sie eine Weile stehen, die Hand auf die schmerzende Stirn gepresst. Sie musste nachdenken, in Ruhe überlegen, was sie nun tun sollte. Ja, die überlastete Schwester hatte Recht, hier würde ihr Mann sterben. Sie musste ihn aus dieser ungesunden Atmosphäre, aus diesem Wartezimmer des Todes herausschaffen, in reine Luft, in eine andere Umgebung. Konnte sie es denn überhaupt wagen, einen Kranken mit hohem Fieber und einer Lungenentzündung der kalten Luft draußen auszusetzen und ihn zu transportieren? Aber hier drinnen war es auch nicht warm, nur stickig und es stank nach Blut und Exkrementen und schwitzenden, ungewaschenen, kranken Körpern. Die Schwester würde sich nicht viel um ihn kümmern, das war ihr klar. Also, was gab es abzuwägen? Wenn er sterben musste, dann wenigstens in ihren Armen. Mit langsamem, schwerem Schritt ging sie wieder hinaus. Auf ihren Schultern lastete nun die Verantwortung für zwei Menschen, für das Kind und für ihren todkranker Mann. Wohin sollte sie gehen? Auf jeden Fall musste sie eine Unterkunft finden, wo sie ihn pflegen konnte, und sich erst später den Flüchtlingstrecks anschließen.

Franz sah ihr fragend, mit ängstlicher Miene und dunkel zusammengezogenen Brauen entgegen; er duckte sich, als könnte er jeden Moment eine Kugel abbekommen. Seit er hier draußen wartete, war die Stille schon durch mehrere, nicht allzu weit entfernte Schusswechsel unterbrochen worden – und er saß ohne sein Verschulden mittendrin. Wenn sich auch nur eine Kugel oder gar ein Granatsplitter verirrte … »Wir müssen hier weg!«, rief er heiser und vorwurfsvoll. »Es ist Selbstmord, noch länger zwischen den beiden Fronten herumzufahren. Es könnte einem Russen einfallen, uns einfach abzuknallen – oder der deutschen Kampftruppe, wenn sie uns für Spione hält. Allein schon wegen der Felle, der Vorräte, die wir mit uns führen.«

»Wir nehmen ihn mit«, sagte Anna-Maria kurz und zog ihren schwarzen Pelzmantel wieder an.

»Wer? Wen nehmen wir mit?« Franz gaffte sie verständnislos an, als wäre sie verrückt geworden.

»Ihn natürlich, meinen Mann! Er ist dort drinnen, ich hab ihn gefunden und er lebt. Er ist nicht verletzt, er hat nur eine schwere Lungenentzündung. Komm, hilf mir, ihm unter dem Verschlag mit allen Decken und Fellen ein Lager zu machen! Wenn er stirbt, dann wenigstens nicht in dieser elenden Hütte.«

Der Knecht war sprachlos. Sein Mund öffnete sich zum Widerspruch, doch als er das entschlossene Gesicht seiner Herrin sah, wagte er kein Wort mehr. Er wusste, dass es wenig Sinn hatte, sie von ihrem Vorhaben abzubringen. Doch in seinem primitiven Gemüt formte sich eine Idee, ein Gedanke. Er musste weg von dieser Besessenen, die ihn mit dem Wagen kreuz und quer umherfahren ließ, auf dem er breit und weithin sichtbar saß und förmlich zu einer Kugel aus dem Hinterhalt einlud – weg von ihr, die ihn unablässig mitten durch die schlimmsten Gefahren zwang. Für nichts und wieder nichts riskierte er sein Leben. Bis jetzt waren sie den Wölfen, der Pest, die die verendeten Tiere ihnen hätte bringen können, den Soldaten und vielen anderen Bedrohungen noch entgangen. Und jetzt sollten sie auch noch mit einem Todkranken umherfahren, statt sich auf schnellstem Wege den Trecks anzuschließen, die wenigstens auf bekannten und befahrbaren Wegen dahinrollten! Er würde im geeigneten Moment, falls er aus den feindlichen Linien, in deren Mitte sie sich als Fremdkörper befanden, je mit gesunden Gliedern herauskäme, sich davonmachen und sich den anderen anschließen, bevor er als Handlanger dieser Frau, die mit ihrem und seinem Leben spielte, weiter seine Haut riskierte. Alles in ihm lehnte sich gegen dieses Hasardspiel auf. Niemand konnte ihn zwingen, so etwas noch länger mitzumachen! »Aber – er wird eine Fahrt in der eisigen Kälte nicht einen Tag überleben«, stammelte er verwirrt, seine aufrührerischen Gedanken hinter einer gleichgültigen Miene verbergend, als die Frau ihn immer noch abwartend ansah. »Der arme Herr.«

Anna-Maria hörte nicht zu. »Hilf mir, Franz, wir müssen uns beeilen. Die Schwester dort drinnen hat anderes zu tun und sie wird keinen Finger rühren.«

Franz sah sich nach allen Seiten um und sprang vorsichtig vom Bock. Wenn sie nur schon aus dieser Ebene heraus wären, wo sie gegen den Horizont so weithin sichtbar waren! Er schickte ein Stoßgebet zum Himmel und bekreuzigte sich.

»Wir wickeln ihn in diesen Mantel und häufen alle Felle auf ihn – und dann die Decken.« Eifrig zog sie alles, was den

Wagen ausgepolstert hatte, vom Boden. Ihre Wangen hatten sich rot gefärbt, und als müsste sie sich selbst Mut machen, entströmten die Worte unablässig ihrem Mund in einer kleinen weißen Wolke, sichtbar in der kalten Luft. »Wir haben nichts zu verlieren – und er auch nicht. Wenn er stirbt, kann ich ihn wenigstens beerdigen. Wir werden ihn wärmen. Ich habe Medizin – ich werde ihm einen Brustwickel machen, Umschläge – die ganze Nacht. Zuerst müssen wir ein Haus finden, eine mitleidige Seele, die uns aufnimmt.«

Der Knecht starrte auf die schiefe Tür des Häuschens. Er zögerte, die dunkle Lazarettstube zu betreten, aus der ihm ein menschlicher Dunst von Krankheit und Leid entgegenschlug. »Wo ist er denn?«, fragte er schüchtern an der Schwelle die Schwester, die Tropfen abmaß und nicht antwortete. Er wiederholte seine Worte und fühlte die ausdruckslosen Augen der Frau, die in diesem Leid gefühllos geworden zu sein schien, verständnislos auf sich ruhen.

»Wer sind Sie und was wollen Sie?«, antwortete sie in strengem Ton, einen Haufen ausgekochter Instrumente mit lautem Klirren auf ein Tablett werfend.

»Ich soll Herrn Reich abholen«, stotterte der Knecht mit gesenktem Kopf, seine Stiefelspitzen betrachtend, die kleine Pfützen hinterließen.

»Bringen Sie mir hier keinen Dreck herein«, fuhr ihn die Schwester herrisch an, »und verschwinden Sie auf der Stelle. Ich habe die Verantwortung für diese Kranken. Es kommt gar nicht in Frage, dass hier irgendjemand abgeholt wird. Raus hier jetzt! Und sagen Sie Ihrer Begleitung, sie soll die Pelzdecke wieder mitnehmen. Ich kann keine Bevorzugung Einzelner dulden. Jeder hat hier die gleichen Rechte. Ich muss sonst dem Stabsarzt Meldung machen.« Mit der Autorität ihres stramm sitzenden Rot-Kreuz-Häubchens und der blutbefleckten, ehemals weißen Schürze machte sie einen energischen Schritt auf ihn zu und ihre kleinen, jetzt boshaft wirkenden Mäuseaugen funkelten ihn zornig an.

Franz murmelte eine Entschuldigung und machte auf dem Absatz kehrt. Beinahe stieß er mit seiner Dienstherrin zusammen, die, den Lammfellmantel und zwei Decken über dem Arm, gerade eintreten wollte. »Es ist aussichtslos«, murmelte er eingeschüchtert, »sie lässt ihn nicht gehen.«

Doch Anna-Maria war nicht zu beirren. »Das wollen wir doch mal sehen! Lassen Sie mich durch!«

Die Schwester stellte sich ihr in den Weg und baute sich drohend vor ihr auf. »Das werden Sie nicht wagen! Ohne Papiere und Genehmigung kann ich keinen Patienten fortlassen. Warten Sie, bis der Arzt da war.«

»Und wann kommt er?«, fragte Anna-Maria wie aus der Pistole geschossen.

»Wann?« Die Schwester stockte und wand sich in sichtbarer Verlegenheit. »Das ist unterschiedlich ...«

»Wann?« Anna-Maria ließ nicht locker und die beiden Frauen, etwa im gleichen Alter, maßen sich wie zwei Kontrahentinnen. »Bis zu zweimal in der Woche, manchmal öfter«, versuchte die Krankenschwester auszuweichen.

»Bis dahin lebt mein Mann nicht mehr. Ich nehme ihn mit. Sie können gerne versuchen, mich daran zu hindern.« Angriffslustig funkelte sie ihre Gegnerin an, die den Blick senkte. »Komm, Franz, hilf mir!«

Der Knecht sah von einer zur anderen. »Frau Reich, sollten wir nicht eher ... Ich meine ...«

»Red nicht«, unterbrach ihn die Frau energisch, »wir haben nicht mehr viel Zeit.«

»Ich lehne jede Verantwortung ab!«, schrie die Schwester wütend und verstellte die Tür, als die beiden den Kranken, der nicht mehr viel wog, gemeinsam wie ein dickes Paket, eingehüllt in Pelze und Decken, in denen er fast verschwand, aus dem Bett hoben. »Wagen Sie es nicht, ich warne Sie – nur über meine Leiche! Ich habe Krankenbücher zu führen. Sie bringen diesen Mann um!«, zeterte die Schwester mit rot angelaufenem Gesicht.

Anna-Maria hob mit blitzenden Augen die Hand, als wollte sie, zu allem entschlossen, ihr Gegenüber schlagen. »Lassen Sie mich durch!« Als die andere nicht wich, versetzte sie ihr rücksichtslos einen heftigen Stoß, durch den sie keifend seitwärts über ihre gestreiften Röcke stolperte und die Tür freigeben musste.

»Geschafft«, seufzte Anna-Maria und hielt Franz die Tür auf, der sich schlechten Gewissens mit dem warm eingepackten Kranken hindurchzwängte. »Leg ihn auf meinen Platz!«

Vom Wagen herab sah Lorchen den beiden ängstlich mit großen Augen entgegen. Man holte ihren Papa! Voller Freude schälte sie sich aus ihrer Umhüllung. Fieber und Halsschmerzen waren für einen Augenblick vergessen. Doch als sie das abgezehrte, fast unkenntliche Gesicht des Vaters erblickte, zuckte sie zusammen. »Das ist nicht Papa!«, wimmerte sie leise und zog sich zurück.

»Er ist krank«, antwortete die Mutter belehrend, während sie sich atemlos bemühte, den Schwerkranken in eine bequeme Lage zu bringen. Er schien jetzt bewusstlos zu sein.

»Hüh!« Franz hieb auf die Pferde ein, um so schnell wie möglich von diesem gefährlichen und unangenehmen Ort fortzukommen.

Über ihren Mann gebeugt, dessen eingefallenes Gesicht ihr in der grellen Wintersonne besonders elend vorkam, versuchte Anna-Maria so gut es ging, ihn vor den Stößen der Räder und dem Rütteln des Wagens zu schützen. Sein Atem rasselte gleichmäßig, als brodelte etwas in seiner Brust, mit einem Piepen und Keuchen, einem Zischen, das dem einer Maschine unter Dampf glich. »Fahr langsam!«, rief sie Franz zu, der in seiner Furcht vor den russischen Panzern, deren Schatten hinter einem Hügel aufzutauchen schienen, die Pferde zu hastigem Galopp antrieb.

Die russischen Soldaten sahen ihnen erstaunt nach, ohne eine Hand zu rühren. Wahrscheinlich waren sie über die Kaltblütigkeit der Insassen eines solchen Gefährts, das hier einfach ohne jedwede Deckung vorbeifuhr, so verwundert, dass sie es nicht für wert ansahen, darauf zu reagieren.

Aufatmend erreichten sie ein kleines Dorf, in dem es noch einiges Leben zu geben schien. Als die Kutsche auf der vereisten Landstraße auftauchte, versteckten sich die noch dagebliebenen Einwohner, meist alte Leute, sofort in ihren Häusern und schlugen die Tür hinter sich zu, auf kein Zeichen, kein Winken oder Rufen reagierend. Sie hatten Angst. Nur eine gebückte Frau mit schwarzem Kopftuch und wollenem Umhang um die Schultern humpelte mit einer Milchkanne geruhsam die verlassene Dorfstraße entlang, gefolgt von ihrem schweifwedelnden Schäferhund, einem sehr schönen Exemplar. Sie drehte sich neugierig und ein wenig ängstlich um, als sie hinter sich das Rollen der Wagenräder vernahm.

Anna-Maria beugte sich aus dem Kutschenfenster und sah der Alten ins Gesicht. Ihre Augen waren dunkel und ruhig unter einer faltigen Stirn und blickten ihr aus dem zerfurchten Bauerngesicht misstrauisch entgegen. »Wir suchen eine Unterkunft«, begann sie vorsichtig. »Mein Mann ist krank, er braucht dringend Pflege, Wärme … Wir können so nicht weiter. Könnten Sie uns vielleicht helfen?«

Die Alte stellte die Kanne ab, schwieg eine Weile und betrachtete den Wagen, die Frau und das Kind, das sein lockiges Köpfchen hinter dem wollenen Schultertuch der Mutter versteckte. »Tut mir Leid«, sagte sie mit brüchiger Stimme, »aber ich bewohne nur ein kleines Zimmer, eine winzige Küche. Die Herrschaft ist fort wie die meisten hier im Dorf. Als die Russen kamen und das Haus plünderten … Es hat schlimme Dinge hier gegeben, ja, ja«, sagte sie wie versonnen und starrte vor sich hin. »Ich hab mich versteckt, genauso wie ein paar andere Alte, eigensinnig wie ich, die nicht fort wollten.«

»Ich bitte Sie, im Namen der Menschlichkeit« – Anna-Marias Stimme wurde drängend –, »wir können nicht warten. Mein Mann wird sterben, wenn er auch nur eine Nacht hier draußen verbringen muss. Er hat keine ansteckende Krankheit.«

Die Alte antwortete nicht, sie wiegte den Kopf hin und her und nahm ihren langsamen Gang über die Straße wieder auf, während der Hund ihr schweifwedelnd folgte.

»Ich weiß nicht, wo ich bleiben soll – seien Sie barmherzig!«, schrie Anna-Maria ihr in einer verzweifelten Aufwallung nach.

Die Alte schlurfte weiter, als wäre sie taub. Dann blieb sie plötzlich stehen, als müsste sie scharf nachdenken. Ohne sich umzuwenden, machte sie eine einladende Bewegung mit dem linken Arm und humpelte davon. In langsamem Schritt folgte ihr die Kutsche und auf Anna-Marias Gesicht wich der Ausdruck der Verzweiflung nach und nach einem leisen Lächeln der Erleichterung.

Hinter dem kleinen Fenster dämmerte grau der Morgen über der unabsehbaren Weiße der winterlichen, eintönigen Landschaft und ließ einen bleichen Schein in den bescheidenen Raum. Deutlich hatte Tauwetter eingesetzt und man hörte die Tropfen monoton und klopfend vom Dach herabfallen. Der Frost war gebrochen und im Zimmer herrschte dank der Wärme des kleinen Bullerofens eine angenehme Temperatur.

Anna-Maria erhob sich mit schmerzenden Gliedern vom Boden und öffnete vorsichtig, um niemanden zu wecken, das Fenster einen Spalt. Milde, süße Luft schlug ihr entgegen, ein Wehen, das trotz der ausgestorbenen und traurigen Umgebung eine Ankündigung des Neuen, ein Wiederkehren des Frühlings und der Hoffnung mit sich trug. Mit schmerzendem Rücken blieb sie eine Weile reglos stehen und schnupperte selbstvergessen in dieses fremde und doch so vertraute, immer überraschende laue Lüftchen. Neue Zuversicht durchzog ihr Herz. Es war ihr gelungen, ihren Mann zu finden, und der Transport im Freien schien ihm nicht weiter geschadet zu haben. Er lebte! Alle Stunde hatte sie die feuchten Umschläge gewechselt, die sie aus ihren Hemden angefertigt hatte, ihn trocken gerieben, ihm heißen Tee mit einer Spezialabkochung zu trinken gegeben, um die Atemnot zu lindern, und Chinin-Tabletten gegen das Fieber verabreicht. Er sprach nicht, aber sein Blick sagte ihr, dass er sie erkannt hatte. Die Gefahr war noch nicht vorbei, aber das Fieber gefallen und er selbst in einen tiefen Schlaf gesunken, der sich von seinem vorherigen unruhigen Zustand, in dem er phantasierte und sich herumwarf, stark unterschied.

In der engen Küche, in der sie für Nathanael und sich ein Lager aufgeschlagen hatte, konnte man sich kaum herumdrehen, aber sie hatte diesen Raum bevorzugt, um in der Nacht niemanden zu stören, wenn sie den Kranken behandelte und umzog, wenn er stöhnte und der rasselnde Atem, der seine magere Brust erschütterte, durch erschöpfende Hustenattacken unterbrochen wurde. Die alte Frau und Lorchen schliefen im Nebenraum, einem ärmlichen kleinen Wohn-Schlafzimmer mit einem wackligen Bett, Tisch und Stuhl und dem guten Ofen. Die Ziegenmilch, die ihre Gastgeberin am Abend mit ihnen teilte, schmeckte ihnen köstlicher als jedes raffinierte Gericht. Die Alte war die ehemalige Magd auf dem Hof, die schon im Austrag lebte, und sie hatte sich geweigert, die Tiere und ihre gewohnte Umgebung zu verlassen. Mit ihrem Hüftschaden, einem lahmen Bein und verschiedenen anderen Wehwehchen wollte die kurzatmige Frau nicht mehr fort. »Wenn es sein muss, dann soll man mich erschießen, dann sterbe ich eben hier – und nicht auf irgendeiner Landstraße«, hatte sie kategorisch erklärt, als die anderen ihre Sachen packten; »wer soll sich sonst um die Viecher kümmern?« Der treue Hofhund hielt sich an ihrer Seite – auch er wollte nicht weg. Dann waren die Russen wirklich gekommen, hatten sich betrunken und unter den übrig gebliebenen Einwohnern ein Blutbad angerichtet. Erbarmungslos plünderten sie alles, was ihnen in die Hände fiel, zerstörten und zündeten die Häuser an, sie vergewaltigten die Frauen, die sie noch vorfanden; nicht einmal vor den Betagten machten sie Halt. Die Tiere, die verängstigt blökten, wurden geschlachtet oder weggetrieben. Einige von den Pferden nahmen sie mit und nur ein paar Ziegen blieben übrig. Die alte Magd hatte sich im Stall in einem Verschlag hinter einem Haufen Stroh verborgen, bis sie weg waren; andere Dorfbewohner flüchteten Hals über Kopf in den Wald und tatsächlich war es vielen gelungen, zu überleben und später, als der Schrecken vorüber war, in die zerstörten Häuser zurückzukehren. Aber jederzeit konnte sich diese Attacke wiederholen, konnten die Soldaten wiederkommen, um nachzusehen, ob noch etwas zu holen war.

Vorläufig jedoch schienen sie in Sicherheit zu sein. Vorsichtig, um ihn nicht zu wecken, tupfte Anna-Maria ihrem Mann die schweißbedeckte Stirn ab und prüfte seine Temperatur. Sie selbst war gar nicht aus den Kleidern gekommen und fühlte eine bleierne Müdigkeit ihren Körper überfluten. Er musste es schaffen, er musste gesund werden! Sie kniete neben ihm, lehnte sich gegen das alte Sofa und merkte nicht, dass sie im nächsten Moment noch einmal in den tiefen Schlaf der Erschöpfung fiel.

Es war schon hell, als ein feuchtes Streichen an ihrer Hand und eine nasse, schnuppernde, kühle Nase, die sich gegen ihre Wange drückte, sie aufweckte. Sie öffnete mühsam die Augen, deren Lider schwer wie Blei schienen, und ihre Blicke glitten durch das enge Zimmer, in dem die reglose Gestalt des Kranken, von dem nur die ziehenden, schweren Atemzüge zu vernehmen waren, sich unter Decken und ihrem Mantel auf dem schmalen Sofa abzeichnete. Wo war sie?

Der treue zottige Hofhund sah sie aus seinen wachsamen braunen Augen aufmerksam an. Hinter ihm stand Lorchen, zerzaust, barfuß, mit einem Rand aus Milch um den Mund

und kraulte zärtlich sein grauschwarzes, buschiges Fell. »Du wirst ja gar nicht mehr wach«, schrie die Kleine munter mit blitzenden Augen und warf dem Hund ein Knäuel filziger Wollreste hin, dem er in verrenkten Sätzen und jugendlicher Begeisterung nachsprang, als wäre er gerade erst dem Welpenalter entwachsen. Sie lachte ihr unbeschwertes Kinderlachen, das sie plötzlich mit einem heiseren Kiekser abbrach. Ihre Augen füllten sich von einer Minute auf die andere aus der heitersten Stimmung heraus mit Tränen. »Mein Hals, Mama – es brennt so da hinten! Ich kann gar nicht richtig schlucken.«

»Zeig mal, mein Schatz!« Die Mutter, die sich schwerfällig und wie betäubt mit schmerzenden Gliedern aufrichtete, warf einen kurzen Blick in ihren Rachen, der rot und geschwollen aussah. Besorgt legte sie Lorchen die Hand auf die Stirn, die jedoch kühler als am Vortag schien, und zwang sich mit ausgetrockneten Lippen und rauer Kehle, ein paar beruhigende Worte zu formen. »Mein armer Liebling! Ich fürchte, du wirst mit Salzwasser gurgeln müssen, und ich weiß, dass du das nicht magst. Wie oft habe ich dir aber schon gesagt, du sollst Schuhe und Strümpfe anziehen. Dein Hals wird schlimmer werden, wenn du nicht gehorchst!«

Lorchen sah sie furchtsam an und zog ihren Schmollmund. Doch der Hund kam mit dem Wollknäuel im Maul herbei, setzte sich mit drolliger Miene vor sie hin und stupste sie mit der Schnauze an, so dass ihr Kummer im selben Moment vergessen war. Entzückt warf sie das Knäuel erneut und der Hund sprang ihm mit einem so großen Satz nach, dass er das Wasserglas vom wackligen Tisch riss.

Kopfschüttelnd bückte sich Anna-Maria nach den Scherben. Sie würde es der Alten nicht ersetzen können. Aber wenn man um sein Leben kämpfte, wurden diese Dinge unwichtig. Vorsichtig bewegte sie den schmerzenden Rücken und reckte die eingeschlafenen Arme und Beine. Während der Nacht hatte sie ihrem Mann immer wieder die feuchten

Umschläge um Brust und Rücken gewechselt. Es war das altbewährte Kneipp-Rezept, von manchen mitleidig belächelt – aber sie wusste, dass es half. Nun fühlte sie sich todmüde und wie gerädert und hätte sich am liebsten die Decke über die Ohren gezogen und irgendwo in einen Winkel verkrochen.

»Darf ich mit in den Stall gehen?« Lorchen zappelte ungeduldig hin und her, während sie versuchte, den Hund an seinem Fell zu packen, um ihn festzuhalten. »Alma geht die Ziegen melken und ich kann ihr doch helfen!«

»Nur, wenn du Schuhe und Strümpfe anziehst und dir nachher einen warmen Halswickel machen lässt – und vor allem nicht vergisst, deine Jacke fest zuzuknöpfen. Hier, nimm das.« Sie wickelte dem Kind den wollenen Schal, den es unachtsam auf den Boden geworfen hatte, enger um den Hals.

»Später. Komm, Ajax!« Lorchen war schon hinaus und der Hund lief in großen Sprüngen hinterher. Wie es aussah, ging es der Kleinen schon besser. Jedenfalls schien sie kein Fieber zu haben, sonst würde sie nicht so lebhaft umherrennen. Wenigstens eine kleine Sorge weniger.

Ein neuer rasselnder Hustenanfall, bei dem der Kranke in Atemnot zu ersticken drohte, ließ sie aufschrecken und sie beugte sich besorgt über das Lager. Stützend legte sie ihrem Mann die Hand in den Rücken und tastete mit der anderen nach seiner feucht geschwitzten Stirn, während hohle, bellende Hustenstöße seine Brust erschütterten. Mit den eigenartig keuchenden und pfeifenden Geräuschen, die sie jedes Mal zu Tode erschreckten, rang er mit bläulich angelaufenen Lippen nach Atem. Das klang nach schwerem Asthma! Wenn sie nur Buchsbaum hätte, den sie verbrennen könnte und dessen Dämpfe dem Kranken Erleichterung verschaffen würden! Sie musste die Alte fragen. Wenigstens war das Fieber gefallen. Als er sich erschöpft zurücksinken ließ, die Brust schnell hebend und senkend, bemerkte sie, dass er bei Bewusstsein war und sie mit weit geöffneten Augen ansah.

263

Er versuchte die Lippen zu bewegen, doch ein neuer Hustenstoß raubte ihm die Kraft.

»Sei ganz ruhig, Nathanael, du darfst dich nicht anstrengen. Alles wird gut. Du bist gerettet, ich bin ja bei dir!« Anna-Marias Hand zitterte und Tränen füllten ihre Augen, als sie ihm den gewärmten Kräutersud reichte. Es war geschafft – er würde überleben, dessen war sie ganz sicher. Zärtlich beugte sie sich über ihn und drückte einen sanften Kuss auf seine eingefallene, abgezehrte Wange, auf die das kalte, fahle Licht dunkle Schatten zeichnete. Dann zündete sie den kleinen Kerzenstumpen an, der auf der wackligen Kommode stand. Es war fast dunkel im Zimmer und schien kaum richtig Tag zu werden; draußen fegten Regenwolken vorbei, die den weißen Schnee in ein matschiges, graues Gemisch verwandelten. Sie versuchte, das klemmende Fenster ganz weit zu öffnen, um die abgestandene Luft in den winzigen Räumen zu erneuern, in denen vier Personen auf engstem Raum geschlafen hatten. Wo war eigentlich Franz? Wahrscheinlich hatte er im Stall bei den Pferden übernachtet. Sie beugte sich leicht aus der Öffnung, von der aus man einen Teil des Hofes erkennen konnte. Motorengeräusch näherte sich aus der Ferne und schien sich wieder zu entfernen. Aus Angst vor Zugluft lehnte sie das Fenster wieder an und machte sich daran, den Kranken behutsam aus seiner feuchten Wäsche zu schälen. Sie hatte noch ihren eigenen Unterrock, den würde sie ihm anziehen, bis alles andere wieder getrocknet war. Sorgfältig mischte sie einige Tabletten, die sich in ihrem kleinen Hebammenkoffer befanden, mit dem Rest des Kräuterabsuds und flößte dem Kranken zusätzlich ein paar herzstärkende Weißdorntropfen ein.

»Mama! Mama!« Die schrillen Schreie Lorchens gellten ängstlich und gedämpft von unten herauf.

Anna-Maria erstarrte. Mit einem Satz war sie am Fenster und riss es weit auf. Der Wind fegte herein und sie musste es mit Rücksicht auf den Kranken wieder schließen. Wo war denn das Kind? Sie hätte es nicht fortlassen sollen. Unten im Hof hörte man ganz deutlich Motorengeräusch und plötzliche Schüsse, die unheilvoll widerhallten. Ihre Gedanken überschlugen sich, sie riss das Schultertuch vom Stuhl und rannte zur Tür. »Lorchen«, rief sie, halb wahnsinnig vor Angst, »Lorchen!«

Dem Kind würde doch nichts geschehen sein? Man hörte immer wieder, dass die Soldaten alles niedermetzelten, was ihnen in den Weg kam. An der engen Stiege blieb Anna-Maria stehen, als hätte sie etwas vergessen. Dann lief sie ins Zimmer zurück und sah sich nach einem Gegenstand um, mit dem sie sich verteidigen konnte. Ein großes, rostiges Messer in der Küche fiel ihr ins Auge und sie nahm es an sich, obwohl ihr die Sinnlosigkeit eines solchen Unternehmens klar war. Gegen Waffengewalt würde sie damit gar nichts ausrichten können.

Vorsichtig öffnete sie die knarzende Tür des Anbaus, hinter dem sie die Ziegen aufgeregt meckern hörte. Sie tat ein paar Schritte vorwärts und der beißend ranzige Geruch der Tiere stieg ihr stechend in die Nase. Der Stall schien leer zu sein und sie flüsterte mit ersterbender Stimme: »Lore, Kind, wo bist du?«

»Hier!« Ein kehliges Auflachen hinter ihr und ein fester Arm, der sich ihr grob um die Taille legte, ließ ihr Herz stillstehen. Sie sah in das rotbackige, ungeprägte Gesicht eines russischen Soldaten, dessen Atem nach Schnaps roch und der sie mit aller Gewalt an sich presste. »Täubchen«, lallte er in russischer Sprache, »haben wir dich! Dachte doch schon, dass wir hier noch etwas anderes finden.«

»Lass mich los«, schrie Anna-Maria in seiner Sprache und schlug ihm mit der freien Hand ins Gesicht. »Schämst du dich nicht? So ein junger Kerl wie du. Ich könnte deine Mutter sein. Was würde sie dazu sagen, wenn sie dich so sähe, du Dummkopf!«

Die energischen Worte ernüchterten den Mann, er ließ

sie mit einem Ruck los und sah sie mit rot unterlaufenen Augen etwas genauer an. »Du sprichst russisch? Ja, du hast Recht, du bist mir zu alt. Such mir was Jüngeres. –Aber du bist schön – nicht so wie die Alte dort drüben, die Hexe, die uns nicht mal die Milch der Ziegen geben wollte.«

Anna-Maria folgte seinem Blick, aber sie konnte nichts erkennen. Zögernd tat sie ein paar Schritte. »Alma?«, rief sie halblaut und stieß einen lauten Entsetzensschrei aus, ihr Gesicht abwendend. Die alte Magd lag mit verrenkten Gliedern im Stroh, das von ihrem Blut rot gefärbt war. »Mein Kind«, schrie Anna-Maria voller Angst, »wo ist mein Kind?«

Statt einer Antwort hörte sie Lachen, Rufe und Gegröle. Angetrunken, laut polternd in schweren Nagelschuhen, mit Ohrenschützern und angelegten Gewehren drangen fremde Männer durch die Tür, eine ungeordnete Truppe einfacher Soldaten, die mit schleppenden Schritten neugierig durch den Stall trampelten. »Die widerspenstige Alte hat doch sicher irgendwo was versteckt. Aber hier ist nichts zu holen«, sagte einer in russischer Sprache mit stark gefärbtem Dialekt. »Schauen wir doch mal in der Stube nach, dort ist alles verrammelt, da werden wir schon was finden. Die Speisekammer wird voll sein – wir haben keinen Schnaps mehr. Ah, sieh mal, Pjotr, da ist ja noch jemand!« Die Männer näherten sich ihr schwankend, sie schienen völlig betrunken, torkelten und lachten in lautem Gebrüll über den geringsten Scherz, den einer von ihnen machte. »Na, komm doch mal her, du Schöne!«

»Lorchen!«, schrie Anna-Maria verzweifelt, einem Soldaten, der sie anfassen wollte, einen derben Stoß versetzend, so dass er taumelte. »Wo bist du? Lasst mich los, ihr betrunkenen Schweine! Wo ist mein Kind?« Die Ziegen meckerten kläglich und statt einer Antwort ließ ein Windstoß die wacklige Tür des Stalles laut ins Schloss fallen.

Plötzlicher Geschützdonner aus dem nahe gelegenen

Gefechtsstand ließ das Grinsen der russischen Soldaten einfrieren. Aus der Ferne ertönte ein Brausen, das stärker wurde und zu einem heulenden Geräusch anschwoll. Die Russen liefen aus dem Haus und sahen zum Himmel. »Dawai, dawai!«, ertönte es beinahe gleichzeitig aus rauen Kehlen. »Dawai los, weg! Ein Luftangriff!« Sie packten ihre Gewehre, stürzten davon und waren wie ein Spuk von der menschenleeren Landstraße verschwunden. Im selben Augenblick durchschnitt das ohrenbetäubende Splittern einer Granate die Luft, die irgendwo eingeschlagen hatte, Bomben explodierten in flammenden Feuerbällen.

Anna-Maria blieb hilflos und allein mit hängenden Armen im Stall stehen. In ihrer Verwirrung wusste sie für einige Augenblicke nicht, was sie machen, wo sie hingehen, wo sie suchen sollte.

Der Haufen Heu in der Ecke geriet in Bewegung und Lorchen schüttelte sich die Halme aus Haar und Kleidung. »Mama?« Ihre Stimme klang leise und schuldbewusst. »Bist du böse? Ich hatte solche Angst vor den Männern und hab mich versteckt. Alma hat gesagt, ich soll mich unter das Heu legen und ganz, ganz leise sein.« Sie nieste wie zur Bekräftigung einige Male.

Anna-Maria stürzte zu ihrer Tochter und schloss sie in überströmender Freude und Erleichterung in die Arme. »Oh, Lorchen«, seufzte sie überglücklich, »o Gott, du lebst.«

Sie zog das Kind in irgendeiner Ecke zu Boden. Über ihnen tobte der Himmel, krachten die Einschläge in das Gebiet der russischen Bataillone, die am Waldrand standen, doch Anna-Maria empfand nichts als Freude, ihr Kind unversehrt in den Armen zu halten. Lorchen barg den Kopf an ihrer Schulter und hielt sich ängstlich die Ohren zu. Die Fluggeschwader, aus dem Nichts aufgetaucht, zogen ebenso schnell, wie sie kamen, vorüber, neuen, unbekannten Zielen entgegen.

»Komm, sei ein vernünftiges Kind«, begann Anna-Maria

eindringlich und schob Lorchen schrittweise mit dem Rücken von der Box weg, in der die alte Magd lag. »Du musst mir helfen. Die bösen Männer können wiederkommen und uns mitnehmen. Wir müssen ganz schnell fort! Wo ist denn Franz?«

Die Kleine zuckte die Schultern. »Weiß nicht – er ist weg. Es soll ein Geheimnis sein. Er hat gesagt, er muss fort, weil er eine wichtige Mission hat, und ich durfte dir nichts sagen. Ich würde es erst verstehen, wenn ich groß bin.«

»So, so.« Anna-Maria zog die Mundwinkel bitter herab. »Das hat er gesagt.« Sie dachte angestrengt nach. Jetzt war sie mit dem Kind und dem kranken Mann ganz auf sich allein gestellt! Mit aller Anstrengung zwang sie sich zur Beherrschung aufsteigender Panik. »Dann musst du mir anspannen helfen. Du bist doch schon ein großes Mädchen!«

Lorchen nickte eifrig und ein Strahlen überlief ihr Gesicht. »Ja, und ich kann auch schon kutschieren. Franz hat mir alles gezeigt.«

Das zu einem ganz anderen, einem friedlichen Zweck erbaute Gut Kasau entwickelte sich derweilen zu einer heiß umkämpften Festung, in der die Insassen beharrlich aushielten und sich mit dem Mut der Verzweiflung verteidigten, nur vage ahnend, dass die Russen schon über die Linie gedrungen waren und das Gut endgültig einzuschließen versuchten. Aber allen war klar, dass diese immer wieder nur durch Teilerfolge gekrönten Ausfälle und Scheinerfolge ihrer mutigen Truppe eines Tages ein Ende haben würden – an dem Tage, an dem das durch Hunger, Entbehrungen und Kampf auf einen kläglichen Rest zusammengeschmolzene Häuflein Tapferer endgültig aufgeben musste. Immer wieder drangen Gerüchte durch, die Mut machen sollten, die den Widerstand aufs Neue aufflammen ließen – Gerüchte wie die geheimen Nachrichten, die Wehrmacht habe in der Tschechoslowakei und in Schlesien neue Truppen Freiwilliger mit motorisierten Einheiten organisieren können, die den Verbarrikadierten jeden Augenblick zu Hilfe kämen. Doch die Tage zogen sich hin, nicht ein Mann Verstärkung erschien und die Lage wurde immer brenzliger.

XV. Kapitel

Der Schutzengel schläft nicht

Conny, der sich nach den nächtlichen Strapazen im Kohlenkeller ausgestreckt hatte, war in einen nahezu narkotischen
Schlaf gefallen und die Tumulte und Schüsse eines erneuten
Angriffs der Russen, die schon fast in den oberen Wohnbe-
reich des Gutes vorgedrungen waren, konnten nicht bis in
seine abgrundtiefe Mattigkeit dringen, die ihn wie ein dichter Schleier umfangen hielt. All diese alarmierenden Geräusche vermischten sich in seinem Unterbewusstsein mit
einem wirren Traum und es war ihm unmöglich, die Wirklichkeit davon zu trennen und in die Realität zurückzukehren. Sein Zustand glich einer Art Ohnmacht, in der man sich
erheben möchte, es aber nicht kann, in dem man die Füße
bewegen und weglaufen möchte, einer Starre, in der jede
Handlung wie in Zeitlupe abläuft und in der man trotz aller Anstrengung wie festgenagelt am Platz bleibt. Max, sein
Kamerad, der Wache stand, als die Russen an der Mauer auftauchten, wusste ihn unten. Er wagte es noch, unter eige-
ner Lebensgefahr in Windeseile in den Keller zu hasten, während die anderen schon auf der Flucht waren, ihn unsanft zu
rütteln, ihn anzuschreien, um ihn zu warnen. Doch die Zeit
drängte, es war höchste Alarmstufe und so gab er nach einer
kurzen Weile auf, ließ den wie halbtot Daliegenden allein
und suchte wie die anderen das Weite, um sich selbst in Sicherheit zu bringen. Die bedrohliche Tatsache konnte nicht
mehr geleugnet werden: Die Russen hatten in einer unerwarteten nächtlichen Aktion das Gut erneut erobert, sie waren
auf irgendeine Weise durch den Park ins Haus selbst eingedrungen und es galt die Devise: Rette sich, wer kann.

270

Ein krachender Schuss, eine Detonation, die in dem gewölbeähnlichen Keller mit bösem Echo widerhallte, brachte Conny auf die Beine. Wie ein gehetztes Tier sah er sich nach allen Seiten um. Er war allein, die anderen schon fort. Vor ihm erstreckte sich der lange Gang, in dem links und rechts Geräte, altes Gerümpel und die Vorräte lagerten, und dahinter stieg in einer Biegung die dunkle, gewundene Kellertreppe ins Erdgeschoss empor. »Raus hier, ich muss raus!« Sein Gehirn sendete Alarmsignale an den ausgemergelten Körper, der blitzschnell, alle Müdigkeit abwerfend, gehorchte, während sein Herz unter dem Adrenalinstoß wie eine Maschine zu rasen begann. Er sprintete zur Kellertreppe und versuchte drei Stufen auf einmal zu nehmen.

An der Krümmung der steilen Steinstufen unter dem niedrigen Gewölbe stand ein russischer Soldat mit einer Maschinenpistole, der im Begriff war, unten nachzusehen, und mit dem er fast zusammenstieß. Der Mann, der von seinem Auftauchen fast so erschreckt schien wie er selbst, prallte zurück. Jetzt kam es auf die Reaktion an. Blitzschnell sprang und stolperte Conny die Stufen wieder hinunter und duckte sich hinter einen Pfeiler unterhalb der Treppe, während die Maschinengewehrsalve ratternd durch den Keller peitschte. Das waren Sekunden, die über Leben und Tod entschieden. Ohne zu zögern lief er in der Ladepause mit hallenden Schritten den langen Gang entlang, ohne Ziel, ohne Idee wohin, während er den Russen nach Verstärkung brüllen und gleich darauf schwere Nagelstiefel mehrerer Leute die Treppe herunterpoltern hörte. »Wieder mal in der Falle«, hämmerte es in seinem Kopf, als er mit den Augen fieberhaft die unebenen steinernen Wände absuchte, »aber diesmal von dicken Mauern umgeben, mit nur einem Ausgang, vor dem dich die Russen mit ihren MGs erwarten. Du bist geliefert. Ergib dich, vielleicht lassen sie dich laufen – nein, sie knallen dich ab, sobald du dich auch nur blicken lässt!« Das Kellergewölbe glich einem Labyrinth mit seinen vielen Ecken und Gängen, die sich verzweigten und an irgendeiner Stelle immer weiter führten. Hinter sich hörte er die ihn verfolgenden Schritte, die manchmal anhielten, wenn der enge Durchgang, den man nur gebückt passieren konnte, kam, dem eine Biegung folgte.

Plötzlich sah er am Ende des Ganges zwei Meter über dem Boden ein staubiges, mit Spinnenweben verhängtes Fenster auftauchen, dem bloßen Auge in dem finsteren Gelass nicht sofort erkennbar. Conny wusste später nicht einmal mehr, wie er dort hinaufgekommen war; er riss sich die Nägel blutig an dem kratzigen Mauerwerk, er sprang, hielt sich an den unebenen Vorsprüngen, hangelte sich daran empor und schlug klirrend das Fenster ein, um sich mit einem Satz der Verzweiflung durch die enge, von Blättern und Erde halb verstopfte Öffnung zu zwängen. Gerettet!

Doch jetzt waren sie da. Zwei Schüsse schlugen knapp neben ihm in die dicken Quadersteine und rissen den Putz ab. Hoch über ihm lockte der Himmel, die Freiheit, drang Licht, war eine Öffnung zu sehen. Als er das Eisengitter bemerkte, mit dem das Kellerfenster zum Boden verschlossen war, sank sein Mut und der Atem stockte ihm. Ende! Aus! Aber wenigstens ein Versuch – er warf sich mit der vollen Kraft der Verzweiflung gegen das Gitter, einmal, zweimal, noch einmal, er stemmte sich dagegen – und – o Wunder – es klemmte, doch es sprang auf.

Er kletterte hinauf und war draußen, im Garten des Gutes. Knappe Sekunden Vorsprung, die entschieden hatten – hinter ihm hallte noch einmal das Maschinengewehr gedämpft durchs Gewölbe. Er nahm sich nicht einmal Zeit zu einem tiefen Atemzug, obwohl seine Lungen schmerzten und sein Kopf von der Anstrengung zu platzen drohte. Weiter! Nur weg!

Der Gewölbegang endete an einer Mauer, die das Gut umgab, und er sah einige Kameraden wie helle Flecken in ihren weißen Schneeanzügen bereits die halbzerschossene Mauer überklettern. Ohne nachzudenken setzte er ihnen nach. Doch dann, nach der immensen Anstrengung, der sein geschwächter Körper nur eine Weile gewachsen war, spürte er mit einem Mal, wie ihn die Kräfte verließen, wie eine taube Schwäche seine Beine gummiartig einknicken ließ und ihm den Atem raubte. Er fürchtete das Bewusstsein zu verlieren und hängte sich umso fester in die grauen Vorsprünge des verwitterten Mauerwerks. Mit einem ausgerissenen Büschel vertrockneten Efeus rutschte er mit einem harten Plumps auf die andere Seite und blieb eine Weile unbeweglich liegen.

Als er wieder zu sich kam und aufsah, waren die anderen verschwunden; vor ihm erstreckte sich ein weiter Acker und linkerhand brannte in hellen Flammen eine Scheune.

Mit zitternden Knien erhob er sich. Es wäre Wahnsinn, jetzt im hellen Flammenschein, weithin sichtbar, den Acker zu überqueren! Doch er konnte nicht lange überlegen, was günstiger wäre. Hinter ihm gellten Rufe, Geschrei, Gewehre knallten, eine Granate detonierte. Ohne es zu wollen, ohne zu planen oder abzuwägen sprang er vorwärts in den Feuerschein und rannte mit den Kräften eines Wahnsinnigen über den Acker, jeden Augenblick den tödlichen Schuss gewärtigend, die Kugel in seinem Rücken, die ihn im hellen, flackernden Licht der züngelnden Flammen unfehlbar erreichen würde. Immer weiter, weiter, nur vorwärts, nur fort! Keuchend lief er, langsamer werdend, richtungslos weg von den Schüssen, den Schreien, dem Feuer, gejagt wie ein Wild, die allerletzten Kräfte anspannend, um dem Verfolger, der ihm so dicht auf den Fersen war, noch zu entkommen. Wo waren die anderen? Wo war er? Er wusste es nicht. Nur ein Gedanke setzte sich in seinem Hirn fest: Fort! Vorwärts, so weit und so schnell wie möglich!

Blindlings lief er im Finsteren, vor seinen Augen tanzten funkelnde Punkte. Der Acker war vom Tauwetter aufgeweicht und er sank bei jedem Schritt in den schlammigen

Boden. Er wurde langsamer, ohne es zu spüren; schließlich stolperte er und blieb wie hingemäht liegen, ein schwarzer Schatten in stockfinsterer Nacht. Waren es Stunden oder nur Minuten, in denen er so dalag, das Gesicht auf die nasse Erde mit den scharfen Eiskristallen gepresst, unbeweglich, zwischen Leben und Tod, am äußersten Rand seiner Existenz – ein Schweben zwischen Aufgabe und letzter Reserve? Das plötzliche Brummen eines schweren Panzers, der sich näherte, schreckte ihn, jagte ihm neue Angst ein, aber er war nicht mehr fähig, sich zu rühren, nicht einmal dazu, noch den Blick vom Boden zu heben, um festzustellen, ob es Freund oder Feind war, der herankam. Lähmende Gleichgültigkeit erfasste ihn, ob man ihn überrollte oder nicht. Er konnte nicht mehr, alle Kräfte waren erschöpft – aber er hörte das Motorengeräusch wie durch ein Wunder sich nach und nach langsam entfernen. Vage verschmolz er in halber Bewusstlosigkeit mit dem Boden und die Stunden, bis der Morgen graute, waren ihm später völlig aus dem Gedächtnis gelöscht.

Im Führerhauptquartier, im gesicherten Bunker, in dem Hitler seine Lagebesprechung abhielt, sah man sich nach der Konferenz ratlos an und selbst die altgedienten Generäle mussten ihre Erschütterung verbergen. Doch der Führer, besessen von der Wahnidee seines Glückssterns, war selbst nach dem Vortrag Himmlers, des Oberbefehlshabers der Heeresgruppe Weichsel, über die Gesamtsituation, noch davon überzeugt, dass trotz allem ein ungeheurer Abwehrsieg nahe bevorstünde. An welcher Front gebe es denn irgendwo sonst einen Abschnitt, der so stark besetzt sei wie diese Heeresgruppe, durch starke Artillerie unterstützt, und der noch genügend Vorräte besäße wie diese? Er war entschlossen, sich durch die negativen Berichte nicht verwirren zu lassen.

Unverzüglich ließ er sich Reichsmarschall Göring kommen, um mit ihm die angeblichen Tatsachen noch einmal ganz genau zu erörtern. Dieser traf sich daraufhin mit Generaloberst Henrici, um sich über Einzelheiten zu informieren.

Die Eingeweihten pressten die Kinnbacken zusammen; sie wussten, dass die Lage nicht viel Grund zur Hoffnung gab. Weder die erwartete Munition noch der Treibstoff noch die dringend benötigten Ersatzteile waren bei der Heeresgruppe Kurland und Süd eingetroffen. Tatsache war, dass die eigenen Verluste ungeheuer schwer waren und sich in allen Partien Verwirrung und Erschöpfung ausbreitete. Die Truppen waren ausgebrannt, unzureichend ernährt und von den vielen Verlusten, dem ungenügenden Material entmutigt. Selbst die eingefleischtesten Kriegsbefürworter, sogar die Männer, die dem Führer am nächsten standen und die Idee eines Scheiterns gar nicht in ihr Bewusstsein dringen lassen wollten, wurden unruhig. Immer neue Horrormeldungen erreichten das Hauptquartier und Hitler klammerte sich dickköpfig an die wenigen positiven Nachrichten wie die, dass es der fünften Panzerdivision gelungen war, eine Frontlücke in Ostpreußen zu schließen. Dass die eigenen Verluste, besonders unter den Offizieren, dabei ungeheuer schwer waren, verdrängte er. Doch die Lage spitzte sich zu, feindliche Schnellboote tauchen in der Danziger Bucht auf und die siebte Panzerdivision musste den Brückenkopf in der Weichselniederung verlassen, um als Reserve hinter der Oderfront zu dienen. Dadurch gelang es dem Feind, nachts in die Stellung der 23. Infanteriedivision einzubrechen und die alte Hauptkampflinie wieder zu erobern.

Jetzt brach der unerschütterliche Kampfgeist zusammen. Soldaten liefen zum Feind über! Eine unglaubliche Meldung, alarmierend und kaum zu fassen.

Hitler handelte sofort. Flugzettel wurden in aller Eile gedruckt: »Der deutsche Soldat ist mutig. Er gibt nicht auf. Hasenfüße und Panikmacher werden an die Wand gestellt!« Inspekteure wurden verstärkt eingesetzt und legten sich auf die Lauer, um Deserteure aufzuspüren. Versprengte hatten sich sofort zu melden, sonst waren sie in Gefahr, auf der Stelle erschossen zu werden. Aber auch andere Blätter kursierten aus heimlichen Quellen: »Kameraden, legt die Waffen nieder! Der Führer hat einen Schlaganfall erlitten. Alles ist zu Ende. Hört auf mit diesem aussichtslosen Kampf, damit, euer Blut für eine solche Sinnlosigkeit zu geben. Der Krieg ist zu Ende!«

Doch den kämpfenden Soldaten, die versuchten, sich im Wirrwarr der Fronten, der Befehle, der Gerüchte und Aufrufe zurechtzufinden, brachte das alles nicht das Geringste. Selbst der kleine Mann begann mittlerweile die Unhaltbarkeit der Lage zu begreifen und wusste, dass es zum Äußersten kam, wenn nicht jetzt ein Ende gemacht würde.

Tag für Tag kauerte Emilia nun viele Stunden, fröstelnd und mit unbewegter Miene, auf einem der Meilensteine am Wegrand und sah all die Wagen vorüberrumpeln, sah das Elend in den unzähligen bleichen, hoffnungslosen Gesichtern der Menschen, die nur daran dachten, sich in Sicherheit zu bringen, in eine trügerische Sicherheit, die sie nicht kannten. Die frühlingshafte Sonne, die nach dem letzten Aufbäumen des Winters, des Schneesturms, seit ein paar Tagen schien, wärmte ihr ein wenig den schmerzenden Rücken, wenn sie so gebeugt dahockte und mit brennenden Augen auf die hölzernen Wagennummern, die schlammigen Räder starrte, die sich durch den ausgefahrenen, buckligen Boden und die großen Wasserlöcher mühten. Deichselbrüche machten Probleme, die schlecht gefütterten, mageren Gäule zogen mit ihren letzten Kräften; manchmal blieben sie einfach stehen und die Insassen mussten absteigen, die Pferde beim Zügel nehmen und versuchen, zu Fuß eine Strecke weiterzukommen, um die Pferde zu schonen. Manchmal brach eines der überforderten, ausgemergelten Rösser ganz einfach zusammen – und das bedeutete für die Flüchtenden eine wahre Katastrophe.

Die ganze Not, das ganze Elend strömte unablässig an Emilias Augen vorüber und es zog ihr das Herz zusammen, wenn sie an ihre Eltern und die kleine Schwester dachte. Dunkle Ahnungen tauchten auf und umwölkten ihre Seele und ihren Blick. Vielleicht waren sie gar nicht so weit gekommen? Doch sie wischte die grauen Schattenbilder des Zweifels sofort wieder beiseite. Eine unerschütterliche Hoffnung, ein tiefes Vertrauen, das bei all diesem schrecklichen Geschehen trotzdem auf die Gnade Gottes baute, ließ sie ausharren. Mit der immer gleichen, stereotypen Frage auf den Lippen, die sie den Vorbeiziehen zum hundertsten Male immer mechanischer, immer zögernder stellte: »Haben Sie Familie Reich aus Waltersdorf gesehen?«, spürte sie, wie ihre starke Zuversicht nach und nach in sich zusammensank. Langsam fing sie an zu ermüden, schwächer zu werden. Wie ein Gespenst begann die düstere Furcht in ihr zu nagen, ob sie ihre Angehörigen jemals lebend wiedersehen würde. Was konnte in der Zwischenzeit nicht alles geschehen sein?

Nicht selten kam es vor, dass sie helfen musste; ihre Schwesterntracht, die sie nicht abgelegt hatte, ihr Häubchen mit dem roten Kreuz bewogen viele, sie wegen irgendwelcher der auf dem langen Treck so zahlreich ausbrechenden Krankheiten anzusprechen. Sie gab Rat, so gut es ging, teilte Medizin aus, wo sie konnte, und öffnete ihre obligatorische Medikamententasche, von der sie sich nie trennte, bereitwillig. Doch sehr oft musste sie an das ohnehin überfüllte und überlastete Lazarett verweisen, obwohl sie manchmal sofort erkannte, dass es gar nicht mehr möglich war, noch irgendwie zu helfen. In den meisten Fällen weigerten sich die Leute auch, den Treck und ihre Angehörigen zu verlassen oder gar ihre kranken Kinder in Behandlung zu geben; sie ahnten, sie würden sie vielleicht nie wiedersehen. Vor allem die Alten waren durch die Strapazen, die seelische Belastung der Ungewissheit, der Trennung von allem, was ihnen in der Heimat lieb gewesen war, und ganz zu schweigen von den Entbehrungen, der Kälte auf einer Fahrt in primitiven Kastenwagen, in einem äußerst geschwächten Gesundheitszustand. Mit stumpfer Gleichgültigkeit sahen sie der Zukunft und dem Schicksal entgegen, so dass es fraglich schien, ob sie die Umsiedlung überhaupt überleben würden.

»Schwester Emmi!« Erschrocken blickte sie in das besorgte Gesicht Dr. Michelsens, der kopfschüttelnd auf sie herabsah. »Was tun Sie denn immer noch hier? Kommen Sie! Sie müssen etwas essen, Sie müssen sich aufwärmen. Sie können doch nicht die ganze Zeit in der Kälte hier draußen sitzen und auf Ihre Eltern warten. Sie werden selbst krank werden! Das ist doch sinnlos! Wer weiß, wo sie sich befinden. Wahrscheinlich sind sie schon längst vorbeigefahren und in Sicherheit. Kommen Sie mit hinein, ich bitte Sie darum. Ich brauche Sie! So viele Menschen dort drinnen benötigen Hilfe, und Sie – Sie sitzen nutzlos hier und versuchen etwas schier Unmögliches.«

Emilia bemühte sich, eine schwere braune Locke, die ihr aus der streng aufgesteckten Frisur unter dem Häubchen in die Stirn gefallen war, wieder festzuklammern und sah den Arzt mit eigenartig entschlossenem, fast verstocktem Ausdruck an. Ihr Gesicht war von der Kälte, dem unbeweglichen Warten und ihrer trotzigen Beharrlichkeit weiß, erstarrt und schien wie in Marmor gemeißelt. Sie versuchte ein schwaches Lächeln der Zuversicht. »Ich weiß, dass sie hier durchkommen. Es kann nicht mehr lange dauern. Sie werden sehen!« Ihre großen, ausdrucksvollen Augen mit den ungewöhnlich langen Wimpern füllten sich mit Tränen und die fein gezeichneten Brauen kräuselten sich vor innerer Anstrengung, nicht in Schluchzen auszubrechen.

Dr. Michelsen wurde stumm, als ihre Blicke sich trafen und er in den rätselhaften, meergrünen Grund ihrer Augen sah, in den er zu versinken glaubte. Wie berückend sie selbst in ihrem Kummer war! Der Arzt konnte den Blick nicht mehr von der ebenmäßigen Schönheit ihrer ungeschminkten Züge lösen; ihm war, als würde ihm zum ersten Mal die makellose Struktur der porzellanfarbenen Haut bewusst, die Perfektion der hohen Wangenknochen, über die seine Augen zärtlich bis zum Ansatz ihres schmalen weißen Halses herabglitten. Wieder suchte er ihre Augen, die sie niederschlug, als sie seinen eindringlichen Blick fühlte, unmutig die edel geformte Stirn zusammenziehend, über der eine glänzende Welle ihrer dunklen Haarfülle fast kokett unter dem Häubchen hervorschimmerte. Wie gebannt starrte er auf ihren sanft geschwungenen, halbgeöffneten Mund, der weiße, wie Perlen schimmernde Zähne freigab, und er verstand nicht einmal mehr, was sie sagte. Er folgte der Linie der harmonisch gewölbten Lippen, die in einer schmalen Krümmung nach oben verlief und wie die Andeutung eines ständigen Lächelns erschien. Als sähe er sie zum ersten Mal, fragte er sich verwundert, ob es irgendwo auf der Welt ein bezaubernderes Gesicht gäbe als dieses, dessen anrührendem Liebreiz nichts hinzuzufügen oder gar wegzunehmen war. Plötzlich dachte er nur noch daran, sie einfach in die Arme zu nehmen und zu küssen. Seine Kehle wurde trocken und heiser.

Er räusperte sich energisch und rief sich innerlich zur Ordnung. Was war das, was ging in ihm vor? Er hatte doch andere Sorgen in diesem Chaos als eine schöne Krankenschwester! Es war fast Sünde, solchen Gefühlen einen Platz in seinem Herzen einzuräumen – in dieser Zeit, an einem Ort des größten Elends, wo alles um ihn zu bröckeln begann, selbst seine ethischen Grundüberzeugungen als Arzt. Er versuchte, die dummen Gedanken beiseite zu wischen, und doch tauchten sie hartnäckig wieder auf, wie Stimmen, die sich nicht zum Schweigen bringen lassen wollten. Er hatte sich doch nicht etwa verliebt? Unmöglich, einfach unmöglich! Jetzt und hier, in dieser Hölle des Gestanks, des Elends der Krankheiten, der unsicheren Existenz am Rande äußerster Erschöpfung und Abstumpfung gegen die Klagen und

Schreie der Leidenden? Hatte solch ein Gefühl überhaupt noch Platz in diesem sinnlosen Krieg, im endlosen Kämpfen und Töten, im totalen Untergang aller Ideologien, nach dem es keine Zukunft mehr gab? Würde »Liebe«, diese sentimentale Rührung der Seele, jemals wieder existieren können – nach all dem, was geschah, was sich vor seinen Augen abspielte? Er war der Meinung gewesen, er könne an nichts mehr glauben, sein Herz sei versteinert und für immer vereist und abgestorben. Und doch war es nicht so, er gestand es sich ein – auch wenn er im Wirbel und Druck der Arbeit die ganze Zeit versucht hatte, jegliches Gefühl zu verdrängen. Er hatte sich geirrt. Diese Frau, die tagsüber an seiner Seite arbeitete, war ihm auch des Nachts nicht aus dem Kopf gegangen, und dass er nun hier stand, entsprang nicht nur der Notwendigkeit, dass er sie brauchte, oder gar einer väterlichen Besorgnis um ihr Wohlergehen. Wie ein Vorhang, der sich vor einem Geheimnis hebt, wurde ihm plötzlich bewusst: Doch, er liebte sie! Ihm war, als hätte er niemals eine schönere, nie eine vollkommenere Frau gesehen! Und ihre Augen, ihre Stimme verfolgten ihn bis in seine Träume. Er legte seine Hand zärtlich auf ihre Schulter, zuckte dann jedoch zurück, als hätte er ins Feuer gegriffen. Was tat er da? Was kam ihm in den Sinn? Er hatte doch eine Frau! Jemanden, der an ihn dachte, zu Hause auf ihn wartete, ein Wesen, das ihm vertraute! Doch waren nicht in diesem Sturm des Krieges alle Gesetze aufgehoben, alle Regeln verschoben? Ein unbekannter innerer Schmerz durchzog ihn, eine eigenartige Gewissheit. Er musste Emilia haben – sonst würde er nie mehr eine Nacht ruhig schlafen, nie mehr mit ruhiger Hand einen Kranken behandeln, nie mehr glücklich sein können.

Wortlos starrte er die junge Schwester an, in den Augen einen glühenden, heißen Ausdruck. Emilia sah ratlos zu ihm auf und ihre Lider flackerten. Sie kannte diesen Blick, sie wich ihm aus und senkte beschämt die Augen. Er war nicht der einzige Mann in ihrem Leben, der sie so ansah – gebannt, fasziniert. Immer wieder begegnete sie diesem Phänomen, bei Soldaten, bei den Kranken und jetzt auch bei ihm, bei Dr. Michelsen. Gab es nicht dieses verruchte Lied: »Männer umschwärmen mich wie Motten das Licht ...« Dumm, dass ihr gerade das jetzt in den Sinn kam! Es gab wirklich keinen unpassenderen Moment als diesen. »... wenn sie verbrennen, ja dafür kann ich nicht ...« Ein frivoles Lied, ein trivialer Text! Sie wischte die Worte, die ihr ungewollt in den Sinn gekommen waren, wie etwas Lästiges, Unbegreifliches beiseite. Das passte doch gar nicht zu ihr, zu ihrem Wesen! Es gab ja genügend Frauen, die die Männer nach Lust und Laune wechselten. Aber nicht sie!

Und doch konnte sie nicht ableugnen, häufig und ohne es zu wollen, in Männern starke Gefühle hervorzurufen, während sie von kühler Gleichgültigkeit blieb. Obwohl sie, ohne große Leidenschaften erlebt zu haben, die Zwanzig schon überschritten hatte, schien ihr bisher eigentlich nichts zu fehlen. Kühl und zurückhaltend wie wenige ihrer Geschlechtsgenossinnen, gab es schon immer unzählige andere Dinge, die sie mehr interessierten als ihre Verehrer. Wie viele Männer hatten sich schon daheim in Mariowka, in Tarutina und überall, wo sie hinkam, um sie bemüht, hatten reiche Bauern den Hochzeitslader geschickt, um ihre Hand angehalten, sie umschwärmt. »Ich heirate niemals einen Bauern«, hatte sie oft genug stolz zu ihrer die Hände ringenden Mutter gesagt, die die Meinung vertrat, ein Mädchen müsse bis zu ihrem fünfundzwanzigsten Lebensjahr verheiratet sein. Ihre Pläne waren andere, sie wollte selbstständig sein, Kleider entwerfen, schneidern, in der großen Stadt einen Salon für elegante Damen eröffnen! Trotzig weigerte sie sich, Bauernarbeit zu verrichten, sich die Hände schmutzig zu machen; sie legte Wert auf gewählte und extravagante Kleidung, die ihre Schönheit herausstrich. Im Grunde war sie immer viel zu sorgfältig herausgeputzt für den Alltag in dem unscheinbaren Dorf, zu ausgefallen gekleidet in selbst geschneiderten Modellen aus Samt und Seide, in Gewändern mit phantasievollen Plissees, pelzumsäumten oder mit Spitzen besetzten Ausschnitten, mit Röcken aus schwingenden und weich fallenden Stoffen, über die die anderen, plumpen Frauen neidisch die Nase rümpften. »Sie will etwas Besseres sein, die Prinzessin«, flüsterten sie hinter ihrem Rücken, »aber am Ende wird sie nur übrig bleiben und keinen finden. Schönheit vergeht!«

Nach all den Absagen, all dem Naserümpfen über ihre zahlreichen Bewunderer war ihre Mutter froh, als sie nach der Aussiedlung im Laufe des Krieges endlich Siegfried kennen lernte, einen Offizier, der mit einer leichten Schulterverletzung im Lazarett lag, ein blonder, gebildeter junger Mann mit guten Manieren und noch dazu einziger Erbe einer Ersatzteilfabrik für Motorräder in Hamburg, die auch in Kriegszeiten gute Umsätze machte. Er erschien Emilia wie der Märchenprinz, von dem sie bisher geträumt hatte – gebildet, schön, reich, er betete sie an und zögerte nicht, sich auf der Stelle mit ihr zu verloben. Sein Benehmen, seine Höflichkeit und sein leicht snobistischer Stil, alles war perfekt. Wen störten da die vorsichtigen Versuche, mit denen er jetzt schon begann, ihre Frisur, ihre Aussprache, ihr Verhalten, ja selbst ihre Briefe zu korrigieren? Als einziger Sohn einer ehrgeizigen Mutter, die von einer Schwiegertochter aus einer Bauernfamilie nicht besonders angetan war, setzte er seinen Willen hartnäckig gegen sie durch. Wenn der Krieg zu Ende war und Siegfried gesund heimkehrte, sollte die Hochzeit sofort bei ihrer Ankunft in Hamburg stattfinden, egal, was geschah. Sie hatte es ihm versprochen, sie schien glücklich zu sein und es war ihr bisher niemals im Mindesten schwer gefallen, ihrem Verlobten, dem wunderbaren Siegfried, treu zu sein – und sie gedachte, dieses Gelöbnis auch weiterhin halten.

»Und was ist mit dem fremden Soldaten«, flüsterte eine

ironische Stimme in ihrem Innern, »diesem gut aussehenden Conny aus der Bratkartoffelkneipe? Hast du ihn nicht sogar geküsst? Hat er dich nicht gleich am Anfang so nervös gemacht, dass du die Speisekarte falsch herum gehalten hast, obwohl du wusstest, du würdest nichts anderes als immer die gleichen Bratkartoffeln mit Roten Beeten essen? Und deinen Verlobungsring hast du unter dem Tisch heimlich abgezogen! Hat er dich so verwirrt? War er es nicht, von dem du immer geträumt hast? Haben dich seine samtbraunen Augen, die einen so Vertrauen erweckenden, so treuen Eindruck machten, nicht bis in deine Träume verfolgt? Der gute, ordentliche, der blutleere Siegfried – hast du dieses atemlos machende Prickeln auch bei seinen Küssen gespürt? Dieses Schweben und Vergessen der Zeit, das vollkommene Einverständnis der Seelen, die Schwingungen bei dem nächtlichen Spaziergang im knirschenden Schnee an der Weichsel – dieses traumverlorene Dahinwandern in der euphorischen Erhobenheit des Herzens…

»Ach was, Luftblasen, Gefühle!« Sie schob die Gedanken, die aufsteigende Sehnsucht energisch beiseite. Was nutzten romantische Gefühle, wenn man sich aus den Augen verlor, wenn man gar nicht wusste, ob der andere es ernst meinte, ob er überhaupt noch am Leben war und außerdem zu Hause eine Frau und Kinder auf ihn warteten? Der Brief im Kloster konnte auch einer Augenblicksstimmung entsprungen sein.

Inzwischen war einige Zeit vergangen. In Anbetracht der ungewissen Zukunft, die ihr bevorstand, musste sie sich an die Realität halten. »Ich werde diesen Mann wahrscheinlich nie mehr wieder sehen. Sie sind doch alle gleich! Nur Siegfried liebt mich wirklich und kann mir ein Leben bieten, wie ich es mir erträume.« – »Aber liebst du ihn denn auch?« Die Stimme in ihrem Innern wollte nicht schweigen und sie wischte sie mit einem Ruck beiseite, mit dem sie sich seufzend und wie erwachend erhob.

»Vielleicht haben Sie Recht«, sagte sie müde zu Dr. Michelsen und sah ausweichend an ihm vorbei. »Ich kann nicht mehr. Ich habe seit einiger Zeit nichts gegessen und mein Rücken schmerzt fürchterlich.« Und wirklich erfasste sie ein plötzlicher Schwindel und sie musste sich an die Schulter des Arztes lehnen, der beschützend den Arm um sie legte. »Kommen Sie«, sagte er leise, von einem tiefen Gefühl der Liebe und des Mitleids ergriffen. Emilia befreite sich aus der allzu engen Umarmung und zog ihren dunklen Mantel fröstelnd enger um die Schultern. Es begann zu dämmern und es würde wirklich besser sein, zurückzukehren. Es war ja Wahnsinn, hier zu warten. Vielleicht würden sie nie hier vorbeikommen. Wieder zuckte die gespenstische Vorstellung vor ihren Augen auf, das schaurige Bild, wie sie am Straßenrand lagen, tot, erfroren, von den Russen überrollt – sie wagte es nicht, weiterzudenken und hielt sich, kurz schwankend, nun doch am Arm Dr. Michelsens fest. Sie hatte sich wahrscheinlich Illusionen gemacht. Mit schleppenden Schritten taumelte sie enttäuscht, den Blick zu Boden gerichtet, durch den glitschigen und zu schmutzig grauen Eisplatten getauten Schnee neben dem Arzt einher. Doch was war das?

Ein Ton, ein ferner Klang, der spitze Schrei einer vertrauten Stimme von weit her, die aus einem früheren Leben zu stammen schien, ein kindlicher Ruf drang aus dem Nichts heraus an ihr Ohr, blitzartig und erkennend, und zerriss den dumpfen Schleier schlaffer Gleichgültigkeit, der sie umfangen hielt. Da war sie wieder, die dünne, hohe Stimme: »Emmi! Emmilein! Emmi!«

Wie gebannt blieb sie stehen und lauschte, alle Sinne geschärft. Erlag sie einer Täuschung, die ihr das lange Warten, der leere Magen, das unablässige Wunschdenken vorgaukelten? Nein, sie hatte es ganz deutlich gehört, die Kinderstimme hatte ihren Namen gerufen. Die immer bereite Hoffnung, die sie selbst in der ausweglosesten Situation nicht verließ, machte sie mit einein Schlag hellwach und ihre Pulse begannen in unregelmäßigem Rhythmus zu rasen.

Das konnte keine Einbildung sein, das klang ganz genau so wie... Nein, es klang nicht nur so, das musste die Stimme Lorchens sein, die Stimme ihrer kleinen Schwester, der unverwechselbare Ton, das Timbre, das sie unter Tausenden heraushören würde!

Sie fasste die Hand Dr. Michelsens und presste sie in atemloser Spannung. Sie hatte es gewusst! Jubelnde Freude durchbrauste sie. Sie waren es! Sie waren da! Ihr Warten hatte sich gelohnt. Sie lief zurück zum Wegrand und ihre Augen irrten über die Kolonne, in der einige Leute schon abseits ihre Pferde ausspannten. »Lorchen! Mama!«, schrie sie schrill und mit sich überschlagender Stimme und drängte sich zwischen den Wagen hindurch, an den gleichgültigen, leeren Blicken fremder Flüchtlinge vorbei. »Mama! Lore! Wo seid ihr?«

Ein kleines Bündel kam ihr vom hinteren Ende des Trecks wie ein dunkler Fleck auf dem hellen Schnee entgegengelaufen, mit offenem, lachendem Mund; die Pelzmütze war davongeflogen und die krausen, hellen Löckchen schimmerten und wirbelten im Wind. Emilia breitete die Arme aus. »Lorchen, du bist es?«, rief sie. »Mein Kind, mein Schwesterchen, mein kleiner Liebling!« Tränen liefen über ihre Wangen, als sie die Arme um das atemlose kleine Mädchen schloss, dass sich ihr jauchzend entgegenwarf. Ihr Schluchzen erstickte in der Fülle des weichen Haares, in das sie die zärtlichen Koseworte murmelte, mit denen sie die Kleine zu Hause immer gerufen hatte. »Lolachen, Schätzchen! Du bist ja da!«

Sie hielt die Kleine ein wenig von sich weg, um sie zu mustern. Das schon von jeher zartgliedrige und kränkliche Geschöpf war blass und mager wie ein zerbrechliches Porzellanpüppchen und der dünne Körper schlotterte in dem zu großen Mäntelchen mit der dunklen Pelzpelerine. Das schmale weiße Gesicht mit dem ein wenig leidenden Ausdruck und den fiebrig scheinenden roten Flecken auf den noch kindlichen runden Bäckchen hob sich von dem flauschigen Fell, das sich weich um ihren Hals schmiegte, wie das eines zur Erde herabgestiegenen Engelchens ab und wurde durch die gelösten, lang und üppig in die Stirn und über den Rücken fallenden blonden Locken schier erdrückt. »Wo ist Mama? Wo ist unser Väterchen? Seid ihr gesund?«, stammelte Emilia nun schon zum wiederholten Male und die Kleine, die dünnen Ärmchen um ihren Hals geschlungen, nickte nur und deutete mit der Hand in die Richtung der Wagenkolonne.

Emilia herzte und küsste das Kind voller Glück und in der unsäglichen Freude, es unbeschadet im Arm halten zu können. Eigentlich war es ja niemand anderer als sie gewesen, die von Anfang an eher die Mutter der Kleinen statt ihre Schwester war – eine jugendliche Mutter, an der das Kind mehr hing als an ihrer leiblichen, die selten zu Hause und ständig mit den Krankheiten anderer Leute beschäftigt war. Sie hob das Mädchen hoch, nahm es auf den Arm, drückte es fest an sich und stolperte eher, als dass sie lief, mit ihm durch den tiefen, nassen Schnee am Wegrand entlang, an unzähligen Kastenwagen und mit allen erdenklichen Gegenständen beladenen Karren vorbei, bis sie an der großen, dunklen Kutsche anlangte, die sie unter Tausenden erkannt hätte und auf der zu ihrem Erstaunen ihre Mutter selbst, zusammengekauert, mit einem schützenden Fell über den Schultern, auf dem Bock saß und kutschierte. Anna-Maria stieß einen Schrei aus, als sie die Tochter erblickte, die Zügel glitten ihr von selbst aus den schmerzenden, halberfrorenen Fingern und sie ließ sich mühsam vom Trittbrett herabgleiten. Die beiden Frauen flogen sich um den Hals, herzten und küssten sich in überfließender Wiedersehensfreude, während das Kind sie wie wild umtanzte. Die beiden Pferde, abgearbeitet, mit struppig gewordenem Fell und durch die Haut stechenden Rippen, taten keinen Schritt mehr als nötig, sie blieben, vom langen Weg erschöpft, einfach stehen, senkten die Köpfe und schnaubten erleichtert aus.

»Wo ist Franz?«, rief Emilia überflüssigerweise, die sich wunderte, dass der treue Knecht nicht mehr auf seinem Platz saß.

»Er ist fort! Ich weiß nicht wohin. Eines Tages war er einfach verschwunden.« Anna-Maria zuckte müde die Schultern. Ihr blasses, schmales Gesicht, klein und wie zusammengeschrumpft unter der Mütze, war in den letzten Monaten erschreckend gealtert, ihr dunkles Haar zeigte weiße Strähnen und ihre reife Schönheit schien verwelkt und der verblichenen Resignation einer alten Frau gewichen.

Stumm und ernst musterten sich die beiden Frauen, Mutter und Tochter, nach der ersten Umarmung mit Tränen in den Augen, eine in den Zügen der anderen nach verräterischen Spuren suchend, nach vergangenem Kummer, ausgestandenem Leid, nach Eindrücken, die der Verlust der Heimat, das Kämpfen um das nackte Leben in der unerbittlichen Düsternis und Ausweglosigkeit dieses Krieges hinterlassen haben könnten. Einige Minuten fiel kein einziges Wort, bevor sie hastig beide zur gleichen Zeit beginnen wollten.

»Emilia, mein Kind! Dass du hier bist – gesund und wohlbehalten – ein Zufall – eine Fügung!« Bewegt strich die Mutter ihrer Tochter über die Wange, als Erste das Schweigen brechend. »Nein, Mama, kein Zufall.« Emilias Kehle war so trocken, dass ihr die eigene Stimme wie ein Krächzen vorkam. »Ich habe auf euch gewartet.« Sie verlor die Beherrschung nach der ganzen Anspannung, die in den vergangenen Tagen auf ihr gelastet hatte, und schluchzte beinahe hysterisch vor sich hin. »Ich wusste es, ich wusste es, ihr würdet vorbeikommen, ich würde euch finden«, stammelte sie an der Schulter ihrer Mutter.

»Kind, hör mir zu!« Anna-Maria schob die Tochter ein Stück von sich weg, während sie mit einem besorgten Blick die hoch beladenen Wagen hinter sich musterte, die mit ihren Pferden, mit quietschenden Rädern und rappelndem

Gestell an dem haltend im Weg stehenden und ein lästiges Hindernis bildenden Gefährt vorbeidrängten. Der Weg war ohnehin ausgefahren und die Spurrinnen glitschig und tief. Wenn man sie verließ, rutschten die Räder und die Achse drohte zu brechen. »Wenn nur nicht die Pferde scheu werden«, murmelte sie besorgt, bückte sich, hob die nachlässig im Schmutz liegenden Zügel und zog an, gerade noch rechtzeitig im Moment, als eines der beiden Rösser mit einem erschreckten Aufwiehern und halbem Aufbäumen das Vorbeidrängen eines Viergespanns und den Fluch des Kutschers quittierte.

Schimpfworte ausstoßend und mit ärgerlichem Gesicht rief der Mann, der seinen Wagen in letzter Minute vor dem Steckenbleiben im Matsch des angrenzenden Feldes retten konnte: »Verdammte Bagage! Weiter, Leute! Wenn ihr übernachten wollt, dann geht woanders hin!«

»Er hat Recht. Wir können unmöglich hier mitten auf dem Weg stehen bleiben. Nur das Nötigste«, fuhr sie mit einem Blick auf den Schimpfenden hastig fort: »Ich hab deinen Vater gefunden, in einem Lazarett, in der Nähe einer Brücke bei Thorn, die er mit anderen Männern des Volkssturms verteidigen musste. Fast alle sind umgekommen. Er ist krank geworden, sehr krank. Er schwebte zwischen Leben und Tod. Sie hatten ihn schon aufgegeben – kein Wunder. Ich hab ihn einfach mitgenommen, auf meine Verantwortung, sonst wäre er dort unten im Lazarett gestorben. Aber er ist immer noch so elend, so schwach – er bräuchte Medikamente, Ruhe, gutes Essen und Wärme, sonst wird er die Flucht nicht überstehen. Ich mache mir große Sorgen.« Sie sprach hastig und ihre ganze Besorgnis drang in diesem Wortschwall über ihre Lippen.

Emilia versuchte ein schwaches, aufmunterndes Lächeln. »Es wird alles gut. Ist er dort drin? Ich will ihn sehen.« Dann stieg sie gewandt auf den Wagen und öffnete mit bebenden Händen den Verschlag des mit einer festen Plane umgebenen Wagens, die notdürftig Wind und Kälte abhalten sollte. »Vater?«, hauchte sie fragend und ängstlich und versuchte, vorwärts tastend, im stickigen Inneren etwas zu erkennen.

Im zwielichtigen Dunkel stolperte sie über irgendwelche Gegenstände und Töpfe am Boden, bis sie undeutlich einen Schatten erblickte, der unter aufgehäuften Decken auf einer Art Matratze aus Polstern lag, der sich bewegte, sich schwerfällig aufrichtete und ihr langsam ein abgezehrtes, bärtiges Gesicht mit knochigen, hageren und im ersten Augenblick völlig unkenntlichen Zügen zuwandte. Sie konnte seinen Ausdruck im schummrigen Dunkel unter dem Zeltdach in der hereinbrechenden Dämmerung kaum wahrnehmen. Doch als sie näher trat, schreckte sie zurück vor seinem Aussehen, vor der bleichen, gealterten und verfallenen Karikatur des vor Gesundheit strotzenden Mannes, der ihr Vater einmal war – des vertrauten Menschen, den sie kraftvoll und mit roten Wangen, zuversichtlich und voller Lebensfreude in Erinnerung hatte. Doch er war es, er musste es sein! »Vater!« Sie stürzte auf ihn zu und warf sich schluchzend an seine Brust. »Vater, du bist es – du lebst – du bist hier!«

Seine umschatteten, hohlen Augen sahen ihr mit tiefer Hoffnungslosigkeit entgegen und sie streifte die ergrauten Haare, die faltigen, mageren Wangen und die gelblich fahle Haut mit einem kurzen Blick, in dem unsagbares Mitleid lag. Die Brust des Kranken, der sich, von der Erschütterung des Wiedersehens ergriffen, mit einem keuchenden Hustenanfall zurücksinken ließ, bebte vor unterdrückten Gefühlen. »Mein Kind«, flüsterte er unter rasselnden Hustenstößen, die von pfeifendem Atem begleitet waren, »wie wunderbar, dass wir uns finden. Gottes Wege sind unergründlich – aber sie führen immer zum Guten!« Er faltete in seiner tief eingewurzelten Gläubigkeit die Hände, um ein Dankgebet zum Himmel zu schicken. »Gott sei gedankt und gepriesen. Möge er auch meine Söhne schützen, die für das Vaterland kämpfen!«

»Lass ihn, Emmi!« Die ruhige, aber energische Stimme der Mutter klang hinter ihrem Rücken. »Nathanael, bleib liegen, du darfst dich nicht so viel bewegen!« Anna-Maria, die ihr gefolgt war und sich an ihr vorbeidrängte, sah die Tochter mit ernstem Ausdruck an. »Komm, er darf sich nicht aufregen, das ist Gift für ihn.« Behutsam drückte sie den Kranken, dessen Atem ein bedrohlich ziehendes, in allen Tonarten fiependes Geräusch annahm, auf sein Lager zurück und zog sanft die Felldecke über seine Schultern. »Das wird zu viel für ihn – das Wiedersehen, verstehst du? Alle Gefühlregungen können einen neuen Anfall auslösen.« Besorgt wühlte sie in ihrer Tasche und begann, aus einem kleinen Fläschchen, das sie immer bereithielt, Tropfen abzuzählen, die sie dem Kranken aus der hohlen Hand reichte. »Du weißt es ja nicht. Er war so nahe am Rande des Todes. Jetzt hat er Herzasthma und jede Aufregung kann das Ende sein. Er bräuchte Erholung und kräftige Mahlzeiten – aber du siehst ja: die Kälte, das schlechte Essen, das Elend ...« Sie machte eine hilflose Bewegung. »Du kannst dir nicht vorstellen, was wir alles hinter uns haben! Aber nun sind wir wenigstens wieder zusammen und werden uns nie mehr trennen! Ich kann es kaum glauben, es ist so unfassbar!«

»Ich wusste es«, antwortete Emilia bewegt und zog sich mit feuchten Augen zurück. »Aber er wird wieder gesund werden. Ich glaube ganz fest daran.« Sie presste die kleine Lore zärtlich an sich, die ihre Röcke nicht losließ. »Ich habe auf euch gewartet. Nun wird alles gut.«

Dr. Michelsen war Emilia gefolgt und beobachtete eigentümlich bewegt und mit einem bitteren Geschmack im Munde die rührende Szene, die sich vor seinen Augen abspielte. Ganz andere Dinge sah er täglich in seinem Lazarett, wenn junge Menschen litten und starben, denen er nicht mehr helfen konnte, geopfert einem sinnlos gewordenen Krieg. Nach einer gewissen Zeit hatte er sich abgeschottet, sein Innerstes verschlossen gegen Grausamkeit und Blut, gegen Gefühle. Er handelte nurmehr mechanisch, tat seine Pflicht, ohne Trauer und Mitleid zu empfinden. Wie ein Zuschauer in einem Theaterstück beobachtete er, was sich auf der Bühne des Lebens tat. Ohne es zu wollen, war sein Herz in dem Chaos, das ihn umgab, hart geworden; es zeigte weder Freude noch Kummer und er bemerkte es nicht einmal. Es war seine Arbeit, seine Pflicht und seine Aufgabe, die er erfüllte und die manches Mal zum Erfolg führte, oft aber vergeblich schien. Vielleicht auch war es die einzige Möglichkeit, mit der er sich betäubte, mit der er selbst überleben und zugleich helfen konnte, innerlich gepanzert, wie ein Roboter, der immer die gleichen Handgriffe tut. Doch die aufgebaute Schutzhülle war brüchig und von einer Seite aufgerissen und verwundet worden, mit der er nicht gerechnet hatte. Seine unterdrückten Gefühle waren daraus hervorgebrochen wie das Blut aus einer nicht richtig verheilten Narbe, die sich unerwartet öffnet und zu einer klaffenden Wunde wird.

Er strich sich über die Stirn und fröstelte plötzlich. Bei Einbruch der Dämmerung war es wieder kalt geworden und die Wasserpfützen auf der Straße begannen zu vereisen. Was machte er überhaupt hier? Was hielt ihn hier draußen, während dort hinten die Verwundeten stöhnten und auf ihn warteten – ja, vielleicht starben, während er säumig am Wegrand stand und die Augen nicht von der jungen Frau lassen konnte, die mit heißen roten Wangen und leuchtenden Augen ihre Eltern und ihre Schwester herzte und küsste und nicht einmal mehr einen Blick für ihn hatte.

In diesem Moment fühlte er eine Last auf seinem Herzen, das vorher leicht und gleichgültig gewesen war, ein Gefühl, als stürze alles über ihm zusammen wie ein Kartenhaus. Die Arbeit, die er bisher wie selbstverständlich geleistet und gern getan hatte, kam ihm nun wie ein Berg vor, den er nicht bewältigen konnte, eine Sisyphusarbeit, die immer wieder neu begann und niemals Erfolg brachte. Der Gedanke erschreckte ihn, dass er vielleicht in Zukunft allein sein würde mit allem Grauenhaften, einsam mit der Not, mit den Hilfeschreien, mit den Kranken. Sie würde gehen – ihn verlassen und damit das Licht mitnehmen in dem Dunkel, das ihn umgab! Er wusste es, schlagartig, in diesem Moment, dass die Finsternis über ihm zusammenbräche, wenn sie ihn verließ. Und doch war es ganz klar, ganz natürlich und ganz einfach, dass sie bei ihrer Familie, bei ihren wiedergefundenen Angehörigen bleiben wollte. Er konnte ihr nicht einmal böse sein! Aber er würde sie vielleicht nie wieder sehen. Ihr aufmunterndes Lächeln, mit dem die Sonne aufging, ihre klaren, meergrünen Augen, in denen sich unter schwarzen Wimpern das Licht fing, die dunkle Strähne, die sich manchmal unter dem strengen Häubchen löste und ihr in die hohe weiße Stirn fiel, die üppige Haarpracht der nur zur Hälfte eingebundenen Zöpfe, die ihr offen bis zur Hüfte reichten – das bedeutete ihm so unendlich viel! Er erinnerte sich an einen Abend, an dem er sie noch einmal zu einem schwierigen Fall, einer Notoperation, rufen musste und sie vor dem Spiegel, zurechtgemacht für die Nacht, ihm mit ihren dunklen, langen Locken wie eine Fee aus dem Märchen erschien. All das würde aus seinem Leben verschwinden und ihn mit dem Elend, den Überresten des Krieges und denen seines eigenen Lebens zurücklassen. In diesem Moment wurde ihm alles klar, was er bisher vor sich selbst verschwiegen hatte. Seine Brust zog sich in unnennbarem Weh zusammen und sein Rücken krümmte sich wie der eines alten Mannes. Er liebte sie ja! Er musste sie halten, koste es, was es wolle! Sie durfte nicht gehen, so einfach aus seinem Leben verschwinden und ihn wie eine leere Hülle zurücklassen, aus der sie die Seele mitnahm! Die Welt schien ihm plötzlich grau, trübe und hässlich, wie der Himmel, der sich mit dem dunklen Nebel der Dämmerung bezog, in dem alle Gegenstände düsterer, trauriger und abstoßender wirkten. Selbst die Menschen schienen ihm hässliche Gnome, die sich an dieses so sinnlos scheinende Stückchen Leben klammerten, es nicht loslassen wollten, auch wenn sie es als Krüppel und unter Schmerzen bestehen mussten. Der ganze Schrecken des Krieges, die Zerstörung, die ihn umgab, und der Schmerz der Ausweglosigkeit – alles, was er bisher aus seinem Bewusstsein verdrängt hatte, schien plötzlich mit einem Ruck über ihn hereinzubrechen wie eine unaufhaltbare Welle. Seine Frau, sein Kind daheim in Aachen, das alles verlor an Bedeutung, schien eine spießbürgerliche Existenz zu sein, die er nach den Erlebnissen, die er in diesem primitiven Lazarett durchmachte, niemals mehr wieder würde aufnehmen können. Ein kleiner Arzt in einem Hospital, die selbstständige Praxis mit guten Patienten, sein früherer Zukunftstraum, schien ihm plötzlich schal und abgestanden. Nach allem, was um ihn herum geschehen war, nach dem langsamen Zerbröseln einer Welt, seiner Werte, seiner Ideale, an die auch er geglaubt hatte, – konnte er mit diesem Wissen noch so wie früher leben? Hitler, der Retter aus der Misere, der Sieger der ersten Stunden – er hatte versagt, er hatte sie ins Unglück gestürzt und er würde die ganze Nation vernichten.

XVI. Kapitel

In der Falle

Conny lag auf dem eisigen Boden, das Gesicht fest auf die harten Erdschollen gepresst, und es schien, als wäre er schon tot. Er spürte seinen Körper nicht mehr und fragte sich nicht einmal, ob er irgendwo getroffen worden war oder nicht. Ihm war, als müsste er immer so liegen bleiben, reglos, erstarrt und fühllos nach der großen Anstrengung, mit der er gelaufen war, bis er nicht mehr konnte, im Rücken Schüsse, Feuer, Schreie und eine Knallerei, die ihm jetzt noch in den Ohren dröhnte, obwohl sich nun ringsum eine endlose Stille um ihn ausbreitete. Aber er wusste, dass diese Ruhe trügerisch war. Verborgen wartete der Feind, der sich vom Kampf der Nacht ebenso erholte wie die erbitterten Widerstand leistenden, bis zum Letzten kämpfenden Männer, die er vorgefunden hatte.

Nicht nur Connys ausgebrannter, geschundener Körper versagte den Dienst, sondern auch sein Wille, seine Seele schienen gebrochen und verlangten nur noch nach Ruhe. Wie gut hatten es diejenigen, die mit einer kleineren Verwundung im Lazarett lagen, schoss es ihm durch den Sinn. Du kämpfst doch für nichts – der Krieg ist verloren, es ist ja schon zu Ende und hier kommst du nicht mehr lebend raus! Oft hatten die Kameraden untereinander in der letzten Zeit heimlich darüber gesprochen: Ein kleiner Splitter am Bein – oder irgendetwas am Arm, eine leichte Verletzung, mit der man nicht mehr einsatzfähig wäre! Dann würde man den Rest des Krieges vielleicht noch überstehen. Jetzt waren sie doch nur noch wandelnde Zielscheiben – lebende Leichen, die nicht die geringste Chance mehr besaßen! Zusammen hatten sie in schlaflosen Stunden im Kohlenkeller des Guts zum Spaß gerätselt, wie man es bewerkstelligen könnte, sich selbst eine Wunde beizubringen, die vielleicht nicht so ernst war. »Da nimmst du am besten ein Kommissbrot – dann sieht man den Pulverdampf nicht«, hatte der Bodo im Flüsterton gesagt und aufgeregt mit den Händen gewedelt, »du schießt hindurch ...«

»Quatsch«, unterbrach ihn der bedächtige Hans, sich nach beiden Seiten gleichzeitig umsehend, denn der eingebildete Theo von Sinzingen, der so schläfrig mit gesenktem Kopf in der Ecke saß, war einer, der auch jetzt noch seine Ideale hochhielt und vom Kämpfen bis zur letzten Stunde sprach. Er wäre imstande, solche Bemerkungen weiterzugeben. »Uralter Trick, den jeder sofort erkennt! Meinst du, die sind blöd? Dann hast du die ganzen Brotstücke in der Wunde – hab ich alles schon gesehen. Was meinst du, was dann los ist?«

»Aber vielleicht mit einem Lappen«, warf Bodo eingeschüchtert ein, »oder wenn man einen Schwamm hätte ...«

Die anderen schwiegen und sinnierten über das Gesagte.

»Feiglinge!«, rief Max mit mühsam unterdrückter Stimme, »das würdet ihr machen? Die Kameraden verraten, die für euch weiterkämpfen müssten ...«

»Bevor ich ins Gras beiße – was so gut wie sicher ist, wie die Sache hier aussieht! Hier kommen wir nie mehr lebend raus. Die haben uns doch schon aufgegeben, merkst du das denn nicht!«, schrie der große, lange Klaus und sprang auf, die zu weit gewordene Uniform schlotterte um seine dürren Glieder. »Ein Wunder, dass wir überhaupt noch da sind!«

Alle sahen auf und selbst aus den Augen des unerschütterlichen Theos sprach aufkommender Zweifel. Dumpfe Stille entstand und niemand sagte mehr ein Wort, alle starrten schweigend vor sich hin.

Die Szene stand klar vor seinen Augen, er hörte die Kameraden sprechen, roch den muffigen Dunst des Kohlenkellers nach Staub, Vorräten und Exkrementen, in den sich der süßliche Verwesungsgeruch der Leichen mischte, die man nicht begraben konnte und die so weit hinten wie möglich, in irgendeiner Ecke, einfach abgelegt worden waren. Unter ihnen befand sich auch Karlchen, ein Freund, ein immer lustiger Kumpel, der im Kampf nicht so leicht zu erschrecken war und mit dem Conny viele gefährliche Situationen bestanden hatte. Jetzt lachte er nicht mehr; sein weißes, verschwimmendes Gesicht zeigte kindlichen Ernst und Conny würde es nie begreifen können, dass er jetzt dort hinten ruhte, stumm, reglos, wie ein Gegenstand, den man am liebsten loswerden wollte, versenken, bedecken mit Erde, damit man so schnell wie möglich den Verfall vergaß, der ihn zerstörte. Schon damals hatte er sich in den Gewölben des Gutes wie begraben gefühlt, vergessen wie in einer Hölle der Verdammten, die nie wieder das helle Licht des Tages sehen würden. Er wollte raus, hinaus aus diesem Gefängnis, das sie verteidigen sollten, ohne genau zu wissen, warum. Befehl ist Befehl – aber der Zweifel, die Frage »Warum?«, tauchte immer häufiger in den Köpfen der Männer auf. Unzählige Male war er nachts schweißgebadet aus dem flüchtigen Schlaf des Dahindämmerns, den die ständige Gefahr erzeugt, aus der unterbewussten Angst des Überraschtwerdens, Aufspringen- und Flüchtenmüssens aufgeschreckt, die Brust wie mit einer eisernen Klammer umfangen, die Kehle zugewürgt, in dem panischen Gefühl, in der Falle zu sein.

Und jetzt – jetzt war es passiert, man hatte sie ausgeräuchert wie eine Herde räudiger Schafe aus dem Stall, in dem sie sich nicht schlachten ließen und von dem aus sie so viel erbitterten Widerstand leisteten. Wo waren sie alle geblieben, die anderen, die treuen Kameraden, seit der Einnahme des Gutes? Auseinander gelaufen, in alle Winde zerstreut, vielleicht tot. Er lag allein mit schmerzenden Gliedern hier auf dem harten, vereisten Boden und musste sehen, wo er blieb, aufs Neue kämpfen, sich irgendwie durchschlagen.

Doch wozu das alles noch? Der Krieg war aus, verloren, vorbei, das sah doch ein Blinder. Die Kapitulation war nur noch eine Frage der Zeit. Aber wenn Hitler das nicht einsah, wenn er in seinem Fanatismus bis zum letzten Mann kämpfte, bis selbst der Bunker, in dem er sich versteckte, über ihm zusammenbrach … Conny wagte diesen Gedanken nicht zu Ende zu denken. Dass er jetzt noch lebte, war purer Zufall. Bei der nächsten Gelegenheit würde es ihn erwischen, das war so gut wie sicher.

Langsam griff er nach dem Karabiner und zog ihn näher zu sich heran. Sein Magen krampfte sich zusammen, sein ganzer Körper schmerzte und schien ihm eine einzige Wunde zu sein. Die aufgeriebenen Fersen brannten in den an den Nähten aufgeplatzten, viel zu großen Stiefeln, als er seine Füße bewegte und sich auf die Seite drehte. Wieder bedrängten ihn die Gedanken: Ein einziger Schuss in den Mund – ins Herz vielleicht – und alles wäre ausgestanden, kein Laufen, kein Kämpfen mehr, keine Trauer um die Kameraden, um die verlorene Sache, um diesen ganzen Sumpf, in dem er und das Trümmerfeld, das von seiner Heimat noch übrig geblieben war, sich befand. Er hob die Waffe und ließ sie nach einer Weile, zitternd und von den alten Zweifeln gepackt, wieder sinken. Nein, so nicht! Er war jung, er wollte doch leben! Aber vielleicht ging es auch anders – die Idee der Kameraden war einen Versuch wert.

Mit einem Ruck riss er das schmutzige Stück von seinem Hemd herab, das wie ein Fetzen herunterhing, und betrachtete es. Dann wickelte er es mit erstorbenen, zitternden Fingern um den Lauf der Waffe. Ein kleiner Schuss in den Arm – bis zur Kapitulation konnte es ja nur noch Tage dauern. Er war schließlich wirklich kein Feigling und hatte seine Pflicht mehr als zur Genüge getan und mehr als nur das. Aber warum sollte er jetzt noch seinen Kopf hinhalten, einen sinnlosen Soldatentod sterben, an diesem Punkt, an dem es sowieso nichts mehr zu tun, nichts mehr zu gewinnen gab?

Vorsichtig schloss er den Finger über dem Abzugshaken, als er plötzlich, nicht weit entfernt, raue Rufe oder Stimmen, die von wildem Geschrei begleitet waren, hörte. Nein, ich kann es nicht, dachte er in einer plötzlichen Aufwallung von neuem Lebensmut und ließ die Hand sinken. Ich kann es einfach nicht, mich hinlegen und die anderen für mich sterben lassen! Vorsichtig begann er über den Boden zu robben, um vom freien Feld wegzukommen. Ob Feind oder Freund, er musste vorsichtig sein; wenn er sich so zeigte, abgerissen und allein, da konnte man ihn halten, für wen man wollte. Er tastete nach seiner Handgranate, die ihm als letzte Reserve geblieben war, und unterdrückte den heftigen Hustenreiz, der ihm nach all dem eingeatmeten Qualm und Pulverdampf in der Kehle brannte. Mühsam versuchte er seine Gedanken zu sammeln. Irgendwo hier in der Nähe musste es einen Ort geben, der von den Deutschen besetzt war, von einer Infanterieeinheit, soweit er sich der Nachrichten erinnerte, die sie per Funk in Gut Kasau abgehört hatten.

Langsam, Stück für Stück anschleichend, wagte er sich bis zur Straße vor und bewegte sich, auf jedes Knacken im Gebüsch achtend, parallel dazu in Richtung Dorf. Eine Unmenge sich überkreuzender Gedanken schossen ihm durch den Kopf. Die ganze Strategie schien ihm nicht mehr logisch. Warum sollten das Gut, die Bahnlinie von den wenigen Leuten seiner Division überhaupt so lange gehalten werden, wenn keine Verstärkung eintraf? Das war doch dem Dümmsten sonnenklar, dass das auf die Dauer nur schlecht enden konnte. Warum mussten sie dort, völlig allein gelassen, wenn man von dem einmaligen rettenden Angriff der Luftwaffe absah, bis zur letzten Kugel ausharren, obwohl doch absehbar war, dass sie eines Tages, ohne Nachschub an Munition, an frischen Kräften, der russischen Übermacht, die sie in die Zange genommen hatte, unterlagen? Sollten sie, um Zeit zu gewinnen, eiskalt geopfert werden? Kaum vorstellbar, denn schließlich war bei der Besetzung gar kein einfacher Soldat dabei – es waren lauter Obere, Wachtmeister, Feldwebel oder Oberfeldwebel. Wenn die Bahnlinie so wichtig war, um die Verbindung zu erhalten, warum setzte man dort nicht eine zusätzliche Kampfgruppe ein? Die Festung Posen, für die sie die Durchgangsstraße sichern sollten, war ja längst genommen, die Besatzung ausgebrochen und in alle Winde verstreut. Hatte man sie ganz einfach vergessen? Er würde es wohl nach den spärlichen, widersprüchlichen Nachrichten, die sie in den letzten Tagen auf Kasau erhalten hatten, nie mehr erfahren.

Artilleriefeuer blitzte auf und Conny warf sich in das nächste Loch in Deckung. Vom Graben aus sah er ganz deutlich vier Landser, von denen vorhin die Rufe gekommen sein mochten, die Karabiner über der Schulter, auf denen ein Brett mit einem Verwundeten darauf lag, seelenruhig die Straße entlangmarschieren. Denen war wohl alles egal! Der Verletzte brüllte wie am Spieß und Conny hatte nur den einen Gedanken: Wenn jetzt eine Granate einschlägt, dann sind sie alle fünf weg! Nervös beobachtete er aus seinem Graben, was sich vor seinen Augen abspielte.

Er konnte nicht mehr weit von dem Dorf entfernt sein, denn aus dem Gebüsch brach plötzlich deutlich sichtbar ein russischer Panzer hervor. Starr vor Schrecken sah er nicht weit vor sich einige Soldaten unter Feuerdeckung blitzschnell hinter einem Haus hervorpreschen, aus deren Gruppe sich ein Mann löste und mit seiner Panzerfaust das feindliche Gefährt minutenschnell in Flammen aufgehen ließ. Conny duckte sich bei der Detonation, kletterte mit einem Satz aus seinem Loch und rannte hinter dem zerstörten Gefährt zwischen den Fronten auf die Häuser zu und in die Richtung des Postens, ihm schon von weitem mit erhobenen Händen Zeichen machend. Er musste ganz einfach das Risiko eingehen. Er fühlte mehr, als er sah, unsichtbare Waffen von allen Seiten auf seine Brust gerichtet und näherte sich mit einem schummrigen Gefühl im Magen der schäbigen Baracke, die aus dem Morgennebel vor ihm auftauchte. Dem spähenden Posten, der ihn bereits misstrauisch anvisierte, schrie er von weitem zu, dass er Deutscher sei. Der Mann, der offenbar Täuschungsmanöver der Russen in deutscher Soldatenkleidung fürchtete, ließ zu seiner Erleichterung grinsend das Gewehr sinken und Conny rang in der kalten Luft erst eine Weile nach Atem, bevor er zu einer Erklärung ansetzte. Seine Kräfte waren auf den untersten Stand reduziert und er fürchtete, von der Anstrengung ohnmächtig zu werden.

In diesem Augenblick trat ein Oberfeldwebel mit grauem Gesicht aus der Tür, in Begleitung eines rauchgeschwärzten, abgerissenen Soldaten, den Conny erleichtert als den treuen Max erkannte, der mit schmerzverzerrtem Gesicht seinen linken blutbefleckten Arm in einer Schlinge trug. »Conny!«

Die beiden Männer fielen sich in momentaner Erleichterung in die Arme, während der Oberfeldwebel in barschem Ton schnarrte: »Nur keine Sentimentalitäten. Dafür haben wir jetzt keine Zeit. Also, was war los dort drüben? Wo kommst du her?« Ohne zu antworten, fragte Conny, sich an Max wendend: »Wo sind die anderen?« Als der mit den Schultern zuckte und ihn ratlos ansah, drehte er sich dem Oberfeldwebel zu, um ihm Rede und Antwort zu stehen. »Ich komme aus derselben Ecke wie er. Wir mussten die Verteidigung von Gut Kasau aufgeben und fliehen. Wir hatten keine Chance!«

Der Soldat sah ihn misstrauisch von oben bis unten an. »Gut Kasau – die gleiche Geschichte. Ihr seid also abgehauen. Wer bist du überhaupt und was hast du gemacht?«

Abgehauen? Conny zuckte unter der Beleidigung zusammen, besann sich, nahm automatisch Haltung an, stellte sich als Feldwebel und Schirrmeister Schlusen vor und stammelte etwas von der strategisch wichtigen Bedeutung von Gut Kasau, der Bahnlinie, über die die Russen dann doch hinüberkamen, der Aufgabe und Versprengung. Der andere nickte und deutete ihm brummig den Weg in Richtung Dorf mit den Worten: »So, so, Schirrmeister! Kann man immer brauchen. Meldet euch mal da hinten, in dem weißen Haus hinter den Büschen. Da sind scheint 's schon ein paar andere aus eurem Haufen angekommen. Na, der Major wird sich nicht gerade freuen, wenn er euch sieht! Der wird euch was erzählen, dass ihr das Gut da so einfach aufgegeben habt.«

Es war nicht die einzige Niederlage, diese drückende Schmach eines erzwungenen Rückzugs, der sich nun immer öfter abspielte. Überall im Osten wurden die Truppen zurückgedrängt, wurde die Frontlinie weiter verschoben. Aber auch wenn die Soldaten es schon taten, Hitler war noch lange nicht bereit, etwas von seinen ehrgeizigen Plänen aufzugeben, einzusehen, dass seine hochfliegenden Träume, die Idee von der Beherrschung der Welt durch die arische Rasse, zu Phantasiegespinsten geworden waren. Er hörte nicht mehr auf seine Feldmarschälle, die ihn warnten, die es wagten, eine andere Meinung zu haben. Er wollte sie zwar nicht mehr so einfach entlassen wie vor einem Jahr noch Generaloberst von Manstein, aber er hegte künftig gegen jeden, der sich auch nur einmal offen gegen seine wahnwitzigen Strategiepläne stellte, einen geheimen Groll, eine kühle Arroganz, die keinen Widerspruch duldete. Selbst gegen den hochverdienten Generaloberst Guderian, einen seiner ergebensten und aufopferungsvollsten Kommandanten, der die Truppen an der Weichsel kommandierte und unzählige Siege errungen hatte, fasste er eine besserwisserische Abneigung, nachdem jener gegen seinen Befehl Einspruch erhoben hatte, die Truppen aus Ostpreußen abzuziehen und Posen weiter zu verteidigen. Die neuen Einsatzkräfte hätten bereits in der Bahn gesessen, während um die Entscheidung gerungen würde.

Viele sinnlose Befehle machten die Offiziere kopflos. Sie

begannen einzusehen, dass sie auf verlorenem Posten kämpften. Statt den Marsch der Russen in Richtung Berlin zu verhindern, begann man im März mit einer Großoffensive in Ungarn. Danach erst sollte die sechste SS-Panzerarmee nach Oberschlesien oder in den Raum Berlin transportiert werden. Ein fataler Fehler, die letzten Kräfte vom wichtigsten Platz abzuziehen und sie an falscher Stelle aufzureiben! Aber Hitler und das Oberkommando Heeresgruppe waren zu dieser Zeit noch der Meinung, dass der Ungarnfeldzug halbwegs gelingen würde. Deshalb verzichteten sie auf das Naheliegende, mit Panzerkräften zuerst zu versuchen, Breslau zu befreien.

Ihre großen Pläne wurden nun allesamt von den Russen vereitelt. Überall entstanden neue Schwierigkeiten, an allen Ecken und Enden fehlte es plötzlich an Treibstoff, an Material und schlussendlich auch an Kampfgeist. Die deutschen Divisionen waren erschöpft, überfordert und bis zum Äußersten ausgelaugt. Die Luftversorgung war durch verlorene Maschinen und die Schwierigkeiten beim Beschaffen von Ersatzteilen nicht mehr gewährleistet.

Göring, der Oberbefehlshaber der Luftwaffe, verschwieg die großen Verluste an tollkühnen Fliegern, der starken, nicht so schnell ersetzbaren Flugzeugjäger, die die Luftwaffe hinzunehmen hatte. Panzer mussten gesprengt werden, damit sie dem Feind nicht in die Hände fielen; man lauerte den russischen Fahrzeugen auf, um sich des Benzins zu bemächtigen, das so dringend notwendig war. Die sowjetischen Kräfte hatten die Front schon weit vorverlegt, während die deutschen Truppen sich ohne Funkverbindung, ohne Wissen über die Lage der Dinge, sich blindlings umhertasteten, nur vage ahnend, dass der Feind sie im Zangengriff hatte und nur darauf wartete, den Kessel zuzumachen. Der russische Vormarsch war an der Oder zum Stehen gekommen und im Reichspropagandaministerium kam wieder falscher Optimismus auf.

Doch gerade dieses Luftholen, das Tauwetter des nahenden Frühlings, das die gefrorenen Flüsse zu unüberwindbaren Hindernissen machen sollte, erwies sich als trügerisch. An einem strahlenden Morgen mit linder Luft und fröhlichem Vogelgezwitscher brach über Berlin der bisher schwerste Tagesluftangriff herein. Mehr als tausend viermotorige amerikanische Bomber trafen nur allzu genau. Die Stadt wurde schwer beschädigt. In der Konferenz von Jalta begann man schon, die Aufteilung Deutschlands zu besprechen.

Doch Hitler dachte immer noch nicht daran, aufzugeben, zu kapitulieren. Er hoffte auf eine Wende, ein Wunder, das geschehen sollte. Noch viel mehr Blut musste fließen, noch mehr Unschuldige sollten geopfert werden.

Nur drei von der ganzen Truppe hatten sich bisher im Dorf gesammelt; würden die Restlichen den Weg ebenfalls finden oder waren sie schon jenseits von Gut und Böse? Es machte wenig Sinn, darüber nachzudenken. Doch nach und nach tröpfelte der eine und andere mit versengten Kleidern, rußgeschwärztem Gesicht und Händen im Dorf ein und taumelte in die muffige Schreibstube, wo die Übrigen auf einer kleinen Bank warteten und blicklos und erschöpft vor sich hinstarrten. Immerhin zwanzig Mann kamen schließlich zusammen; mehr würden es wahrscheinlich nicht werden. Zwanzig Mann aus einem Regiment von neunzig – das war eine böse Sache.

Max, der arrogante Theo und Conny waren die Ersten, die sich beklommen bei dem befehlshabenden Major von Ritgen meldete, der ihnen streng entgegensah. Sie wussten nicht genau, was sie jetzt erwartete. Was war ihnen denn vorzuwerfen? Wollte man sie etwa beschuldigen, die Stellung aufgegeben, das Gut im Stich gelassen zu haben? Das wäre ja wohl der Gipfel! Hatten sie denn eine andere Wahl gehabt? Sicher war eine strategisch sehr wichtige Position verloren gegangen und die Bahnlinie künftig blockiert, aber was hätten sie denn tun können?

Doch der Major verzog seinen Mund wider Erwarten zu einem breiten Lächeln, als sie wie die armen Sünder in der Stube erschienen, und rückte die Brille gerade. »Gratuliere, meine Herren! Ich muss schon sagen, das war keine leichte Sache. Dass Sie da noch lebend rausgekommen sind…« Er trat ein paar Schritte auf sie zu und klopfte dem verblüfften Max jovial auf die Schulter. »Gute Arbeit, gute Arbeit, einfach heldenhaft. Da haben Sie Mut bewiesen. Aber – man sieht 's Ihnen ja an, dass Sie es nicht leicht gehabt haben in der letzter Zeit. Ein bisschen Ruhe wird Ihnen gut tun; ich glaube, ein paar Tage Erholung sind jetzt dringend erforderlich. Sie sehen ja alle beide aus wie Haut und Knochen!«

Max und Conny sahen sich an und einer las die Gedanken des anderen. Sie mussten dem Major Recht gehen, viel war mit ihnen im jetzigen Zustand nicht mehr anzufangen.

Conny fasste sich als Erster. »Ja, das hört sich ja gut an«, begann er bedächtig, »einmal ausschlafen, ohne Angst und ohne Wacheschieben – aber glauben Sie denn, dass wir jetzt noch Zeit für so etwas wie – Urlaub haben?«

Der joviale Ausdruck im Gesicht von Ritgens wechselte zu spürbarer Unsicherheit, er wurde blass und seine Lippen verzerrten sich, als müsste er etwas Bitteres hinunterschlucken. »Jetzt noch – was soll das heißen?«

Conny, in der Angst, etwas Falsches gesagt zu haben, fuhr hastig fort: »Nein, Sie haben natürlich völlig Recht, wir sind wirklich am Ende und hätten eine Ruhepause vor einem neuen Einsatz dringend nötig.«

»Machen wir 's kurz.« Der Major, ernst geworden, wischte die Diskussion mit einer ausgreifenden Handbewegung vom Tisch. »Vier bis fünf Tage, denke ich, werden Sie brauchen, keine Frage; dann werden wir weitersehen. Lassen Sie es sich eine Weile einfach gut gehen – wir werden das Kind schon schaukeln.« Er verzog den Mund zu einem falsch klingenden, scheppernden Lachen, in das die Kameraden aus Höflichkeit einfielen.

Als sie später ihre zugewiesenen Quartiere aufsuchten, kamen ihnen mit breitem Lächeln die drei polnischen Frauen entgegen, Sonja, Olga und Marja, die eigenartigerweise schon vor dem Angriff plötzlich vom Gut verschwunden waren. »Guck dir das an!«, rief Max erstaunt aus, »das gibt 's doch nicht – unsere alten Freundinnen! Ich dachte, die haben für immer die Platte geputzt.«

»Mich überrascht das nicht«, sagte Theo in seiner affektierten Art mit einem angewiderten Zug um den Mund. »Diese Frauen tauchen doch überall auf wie aus dem Nichts – schmutzig, verlaust …«

»Na, komm, wir sind auch nicht wie aus dem Ei gepellt!«, rief ihm Max zu. »Hauptsache, sie kochen uns was Gutes, und unsere Wäsche« – er sah an seinen rußigen, zerrissenen Klamotten herab – »könnte auch mal eine Reinigung vertragen.« Er ging den Frauen entgegen. »Hallo Mädels! Schön, euch zu sehen!«

Theo verdrehte die Augen und warf den Frauen einen abweisenden Blick zu.

»Ich brauch erst mal eine Mütze Schlaf – ich kann nicht mehr«, rief Conny aus, der mit einem halben, todmüden Blick festgestellt hatte, dass die rassige Tanja, die sich auf dem Gut immer wie ein Schatten an seiner Seite gehalten hatte, nicht dabei war, und warf sich, angezogen und schmutzig, wie er war, auf die schmale Pritsche, auf der er sekundenschnell in tiefen Schlaf fiel.

Emilia hatte für ihre Eltern im Dorf eine Unterkunft gefunden und kümmerte sich um ihren Vater, der sich in seiner Schwäche kaum auf den Beinen halten konnte und für den ein Weitertransport gefährlich gewesen wäre. Er hatte immer noch leichtes Fieber und die nächtlichen Asthmaanfälle, die Luftnot, die er bei der kleinsten Anstrengung empfand, ließen ihn bei der geringsten Bewegung hilflos zurücksinken. Seine Tochter konnte nicht viel für ihn tun. Ruhe, gutes Essen und Medikamente zur Erweiterung der Atemwege hätten ihm geholfen – aber gerade diese Medikamente, standen eben nicht ausreichend zur Verfügung und Kälte und Chaos verschlimmerten sein Leiden.

Lorchen, wenn auch dünn und blutarm, sprang munter und ohne Sorge durch die Gegend. Sie kümmerte sich um die Pferde, putzte, streichelte sie und sprach mit ihnen. Sie waren ihre besten Freunde. Die Flucht, die Vertreibung aus der Heimat und vom Hof, war in ihrem kindlichen Gemüt bereits verblasst und in Vergessenheit geraten. Sie war neugierig, alles schien ihr nur ein Spiel und sie filterte aus den neuen Eindrücken einzig und allein das Angenehme. Auch das ständige Wanderleben gehörte jetzt zu ihrem Alltag und die vielen Dramen, die sich Tag für Tag auf dem Weg abspielten, berührten ihr unschuldiges Gemüt noch nicht.

Mit leichterem Herzen, von der quälenden Ungewissheit befreit, was mit ihren Lieben geschehen war, und in Gedanken schon auf dem Weg nach Deutschland in ein neues Leben, machte sich Emilia mit ungebrochener Energie an die Versorgung des ständigen Stroms der eingelieferten Kranken im Lazarett; sie assistierte dem schweigsam gewordenen Dr. Michelsen nach wie vor bei Notoperationen und gemeinsam versuchten sie unter primitiven Umständen, all des unablässig neu hinzukommenden Elends Herr zu werden.

Emilia wollte ihren Eltern noch ein wenig Ruhe gönnen. Doch trübe Nachrichten von eilig vorüberziehenden Flüchtlingen sickerten wie ein schleichendes Gift der Angst in die Herzen der Menschen, die dem Unglück standhalten wollten und noch Hoffnung hatten. Immer üblere Grausamkeiten gewalttätiger Russen in Siegerpose wurden berichtet – Vergewaltigungen hilfloser Frauen, Raub und Plünderung. In manchen Fällen, wie aus Glogau berichtet, hatten die russischen Einheiten Flüchtende einfach mit den schweren Panzerkettenfahrzeugen überrollt. Stalin selbst rief seinen Soldaten zu: »Schont die Deutschen nicht, sie haben es nicht verdient! Tötet sie, wo ihr sie findet, ohne Ausnahme! Sie sind nicht unschuldig, sie haben auch unsere Brüder gemordet!«

Es war höchste Zeit, fortzukommen. Die Warnung des Roten Kreuzes war eindeutig. Noch am selben Abend, nachdem sie den Rest des Tages schweigend, ohne sich anzusehen, nebeneinander die Kranken versorgt hatten, ließ Dr. Michelsen Emilia in sein Ordinationszimmer kommen. Er hatte, weil sie rasch zu heizen war, eine kleine ehemalige Rumpelkammer neben der Hauskapelle des Klosters gewählt, in der zu reparierende Heiligenfiguren und einige Messgefäße aufbewahrt wurden. Die Fenster waren trüb, ein graues Licht sickerte herein und breite Netze von Spinnweben zogen sich von der hohen Decke herab über die Balken.

Der Arzt wühlte mit gerunzelter Stirn in seinen Papieren, in den Krankenblättern, die er immer noch zu führen versuchte. Jetzt musste er eine Entscheidung erzwingen. Der Gedanke, Emilia aus den Augen zu verlieren, sie nie wieder zu sehen, lag schwer auf seiner Brust. Doch egal, wie es kam, was sie auch sagen würde, es blieb ihm nichts anderes übrig als das Kloster zu räumen und das Lazarett zu schließen, in dem er so lange ausgeharrt hatte. Der Plan war, mit den Flüchtlingen in Richtung Westen zu ziehen, zuerst nach Stettin in ein Lager und dann nach Stade bei Hamburg, wo sie erneut eingeteilt und angesiedelt werden sollten. Stade – das war weit weg und ein langer Weg. Trotzdem schien es jetzt nur noch diese eine Möglichkeit zu geben, fortzukommen, wenn sie nicht alle in Gefangenschaft geraten oder ermordet werden wollten. Viele seiner Patienten würden den Transport nicht überleben und auf dem Weg sterben, das wusste er bereits im Voraus. Aber bevor die Russen sie hier überraschten, wollten sie die Chance nützen, sich in Sicherheit zu bringen, oder es zumindest versuchen.

Es klopfte und die junge Schwester trat blass und mit gesenkten Augen ein. Sie fürchtete sich vor dem, was jetzt kam, denn die Gefühle Dr. Michelsens waren ihr nicht verborgen geblieben; aber sie wusste auch, dass sie diese Gefühle niemals würde erwidern können. Eine flüchtige Röte trat in ihr Gesicht, als der Arzt entschlossen und voller Erregung aufsprang.

»Schwester Emilia, ich habe Sie rufen lassen, weil … Ich muss Ihnen etwas sagen, etwas gestehen.« Sie machte eine abwehrende Handbewegung, drehte den Kopf zur Seite und sah ihn nicht an, doch er fuhr drängend mit belegter Stimme fort: »Doch, Sie müssen mich jetzt anhören. Ich habe lange genug versucht, alles mit mir selbst auszumachen. Aber jetzt verändert sich die Situation vielleicht – nun muss es heraus. Ich kann den Gedanken nicht ertragen, dass Sie fortgehen. Ich brauche Sie. Wer sonst könnte mir helfen, das Kloster zu schließen und die Leute transportfähig zu machen? Wir werden es schaffen, wir beide. Irgendwie werden wir sie hier wegbringen – in ein anderes Lazarett, in dem sie sicher sind. Überlassen Sie das nur mir, aber bleiben Sie in meiner Nähe! Sie begleiten den Transport und müssen sich dabei nicht von Ihren Eltern trennen.«

»Ich kann nicht«, unterbrach ihn Emilia mit flehenden Augen, die sich langsam mit Tränen füllten, »ich kann nicht mehr! Lassen Sie mich gehen! Die Schwesternhelferin Monika ist ganz genauso imstande, diese Aufgabe erfüllen. Ich muss mich um meinen Vater kümmern – er ist so elend und todkrank. Meine Familie … Das alles ist zu viel für mich, ich ertrage es nicht länger, all das Leid um mich herum, das nie endet und immer neu beginnt – die vergebliche Hoffnung; die jungen Menschen, die sterben, die ihre Glieder verlieren und zu Krüppeln werden! Warum hört das nicht endlich auf, diese unablässige Angst vor dem nächsten Tag? Es muss endlich ein Ende sein. Ich kann es nicht mehr mitansehen.« Sie hielt inne, sank auf einen Stuhl und schluchzte auf: »Sie wissen es vielleicht nicht, aber ich kann keine Nacht mehr schlafen, ohne Veronal zu nehmen. Meine Finger zittern – vielleicht bin ich selbst schon abhängig!« Der Arzt ließ die Hände sinken, die er beschwörend erhoben hatte, und starrte auf die weißen Blätter vor sich, als müsste er sich anstrengen, um genau nachzudenken. Dann erhob er sich, machte ein paar nervöse Schritte durch den Raum, trat hinter den Stuhl Emilias und umfasste ganz sacht ihre Schultern. »Beruhigen Sie sich. Es wird alles gut werden. Der Krieg ist bald aus, ich weiß es. Dann beginnt ein normales Leben! Ich verspreche Ihnen, dass ich Ihnen mit allem, was ich habe, helfen werde, wenn Sie mit mir gehen! Denken Sie an Ihren Vater – an seine Atemnotanfälle. Er könnte eines Tages daran ersticken, sein Herz wird zu wenig Sauerstoff erhalten...« Seine Stimme wurde brüchig und leise. Er trat vor sie hin und sah sie bleich und eindringlich aus aufglühenden Augen an. »Ich liebe Sie, Emilia und Sie wissen es. Ich kann ohne Sie nicht mehr leben. Ohne Sie wird auch mir die Kraft fehlen, das alles zu bewältigen und weiterzumachen. Es ist ja nur noch für eine Weile – dann ist dieses Grauen endlich vorbei und Sie sind frei. Sprechen Sie das Urteil über mich, über Ihren Vater und über die vielen Kranken, die auf Sie hoffen!«

Emilia schwieg und sah stumm vor sich hin. In ihrem Kopf überschlugen sich die Gedanken. Er hatte Recht – vielleicht wäre es besser so. Sie musste noch eine Zeit lang durchhalten, an seiner Seite bleiben, sonst bestand für ihren Vater vielleicht gar keine Chance mehr.

Entschlossen streckte sie die Hand aus und reichte sie ihm ohne ein Lächeln. »Einverstanden! Aber« – sie zögerte und sah ihn dabei fest an – »aber eines müssen Sie wissen: Mein Herz ist nicht frei und es wird niemals frei für Sie sein. Es gehört einem anderen Mann. Sie wissen doch, dass ich verlobt bin. Eines Tages müssen Sie sich damit abfinden.«

Der Arzt schluckte mit trockener Kehle und erwiderte ihren Blick starr und reglos. Dann senkte er den Kopf, nickte und spürte die Bitterkeit dieser Wahrheit in sich aufsteigen und das dunkle Bild unendlicher Leere, der ständige Ablauf immer gleicher Tage ohne ihre Stimme, ohne ihr Lächeln tauchte vor seinen Augen auf. Alles in ihm bäumte sich dagegen auf. Er würde sie immer lieben, egal, was geschähe, und wenn er wie ein Hund sein Leben lang zu ihren Füßen liegen müsste. Er fühlte sich imstande, für sie zu sterben – ja, diese Vorstellung gefiel ihm sogar. Wenn es ein Leben mit ihr nicht gäbe, dann wäre es besser zu sterben und nichts mehr zu fühlen von dieser Qual des Abgewiesenseins, der Sinnlosigkeit seines Lebens, die sich wie ein Abgrund vor ihm auftat, der Nichtigkeit seiner zerstörten Existenz. Er fühlte das Aufbegehren, die Wildheit seiner Gedanken hinter der schmerzenden Stirn und bemühte sich mit einem gezwungenen Lächeln, nichts davon sichtbar werden zu lassen.

Eine eigenartige Stille entstand zwischen den beiden. Der vom Krankensaal abgelegene Raum, in dem sie sich gegenüberstanden, machte für einen Moment den Eindruck eines stillen, gottesfürchtigen Kämmerchens. Eine kleine Kerze brannte auf dem Schreibtisch wie ein Zeichen der Wärme und der Hoffnung. Der gelbliche Schimmer des flackernden Lichts über den Heiligenfiguren, die räumliche Trennung von den Leidenden und Kranken, weit weg von der mit Stöhnen und Ächzen erfüllten Luft im Wartesaal des Todes, gab dem schlichten Zimmer etwas Beruhigendes, Linderndes, als wäre alles andere gar nicht wahr und nur ein schrecklicher Alptraum, der vorüberginge und an dem nichts Reales wäre. Mit äußerster Beherrschung ergriff der Arzt Emilias ausgestreckte Hand, hauchte einen zarten Kuss darauf, um sie nicht zu erschrecken, und sagte ausweichend: »Wir werden sehen. Übereilen Sie nichts und denken Sie in Ruhe noch einmal über meinen Vorschlag nach, vielleicht ergibt sich alles von selbst. Wir haben jetzt Wichtigeres zu tun – wir müssen den Transport vorbereiten. Sagen Sie Ihrer Familie Bescheid. Wir fahren zusammen, dann kann ich mich um Ihren Vater kümmern. Es wird höchste Zeit.«

Dumpfe Geräusche, Schüsse, Einschläge von Granaten, Motorbrummen und Stimmengewirr drangen mitten in der Nacht an das fast taube Ohr Connys, sickerten langsam durch den Zustand der abgrundtiefen Ohnmacht, den Schlund der dunklen Erschöpfung, in den er gefallen war. Sonst beim kleinsten Geräusch schon auf den Beinen aus dem leichten, oberflächlichen Schlummer, den er sich angewöhnt hatte und aus dem er hochschreckte, wenn er auch nur die geringste Gefahr witterte, konnte er nun die Augen kaum aufbekommen, als ihn irgendjemand unablässig an der Schulter rüttelte. »Auf, Schlusen, beweg dich! Da draußen ist der Teufel los!«

Er war von einem Nebel der Schwäche umfangen und tappte schwankend einige Schritte durch den dunklen Raum, automatisch seine immer bereite Pistole ertastend und fest an sich pressend. Die Tür wurde aufgerissen und der Major, der ihnen gestern zu ihrem Durchhaltevermögen gratuliert und ihnen einige Tage Urlaub vorgeschlagen hatte, stand aufgeregt mit halb zugeknöpfter Uniform im Raum. »Schnell, raus!«, rief er. »Unerwarteter Angriff der Russen! Ein paar Spähtrupps wollen uns im Vorbeiziehen wohl noch einmal Feuer unter dem Hintern machen. Sie greifen den Bahnhof an.«

Theo, Max, Hans und die anderen fünf Männer, die im gleichen Quartier untergebracht waren, erschienen verschlafen mit zerzausten Haaren in der Stube, eilig im Gehen die Hosen zuknöpfend, einen Arm im Jackenärmel. »Geht das schon wieder los?«, murmelte Max verdrossen. »Nicht einmal eine Nacht Schlaf wird einem gegönnt!«

»Komm, schlafen kannst du, wenn du tot bist!«, munterte ihn Hans mit seinem seltsamen Galgenhumor auf.

»Danke«, murrte Max, »das weiß ich selber. Normalerweise müsste ich es schon längst sein.«

Conny schnappte sich seine Panzerfaust, bekam ein MG zugeteilt und dann sprangen sie alle auf den wartenden

LKW und duckten sich tief auf den Boden, die Umgebung sichernd. Der Bahnhof musste auf jeden Fall und mit allen Mitteln verteidigt werden, um die Transporte zu gewährleisten, denn sonst wäre auch dieses Gebiet ganz in russischer Hand und die Armee könnte den Kessel um Danzig endgültig zumachen.

Das wusste auch die feindliche Kampfgruppe, die sie jetzt unentwegt aus Panzern beschoss und die lästigen Deutschen, vor denen sie nach all den schnellen Siegen immer noch ziemlichen Respekt hatten, hier gern aus dem Weg haben wollten. Doch die Sache war nicht so einfach, wie die russischen Kämpfer es sich vorgestellt hatten. Nachdem sich einige ihrer Panzer nach einer Feuer speienden Detonation in Einzelteile aufgelöst hatten, erschien es ihnen doch besser, sich nicht lange in unnütze Kämpfe verwickeln zu lassen. Nach dem kurzem nächtlichen Gefecht wurde ihnen diese widerborstige Truppe, bei der sie nur unnütze Verluste erlitten, zu bunt und sie zogen sich weiter ostwärts zurück, zu Kämpfen, bei denen es sich mehr die Oberhand zu behalten lohnte. Was galt schon dieser kleine, unscheinbare Bahnhof, der von dieser erfahrenen Kampftruppe, die dafür ihr Leben aufs Spiel setzte, so heiß verteidigt wurde? Eine Aktion, die sie nur unnötig schwächte! Das waren alte Hasen mit vielen Tricks und Finten, die schon viel überstanden hatten, das merkte man sofort. Sie hatten die Deutschen ja doch bald in der Hand; warum sollten sie sich länger mit diesen verkappten Kamikaze-Leuten abgeben?

Todmüde und am Rande aller Kräfte, doch mit dem siegesfreudigen Gefühl, die Russen in die Flucht geschlagen zu haben, zog sich das Häuflein im Morgengrauen in die Quartiere zurück. Mit weit offenen Augen starrte Conny an die Zimmerdecke. Er rang nach Atem und vor seinen Augen flimmerte es. Er konnte nicht mehr einschlafen, fühlte sich überwach und wie elektrisiert, während die Gedanken in seinem Kopf rasten.

So konnte es nicht lange weitergehen. Das würde er nicht mehr durchhalten. Die Knochen stachen ihm durch die Kleidung, sein unrasiertes Gesicht sah aus wie ein Totenschädel und die vielen Kratzer und Wunden an seinem Körper brannten. Er hatte nicht einmal mehr Hunger, wusste nicht, was er aß, und hielt sich mühsam aufrecht, zwischen lähmender Mattigkeit und überwacher Hellhörigkeit im Wissen um die Bedrohung, die seine Pulse auf Kommando rasen ließ. Manchmal hatte er einen solchen Black-out, dass er sich an bestimmte Situationen gar nicht mehr erinnern konnte; sie waren wie weggewischt, fortgeschwemmt aus dem Gedächtnis. Er hielt sich den Kopf und hatte das Gefühl, unwiderruflich wahnsinnig zu werden. Jetzt war es nicht mehr der Gedanke an Emilia, an die Frau, die er liebte, der ihn weitermachen ließ, sondern es war die mechanische Bewegung, einen Fuß vor den anderen zu setzen, weiterzugehen, weil es kein Zurück mehr gab. Wann war es endlich so weit, wann würde das alles einmal ein Ende haben? Wenn es so weiterging, zweifelte er daran, den Westen und die Heimat noch einmal lebend zu erreichen. Die sinnlose Verteidigung, diese kleinen Schlachten rieben ihn auf. Nein, jeden vagen Gedanken an eine Zukunft hatte er mittlerweile aufgegeben. So, wie er jetzt aussah, ein Knochengerippe mit Alpträumen, zitternd jede Nacht hochschreckend, das konnte er keiner Frau mehr zumuten. Er war fürs Leben geschädigt, wenn er jemals weiterexistieren würde.

»Denkst du auch über alles nach?« Die verhaltene Stimme von Oberfeldwebel Rühmann, dessen ehrliches Gesicht von Anfang an einen Vertrauen erweckenden Eindruck auf ihn gemacht hatte, tönte leise in sein Bewusstsein. Er drehte den Kopf. »Ich sehe, du kannst auch nicht schlafen«, fuhr Rühmann fort. »Komm raus und rauch eine Zigarette mit mir, ich brauch jemanden zum Reden.«

Der Gedanke an eine Zigarette, lang vermisst, lockte ihn. Conny erhob mühsam die geschundenen Glieder und trat vor die Tür in die feuchtkalte Luft eines undefinierbaren Himmels ohne Sterne, an dem im diffusen Licht der Nebelfelder am Horizont ein bleigrauer Morgen heraufdämmerte. Es war, als mische sich der leise Duft des erwachenden Frühlings darunter, ein unbestimmter Geruch von Erde und Neuanfang, der durch das abziehende brandige Gewölk des Pulverdampfs drang, das noch in der Luft lag. Gierig saugte Conny an der selbst gedrehten Zigarette, die der Oberfeldwebel ihm reichte und ihm mit leise zitternden Fingern selber anzündete.

Schweigend sahen die beiden Männer in den heraufziehenden trüben Tag, der die Umgebung in eine schmutzige, trostlose Matschkulisse mit Pfützen, vereinzelten weißlichen Schneeresten und dürr sich zum Himmel streckenden kahlen Bäumen verwandelte. »Die andern sind uns jetzt schon voraus«, sagte Rühmann trocken, während er mit einer heftigen Bewegung die Asche wegschnippte, »das ist überhaupt keine Frage. Und wir? Nach uns fragt keiner mehr – wir sitzen direkt in der Scheiße.« Seine Stimme wurde lauter, nahm einen wütenden Tonfall an. »Das darf doch nicht sein, das können die doch mit uns nicht machen! Wir stecken mittendrin im Kessel. Für was, frage ich dich, für was sollen wir denn jetzt noch kämpfen?«

Conny nickte stumm und sog den Rauch der Zigarette tief in seine Lungen, als wäre es ein Hauch von jener lässigen Freiheit, die ihm plötzlich wieder so wertvoll schien. Das Nikotin belebte seinen matten Körper und seine Gedanken begannen sich zu ordnen und neuen Widerstandsgeist zu entwickeln. Gute Frage, für was, dachte er. Für was kämpfen wir eigentlich noch? Früher wussten wir es genau. Doch dann sagte er laut und trocken: »Wir müssen der Wahrheit ins Gesicht sehen. Wir sollen so lange kämpfen, bis wir unser letztes Hemd verloren haben, bis wir nicht mehr können, bis sie uns ganz in der Ecke haben und nur noch den Abzug drücken müssen!« Er sah Rühmann direkt ins Gesicht, um den Ausdruck seiner Augen zu erforschen, die ihn, wie er feststellte, voll unverhüllter Angst und Hoffnungslosigkeit ansahen. Es war ihm ernst, todernst.

Im Gesicht des Oberfeldwebels zuckte es nervös, er trat einen Schritt vorwärts und warf die Zigarette weg. »Wir müssen hier weg! Das ist die einzige Lösung. Und sei es auf eigene Faust. Ich übernehme die Verantwortung!«

»Ich bin dabei«, antwortete Conny mit fester Stimme, während er mit dem Absatz die Glut austrat. »Und ich glaube, ich spreche auch für meine Kameraden. Wir sehen alle keinen Sinn mehr darin, hier auszuharren. Wir müssten schon längst zurück und bei unserem Haufen sein. Da stimmt doch etwas nicht, das haben wir alle schon lange gemerkt.«

»Gut!« Die Stimme Rühmanns klang heiser und seine Lider flackerten. »Ich tue, was ich für meine Pflicht ansehe. Und die ist, die Kameraden hier herauszuführen. Wer sich traut mitzugehen, soll um vier Uhr bereit sein. Morgen früh marschieren wir los. Ich nehme alles auf meine Kappe – im Fall, dass etwas schief geht. Aber wenn, dann ist es sowieso egal – so oder so müssen wir dran glauben.«

Am folgenden Tag gab es endlose Diskussionen, pro und contra, wohin und wie man das Unternehmen bewerkstelligen könnte. Die anderen waren sofort dafür und fast alle erklärten sich bereit, mitzugehen. Nach langem Beratschlagen wurde schließlich entschieden, unter Einsatzbefehl von Oberfeldwebel Rühmann ganz einfach die Straße entlang in Richtung Schneidemühl zu marschieren.

Doch Rühmann schien immer nervöser zu werden. Er ging die ganze Nacht rauchend auf und ab, setzte sich nur zwischendurch an seinen Schreibtisch, um eine schriftliche Rechtfertigung dieses Schrittes niederzulegen. Seine Hände zitterten und er trank immer wieder von dem Rübenschnaps, den die Frauen zu brennen wussten und der den Soldaten großzügig bemessen zur Verfügung stand.

Am sehr frühen, eisigen Morgen, der den kommenden Tag noch durch kein einziges Zeichen am Horizont ankündigte, in stockdunkler Nacht um vier Uhr, als sich das Grüppchen im Schein der Lampe frierend draußen versammelte, war er totenbleich und es schien, als kämen ihm Bedenken, als zögerte er, sein Vorhaben wirklich auszuführen. Doch dann marschierte der bewaffnete Trupp stumm und mit beklommenem Herzen los, den finsteren Weg entlang, hinter jedem Busch, jedem der dürr aufragenden Bäumen einen versteckten Partisanen vermutend.

Niemand sprach ein Wort. Waren sie jetzt nicht alle Deserteure, die ihren angewiesenen Platz verließen? Wie sollten sie sich rechtfertigen und würde man Rühmann glauben und es akzeptieren, dass er eigenständige Entscheidungen gegen den Willen Major von Ritgens und damit der Einsatzleitung traf? Wenn es nicht so war, wie Rühmann es darstellte, oder wenn ihm unterwegs was passierte, dann waren sie allein dran und gefragt. Das konnte ja jeder sagen: Der Vorschlag kam vom Oberfeldwebel und wir sind unter seinem Befehl nur mitgegangen.

Ihr schweigsamer Marsch, bei dem man nur das leise Trappen der Stiefel hörte, führte sie eine Straße von öder Regelmäßigkeit, die vor ihren Augen wie ein helles Band die Landschaft durchschnitt, geradewegs in den trüben grauen den Morgen hinein. Der anfangs forsche Schritt der Männer verlangsamte sich immer mehr; jeder wusste, sie hatten die Fünf-Kilometer-Grenze bereits überschritten, die als Maßstab für unerlaubtes Entfernen von der Truppe galt, für Desertion. Der übervorsichtige Theo hielt sich hinter den anderen und fiel zurück. Dann blieb er ganz stehen und rief den anderen von weitem zu: »Ich geh nicht weiter! Mir sträuben sich die Haare und das war bisher immer ein sicheres Zeichen, dass Gefahr im Anzug ist. Ich geh zurück!«

Der stämmige Erich und sein Kumpel Kurt schlossen sich ihm sofort an. »Wer gibt uns die Garantie, dass wir nicht als

Deserteure an die Wand gestellt werden, wenn wir hier so einfach abhauen?«

Conny beschwichtigte: »Wir haben doch alles genau besprochen. Das ist nicht unsere Verantwortung. Wir stehen unter Dienstbefehl!«

»Dienstbefehl! Und wenn der Rühmann auch dran glauben muss, weil er eindeutig gegen den Führer und den Befehl des Oberhauptquartiers gehandelt hat?«

Die Truppe geriet in Unordnung, alles blieb stehen, einige traten unschlüssig heraus und andere murrten mit eingezogenen Schultern untereinander. »Ich hab ganz schön Fracksausen«, flüsterte Max Conny zu. »Das ist nicht richtig, was wir hier machen! Komm, wir gehen zurück.«

Albert rief laut: »Wer geht mit uns? Wir wollen nicht weiter!«

Rühmann sah mit zuckenden Mundwinkeln auf die halb aufgelöste Truppe und senkte den Kopf. Sollte er sich durchsetzen? Die Zurückgebliebenen würden aussagen, er hätte seine Soldaten gezwungen, abzuhauen. Auch er begann, an dem Erfolg des Vorhabens zu zweifeln. Wohin sollte er die Leute führen? Wie genau sich rechtfertigen, wenn man ihn anklagte? Die Gedanken, die ihn schon die ganze Nacht gequält hatten und die er mit dem scharfen Rübenschnaps betäuben wollte, kreisten erneut in seinem Kopf. Zu lange stehen bleiben und reden konnten sie hier schließlich nicht.

»Marsch! Alle Mann zurück! Das war – nur ein Erkundungsausflug!«, rief er schließlich. Und die Männer drehten und marschierten halbwegs erleichtert, aber mit hängenden Köpfen und trüben Zukunftsgedanken den matschigen, aufgeweichten Weg zurück, den sie mit neu aufgeflammter Hoffnung begonnen hatten. Bei Anbrechen des Tages hatte die Realität sie eingeholt – das Wagnis schien zu groß.

Die nächsten Tage nach dem Ausbruchversuch verliefen ruhig und ereignislos. Kräfte schöpfen, schlafen und die Reserven wieder auffüllen war angesagt. Rühmann ließ wieder reichlich von dem in großer Menge vorhandenen Rübenschnaps verteilen und die meisten ließen sich damit regelrecht voll laufen. Nur so gelang es ihnen, ihre unsichere Situation, die verschwommenen und undeutlich formulierten, immer widersprüchlicheren Nachrichten über die allgemeine Kriegslage zu verkraften.

Conny trank gern einen guten Schluck, aber eine innere Stimme warnte ihn, sich bis zur Bewusstlosigkeit zuzuschütten wie die anderen. Er hatte seine Meinung nicht geändert, ihm war klar, dass sie, wenn sie hier ausharrten, nicht mehr lebend wegkämen. Wegen der vielen Überläufer, die desertierten, hatte Hitler strengsten Befehl zum Erschießen gegeben. Überhaupt lauerten die bezahlten Spitzel, »der Heldenklau«, wie man sie im Volksmund nannte, hinter jedem Baum. Es handelte sich um Inspekteure, die einen Soldaten, der sich mehr als fünf Kilometer von seiner Truppe entfernte, ohne viel Federlesens ans Messer liefern oder sofort abknallen konnten und dafür noch eine Belohnung kassierten. Also musste er es anders anpacken. Aber wie?

Er wusste nur eines: Er wollte unbedingt hier weg, er musste weg, das spürte er in allen Fasern seines Körpers. Die Ruhe, ein paar Tage regelmäßiges Essen, das die Frauen zubereiteten, brachte ihn einigermaßen auf die Beine. Stand der Russe schon vor Berlin? Tatsache war, dass die deutschen Truppen, in Unkenntnis, wo die neue Frontlinie sich nun befand, im Dunkeln tappten und verzweifelt versuchten, irgendeinen Anhaltspunkt zu finden; währenddessen tat sich die russische Armee weiterhin mit hervorragendem amerikanischem Material, genügend Treibstoff und den modernsten Maschinen der Luftwaffe hervor und errang immer neue Siege.

Eines Morgens wurde Conny von brummendem Motorengeräusch und den rollenden Rädern fremder Fahrzeuge geweckt. Eine ganze Wagenkolonne, eine Panzerdivision, wälzte sich durch den kleinen Ort, um hier aufzutanken. Also waren sie doch nicht ganz so verlassen, wie es den Anschein gehabt hatte. Das sah nach Verstärkung aus.

Die ankommende Division schien es allerdings sehr eilig zu haben und nicht unnötig Zeit verlieren zu wollen. Der Wagen mit dem Kommandeur hielt mit laufendem Motor vor der Baracke des dort eingerichteten Büros, aber er machte keine Anstalten auszusteigen. Oberfeldwebel Rühmann trat heraus, salutierte und ein kurzes Gespräch zwischen Tür und Angel entspann sich. Die Kolonne schien unter starkem Zeitdruck zu stehen und man interessierte sich wenig für das Schicksal der an ihrem Stützpunkt ausharrenden Soldaten.

»Was machen die denn hier?«, fragte Max flüsternd den Posten.

»Die kommen aus dem Raum Danzig und müssen ganz in der Nähe etwas bereinigen«, war die lakonische Antwort.

»Was denn?«

»Keine Ahnung!«

Rühmann redete eine Weile in aufgeregtem Tonfall auf den Kommandanten ein, dann hörte er nur noch zu, nahm Haltung an und nickte mehrmals. Es war offensichtlich, dass er keine besonderen Anweisungen erhalten hatte; am bedauernden Schulterzucken des Kompaniechefs konnte man deutlich erkennen, dass er nicht die leiseste Ahnung hatte, was mit der Truppe, die hier ausharrte, in naher Zukunft geschehen sollte.

XVII. Kapitel

Raus aus dem Kessel

Schnell verbreitete sich die Nachricht im Lager, von lauschenden Ohren mitgehört, durch fragende Rufe zu den Wagen weitergetragen. Conny, der aus dem Fenster seines Quartiers spähte, verfolgte mit zusammengebissenen Zähnen die Unterhaltung, von der nur leichte Wortfetzen zu ihm drangen: »Habe keine weiteren Befehle für Ihre Truppe – muss mich um den Nachschub für General Guderian kümmern. Habe gehört, dass er abgelöst werden soll...«

Abgelöst! So weit war es schon – die verdientesten Generale wurden abgelöst! Ein Gedanke schoss Conny plötzlich durch den Kopf, ihm wurde siedeheiß und er drehte sich abrupt dem Kameraden zu, der hinter seinem Rücken eher gleichgültig die Szene verfolgte. »Mensch, Max, das ist doch die Chance, jetzt oder nie! Wir hauen ab! So leicht haben wir 's nie mehr. Einfach hinten auf einen der LKWs raufspringen und unter die Plane! Dann sind wir aus dem größten Schlamassel raus und mal wieder ein paar Kilometer näher an der Heimat. Machst du mit? Das ist die einzige Möglichkeit, hier wegzukommen aus der Falle, glaub mir. Woanders kann es auch nicht schlechter sein. Wir müssen weiter nach Westen.«

Max sah ihn verblüfft an. Die Idee war ihm noch gar nicht gekommen. »Ich weiß nicht; was werden die sagen, wenn wir plötzlich auftauchen?«

»Tu, was du willst! Ich mach jedenfalls die Fliege.« Conny wartete die Reaktion des Freundes nicht ab, riss seine Jacke an sich, lief durch den Raum und kletterte in fieberhafter

Eile durch eines der hinteren Fenster. Dann rannte er voran bis zur Wegbiegung.

Die kurze Unterhaltung zwischen den beiden Kommandanten war schon zu Ende und die Kolonne hatte sich längst wieder in Bewegung gesetzt. »Mist«, dachte er, als die Panzer einer nach dem anderen an ihm vorüberrollten, »ein paar Minuten zu spät!« Doch ganz am Ende, als Schlusslicht, kam ein letzter, über und über mit Schlamm bespritzter Munitions-LKW angebrummt, auf den Conny, als er an ihm vorbeidonnerte, von hinten mit einem gewagten Satz hinaufhechtete. Max, der ihm trotz aller Bedenken blindlings nachgelaufen war, hängte sich an die Stoßstange des Wagens und Conny half ihm in letzter Minute, sich hinaufzuziehen. Niemand hatte sie beobachtet, auch der Fahrer fuhr weiter, die Augen stur auf die schlammigen Unebenheiten und Löcher der Straße gerichtet. Der Einheitsdiesel, in dem die beiden Flüchtlinge sich befanden, rumpelte mit rasselndem Geräusch einem unbekannten Ziel zu.

»So, ich glaube, aus dem gröbsten Dreck sind wir raus. Jetzt müssen wir bloß vorsichtig sein bei dem, was wir sagen!«, stieß Conny, noch atemlos, aber erleichtert, mit einem halben Lächeln zu Max hervor, der sich mit zweifelnder Miene gegen eine Kiste Munition lehnte.

»Niemand hat was gemerkt, das ist mal sicher. Aber wie's weitergeht …«

»Lass mich nur machen, ich hab schon eine Idee.«

»Da bin ich aber gespannt. Hoffentlich laufen wir nicht direkt in unser Unglück.«

»Na, schlimmer als hier kann es doch nicht mehr werden. Hauptsache, wir kommen weiter Richtung Westen.«

Max nickte und versuchte es sich mit Hilfe leerer Säcke zwischen der Munition einigermaßen bequem zu machen und die harten Stöße des Wagens auf der ausgefahrenen Straße ein wenig abzufangen.

Am nächsten Halt, einer Bereitschaftsstellung, gab Conny

dem Kameraden, der zögerte, den Wagen zu verlassen, einen derben Stoß und beide kletterten hinunter.

Der Fahrer riss erstaunt die Augen auf, als er die blinden Passagiere aus seinem LKW herauskriechen sah, und fuhr Max barsch an: »Na, das gibt's doch wohl nicht! Wo kommt ihr denn jetzt plötzlich her?«

Der Angesprochene, blass geworden, begann zu stottern. »Wir, wir … Ähh …«

Doch Conny, der rasch seine Jacke mit den Sternen darauf übergezogen hatte, warf sich in die Brust und schnitt ihm forsch das Wort ab. »Ich möchte den nächsten Offizier sprechen«, sagte er in energischem, militärisch klingenden Tonfall, bevor noch der verdutzte Fahrer weitere unnötige Fragen stellen konnte. »Ich habe eine dringende Meldung zu machen.«

Man holte eiligst einen schlaksigen jungen Leutnant herbei, der sehr beschäftigt schien und eine völlig verdreckte Uniform trug. Er wirkte erschöpft, ausgepumpt und sehr zerstreut und warf mit mürrischer Miene nur einen misstrauischen Blick auf die beiden aufgetauchten Soldaten. Doch noch bevor er reagieren oder etwas sagen konnte, grüßte Conny mit tadelloser Haltung: »Heil Hitler!« und ratterte sein Sprüchlein herunter: »Verzeihen Sie, ich bin Schirrmeister Schlusen. Wir kommen von der Schule für Heeresmotorisierung in Kulm, sind versprengt worden. Ich möchte bitten, hier bei Ihrer Truppe eingesetzt zu werden – da, wo wir vorher waren, das sind ja nur Infanteristen, und ich dachte, ich kann mich bei Ihnen mit meiner Ausbildung als Fachmann bei Maschinen einfach nützlicher machen. Denn wie ich sehe, ist das hier ja eine motorisierte Truppe, da sind wir wohl besser aufgehoben. Hier sind meine Papiere.«

Der Leutnant, der stumpfsinnig und gleichgültig zugehört hatte, schien bei dem Begriff Schirrmeister aufzuwachen und seine Miene hellte sich auf. »Schirrmeister sind Sie – so, so. Das ist ja mal eine gute Meldung! Ich wüsste nicht, was wir im Moment nötiger bräuchten. Wir sind nämlich ganz schön in der Bredouille. Wenn das wahr ist, kann ich Sie gleich auf der Stelle hier einsetzen. Sie hat mir ja direkt der Himmel geschickt.«

Conny warf einen triumphierenden Blick auf Max, der sich hinter seinem Rücken versteckt hatte und nun mit neuem Selbstbewusstsein breit hervortrat. Das war ja etwas ganz anderes. Man schien regelrecht froh über ihre Ankunft zu sein! »Der Kumpel ist ebenfalls Kraftfahrzeugmeister«, fuhr Conny fort und deutete auf Max. »Seine Papiere sind leider bei einem kleinen Gefecht abhanden gekommen. Ich kann aber für ihn bürgen.«

Der junge Leutnant sah mit gerunzelter Stirn kritisch zu Max hinüber und wandte sich wieder Conny zu. »Ich bin gerade auf dem Weg zum Regimentsstab, da können Sie gleich mitfahren. Los!«

Er sprang in den vorgefahrenen Geländewagen und Conny und Max stiegen auf das Trittbrett und hielten sich dort fest. Der Fahrer gab Gas und in schnellem Tempo raste der Wagen über die bucklige Piste. Den beiden Soldaten war äußerst mulmig dabei zu Mute, so offen durch das unbekannte Terrain zu fahren, zudem sie ohne Deckung weithin sichtbar auf dem Fahrzeug standen. Tatsächlich knallte es einige Male rechts und links hinter ihnen in den Waldgebieten, durch die sie über Stock und Stein hindurchfuhren, und die beiden zuckten automatisch bei jedem Schuss zusammen, mühsam den eingebrannten Reflex des Duckens und Sich-in-Deckung-Werfens unterdrückend. Mitten im Wald tauchte auf einer Lichtung plötzlich eine Art Bus vor ihnen auf: der getarnte Regimentsgefechtsstand General Guderians, Chefs der dritten Panzerdivision. Der junge Leutnant, erster Adjutant der A 1, wie er sich nannte, beschied seinen Mitfahrern, im Wagen zu warten, während er zackig aus dem Fahrzeug stieg und sich zu einer Gruppe anderer Offiziere gesellte, die vor dem Bus wartete, in dem eine Lagebesprechung abgehalten und der Verlauf des nächsten Einsatzes besprochen werden sollte.

Conny und Max sahen sich vorsichtig um. In dem vor Blicken geschützten Waldstück hinter einer Tannenschonung war der eher schäbige Bus unter Zweigen so gut versteckt, dass man ihn erst aus nächster Nähe erkannte. Nicht weit davon patrouillierten ein paar Soldaten Wache schiebend auf und ab.

Conny stieg ab und gesellte sich leutselig zu ihnen. »Na, was ist denn so los bei euch? Habt ihr Nachrichten? Wir wissen gar nicht, wie es jetzt weitergehen soll, sitzen völlig auf dem Trockenen.«

Einer der beiden, ein großer, magerer Kerl, sah sich nach beiden Seiten um und sagte mit verhaltener Stimme: »Uns geht es nicht viel anders. Die Fahrzeuge sind kaputt oder beschädigt, aber wir kriegen keine Ersatzteile und können nichts reparieren. Keine Munition, nichts wird mehr geliefert. Ein Saustall ist das!«

Conny nickte. »Blöde Sache. Aber ich versteh was von Motoren. Da kann man doch viel basteln und notdürftig zusammenflicken, bevor man gleich ganz neue Teile einbaut!«

»Das musst du mal den anderen erzählen …«

Noch bevor der Soldat weitersprechen konnte, öffnete sich die Tür des Busses und ein anderer Offizier trat mit düster gerunzelter Stirn heraus, ein Schreiben mit einem Funkspruch in der Hand. Er wandte sich direkt an die beiden Flüchtlinge. »Wie kommt es, meine Herren, dass Sie noch nicht zurück in Berlin sind? Was machen Sie eigentlich noch hier? Mir liegt ein Befehl vom Oberkommando Heeresleitung vor, dass Sie sich sofort auf den Weg machen sollen. Die ganzen technischen Leute, die in Kulm eingesetzt waren, sind schon längst da. Tut mir wirklich Leid – wir hätten Sie hier ebenfalls ganz dringend gebraucht.«

Max, der bei den ersten Worten des Offiziers so blass wie

ein Leintuch geworden war, gewann wieder Farbe. »Wir –
wir wussten nicht…«, stammelte er, in seiner Verwirrung
nach passenden Worten suchend.

Conny stieß ihn in die Seite, doch der Offizier achtete nicht auf ihn, faltete das Papier zusammen und fuhr
fort: »Ich habe auf jeden Fall erst mal einen Marschbefehl
schreiben lassen und musste in aller Eile dem Leutnant noch
Namen und Einheit angeben. Hier, nehmen Sie, das ist für
Sie! Aber vorsichtig, der Russe ist jetzt schon in der Nähe
von Stolp!« Damit drückte er den beiden das kostbare Do-
kument, den ausgeschriebenen Marschbefehl nach Berlin,
Kaserne Königs Wusterhausen, mit Stempel, Unterschrift
und allem Drum und Dran, in die Hand.

Conny verbarg die jäh in ihm aufsteigende Erleichterung
hinter einer seriösen Miene und fragte: »Und wie dachten
Sie, dass wir am schnellsten dorthin kommen?«

Der Offizier hörte schon nicht mehr zu; er wurde von
drinnen gerufen und sprach leise mit seinem Adjutanten.
Erst in letzter Minute, bevor er die Tür des Busses hinter
sich zuklappte, wendete er sich noch einmal um. »Wie Sie
nach Berlin kommen, haben Sie gefragt? Da müssen Sie sich
schon irgendwie durchschlagen. Ach ja, fast hätte ich es vergessen – ich hab natürlich eine Landkarte für Sie. Aber jetzt
sehen Sie schleunigst zu, dass Sie weiterkommen, bevor der
Laden da oben dicht ist. Vorerst können Sie ein Stück mit
unserem Verpflegungs-LKW mitfahren, der noch heute hier
abgeht. Heil! Und alles Gute!« Nach diesem Gruß war er
mit den anderen im Bus verschwunden.

Es begann zu regnen und auf den halb noch gefrorenen
Straßen bildeten sich breite Wasserpfützen, die hoch spritz-
ten und deren Schlamm über die durchdrehenden Räder die
Uniform der beiden Männer genauso besudelte wie die des
jungen Leutnants, der gedankenvoll mit verbissenen Zügen im Fond saß. »Mist, verdammter!«, fluchte er, sich he-
rumdrehend und die beiden Männer mit einem bedauern-

den Blick streifend. »Was glauben Sie, wie gut ich Sie hätte brauchen können! Was sollen wir mit unseren kaputten Panzern machen, mit denen wir hier festhängen? Aber Befehl ist Befehl!«

»Verstehe!«, schrie Max durch das Motorengeräusch, ein ungewolltes Grinsen verzog sein Gesicht. »Kann man eben nichts machen!« Im Herzen der beiden Männer jubelte nur ein Gedanke: nach Berlin, nach Berlin! Endlich heim, heraus aus der Hölle des sinnlos gewordenen Kampfes, in der sie den ganzen Winter gefroren, gehungert, durch Dreck und Schnee gerobbt waren und unter unendlichen Strapazen ihr Leben verteidigt hatten. Heim!

Sie ahnten nicht, dass sie sich geradewegs in die Höhle des Löwen begaben, denn Berlin war jetzt das Zentrum und Ziel der Russen, die langsam das Netz um die Stadt zuzogen und ihre Geschwader schon mit Bomben und Sprengkörpern ausgerüstet hatten, auf den letzten Sieg über die ausgeblutete Armee und die baldige Einnahme dieser Stadt rechnend.

Das Kloster war endlich leer geräumt. Die schweren Fälle, die Fiebernden und Amputierten, hatte man so eng wie möglich in Sanitätswagen untergebracht, in denen sie, der Not der Situation gehorchend, so eingezwängt lagen, dass sie kaum Luft bekamen. Die anderen Kranken wurden bis zur nächsten Rot-Kreuz-Station irgendwie verteilt, auf organisierte Planwagen gebettet oder auf die Fahrzeuge mitleidiger Flüchtlinge geschafft, die noch Platz hatten.

Der Zug der Hilflosen und Moribunden bot im trüben Licht des Wintertages ein trostloses Bild. Obwohl man wusste, dass viele in ihrem erbarmungswürdigen Zustand einen Transport nicht überleben würden, konnte man sie doch nicht im Kloster zurücklassen, und so mussten die Stöhnenden und Schwerkranken wohl oder übel die Schmerzen ertragen, die ihnen die ungepolsterten Feldkarren ohne jeden Komfort bereiteten, deren grobe Räder sie über die unebenen Wege, über Stock und Stein hin und her schüttelten. Es war nicht mehr so kalt wie zuvor, eine fast milde Luft wehte, in der ein deutlicher Hauch des kommenden Frühlings lag. Zaghaft wagten sich die ersten Primeln heraus, Schneeglöckchen blühten an den Wegrändern und die Vögel, zahlreicher werdend, pfiffen und tirilierten mutig und wie zum Trotz auf den noch dürren Wipfeln.

Dr. Michelsen, dem die Verantwortung für diese makabere Situation wie eine düstere Last auf den Schultern lag, versuchte, nichts von der Trauer, der unendliche Bitterkeit des Leides und dem Schmerz der Todgeweihten, die er begleitete und für die er tat, was in seinen Kräften stand, an sich herankommen zu lassen. Gleichgültigkeit und eine seltsame Freudigkeit, ein Sich-dem-Schicksal-anheim-Geben hatten in den letzten Tagen überraschend von ihm Besitz ergriffen. War nicht die Natur auch mitleidlos? Sie sah alles an sich vorüberströmen, Glück und Unglück, Blühen und Vergehen, Krieg und Frieden, Zerstörung und Aufbau. Musste man nicht einfach alles so hinnehmen, wie es war, es so erleiden, wie es einem auferlegt war? Gab es denn überhaupt eine höhere Fügung, die das alles zuließ, die alles steuerte? Er zweifelte mehr denn je daran. Aber auch das Gegenteil konnte nicht wahr sein, denn dass diese unglaubliche Ordnung der Welt – der ewig neue Morgen, das Wachsen und Absterben – ein purer Zufall war, schien schlichtweg unmöglich. Welche neue Erkenntnis hatte er nun also in den Kriegsjahren, der Zeit des Massensterbens, gewonnen? Lohnte sich ein Aufbäumen gegen das Geschick oder war alles vorbestimmt und vielleicht in irgendeinem verborgenen Sinn verankert?

Die Philosophie-Vorlesungen an der Erfurter Universität fielen ihm ein, die er als junger Mensch mit großem Interesse besucht hatte, in jener Zeit, als er sich noch nicht entscheiden konnte, welches Studienfach er belegen sollte. Er entsann sich der vielen verschiedenen Lebensansichten der Philosophen. Alle schienen sie wahr zu sein, alle hatten sie ihre Logik und ihre Berechtigung. Aber nichts half wirklich in der Bewältigung der Wirklichkeit. Musste man also stoisch alles Leid ertragen oder lohnte es sich, das Glück zu erkämpfen, seinen Willen mit Gewalt durchzusetzen? Er wusste es heute so wenig wie früher, immer noch rätselte er, ob es möglich wäre, den Lauf der Dinge zu beeinflussen, in die man hineingeworfen war, Geschehnisse abzuwenden, die einen unerwartet wie bissige Hunde überfielen und bei denen man sich die Seele mit vergeblichen Zweifeln zerfleischte, wenn man einen Sinn darin suchte. Wie konnte er zukünftig jemals wieder Befriedigung darin finden, einen einzigen Menschen zu heilen, wenn hier Hunderte unter seinen Händen wegstarben, nur weil er nicht genügend Instrumente, Medikamente und Helfer besaß – weil das Schicksal ihn hier allein ließ, mit all dem Grauen, das ihn schier erdrückte? Er wusste genau, dass sein Leben forthin niemals mehr das gleiche sein würde; seine Ideale, seine Ziele waren für immer zerstört. Und doch spürte er in der lauen, verheißenden Luft des kommenden Frühlings eine unterdrückte Lebenslust, einen Kitzel, neu zu beginnen, neu und doch ganz anders.

Sein Herz klopfte unruhig und ein Schauer glitt über seinen Rücken, wenn Schwester Emilia sich nachts neben ihm über die Kranken beugte und ihre halboffenen Zöpfe seine Hände streiften. Dann fühlte er sich lebendig, bereit, alles zu leisten, eine ganze Welt zu tragen, zu verstehen und alles neu zu schaffen. Doch der Gedanke, dass sie ihn eines nicht allzu fernen Tages vielleicht allein lassen würde und mit ihrem Verlobten fortginge, erfüllte ihn mit dem Grauen des Todes, der Leere und des Schmerzes. Niemals durfte sie gehen. Sie würde sein Leben mitnehmen. Nie und nimmer hätte er dann noch den Mut zu einem Neuanfang. Wie ein Kind klammerte er sich an den Gedanken, dass sie für immer bei ihm bleiben sollte, dass er ohne sie nicht mehr leben konnte, dass nur sie ihn schützte vor all den Alpträumen, den Erinnerungen und dem Zweifel an dem Sinn des Lebens, der ihn schon jetzt nicht mehr losließ. Er dachte an all die Dämonen, die nur darauf warteten, ihn zu überfallen an dem Tage, an dem sie aus seinem Gesichtskreis entschwinden würde, und er schwor sich, alles daranzusetzen, damit sie bei ihm bliebe.

Der Weg war hart und die Strecke über den aufgeweichten Boden mühsam. Wie nicht anders zu erwarten, starb einer nach dem anderen der Schwerverletzten; sie wurden unterwegs nicht weit vom Weg, notdürftig mit Zweigen oder Gestrüpp bedeckt, einfach abgelegt und liegen gelassen. Man hatte einfach keine Zeit, sie zu begraben, und man musste an die Lebenden und an sich selbst denken. Nur die Stärksten und Zähesten konnten diesen Treck unter unmenschlichen Bedingungen überleben. Unermüdlich waren der Arzt, Emilia und die freiwilligen Hilfskräfte mit der Pflege der Kranken beschäftigt und sie stellten alle Gedanken und Gefühle von Mitleid und Angst ganz in den Hintergrund, ja schalteten sie einfach ab, wenn einer der Patienten starb. Letztlich hatte er die Tortur überstanden und musste nicht mehr leiden.

»Dr. Michelsen! Ich habe Ihnen auch eine Tasse Tee gemacht, das wird Ihnen gut tun.« Die schöne, melodische Altstimme riss ihn aus seinen vagen Gedanken und dem übermüdeten Zustand im Niemandsland zwischen Schlafen und Wachen. Die Bäume dufteten würzig in der anhaltend milden Luft und über allem herrschte für eine Weile die Atmosphäre trügerischen Friedens. Emilia setzte sich mit einem Becher ihres eigenen Getränks neben ihn auf die Planken des ausgespannten Planwagens, der auf einem Waldweg in den ersten wärmenden Sonnenstrahlen zur Rast abgestellt war. Neben sich hatte sie einen kleinen Berg weißer Mullbinden zum Aufwickeln angehäuft. Sie seufzte tief auf, nahm einen Schluck und lehnte sich mit halbgeschlossenen Augen zurück. »Meinem Vater geht es gar nicht gut. Er hat heute Nacht wieder einen schweren Asthma-Anfall gehabt. Seine Lippen waren ganz blau. Ach, einmal nur möchte ich ausschlafen können, ein einziges Mal! Wenn wir endlich im Lager in Stade sind, werde ich drei Tage hintereinanderweg schlafen.«

Der Arzt nahm ihre Hand und betrachtete die raue, abgearbeitete Struktur der Handfläche. Am liebsten hätte er sie an seine Wange, an seine Lippen gedrückt, aber er fürchtete die Schwester zu erschrecken. »Warum haben Sie mich nicht geweckt?«, murmelte er leise und versuchte ihr in die Augen zu sehen.

Emilia senkte die Lider vor diesem fordernden, zärtlichen Blick und zog ihre Hand langsam zurück. Sie begann sich mit den Mullbinden zu beschäftigen und wickelte eine nach der anderen sorgsam zu einer Rolle auf. »Ich wollte Sie nicht stören – Sie haben schon so viel getan! Ich bin ganz gut zurechtgekommen, er hat auf seine Bronchien-erweiternden Tropfen gut angesprochen – man kann ja nicht jedes Mal eine Spritze geben. Ich glaube fast, dass es dann nach einer kurzen Erleichterung wieder doppelt so schlimm wird. Aber sein Herz macht mir Sorgen; es ist bereits angegriffen. Heute Nacht war sein Puls so unregelmäßig, dass er mir Angst einjagte.«

Der Arzt sah verträumt vor sich hin; er hörte kaum zu. Ihn beschäftigten andere Gedanken. »Lieben Sie ihn?«, fragte er unvermittelt.

Erschreckt fuhr Emilia zusammen und verschüttete ein paar Tropfen ihres Tees. »Lieben? Wen?«

»Na, Ihren mysteriösen Verlobten. Wo werden Sie ihn treffen, wo ihn wiedersehen?«

»Siegfried? Ich weiß nicht«, wich Emilia errötend aus, stellte die Blechtasse hin und warf den dicken Zopf, den sie heute nicht aufgesteckt trug, auf den Rücken. Sie hatte schon lange nicht mehr an Siegfried gedacht. Er war wie ein Schatten hinter dem immer größer werdenden Bild des anderen Soldaten in ihrem Herzen verschwunden. Ob der andere sich noch an das Versprechen erinnerte, dass sie sich in der Kulmer Kirche gegeben hatten? Welch unaussprechlicher Zauber über dieser Szenerie gelegen hatte. Und wie hatte sie sich über seinen Namen amüsiert, als er ihr das Du anbot, damals – Cornelius Heinrich! »Und wie soll ich Sie jetzt nennen?«, hatte sie spitzbübisch gefragt auf dem Rückweg bei Mondschein über den nächtlich hart gefrorenen, knirschenden Schnee.

»Wie Sie wollen, schöne Frau. Wenn Ihnen diese Namen nicht gefallen, können Sie mich auch Heinz oder Conny rufen. Die Hauptsache ist, dass Sie – pardon: du – nur mich meinst!«, hatte er erwidert und ihr übermütig einen Kuss gestohlen. Ein ungewolltes Lächeln der Erinnerung trat auf ihre abwesenden Züge und laut antwortete sie, sich in die Wirklichkeit zurückrufend: »Das wird sich alles zeigen. Ich hoffe, mein Verlobter lebt und es geht ihm gut. Im Moment habe ich ganz andere Sorgen. Lorchen kränkelt und ...«

»Emilia« – der Arzt versuchte den Arm um ihre Schultern zu legen und seine Stimme wurde eindringlich –, »Sie weichen mir aus. Überlegen Sie sich alles noch einmal ganz genau. Wenn dieser Siegfried nicht zurückkommt, wenn ... Ich kann Ihnen doch eine Zukunft bieten, Ihnen und auch Ihrer Familie. Bleiben Sie bei mir! Ich kann Sie nicht mehr entbehren. Sie sind alles für mich. Ohne Sie ...« Seine Stimme brach und nahm einen fast bebenden Ton an, bei dem seine Lippen zu zittern begannen.

Die junge Schwester wendete sich verlegen ab, rückte das weiße Häubchen zurecht und stand auf. Die Situation begann ihr immer peinlicher zu werden. Was sollte sie ihm sagen, ohne ihm ganz den Lebensmut zu nehmen in seiner verzweifelten, unglücklichen Liebe zu ihr? Mit einer zärtlichen Gebärde strich sie dem Mann über die Stirn, der sich so mitleidsvoll für sie aufopferte und dem sie mit der Wahrheit das Herz brechen musste. »Lieber Gott! Was soll ich Ihnen denn jetzt darauf antworten? Das ist doch alles so nebensächlich! Wir werden sehen, was die Zukunft bringt«, sagte sie ausweichend. »Das Wichtigste ist doch, dass wir hier heil herauskommen.« Der klagende Ruf eines Verletzten aus dem Sanitätswagen – »Schwester Emmi, Schwester Emmi!« – kam ihr in diesem Moment außerordentlich gelegen. »Entschuldigen Sie mich«, sagte sie mit einem bedauernden Blick, nahm ihre Tasche mit den aufgewickelten Verbänden und ging ohne ein weiteres Wort davon.

Der Arzt, zwischen Verzweiflung und Hoffnung schwankend, sah ihr mit bangen und sehnsuchtsvollen Augen nach, wie sie sich in ihrem schönen, wiegenden Gang entfernte. Von weit her klang ein seltsames Geräusch, ein leichtes Brummen vielleicht. Schlagartig verwandelte sich der Gesichtsausdruck Dr. Michelsens in den reglosen und gespannten Ernst, der sich im Augenblick der äußersten Gefahr bei jedem Lebewesen zeigt. Er sprang hastig auf, beschattete die Augen mit der Hand und suchte den Horizont ab.

Das bedrohliche Motorengeräusch sich nähernder Tiefflieger war nun deutlicher vom Himmel zu hören, in dessen unschuldigem Blau sich wie dunkle Punkte vereinzelte Maschinen abzeichneten. Das gesammelte Geschwader, das plötzlich geschlossen zwischen den weißen Frühlingswolken auftauchte, verursachte ein ohrenbetäubendes Heulen. Es war keine Zeit zu verlieren.

»Schnell!«, schrie er. »Schwester Emmi! In Deckung! Russische Tiefflieger – ein Angriff!« Er drängte die Kranken mit beinahe grober Hast zusammen, schloss mit einem Ruck die Türen des Sanitätswagens, gab Gas und schoss mit einem Satz ohne Rücksicht auf die ächzende Besatzung über die Grasnarben zwischen den Bäumen tiefer in den Wald hinein.

Aber es war auch allerhöchste Zeit. Einige der Patienten, die, auf ihre Stöcke gestützt, ein wenig umhergehumpelt waren, beeilten sich, auf eigene Faust schützendes Dickicht zu erreichen. Die kleine Lore, die Blumen pflückend umhergehüpft war, schrie laut auf, als der Himmel sich verdunkelte und der schreckliche, lang gezogene Sirenenton der heranrasenden, todbringenden Luftwaffe ihre Ohren betäubte. Sie ließ vor Schreck einen Teil ihres mühsam gesammelten Straußes fallen, als die Mutter sie fest beim Arm packte, hinter sich her zog und sich hinter einer Bodenerhebung mit ihr auf die Erde warf. Emilia, die einem Kranken, der sich krampfhaft an sie klammerte, dabei zu helfen versuchte, so schnell wie möglich von der Lichtung wegzukommen, ließ beim lauten Knall eines Einschlags dicht neben ihr seine Hand los und riss ihn ungewollt mit sich in ein dorniges Gestrüpp. Dr. Michelsen, der sie endlich gefunden hatte, hastete zu ihr, zog sie hoch und nahm sie in die Arme, als wollte er sie mit seinem Körper schützen. Sie wehrte sich wie eine Katze gegen seine Nähe und gab ihm einen so heftigen Stoß, dass er sie taumelnd freigeben musste. Feuer speiende Explosionen, lautes Geknatter und Krachen der Treffer rings um ihn her warfen ihn wie von selbst nieder und er drückte sich instinktiv tief in eine Bodenwelle. Trotz dieses Schreckens unmittelbarer Todesnähe konnte er, das Gesicht auf die feuchte Erde gepresst, eigentlich nur daran denken, dass sie seine Berührung, seine Umarmung nicht einmal im Augenblick der schlimmsten Gefahr dulden wollte.

Jeder, der irgend konnte, versuchte sich Hals über Kopf vor den Angreifern aus der Luft irgendwohin in Sicherheit zu bringen, einer stürzte über den anderen. In rasender Geschwindigkeit schossen mit kreischendem, furiosem Sirenengeheul die Flugzeuge erneut heran und warfen ihre tödliche Last über dem Waldgebiet ab. Ringsumher spritzte die Erde hoch, gruben fallende Bomben und explodierende Granaten tiefe Einschnitte zwischen Bäume und Tannenschonung. Kaum wagten die Bedrohten den Kopf zu heben, da sahen sie schon die Flugzeuge drehen und erneut heranrasen, als wären sie noch nicht zufrieden mit der Zerstörung und dem Tod, den sie gebracht hatten. Gellende Schreie, Hilferufe wurden laut und der Lärm war so infernalisch, dass man glaubte, das Ende der Welt wäre gekommen. Feuerbälle, Rauch und dichter Qualm, hinter dem von irgendwo her ohrenbetäubendes Pfeifen und Krachen ertönte, verwandelten den verheißungsvollen Frühlingstag in eine neblige Gluthölle, die Tod und Verderben brachte.

Endlich herrschte Stille – Grabesstille. Niemand bewegte sich, niemand sprach, als der Rauch langsam davonzog und den Blick freigab auf eine Szenerie, bei der selbst den Abgebrühtesten der Gruppe der Atem stockte. Hustend erhob sich als Erster der Arzt und klopfte sich die Erde von der Jacke. Seine Augen tränten, fast blind sah er sich vorsichtig um.

Neben ihm lag ein Toter mit einem weißen Verband am verdrehten Bein, die Glieder gestreckt und wie hingemäht, offenbar von einem Granatsplitter in den Kopf getroffen. »Warum hat es nicht mich erwischt, warum bin nicht ich es, der nun dort liegt, von allen Skrupeln, den Zweifeln meines Lebens und vor allem von dieser unnützen Leidenschaft zu einer Frau, die mich nicht liebt, für immer befreit?«, schoss es dem Arzt bitter durch den Kopf. Wie wählte der Zufall, das Schicksal, aus? Welche Kriterien galten?

Blitzartig packte ihn die Angst. Und sie? Wo war sie geblieben? Wenn ihr etwas zugestoßen wäre? »Schwester Emmi!« Hohl und wie erstickt kam seine ihm fremd scheinende Stimme aus der trockenen Kehle; er musste husten, rang nach Luft und rief erneut: »Schwester Emmi, wo sind Sie?« Er taumelte zwischen Ästen und Gräben umher, bis ihm schließlich ein leises Wimmern ans Ohr drang. »Mama, Mama, wach doch auf! Was hast du denn? Du kannst jetzt aufstehen, alles ist vorbei, sie sind endlich weg. Sieh doch!«

Die blonde Kleine, das Schwesterchen Emilias, lag am Boden über die Mutter gebeugt und zog und zerrte an ihrer Hand, damit sie doch endlich aufstünde. Als sie sich nicht regte, begann sie ihr zart über die bleiche Stirn zu streichen und ihr verzweifelt ins Ohr zu flüstern, sie möge doch endlich aufwachen und mit ihr kommen. Anna-Maria lag mit halbgeschlossenen Augen reglos auf dem Rücken, die blassen Züge erstarrt, als schliefe sie – entspannt, hingegeben und mit einem halben Lächeln, das Erstaunen ausdrückte. Nur ein kleines, dünnes Rinnsal Blut rann ihr aus den halbgeöffneten Lippen über die Wange. Sie sah aus, als hätte sie eine große Verantwortung, einen schweren Ballast endlich abgeworfen.

»Mama!« Der laute und angstvolle Aufschrei Emilias, die die Situation sofort begriffen hatte, schnitt dem Arzt mehr ins Herz als der Anblick des verzweifelten Kindes, dem die Mutter genommen war. »Mamutschka!« Wildes und verzweifeltes Schluchzen begleitete ihren Versuch, die Mutter aufzurichten. »Das kann nicht sein! Nicht sie! Nein, niemals – nicht jetzt!«

Der Arzt umfasste ihre Schultern und versuchte sie von der Toten wegzuziehen. Wild schlug sie ihm ins Gesicht, ihre Zöpfe hatten sich gelöst und die Haare hingen ihr wie einer Furie wirr ins Gesicht. Ihre grünen Katzenaugen funkelten ihn feindselig an. »Lassen Sie mich doch endlich in Ruhe! Sie ist ohnmächtig – verletzt, ich muss ihr helfen!«

»Sie können ihr nicht mehr helfen«, erwiderte der Arzt mit brüchiger Stimme, »es ist zu spät. Sehen Sie doch – man braucht keine medizinischen Kenntnisse, um das zu erkennen.« Er drehte den leblosen Körper halb um und deutete auf eine klaffende, blutende Wunde im Rücken. »Sie hat sich über das Kind geworfen, um ihre Tochter mit ihrem Körper zu schützen.« Obwohl Dr. Michelsen sich selbst als einen durch die tägliche Routine bei den Kriegseinsätzen abgebrühten Mediziner bezeichnete, kamen ihm wider Erwarten plötzlich die Tränen, so als berührte ihn gerade dieses fremde Schicksal wie sein eigenes. Der Anblick, die Geste, mit der Lorchen den Kopf mit den blonden Locken auf die

Brust der Mutter sinken ließ und sich wie Hilfe suchend fest an sie schmiegte, drückte ihm schwer auf die Seele. In den kleinen Fäusten hielt sie noch den Rest der geknickten Feldblumen – Minuten vorher gepflückt und schon verwelkt.

Emilia starrte mit geweiteten Augen und bebenden Lippen auf die riesige Wunde im Rücken der Mutter, deren Körper der Arzt behutsam zurück ins Gras sinken ließ, und wich entsetzt zurück. Eine eisige Kälte hielt plötzlich ihr Herz umklammert und vor ihren Augen begann es zu flimmern. »Nein, nein, nein!« Nur dieses eine Wort brachte sie hervor, schrie es in dumpfer, grausamer Verzweiflung heraus. Dann brach sie wie unter einem Hieb in die Knie und verbarg das Gesicht in den verschränkten Armen, als wollte sie nichts mehr sehen. Es konnte nicht sein – es durfte nicht wahr sein! Sie waren doch schon beinahe angekommen, fast in Stettin, bald in Stade! Nur noch wenige Kilometer bis dahin, nach der langen Flucht unter unendlich vielen Gefahren und Hindernissen. So lange hatte sie auf die Eltern gewartet – und jetzt, als sie endlich vereint waren, nachdem sie sich unter so vielen Flüchtlingen endlich gefunden hatten, jetzt wurde die Mutter so sinnlos durch einen Zufallstreffer getötet. »Nein!« Der gequälte Aufschrei entrang sich tief ihrer entsetzten, von Leid und Kummer zusammengepressten Brust.

Die Kleine blickte auf und sah ihre große Schwester zusammengekrümmt vor sich, laut schluchzend und den Kopf in den Händen vergraben. In ihren großen grüngrauen Augen lag Unverständnis, eine unbeantwortete Frage, ein großes Warum. Dann, von einem Augenblick auf den anderen, begriff sie endlich. Das gutmütige Kindergesicht verzog sich zu einer erbarmungswürdigen, weinerlichen Fratze und zwei dicken Tränen rollten über die sommersprossigen Pausbacken. Langsam öffnete sie die kleine, zusammengeballte Faust und ließ die gequetschten Blüten langsam zu Boden gleiten, ihnen unbeweglich nachsehend. Dann, als wollte sie das Ungeheure einfach wegwischen, als genügte es, einfach davonzulaufen, sprang sie plötzlich auf und rannte voller Panik auf ihren kleinen Beinen aufs Geratewohl los, kreuz und quer, so schnell sie es vermochte, mitten über die von Einschlägen aufgepflügte Wiese.

Die blinde Flucht des Kindes brachte Emilia wieder zu Verstand. »Lorchen!«, rief sie mit schriller, sich überschlagender Stimme, während sie aufsprang und der Kleinen nachlief. »Lore, komm her, komm zu mir! Bleib stehen, bleib hier – bleib bei mir! Ich bin doch da – ich bin doch für dich da!«

Der Arzt folgte Emilia reglos mit den Blicken, wie sie mit großen Sätzen der Kleinen nachjagte, von der man nur noch die in der Ferne flatternden blonden Löckchen sah. Endlich blieb Lorchen stehen und Emilia konnte nach gutem Zureden das immer noch widerstrebende Kind auf den Arm nehmen. Langsam, ihr Schwesterchen fest an sich gedrückt, kam die junge Frau atemlos und mit versteinerter Miene zurück, die in Tränen schwimmenden Augen starr und schmerzerfüllt in eine unbestimmte Ferne gerichtet. Mechanisch murmelte sie beruhigende Worte in das flaumige Haar des Kindes hinein, dessen gesenkter Kopf sich Schutz suchend und unendlich traurig gegen ihre Bluse drückte.

Was sollte jetzt werden? Lorchen war nun wirklich ihr Kind geworden; sie musste von nun an für sie sorgen und sie beschützen. Und ihr Vater, todeskrank, wartete im Sanitätswagen vergeblich auf das beruhigende und tröstende Lächeln seiner Frau, auf ihre Hilfe, die ihn bisher am Leben gehalten hatte. Was sollte sie ihm nun sagen? Wie sollte sie mit all dem nur fertig werden?

Auf vielen Umwegen, durch ausgebrannte Dörfer und verödete Landstriche, langten die beiden Männer nach zwei Tagen vorsichtiger Fahrt mit dem militärischen Verpflegungs-LKW endlich in Stolp an der Ostsee an. Immer wachsam und auf der Hut, rechneten sie hinter jedem Busch, jedem Waldstück mit einem überraschenden Angriff der Russen, von denen sie fürchteten, aufgehalten zu werden. Es war allerhöchste Zeit, das war jedem klar, der Augen und Ohren hatte; die russischen Divisionen standen inzwischen fast vor den Toren der Stadt und im Zentrum selbst herrschte ein so heilloses Durcheinander, dass sie sich anfangs gar nicht zurechtfinden konnten. Überall drängten sich mit trostlosen Gesichtern die Menschen, verwirrt und in Aufbruchstimmung irrten sie mit Sack und Pack durch die Straßen, um sich in unabsehbarer Menge am Bahnhof zu sammeln und den nächsten Zug nach Stettin noch zu erreichen. Auf den Perrons sah man ein Gewühl, ein angstvolles Geschiebe und Gezerre vor den Gleisen, ein Schleppen von Gepäckstücken, die dann doch irgendwo stehen gelassen wurden, und traurige Abschiedsszenen von den Alten und Eigensinnigen, die trotz aller düsteren Voraussagen ihre Heimat, ihr Haus, ihren Besitz nicht im Stich lassen wollten.

Die beiden Soldaten ließen sich, am Bahnhof angekommen, von der Menge treiben; sie konnten gar nicht anders, denn man schob und drückte sich gegenseitig. Der Zug nach Stettin, von dem es hieß, er würde als nächster, vielleicht gar als letzter den Bahnhof verlassen, stand schon unter Dampf und abfahrbereit auf den Gleisen. Die Menge geriet noch stärker in Bewegung. Wer in den Wagen keinen Platz fand, drängte in die Güterwaggons, stieg auf das Dach oder klammerte sich an die Trittbretter. Es war ein Chaos ohnegleichen. Überall hingen Menschentrauben an den völlig überladenen Wagen.

Von dem reißenden Menschenstrom erfasst, kämpften sich die beiden Soldaten zusammen mit den anderen vorwärts und wurden, ob sie wollten oder nicht, vorangeschoben. In qualvoller Enge zusammengepresst, sprangen sie auf das erstbeste Trittbrett, das sie erreichen konnten, und wurden sofort von der Gewalt der Masse in die Ecke eines dunklen Güterwaggons gedrängt. Froh, überhaupt noch hineingekommen zu sein, warteten sie, nach Luft ringend, eingequetscht in der ächzenden Menge, dass der Zug endlich abfuhr und den Bahnhof verließ. Nach vielen Zweifeln, ob es bald weiterginge oder nicht, in stickiger, aufgeheizter Atmosphäre, in der Frauen vor Schwäche zusammensanken, aber kein Einziger den Wagen und seinen mühsam erkämpften Platz aufgab, an den er sich mit allen Kräften festzuklammern oder zu halten versuchte, nach endlosen Stunden der Ungewissheit setzte sich der Zug plötzlich mitten in der Nacht langsam und schnaufend in Bewegung.

Ein Seufzer der Erleichterung ging durch die Reihen der zusammengedrängten Menschen. Alle hatten sie Angst und kannten nur den einen Gedanken, für den sie alles ertrugen: Fort, nur endlich fort vor dem unerbittlichen Feind, der die Stadt schon bedrohte! Fort, irgendwohin und so schnell wie möglich, bevor es zu spät war.

Max, dem in der Enge der Schweiß auf der Stirn stand, zwinkerte seinem Kumpel aufmunternd zu. »Wenigstens schon mal ein Stück weiter weg aus der größten Gefahr!«

Conny nickte mit zusammengekrampfter Kehle. Er hatte kein gutes Gefühl. Wenn der Russe schon bis hierher gekommen war, dann konnte es wohl nicht mehr lange dauern, bis er die Hauptstadt erreichte. Trotzdem versuchte er ein mattes Lächeln; Stück für Stück würde man weitersehen. Zumindest standen sie jetzt nicht mehr in vorderster Front dem Feind gegenüber – sie waren immerhin ein wenig von der Schusslinie entfernt.

Die stockende Fahrt in den überfüllten Waggons glich einem Alptraum und die beiden Männer, die – im Halbschlaf vor sich hindämmernd, den Kopf auf den Knien – im Rhythmus der Fahrt hin- und herschwankten, konnten sich später an keine Einzelheiten mehr erinnern. Raum und Zeit verschwammen. Man fuhr, blieb stehen, fuhr wieder ein Stück und machte erneut Halt. Die Luft war zum Schneiden, Kinder schrieen und Erwachsene stöhnten im Halbdunkel des geschlossenen Wagens, bis schließlich wie eine Erlösung blendendes Tageslicht hereinbrach, die Türen sich mit lautem Knarren und Quietschen öffneten und die Ersten zögernd ihren Fuß auf Stettiner Boden setzten.

Auf dem Bahnhof das gleiche Gewühl wie in Stolp, es schien, als rannten alle blindlings durcheinander, ohne Plan und ohne Ziel, und im Grunde wusste niemand genau, wohin, in welche Richtung er jetzt eigentlich entfliehen sollte. Jeder schien mit entsetztem Gesicht zu flüstern: »Die Russen – wo stehen sie? Sind sie schon da?«

Wieder ging das gleiche Gedränge und Geschiebe um den Zug nach Berlin los. Conny und Max quetschten sich diesmal in das Bremshäuschen. Wie eine Traube hingen die Menschen an irgendeinem Teil des Zuges, das sie erwischen konnten. Unterwegs erfuhren die beiden Männer, dass dies tatsächlich der letzte Zug war, der aus Stettin noch herausgekommen war; gleich hinter ihnen hatte der Russe die Bahnlinie gesperrt.

Wieder einen Schritt weiter – aber wohin jetzt? Königs Wusterhausen, die zentrale Schule für Heeresmotorisierung, wo sie sich zu melden hatten – wo war das bloß?

Dreimalige Kontrollen am Bahnhof Zoo, strenge Begutachtung und Prüfung des Dokuments, der Notiz des Befehls IN 12 vom OHK, bis endlich alles für in Ordnung befunden wurde und sie weiterziehen durften.

Die Kaserne der Heeresmotorisierungsschule in Königs Wusterhausen, auf die sie ihre Hoffnungen gesetzt hatten, glich einem überfüllten Bienenkorb, einem Durcheinander ohnegleichen. Es gab keinen Platz mehr, an dem sie auch nur provisorisch untergebracht werden konnten; nicht nur das technische Personal, sondern auch jede Menge Landser, die jetzt in Windeseile Panzergräben schaufeln sollten, waren hier zusammengekommen. Die ganze Schule glich einem Auffanglager, in dem nicht ein Bett mehr frei war. Notbetten wurden in den Sälen auf dem Boden aufgeschlagen. Man empfing die beiden trotzdem wohlwollend, nahm sie in die Kartei auf, damit alles seine Ordnung hatte, und beschied ihnen, sie würden wahrscheinlich schon am nächsten Tag wieder in Marsch gesetzt werden, vermutlich in die Tschechei, weil dort ja die neuen motorisierten Einheiten aufgestellt werden sollten und man dringend Schirrmeister brauchte.

Der skeptische Max sah Conny mit einem seltsamen Ausdruck in den Augen an und schüttelte unmerklich den Kopf, während der Dienst habende Offizier diese Auskünfte erteilte. »Übrigens«, sagte dieser gönnerhaft zu Conny, »ich sehe, Sie mussten drei Tage vor der Prüfung zum Schirrmeister aus Kulm raus, konnten also nicht mehr antreten. Es ging ja alles drunter und drüber. Ist doch klar, dass Sie die Prüfung bestanden hätten. Der Führer hat befohlen, all denen, die nicht mehr zur Prüfung gekommen sind, den Schein auszustellen, selbstverständlich auch Ihren Fahrlehrerschein. Herzlichen Glückwunsch, Oberfeldwebel Schirrmeister Schlusen!«

Conny sah ihn überrascht an und nahm zögernd die Hand, die der Offizier ihm reichte, während er mit der anderen die Papiere in Empfang nahm. »Danke«, sagte er leise und fühlte tatsächlich so etwas wie Stolz in sich aufsteigen.

»Du fällst doch wirklich auf alles rein.« Max sah ihn spöttisch an, als sie zur Essensausgabe gingen. »Als ob du jetzt noch was mit dem Lappen anfangen kannst!«

»Werd bloß nicht neidisch!« Conny klopfte dem Freund schmunzelnd auf die Schulter. »Du warst eben noch nicht so weit. Aber gib zu – drei Tage vor der Prüfung alles im Stich lassen, das ist doch wirklich zu blöd! Ich war sowieso der Beste aus dem Haufen, das kannst du mir glauben.«

»Na gut«, lenkte Max ein, »man kann gerade dir ja ein gewisses Talent nicht absprechen, das hast du schließlich oft genug bewiesen. Aber wenn 's ein anderer gewesen wäre… Die faulen Hunde…« Er sprach den Satz nicht zu Ende.

Am anderen Ende, aus der Küche, drang ein Appetit anregender Suppengeruch und die beiden nahmen sich jeder einen Napf und reihten sich in die Schlange ein, die vor der Essensausgabe wartete. »Mmmh, ich hab vielleicht Kohldampf! Ich glaube, das riecht irgendwie nach Erbsensuppe«, murmelte Conny, genießerisch in die Luft schnuppernd.

»Ach, ich kann diese Spülwassersuppe nicht mehr sehen! Erbsen! Da schwimmen meistens noch die Maden obendrauf, bei den Uraltvorräten!«, entgegnete Max mit angeekelt verzogenem Gesicht.

»Die kannst du ja runterschöpfen.« Conny war nicht aus der Ruhe zu bringen. »Auf jeden Fall ist das immer noch mein Leibgericht. Mit Kartoffeln drin – und wenn du so richtig Hunger hast. Das macht satt und wärmt dir den Bauch!«

Tatsächlich war der Koch nicht ohne Talent. Er fabrizierte bei der Menge an Kostgängern eine wirklich passable Suppe, in der außer Karotten und Rüben sogar winzige Wurst- und Speckstücke schwammen. Conny aß jeden Löffel mit Genuss und holte sich noch eine zweite Portion. Seine blassen, ausgehöhlten Wangen röteten sich beim Essen, während der Freund mit missvergnügtem Gesicht auf den noch ein wenig harten Erbsen kaute.

Am nächsten Tag gab es schon vor Tagesanbruch einen Appell. »Schirrmeister Schlusen, mitkommen!«, schrie eine metallisch klingende Stimme in den großen Saal, in dem einer neben dem anderen unter Felddecken am Boden kampierte.

Halb betäubt vor Müdigkeit erhob sich Conny, stieg über die anderen Schläfer hinweg und folgte dem Wachmann hinaus in den nebligen Morgen, in dem schon die Vögel sangen. Was war denn jetzt wieder los? Warum er? »Folgen Sie mir! Dem Kommandanten ist heute Morgen der Wagen abgestorben. Er muss dringend zum Hauptquartier. Wir haben gehört, dass Sie so ein spezielles Geschick haben…«

Vor der Tür ertönte das rasselnde Durchdrehen, Absterben und Anlassen des Geländewagens. Der Motor sprang nicht an. Wieder und wieder orgelte der Fahrer den Anlasser hin und her.

»Halt!« Conny war mit einem Mal hellwach. »Mach doch nicht alles kaputt! Wahrscheinlich ist die Batterie schon im Eimer.« Er salutierte zum Kommandanten hin, der ungeduldig und mit ärgerlicher Miene auf dem Rücksitz wartete, klappte gewohnheitsmäßig die Motorhaube auf und sah hinein. »Hmmh! Gib mir mal das Werkzeug.« Aufmerksam betrachtete er alle Windungen und Ecken und betastete dann erst vorsichtig die Übergänge und Verbindungen des Motors. »Lass noch mal an!«

Es orgelte wieder und der Motor starb ab. Ein komisches Geräusch war das! »Noch mal bitte!« Wieder verpuffte das merkwürdige Rasseln im Nichts.

Conny runzelte die Stirn. Er beugte sich tiefer unter die Motorhaube. Das musste dem Ton nach der Vergaser sein. In der Benzinleitung stimmte das Gemisch nicht, das war so gut wie sicher. Er tastete die Leitung ab. Da! Ganz deutlich in der Überleitung eine offene Stelle, und zwar daumengroß! Jetzt hatte er es. Vermutlich ein verirrter Granatsplitter. Einfache Sache, sie schauten eben nicht richtig, wie immer. Da musste man feinfühlig sein. Er schloss das Loch mit einem Kronkorken und verlötete die Stelle mit Dichtungsmasse. »So, jetzt probieren wir noch mal.« Der verschlafene Fahrer sah ihn ungläubig an. »Ja, los, beeil dich! Starten! Der Chef wartet nicht gern, das siehst du doch!« Und der Wagen sprang an.

Der Kommandant erhob sich überrascht von seinem Sitz, stieg aus und schlug ihm strahlend auf die Schulter. »Prima, Mann! Sie sind ja unglaublich. Einmal hinlangen... Solche Leute können wir jetzt brauchen. Wissen Sie was? Sie kommen mit mir mit und sind heute mein Fahrer. Nicht, dass ich mit der Kiste noch mal im Gelände stecken bleibe!«

»Aber ich – ich warte doch auf den Marschbefehl.« Conny wusste nicht, was er sagen sollte.

»Später«, winkte der Kommandant ungeduldig ab. »Jetzt kommen Sie erst mal mit.« Er wandte sich um. »Sie da, Meier!« Der Fahrer salutierte. »Raus, machen Sie Platz! Heute brauche ich Sie nicht mehr.«

Verdrossen stieg der Mann aus. Mist! Jetzt würden sie ihn wahrscheinlich zum Panzergräben-Schaufeln einsetzen. Er warf einen bösen Blick auf den Kameraden und ging enttäuscht zurück in die Kaserne. Er war einfach noch müde gewesen, kein Wunder bei der Knochenarbeit, die er am Vortag geleistet hatte. Sonst hätte er den Fehler vielleicht selbst gefunden. Das war doch nur Glück, was der andere gehabt hatte.

Conny schwang sich behände auf den Sitz und startete den Wagen erneut. Fahren machte ihm Spaß. Es würde zwar keine Probleme mehr mit dem Motor geben, aber wenn der Kommandant es so wollte – warum nicht? Schneidig brauste er nach einem Kavaliersstart los. Am Horizont ging schon die Sonne auf und die milde Luft sprach von Frühling. Die Straßen waren leer und es war ruhig. Ein viel zu warmer Tag mit glockenreiner Luft und azurblauem Himmel, an dem sich nicht eine Wolke zeigte, brach an. Natürlich lief der Wagen wie geschmiert und sie hatten die Stadt bald erreicht.

»Antreten!« Die Stimme des Spieß' tönte wie jeden Morgen durch den Saal und er rief anhand der Karteikarten die Leute auf, die ihre Marschbefehle erhielten und sich in der Schreibstube zur Einteilung zu irgendeiner Einheit oder Frontleitstelle melden sollten. »Schlusen! Wo waren Sie gestern? Aha, ich sehe – Kommandant Oberleutnant Langer hat mich benachrichtigt.« Er schaute ärgerlich von seinen Papieren hoch und seine Brillengläser blitzten auf. »Eigentlich sollten Sie doch mit einer Einheit in die Tschechei! Aber nun sind die Leute schon weg. Was mach ich denn jetzt mit Ihnen? Da müssen Sie wohl oder übel weiter mit anpacken beim Panzergräben-Schaufeln, und dann sehn wir mal, was wir in ein paar Tagen für Sie haben.«

Der gute Max war schon weg und die beiden Freunde sahen einander nie wieder. Conny dankte im Geheimen seinem rätselhaften Schicksal und dachte mit Wehmut an den Freund – da war der endlich mit aller Mühe aus der schlimmsten Ecke raus und nun hatten sie ihn glattweg in die Tschechei geschickt, damit für ihn alles wieder von vorne begann!

XVIII. Kapitel

Ein entscheidendes Ereignis

Ein neuer Marschbefehl erging erst in einigen Tagen, für ihn und drei weitere Leute – vermutlich durch den Einfluss des Kommandanten Langer – in das Oberkommando Heeresabteilung IN 12 direkt nach Berlin, in eine technische Abteilung.

Dort war man allerdings auch schon in Aufbruchstimmung; es sollten vor allem geheime Akten in Sicherheit gebracht und der gesamte Fahrzeugpark bereitgemacht werden. Der Russe hatte Berlin nun endgültig ins Visier genommen und begann die Stadt mit seinen Truppen zu umgrenzen. Das Material musste sofort aus Berlin herausgeschleust werden; man hatte als vorläufigen Zielort Eisenach in Thüringen gewählt.

Conny, dem im gefährlich gewordenen Umland von Berlin der Boden zu heiß wurde, frohlockte heimlich, klopfte sich selbst auf die Schulter und dachte: Wieder ein Stück weiter aus der Schusslinie! Da bist du richtig, hier geht es vor allem um Maschinen. Mit jedem Kilometer, mit dem er sich Eisenach näherte, wurde ihm leichter. Endlich konnte er sich in aller Ruhe der Instandsetzung und Inspektion der böse zugerichteten Fahrzeuge widmen. Er begann seine Überlegenheit auszukosten; die anderen, lauter Schreibtischhengste und Bürokraten in der Verwaltung, zitterten vor Angst und sahen ihn ungläubig an, wenn er von seinen Erlebnissen berichteten. Sie wussten nicht im Entferntesten, wie es im Feld zuging, wenn man dem Feind Auge in Auge gegenüberstand. Zudem war das Essen reichhaltig und abwechslungsreich; hier wurde man besser versorgt als in einer Riesenkaserne. Doch Conny fühlte sich nicht gut, ihm fehlte plötzlich der Appetit, manchmal ekelte es ihn vor den Speisen und nicht einmal der Schnaps, den sie sich von Zeit zu Zeit gönnten, schmeckte ihm. Er nahm nicht zu, sondern meinte sogar weiter abzunehmen. Auch fühlte er sich müde, matt und ohne Energie. Kein Wunder, ich bin einfach am Ende, sagte er sich, als er eine eigenartige Schwäche in den Beinen und eine Leere im Kopf spürte und sich an der Motorhaube, unter der er gerade steckte, festhalten musste. Es wird schon werden, machte er sich Mut, ich muss mich erst wieder fangen nach all den Strapazen. Was ihn vielleicht noch erwartete, daran durfte er nicht denken. Jetzt, so knapp vor dem Ende des Krieges, das seiner Meinung nach nicht mehr lange auf sich warten lassen konnte, vor der unmittelbar bevorstehenden Kapitulation, würde er doch nicht schlapp machen!

Eines Tages, als ihn beim Löffeln der Suppe eine unabwendbare Übelkeit packte und er den Napf auf den Tisch stellte, sah ihm sein Kamerad, der sich mit ihm um die Wartung der Fahrzeuge kümmerte, verwundert und kritisch ins Gesicht. »Wie siehst du denn aus, Conny?«

»Wieso?«

»Sieh mich doch mal an – du bist ja ganz gelb!«

»Ich? Quatsch, wieso gelb? Du spinnst wohl.«

»Ja, dann schau dich doch mal im Spiegel an«, lachte der Kumpel, als wäre es ein guter Witz. »Du siehst aus wie ein Chinese!«

»Dummes Zeug.« Conny legte sein Besteck zusammen und stand auf. Beim Hinausgehen blickte er auf seine Hände. Es war ihm schon aufgefallen, dass sie eine merkwürdige Tönung angenommen hatten, aber er hatte gedacht, die ungewöhnlich starke Frühlingssonne, die seit Tagen vom Himmel schien, hätte sie gebräunt. Als der kleine Spiegel im Waschraum sein Bild reflektierte, fuhr er erschrocken zurück. Um Himmels willen – er war ja tatsächlich gelb, von einer so penetranten Farbe, dass er sie sogar im Weiß seiner Augen wiederfand, wenn er genau hinsah und sie demonstrativ im Kreise rollen ließ! Was war das? Was konnte das nur sein? In Gedanken ging er alle möglichen Krankheiten durch, von denen er wusste. Leber – irgendetwas mit der Leber vielleicht. Oder hatte er etwas Schlechtes gegessen? Ob das gefährlich war, so fürchterlich gelb, wie er aussah? Vielleicht ansteckend. Gelbsucht, na klar, so hieß das doch.

Er starrte sich ins Gesicht, bis er den Anblick nicht mehr ertragen konnte. Keine Frage: Das musste er melden. Vielleicht kam er dann ins Lazarett, das war nicht das Schlechteste, denn der Russe war schon weit vorgerückt. Wenn die Verlagerung der geheimen Akten abgeschlossen wäre, was die Bürooffiziere, diese Schreibstubenhengste, natürlich hinauszögerten, so lange es ging, weil sie Angst hatten, in der Reserve eingesetzt zu werden, ginge es weiter mit neuen Einsätzen ins Kampfgebiet, wo auch immer das sein mochte. Für morgen war er eingeteilt, einen Transport mit aufgefrischten Geländewagen und Panzern zurück in die Heeresmotorisierungsschule Königs Wusterhausen zu begleiten. Ersatz war dringend nötig, dort ging alles drunter und drüber.

Conny setzte sich auf einen Hocker, starrte vor sich hin und überlegte. Er wollte nicht zurück in diese Gegend um Berlin, die von den Russen und den Alliierten am schärfsten anvisiert wurde. Wenn er nun aus gutem Grund hier bliebe, weil er krank war und ins Lazarett musste? Gar nicht so übel, hier war er weit vom Schuss. Er sollte sich sofort in der Krankenstube vorstellen. Ängstlich betastete er seine Glieder. War diese Krankheit vielleicht tödlich? Er fühlte sich nicht wohl, aber auch nicht so schlecht, dass er sich hätte ins Bett legen wollen. Schließlich raffte er sich auf und meldete sich krank.

Der übermüdete Dienst habende Arzt in dem halbdunklen, nur von einer einzigen Glühbirne erhellten Raum warf in der Abenddämmerung einen flüchtigen, misstrauischen

Blick auf ihn, tastete oberflächlich seinen Bauch ab und lauschte kurz nach Geräuschen in der Brust. »Alles in Ordnung«, fasste er sein Untersuchungsergebnis zusammen. »Ich kann nichts Außergewöhnliches feststellen. Sie können morgen mit dabei sein und den Transport begleiten. Die frische Luft kann Ihnen nicht schaden. Man hat mir außerdem gesagt, man könne im Moment schlecht auf Leute wie Sie verzichten, die sich mit Motoren so gut auskennen – wenn es stimmt, was man mir berichtet hat. Also, nicht so wehleidig und ein bisschen mit dem Alkohol aufpassen, nicht wahr?« Er drohte scherzhaft mit dem Zeigefinger.

Conny wehrte sich empört. »Aber ich bin doch ganz gelb! Und dieser Druck in der linken Seite. Das kann doch nicht normal sein! Außerdem trinke ich nicht. Na ja, ab und zu mal, wie die anderen auch.«

»Mmmh.« Der Arzt schrieb weiter in sein Krankenblatt. »Simulieren Sie jetzt nicht, Mann! Zugegeben, Ihre Hautpigmentierung ist Ihres Naturells wegen ein wenig dunkel, die Leber wahrscheinlich angegriffen. Aber nichts Besorgniserregendes. Gallensteine möglicherweise. Wahrscheinlich haben Sie zu unregelmäßig gegessen – mal zu viel und dann wieder gar nichts, und jeden Dreck, wenn 's drauf ankam. Ich kenne das. Und trinken Sie mal eine Zeit lang nicht – wie ich schon sagte, vor allem keine selbst gebrannten Schnäpse, das kann aus vielerlei Gründen tödlich sein. Wenn Sie zurück sind, bringen Sie mir Ihren Urin; im Moment haben wir hier sowieso kein Labor.«

»Aber ich …«

»Danke. Abtreten, bitte. Der Nächste.«

»Na gut, wenn Sie meinen …« Conny schüttelte den Kopf. Simulieren – er? Also, das war doch eine Unverschämtheit! Aber anscheinend hatte er ja nichts wirklich Schlimmes, nur eine kleine Leberaffektion, wie auf dem Zettel stand, den der Arzt ihm in die Hand gedrückt hatte. Damit stand fest, dass er morgen den Transport begleiten musste, vor dem er sich lieber gedrückt hätte. Der Arzt würde schon wissen, was ihm fehlte, und ihm blieb nichts anderes übrig als sich zu fügen. Im Grunde fühlte er sich nach der Diagnose schon besser, er fror nicht mehr so und die bleierne Müdigkeit, die ihn bei der geringsten Anstrengung überfiel, würde wohl auch irgendwann vergehen. Erschöpft und ohne etwas gegessen zu haben, fiel er auf seine Pritsche und in einen tiefen Schlaf, der ihn wie mit Bleizangen umfing und aus dem man ihn am nächsten Morgen nur mit Mühe wecken konnte.

Die Fahrt Richtung Berlin war mühsam und er erinnerte sich später nur noch verschwommen an die Einzelheiten. Der Transport glich einem Himmelfahrtskommando, es war fraglich, ob man heil zurückkäme. Die Fahrzeugkolonne schlängelte sich unter einer heißen Frühlingssonne, die vom Himmel lachte, als wollte sie all der Zerstörung spotten, auf der ansonsten leeren Straße an grün sprossenden Wiesen vorbei langsam vorwärts. Einige Male wurden sie schwer unter Beschuss genommen und mussten, wild um sich feuernd, fluchtartig das Weite suchen. Die Scheiben eines Fahrzeugs zersplitterten in tausend Stücke und zwei Reifen platzten. Zum Glück gab es keine Schwerverletzten und einige Kilometer weiter, in der Deckung eines Waldstückes, versuchte man zu reparieren, was zu reparieren war. Die Wartung der Fahrzeuge gestaltete sich schwierig – man hatte keine Zeit zu verlieren und manche notdürftig zusammengeflickte, verbeulte Kiste gab unvermutet den Geist auf und man musste dem ohnehin schon fragilen Flickwerk ein weiteres Stück hinzusetzen.

In einer Spiegelscherbe kontrollierte Conny von Zeit zu Zeit kritisch und ängstlich seine Gesichtsfarbe, die sich mittlerweile zu einem kräftigen Zitronengelb vertieft hatte. Sein Urin wurde dunkelbraun und die Kameraden, sofern sie seine äußere Veränderung registrierten, hielten erstaunt Abstand. Doch das Leben war ohnehin in ständiger Gefahr und so spielte es keine Rolle, ob man sich jetzt an irgendeiner

Lappalie von Krankheit ansteckte oder nicht. Die Hauptsache war doch, man kam erst mal bis zum nächsten Morgen durch, und anstatt seinen Hals zu riskieren, war es sicher besser, mit einer Bagatelle im Lazarett zu liegen.

In der Kaserne angekommen, ging es dem gelbhäutigen Kranken so schlecht, dass er sich übergeben musste und sich vor Müdigkeit und Schwäche kaum mehr auf den Beinen halten konnte. Auf dem Rückweg, einige Kilometer vor der Eisenacher Kaserne, brach er am Steuer zusammen. Man legte ihn in den Fond des Wagens und lieferte ihn in dem aus einer Schule in ein Lazarett umfunktionierten Gebäude ab, das hoffnungslos überfüllt von Verwundeten und Kranken war und wo man nicht eben erfreut schien, zusätzlich einen Soldaten mit unklaren Krankheitssymptomen aufzunehmen.

Die Menschen starben überall wie die Fliegen. In den zerstörten deutschen Städten hatten sich Seuchen ausgebreitet und man wurde der vielen Hilflosen kaum mehr Herr. Die Suizide derer, die außer der Hoffnung auf eine Wende, auf einen Sieg, durch den Bombenterror der Russen auch noch Besitz, Angehörige und Heimat verloren hatten, häuften sich.

Beim Zurückweichen der Ostfront, von der sich die Flüchtlingstrecks in unübersehbarer Zahl Richtung Westen bewegten, kamen unzählige Menschen durch Hunger, Kälte und Krankheiten um. Hunderttausende, die ihre Heimat ohne Ziel und ohne Zukunftsaussichten verlassen mussten, von Haus und Hof verjagt, strebten unter Aufbietung ihrer letzten Kräfte voran in eine ungewisse Zukunft, in der vagen Hoffnung auf ein Überleben, ein Weiterleben irgendwo in einem Gebiet, in dem man ihnen gestatten würde, sich niederzulassen und endlich Frieden zu finden. In aller Eile mussten Auffanglager für die Scharen traumatisierter Flüchtlinge errichtet werden –Baracken, Zelte, hastig zusammengezimmerte Behausungen, in denen man die Ankömmlinge not-dürftig aufnahm und sie für eine kurze Weile ausruhen ließ.

Doch die Angst ging um, begleitete die Heimatlosen und ließ sie nicht los. Der Russe rückte immer näher heran. Auf den Plakaten mit ihren Durchhalteparolen konnte man den Furcht einflößenden Text lesen: »Unser unbeugsamer Wille: Niemals Sklaven des anglo-amerikanischen Kapitalismus – niemals als bolschewistische Zwangsarbeiter nach Sibirien!« Das schürte aufs Neue die Angst vor dem Unabwendbaren, dem sinnlosen Sich-weiter-Wehren, Weiterkämpfen, ob-wohl doch schon alles eindeutig verloren schien, und heizte sie auf. Genau das, wovor man sich so fürchtete, würde letzt-endlich eintreten, ob Kapitulation oder Kampf.

Emilias Vater und das kleine Lorchen waren in Stade in einem der großen Auffanglager nahe dem Lazarett unter-gebracht. Nathanael Reich, vom Tod seiner Frau ins In-nerste getroffen, war zu einem bleichen, nach Atem ringen-den Schatten geworden. Sein Herz schien geschädigt, seine Lungen arbeiteten nicht mehr vollständig und im Grunde sehnte er nichts anderes als den Tod herbei. Doch der Ge-danke, seine kleine Tochter, die er abgöttisch liebte, allein zu lassen, war ihm unerträglich und hielt ihn aufrecht. Was sollte aus Lorchen werden, wenn er nicht mehr war, inmit-ten des Chaos, der Auflösung der Werte und Traditionen, der Zerstörung des Landes seiner Vorväter? Er musste noch für sie da sein, wenigstens bis der Krieg zu Ende war. Allein dieser Gedanke gab ihm die Kraft und den Mut zum Weiter-leben. Mühsam, die Luft mit hörbarem Geräusch durch die von der Krankheit verengten Bronchien ziehend, schleppte er sich manchmal aus dem Bett, stand am Fenster und sah in die trübselige graue Landschaft hinaus, blickte auf die häss-lichen Baracken mit den Zeichen notdürftig aufrechterhal-tenen täglichen Lebens, der draußen aufgehängten Wäsche, und erschrak vor den grauen, enttäuschten Gesichtern um sich herum, die seine eigene Angst und das Elend widerspiegelten.

Das Kind, das immer so lebhaft und quirlig gewesen war, hatte seit dem unbegreiflichen Tod der Mutter ein stilles, in sich gekehrtes Wesen angenommen. Es schien verändert, saß oft stundenlang stumm am Boden und beschäftigte sich mit sich selbst. Es las, was es finden konnte, irgendwelche Schriften, Zeitungen, Aufrufe und Bücher, die – der Vater wusste nicht wie – irgendwo im Lager aufgetaucht waren. Das Mädchen starrte auf Buchstaben und Bilder, vertiefte sich in den Inhalt – eine Flucht aus der Wirklichkeit in eine Scheinwelt, in der sie all das Schreckliche vergessen konnte, was sie in der letzten Zeit erlebt hatte. Die Mitinsassen des Lagers brachten dem ernsten, zarten Mädchen lächelnd alles, was sie an Lesbarem besaßen.

Erstaunlicherweise gab es recht viele Bücher im Lager. Viele hatten außer ihrem Hausrat auch etwas aus der Bibliothek mitgenommen – ihre Bibel, Schriften über die Behandlung von Krankheiten, die sie glaubten, in der Not unbedingt brauchen zu können, und alte Erbstücke, kostbar gebundene Werke mit Geschichten, an denen sie hingen und die oft aufwändig illustriert waren und einen besonderen Wert darstellten. Viele wussten, dass Bücher die beste Medizin waren, wenn man sich aus der grausamen Realität herausretten wollte.

Der Vater, der an guten Tagen, wenn er nicht nach Atem ringend im Bett liegen musste, einige Stunden auf einem Stuhl am Fenster verbrachte, schüttelte den Kopf, wenn er Lorchen so sitzen sah, stumm, konzentriert und ganz in die Lektüre vertieft. Dann röteten sich manchmal ihre blassen Wangen, und wenn sie aufblickte, hatten die traurig gewordenen graugrünen Kinderaugen einen abwesenden Glanz, als spiegelten sie die Abenteuer eines bunten Lebens in einer fernen, geheimnisvollen Welt wider. Sorgsam wendete sie die Seiten um, ohne sie zu knicken. Vorsichtig ging sie mit den oft schon vergilbten Blättern um und betrachtete mit Vorliebe fasziniert die Illustrationen biblischer Geschichten aus dem Leben Jesu in einer schönen, alten Bibel.

Emilia hatte wenig Zeit, sich um ihre kleine Familie zu kümmern. Sie musste Lorchen gezwungenermaßen sich selbst überlassen, die kleine Schwester, die sich in den letzten Monaten unmerklich verändert hatte, hochgeschossen war und sich aus dem lebhaften Kind in ein ernstes, verschlossenes Wesen verwandelt hatte. Trotz allem hing die Kleine mit allen Fasern des Herzens an der Großen, und wenn sie die wenige Freizeit, die Emilia bei ihrer anstrengenden Arbeit im Lazarett zustand, miteinander verbrachten und sie ihr vom Mund abgesparte Leckereien mitbrachte, kuschelte sich das Mädchen zufrieden in ihre Arme und war glücklich.

Das elektrische Licht, die einzelne Glühbirne an der Decke des langen, mit Kranken belegten Ganges, schwankte im Windzug flackernd hin und her. Als Conny angestrengt versuchte, seine entzündeten, brennenden Lider einen Spalt zu öffnen, sah er geradewegs in den grellen Schein dieser Glühbirne, die an einem einfachen Kabel an der Decke hing. Geblendet wandte er die Augen ab und tastete nach der dünnen Felddecke neben sich, die seitlich herabgerutscht war. Er lag auf einer Art Matratze am Boden, doch konnte er sich nicht erinnern, was geschehen war. Ein Frostschauer überlief ihn; immer wieder strich ein kühler Luftzug durch die Flure des als Lazarett eingerichteten alten Schulgebäudes, dessen Räume und Gänge inzwischen zur Gänze mit Patienten überbelegt waren. Man hatte versucht, des unablässigen Stroms der Neuzugänge verletzter Soldaten dadurch Herr zu werden, dass man die Patienten auf Notlager oder auf den Boden bettete. Die fadenscheinige Wolldecke wärmte in den ungeheizten Räumen kaum.

Der Kranke wusste nicht, ob es das brummende, in allen

Tonarten schwirrende Stimmengewirr war, das Trappeln vieler Füße, die über ihn hinwegstiegen, das ihn geweckt hatte, oder der brennende Durst seiner völlig ausgetrockneten rauen Kehle, aus der er kaum einen Ton herausbrachte. Er bemühte sich, die wirren Gedanken in seinem Kopf zu ordnen, zu rekonstruieren, eine Vorstellung davon zu entwerfen, wo er sich befand und wie er in diesen langen Gang gekommen war, in dem er mit den anderen stöhnenden Kranken in einer Reihe auf dem Boden lag. Mühsam forschte er in den vielen Bruchstücken seines Gedächtnisses nach einem zusammenhängenden Bild, aber das Denken fiel ihm merkwürdig schwer. Er musste Fieber haben, obwohl er fror; Schweiß stand auf seiner Stirn. Vor seinen Augen waberten in Abständen dichte Nebel, aus denen dunkle Schatten auftauchten, die ihn zu bedrohen schienen. Mit der Hand versuchte er den vorbeieilenden Krankenschwestern ein Zeichen zu geben, doch niemand kümmerte sich um ihn. Nun hatte es ihn doch erwischt, aber anders, als er erwartet hatte. Er dämmerte einige Male wieder ein und erwachte von dem angenehmen Gefühl einer kühlen, sanften Hand auf seiner Stirn.

Blinzelnd öffnete er die Augen und meinte in dem verschwommenen Gesicht unter dem weißen Krankenschwesterhäubchen, das sich über ihn beugte, Spuren eines vertrauten Antlitzes zu erkennen. Angestrengt versuchte er, genauer hinzusehen und seinen Fiebertraum abzuschütteln, doch das Bild nahm jetzt ganz deutlich die fein gezeichneten Züge der schönen Emilia an. Sie schien ihn aus ihren grünen, feucht schimmernden Augen mit zärtlichem und besorgtem Blick anzusehen. Er glaubte jene dunkle Locke, gelöst aus ihren aufgesteckten Zöpfen, zu erkennen, die ihr immer halb über die Wange fiel. Lächelte ihn dieses schemenhafte Traumbild nicht an und bewegte die Lippen?

Er versuchte sich aufzurichten. »Emilia?«, stammelte er mit einer Stimme, die nicht ihm zu gehören schien. Von der abrupten Bewegung erschöpft, fiel er, gepackt von einem

Fieberschauer, wieder auf die Matratze zurück. Zaghaft hob er seine Hand von der grauen Decke und versuchte die verwischte Silhouette vor sich zu fassen, ihr über die Wange zu streichen – doch sie verschwand und er erstarrte in der Gebärde, mit der er in die Luft griff. Im flackernden Licht der kalten Glühbirne erschrak er plötzlich vor seinen eigenen Fingern, die mit ihrem gespenstisch gelbwächsernen Ton der abgestorbenen, ledernen Hand eines Toten glichen. Er drehte das Gelenk hin und her, als könnte er nicht genug staunen über die intensiv gelbe Farbe der Innenflächen und der Fingerkuppen. Langsam streckte er sie wie angeekelt von sich weg und schob sie unter die Decke dicht an seinen Körper. Eine würgende Übelkeit stieg in ihm hoch und die linke Seite schmerzte ihn. Offenbar war er sehr krank und – was er als schlimmer empfand – bis ins Innerste müde und ausgebrannt. War es nicht seltsam, dass nicht der Krieg ihn geschafft hatte, sondern an dessen Ende diese Krankheit stand, die ihn fertig machte und seine allerletzten Reserven aufzehrte? Er war so müde – und fand jetzt nicht einmal mehr die Kraft, sich dagegen aufzubäumen.

XIX. Kapitel

Unverhoffte Begegnung

Unsicher, mit unruhig klopfendem Herzen, musterte Emilia den jungen Mann genauer, der vor einigen Stunden erst mit einer Schussverletzung am Bein eingeliefert worden war. Sie kannte ihn, sie wusste, dass sie ihm irgendwo schon einmal begegnet war.

Mit zitternden Händen zog sie seine Krankenkarte hervor: Willi Dollberg, das war doch … Wo hatte sie dieses Gesicht schon einmal gesehen? Blitzartig kam die Erinnerung – die Kneipe in Kulm, voll bis auf den letzten Platz, Bratkartoffeldunst, Lebensmittelmarken – Gedränge und rauchdurchtränkte Luft. Ja, er war einer der Gäste, einer der Soldaten, die das Wirtshaus frequentierten. Er war ihr aufgefallen, weil er später oft mit der pummeligen Kleinen, der jungen Maria, die sie anfangs für Connys Freundin gehalten hatte, dort zu Abend aß. Und dann das Fest der Offizierswitwe – dort hatte Conny ihn ihr beiläufig als guten Freund und Kameraden vorgestellt.

Was konnte seit der plötzlichen Trennung alles passiert sein! Sicher würde sie durch ihn einiges in Erfahrung bringen können – ob er etwas über die Umstände des Briefes wusste – vielleicht auch darüber, wo Conny sich jetzt befand. Und – ein bedrückender Gedanke – ob er überhaupt noch lebte.

Der Verletzte hatte einen ziemlich hohen Blutverlust erlitten und stand unter starken Schmerzen. Sein bleiches Gesicht war verzerrt und er sah nicht auf, die Fäuste verbissen um seinen Oberschenkel pressend, als müsste er immer noch das Blut zurückhalten, das so reichlich geflossen war. Dr. Michelsen gab ihm eine Spritze, bevor er versuchte, die Kugel, die tiefer als vermutet eingedrungen war, zu entfernen.

Emilia, sonst besonnen und gelassen, wurde von plötzlich aufkommender Nervosität erfasst. All die zurückgehaltenen Fragen, die sie nicht äußern konnte, ließen das Blut schneller durch ihre Adern pulsen. Sie konnte kaum die Hände ruhig halten, als sie dem Arzt die Instrumente reichte. Als sie den Verwundeten später bettete, schlug ihr Herz immer noch in lebhaftem Takt und im Augenblick, als er matt zur ihr aufsah, glaubte sie in seinen Augen ebenfalls die Spur eines Wiedererkennens zu lesen. Oder bildete sie sich das nur ein? An diesem Abend gelang es ihr nicht, einzuschlafen, und sie wälzte sich, alle Worte, die sie einst mit Conny gewechselt, jedes Treffen, jede Geste sich in Erinnerung rufend, auf ihrem Lager hin und her. Durfte sie die Sätze in dem blauen Brief wirklich ernst nehmen und besaßen sie noch Gültigkeit? »Wenn ich gesund zurückkomme, dann werden wir heiraten. Du bist die Frau meines Lebens!« Was konnte inzwischen nicht alles geschehen sein!

Am nächsten Morgen trat sie als Erstes an das Bett Willi Dollbergs. Dem Verletzten ging es den Umständen entsprechend besser und er sah ihr schwach, aber lächelnd entgegen. »Schwester Emmi aus Kulm, nicht wahr? Sie sind es doch? Habe ich mich doch nicht getäuscht. Ich dachte schon, ich phantasiere. So sehen wir uns also wieder!«

Die Angesprochene spürte, wie ihr das Blut in die Wangen schoss, und nickte mit trockener Kehle. Mühsam, weil sie nicht wusste, wie sie beginnen sollte, stotterte sie ein paar belanglos klingende Worte hervor wie: »Sie sehen heute schon viel besser aus«, während sie sich an seinem Verband zu schaffen machte. Doch dann konnte sie sich nicht länger zurückhalten und es brach aus ihr heraus: »Ihr Kamerad, Sie wissen schon, der – der Feldwebel von der Schule für Heeresmotorisierung, Cornelius Schlusen – wo ist er, wie geht es ihm?«

Willis Gesicht verdüsterte sich. »Ach, der Conny ... Ja, da kann ich Ihnen leider gar nichts sagen. Wir haben uns bei der Flucht über die Weichsel aus den Augen verloren. Es war zwar ausgemacht, dass wir uns drüben treffen, aber es schneite und stürmte und jeder musste sehen, wie er irgendwie wegkam. Ich selbst hatte Glück – ich konnte mit einem Bauern und seiner Familie im Treck mitfahren. Sie haben mich versteckt, mir Kleider geliehen, und mit der Mütze da« – er deutete auf die Persianerkappe, die neben seinen Sachen auf dem Boden lag – »haben mich alle für einen Polen gehalten.« Emilia nickte enttäuscht und ihre Erwartungen fielen zusammen wie ein Luftgebilde. »Später musste ich natürlich meine Uniform wieder anziehen. Und dann hat mich fast der Heldenklau erwischt, ohne Papiere natürlich. Die hätten mich auf der Stelle erschossen, wenn ich nicht gleich abgehauen wäre. Und jetzt bin ich hier – und froh, dass ich überhaupt noch lebe. Der Krieg ist ja sowieso bald aus.«

Die Worte rauschten an Emilias Ohren vorbei und nur das eine Fragment blieb haften. »... haben uns aus den Augen verloren ...« Das konnte alles und nichts bedeuten. Stumm wechselte sie den Verband und hörte zu, was der redselig gewordene Soldat von seinen weiteren Erlebnissen berichtete. Neue Hoffnung keimte nach der ersten Enttäuschung in ihr auf. Conny war zumindest über die Weichsel gekommen, das war sicher. Vielleicht hatte ihr doch die Vorsehung als Zeichen diesen Menschen geschickt, damit sie durchhielt und den beinahe erpresserischen Forderungen Dr. Michelsens nicht nachgab. Wie kam es nur, dass sie plötzlich zwischen drei Männern stand, ausgerechnet sie?

Geschmeichelt von dem Heiratsantrag Siegfried von Hohensteins, von seiner eleganten Gewandtheit, seinen Beteuerungen, sie sei seine »Göttin« und er könne sich keine andere Frau an seiner Seite vorstellen, hatte sie felsenfest geglaubt, er verkörpere das Glück, nach dem sie immer gesucht hatte. Doch jetzt erschien ihr seine Gestalt so merkwürdig blass. Er war zu einem unbedeutenden Schatten geworden, einer Figur in einem silbernen Rahmen. Die wohl geformten Worte seiner Briefe, in denen er schrieb, er sehne sich so nach ihr und wolle für immer mit ihr zusammenbleiben, schienen ihr gedrechselt und hohl. Ihr Herz antwortete auf keines seiner Worte. Es schien ihr absurd, dass sie einmal gedacht hatte, sie könnte ihn lieben! Liebe! Das war etwas ganz anderes, etwas, wovon sie damals noch gar nichts gewusst hatte. Ein seltsames Spiel schien das Leben zu sein, unberechenbar und überraschend.

Conny fieberte immer noch. Er lag nun separat in einem verstaubten ehemaligen Aktenkämmerchen, in das man ihn wegen der Ansteckungsgefahr gebracht hatte. Immer noch fühlte er sich schlecht, schlief viel und träumte wirres Zeug, aus dem er wie gerädert erwachte. Ständiger Durst quälte ihn und seine Kehle schien ihm ausgetrocknet und rau wie Sandpapier. Er versuchte zu rufen.

Eine junge Schwester in weißer Tracht erschien. Verschwommen nahm er die Gestalt wahr und versuchte sich aufzurichten. »Emmi?« Enttäuscht ließ er sich zurückfallen. Sie war es nicht! Warum ließ ihn dieser Gedanke nicht los? Schwindel erfasste ihn, er phantasierte wohl wieder. »Nein, verzeihen Sie, Schwester«, entschuldigte er sich, »ich träume wahrscheinlich und verwechsle Sie mit irgendjemandem; aber ich habe solchen Durst!« Er griff nach ihrem Arm, der sich warm und lebendig anfühlte. »Wo bin ich hier eigentlich? Bleiben Sie doch bei mir. Sie sind so schön – wie … Und Ihre Hand ist so kühl. Wahrscheinlich bin ich schon im Paradies«, versuchte er mit schwachem Galgenhumor zu scherzen, während seine Lider wieder zufielen.

Die junge Frau blickte verlegen zur Seite, ordnete die Tabletten im Schälchen und wusste nicht, was sie antworten sollten. »Ich heiße Marianne, Schwester Marianne. Bleiben

Sie ganz ruhig liegen. Sie sind sehr krank. Und ich habe hier eine Medizin für Sie.«

»Gehen Sie nicht weg, Schwester, Sie sind die beste Medizin für mich. Sie ähneln einer Frau, die mir sehr viel bedeutet – gehen Sie nicht weg.« Er hielt ihre Hand fest und zog sie zu sich. Nachsichtig blickte die Schwester auf ihn hinab. Sanft versuchte sie sich aus seinem Klammergriff zu befreien und neigte sich eindringlich sprechend ganz nah an sein Ohr. »Ich kann nicht bei Ihnen bleiben. Die anderen Patienten warten auf mich. Sie haben Fieber und verwechseln mich wohl mit jemand anderem. Wir sind hier keineswegs im Paradies. Wenn es das gäbe, sähe es sicher anders aus.« Conny nickte, schon wieder halb in seinen Träumen verloren, und lächelte mit geschlossenen Augen. Schwester Marianne richtete sein Kissen, zog die Bettdecke glatt und sah seufzend auf den Kranken hinab; sie dachte an ihren Bruder, der im Feld war und von dem sie lange nichts gehört hatte. Auch er könnte irgendwo so liegen, auf die Hilfe anderer angewiesen, die gut zu ihm waren. Beschwichtigend strich sie über die Haare des Fiebernden, nahm ein feuchtes Tuch und legte es auf seine Stirn. Dann versuchte sie seinen Kopf zu heben und ihm ein paar Schlucke Wasser einzuflößen.

Nach einigen Tagen ging es Willi Dollberg schon ganz gut. Die Wunde war nicht allzu tief gewesen und er humpelte wieder umher. Die attraktive Schwester Emmi zog ihn ungeheuer an und er suchte ihre Nähe.

Auch Emilia kam oft und sah nach ihm, aber aus völlig anderen Gründen. Sie konnte nicht genug von Conny erfahren, selbst die kleinsten Einzelheiten interessierten sie. Willi musste sein Wesen, seine Art ganz genau beschreiben und die Geschichten, die sie zusammen erlebt hatten, mit allen Details ausgeschmückt, immer wieder erzählen.

Eines Tages sah er ihr neugierig voll ins Gesicht. »Wissen

Sie eigentlich, dass er dauernd von Ihnen gesprochen hat – an all den einsamen Abenden? Ich sag nur: Den hatte es voll erwischt! Und dann die Sache mit dem Brief: Er ließ sich einfach nicht davon abbringen, sosehr wir ihm auch abgeraten haben. ›Warum habe ich ihr nicht gleich meine Adresse gegeben? Ich hätte es doch wissen müssen!‹, hat er gejammert und sich an die Stirn geschlagen. ›Wo soll ich diese Frau jetzt finden?‹ Plötzlich, eines Abends, war er verschwunden – und am nächsten Morgen wieder da. Da hat er seinen Hals riskiert, das hätte ganz schön ins Auge gehen können!«

»Ja« – Emilia blickte träumerisch in die Ferne –, »der Brief! Ich war schon fort, aber ich bin noch einmal ins Kloster zurückgekehrt und da sah ich den blauen Brief in meinem Zimmer schon von der Tür aus gegen eine Vase gelehnt leuchten.«

Willi nickte lachend. »Es war ihm diesmal, glaube ich, ganz schön ernst. Jetzt kann ich es Ihnen ja sagen: Eigentlich war er ein Filou. Die Frauen liefen ihm doch überall nach – er hatte bei allen gute Karten. Das brachte ihm natürlich manche Feindschaft bei den Kameraden ein, besonders wenn es sich um die Freundin eines anderen handelte.«

Emilia nickte mit rätselhaftem, skeptischem Lächeln. »Ja, ich weiß. Das habe ich selbst gesehen. Und deswegen konnte ich ihm auch nicht glauben.«

Anerkennend ließ Willi seine Augen über ihre Gestalt gleiten. »Aber ich muss schon sagen – so wie Sie war keine! Er hat wirklich Geschmack.«

Emilia schlug verlegen die Augen nieder, lenkte ab und befestigte eine lose Klammer am Verband des Patienten. »Danke, Sie übertreiben. Aber Vorsicht, wenn Sie sich so viel bewegen, lockert sich Ihr Verband.«

Doch Willi ließ sich nicht vom Thema abbringen. »Sie sind doch eine so schöne Frau – haben Sie hier nicht jemanden – ich meine, einen Verehrer? Ich merke doch, wie der Doktor Sie immer ansieht.«

In diesem Moment, wie aufs Stichwort, riss Dr. Michelsen die Tür auf. Eifersucht peinigte ihn wie mit Nadelstichen und er fragte sich schon seit einiger Zeit, was Schwester Emmi ständig bei dem Patienten Dollberg zu suchen hatte. Er konnte kaum seinen Unmut verbergen, als er die beiden schon wieder miteinander plaudern sah. Sein Gesicht wirkte bleich und angestrengt und die Haare fielen ihm ungeordnet in die Stirn; er schien übernächtigt. Doch seine Augen, die tief in umschatteten Höhlen lagen, glühten in einem wilden, merkwürdigen Feuer, mit dem er misstrauisch und forschend von einem zum anderen sah.

Emilia errötete schuldbewusst und sprang mit heißen Wangen auf. »Ich wollte gerade…«, begann sie, doch dann hielt sie inne, unter dem anklagenden, Besitz ergreifenden Blick des Arztes erschauernd.

»Schwester Emmi« – seine Stimme klang streng und vorwurfsvoll –, »hier finde ich Sie endlich. Ich brauche Sie dringend. Es gibt neue Einlieferungen. Sie vernachlässigen Ihre Pflichten und vertrödeln kostbare Zeit bei Patienten. Das kann ich nicht dulden!« Tatsächlich ertönte von unten Lärm und wilde Schmerzensschreie.

»Entschuldigen Sie, ich komme ja schon«, murmelte sie, von der Art, wie er sie behandelte und mit ihr sprach, aufs Tiefste verletzt. Tränen schossen in ihre Augen; hastig nahm sie ihr Tablett mit der Medizin und lief hinaus.

Der Arzt, der spürte, dass er zu weit gegangen war, folgte ihr vor die Tür, hielt sie bei der Hand fest und versuchte, den Arm bedauernd um ihre Schultern zu legen. »Entschuldigen Sie, Schwester Emmi, Sie wissen doch, ich habe das nicht so gemeint. Aber es macht mich rasend, dass Sie dauernd diesen Patienten aufsuchen. Wie Sie ihn ansehen!«

»Aber ich…« Emilia versuchte sich aus seiner engen Umarmung zu befreien. »Es ist nicht das, was Sie glauben. Ich…« Sie wusste nicht, was sie weiter sagen sollte. Der Arzt machte ihr Angst.

Er ließ sie nicht los und presste sie stärker an sich. »Ich halte es nicht mehr länger aus! Ich liebe Sie und das wissen Sie auch. Sie müssen mir gehören. Ich tue doch alles für Sie. Was haben denn die anderen, was ich nicht habe?«, stammelte er wie von Sinnen.

»Lassen Sie mich.« Emilia fehlte die Luft zum Atmen, sie fürchtete sich vor der gewaltsamen und dunklen Leidenschaft des Mannes, der über alle Grenzen ging und sich mit Gewalt nehmen wollte, was sie ihm freiwillig nicht geben konnte. In Panik sträubte sie sich gegen ihn, und als er sie nicht losließ, hob sie die Hand und schlug ihm mit aller Heftigkeit ins Gesicht. Das Tablett fiel klirrend zu Boden.

Ernüchtert gab der Arzt sie mit einem Ruck frei.

»Ich kann Sie nicht lieben! Das habe ich Ihnen schon ein paar Mal gesagt«, schleuderte ihm Emilia, zum Äußersten getrieben, wütend entgegen. »Ich achte Sie, als Mensch, als Arzt, ja – aber mein Herz gehört einem anderen. Begreifen Sie das doch endlich!«

Dr. Michelsen senkte den Kopf. Emilias Schlag brannte auf seiner Wange wie ein Mal. Dumpfe, angstvolle Leere, das schreckliche Gefühl des Zurückgewiesenseins breitete sich in ihm aus. Seine seit Monaten strapazierten Nerven vibrierten, als müssten sie jeden Augenblick explodieren. Er hob seine Fäuste gegen die Frau und ein trockenes Schluchzen stieg ihm in die Kehle, während er sich gewaltsam zurückhielt. Schnell – er musste etwas nehmen, sonst würde er die Beherrschung über sich selbst verlieren. Eine Spritze – eine Dosis Morphium würde ihn beruhigen, würde ihn von dem plötzlich aufsteigenden Wunsch abhalten, Emilia die Hände um die Kehle zu legen und zuzudrücken – diese ganze Begierde, die ihn in ihrer Person so quälte, einfach auszulöschen. Dann würde sie ganz ihm gehören und sich nicht mehr wehren. Er erschrak vor seinen eigenen Gedanken. Wortlos ließ er die Hände sinken, wandte sich ab und ging mit schleppenden Schritten davon.

Emilia blieb fassungslos zurück. Was hatte sie getan? Sie hatte sich doch zurückhalten wollen, bis es ihrem Vater wieder besser ging! Ein Tränenstrom erstickte alles, was sie noch sagen, noch erklären wollte. Hatte ihr Dr. Michelsen nicht versprochen, dass er immer für sie und ihre Familie da sein würde, egal, was geschähe? Dass er ihr Freund sein wollte, ihre Stütze? Ihre Finger zitterten so stark, dass die Mullbinden, die sie aufheben wollte, ihr wieder aus der Hand rollten und sie es nicht einmal merkte. Sie tat ein paar mechanische Schritte in den Krankensaal hinein.

Der Tumult am Eingang hatte zugenommen. »Schwester Emmi, Schwester Emmi!« Sie sah die ältere Oberschwester Martha suchend in der Tür zum provisorischen Ordinationszimmer stehen, den Kopf aufgeregt nach rechts und links wendend. Als sie Emilia erblickte, winkte sie ihr mit heftiger Gebärde zu und rief: »Schnell! Wo bleiben Sie denn? Kommen Sie – eine dringende Amputation, wir müssen uns beeilen! Hören Sie denn nicht? Der Mann schreit uns ja das ganze Haus zusammen! Er hat schon viel Blut verloren. Soll ich etwa alles allein herrichten?«

»Ja, ja, aber … Ich … Ich komme.« Emilia zögerte, rückte ihr verrutschtes Häubchen gerade und strich sich die Haare zurück. Was sollte sie nur tun? Ihre Gedanken drehten sich in unablässigem Wirbel, während die herzzerreißenden Schmerzensschreie des Schwerverwundeten durch den Gang hallten.

»Worauf warten Sie denn noch?« Die Stimme Schwester Marthas nahm einen ärgerlichen Ton an, bevor sie kopfschüttelnd hinter der Tür verschwand. Eilig drängten sich die Träger mit ein paar Brettern, auf denen ein junger Soldat unter undefinierbaren, blutdurchtränkten Uniformfetzen lag, von denen es dunkel herabtropfte, durch den überfüllten Gang zum Operationssaal.

Automatisch folgte Emilia Schwester Martha in den kalten, ausgeräumten Raum, in dem Dr. Michelsen, gefasst und ohne dass man ihm die Auseinandersetzung noch ansah, schon selbst dabei war, die wenigen Instrumente, die ihm zur Verfügung standen, auszukochen. »Da sind Sie ja endlich«, sagte er, ohne sie anzusehen, mit undurchdringlicher Miene und seltsam ruhiger, monotoner Stimme zu Emilia, die hastig ihre Gummischürze festzurrte und begann, sich die Hände zu waschen. »Es wird höchste Zeit!«

Die Katastrophe war nicht mehr aufzuhalten. Von allen Seiten drangen die schlechten Nachrichten nach und nach zu den immer noch bis zum letzten Mann kämpfenden Soldaten und stärker noch ins Bewusstsein der Bevölkerung, auf die Hieb für Hieb die Horrormeldungen herniederprasselten und die in den Luftschutzbunkern unmittelbar mit den schlimmsten Angriffen konfrontiert war. Zu Festungen erklärte Städte fielen eine nach der anderen. Thorn war schon am 1. Februar aufgegeben worden, Posen einen Monat später, Graudenz nicht lange danach; dann Danzig und das hart umkämpfte Königsberg in einer grausamen Schlacht am 9. April. Der Häuserkampf um Breslau setzte dem Niedergang die Krone auf.

Alle militärischen Entscheidungen waren gefallen, es gab nichts mehr zu verteidigen oder zu halten; man konnte die endgültige Niederlage nur noch verzögern. Doch Hitler, eingebunkert in Berlin, eingesponnen in eine Traumwelt, in der das deutsche Volk zu einer Übermacht, der germanische Kämpfer zu einem blonden, blauäugigen Goliath geworden war, wollte immer noch nicht glauben, dass sein Traum nun zu Ende war, dass es für ihn nur noch eine Lösung gab – aus der Geschichte zu verschwinden und nur seinen Mythos, den er sich einstmals ganz anders vorgestellt hatte, zurückzulassen.

Nicht nur in Ostpreußen, auch an der rechten Rheinseite rückten die Alliierten unablässig vor und in Hessen waren die Amerikaner sowie die französische Armee südlich des Mains nicht mehr aufzuhalten. Nach und nach, Stück für Stück brach der Widerstand an allen Ecken und Kanten Deutschlands. Bald ging es für die Soldaten nur noch darum, bloß nicht in die Hände der Sowjets zu fallen, von denen man die schlimmsten Gräueltaten hörte, sondern sich den souveräneren Amerikanern zu ergeben.

In den Notlazaretten bekam man die Horrornachrichten nur am Rande mit. Man hatte sich um andere Dinge zu kümmern. Verbandszeug und notwendige Medikamente wurden knapp, der Proviant reichte nicht mehr; aber immer neue Verwundete strömten herein. Das dunkle Gespenst der Angst ging überall um: Immer dichter wurde der Kreis, den der sowjetische Feind zog, der unerbittlich näher rückte. Berichteten nicht Augenzeugen, dass die Russen die Verletzten in den provisorischen Lazaretts kurzerhand aus den Fenstern warfen? Im Flüsterton und hinter vorgehaltener Hand erzählte man sich die schrecklichsten Dinge. Wann würden sie kommen, wann würden sie einfallen in die ungeschützten Gebäude, wie und auf welche Weise würden sie sich rächen? Unglaubliche Geschichten von Plünderungen kursierten, in denen rohe Soldaten, einfache Bauernburschen vom Land, sich nicht scheuten, sogar den Ärzten das wenige Wertvolle, das sie besaßen, und alles, was ihnen ins Auge stach, zu rauben – entmenschte, bewaffnete Betrunkene, die grölend durch die Räume trampelten, die packten, was sich ihnen bot, an den Unterarmen Dutzende von übereinander gezogenen Armbanduhren. Es waren eben Soldaten, die den Tribut einforderten, der ihnen zustand. Wie stets in der Geschichte nahmen sich die triumphierenden Sieger das, was sie wollten, sie balancierten lachend auf dem schmalen Grat zwischen Gut und Böse, der in Kriegszeiten immer verwischt und oft ganz ausgelöscht scheint. Manchmal waren es gerade die im Alltagsleben unauffälligen Männer, aus deren Augen jetzt die Bestie hervorschimmerte und die vor Übergriffen, Vergewaltigungen und anderen Gräueltaten selbst in der Extremsituation einer Krankenanstalt, mitten unter hilflosen Menschen, nicht zurückschreckten.

Gott sollte helfen. Versteckte er sich jetzt vor den hochmütigen einstmaligen Eroberern, die geglaubt hatten, dass nur ihrer Rasse die Welt gehören sollte? Ein tragischer Irrtum, der sich in allen Kriegen, bei allen Völkern durch die Geschichte unablässig wiederholte und aus dem nie etwas gelernt wurde. Für das deutsche Volk war nun die Herrschaft der Welt, die es erträumt, die es fast zum Greifen nahe vor sich gehabt hatte, für immer in weite Ferne gerückt, für ewig verloren. Und trotzdem schien es auf seltsame Weise kaum fassbar, nach all den leichten Siegen, nach dem grenzenlosen Todesmut, mit dem sich die Armeen dem Feind entgegengeworfen hatten, diese immer unabwendbarer werdende Tatsache wirklich und ganz realistisch zu erkennen. Was würde danach kommen, nach dem Desaster, in dem ein ganzes Land – zerstört, zerbombt, vernichtet und in seiner Ehre, seinem Stolz ausgelöscht wie seine Mauern – am Boden lag? Eine Selbstmordwelle erfasste Deutschland, schwappte bis in den gesicherten festen Bunker, in dem ein erschöpfter und enttäuschter Mann, der sich zum Führer der germanischen Nation ernannt hatte, in seiner Verwirrung noch nach dem letzten Hoffnungszipfel griff, nach einer Hoffnung, die wie eine Seifenblase, die schillernd in den Himmel gestiegen war, plötzlich zerplatzte und einen Haufen Unrat niederregnen ließ, der die Landschaft bedeckte wie der unendliche Schutt der Zerstörung.

Nachdem Dr. Michelsen bemerkt hatte, dass seine Eifersucht gegen Willi Dollberg grundlos gewesen war, wurde er wieder ruhiger und in seiner zerrissenen Seele begann falsche Zuversicht aufzukeimen. Er spritzte sich nun jeden Tag eine Dosis Morphium, um seine Gefühle zu beherrschen, sich stark zu fühlen und mit gewohnter Sicherheit seine Arbeit zu tun. Nur der Gedanke an den angeblichen Verlobten

Emilias, diesen Siegfried von Hohenstein, dessen Bild immer noch auf ihrem Nachttisch stand, verursachte ihm Unbehagen. Heimlich hatte er sogar einen Blick in seine Briefe geworfen, die unachtsam herumlagen. Emilia selbst hatte ihm auf sein Drängen, auf seine bohrenden Fragen schließlich ganz offen zu verstehen gegeben, dass sie diesen Mann nicht liebte, sondern einen anderen, über den sie nicht sprechen wollte.

Wer war dieser geheimnisvolle Unbekannte, von dem sie, wie sie gestand, nicht einmal wusste, ob er überhaupt noch am Leben war? Warum dann das Bild und die Briefe des anderen? So war sie doch nicht so tugendvoll und heilig, wie sie sich gab! Nun, egal, was auch immer die Wahrheit sein mochte – und wenn es tausend Männer gab, die sie begehrten, er war entschlossen, alle Konkurrenten aus dem Feld zu räumen.

Conny fühlte sich von Tag zu Tag besser, obwohl seine gelbe Farbe so intensiv blieb, dass man vor ihm erschrak. Die Ärzte hatten ihm zu verstehen gegeben, dass er eigentlich nicht länger in diesem Lazarett bleiben könne, da man keine Isolierstation habe und die Gefahr einer Ansteckung des gesamten Hospitals zu groß sei. Vorläufig war er deshalb in das Kämmerchen verbannt und man untersagte ihm strengstens, sich dort herauszurühren. Die hübsche Krankenschwester Marianne versorgte ihn, so gut es ging, doch der junge Soldat zeigte sich ihr gegenüber ein wenig verlegen – er wusste nicht, was er in seinen Fieberträumen möglicherweise ausgeplaudert hatte. Im Übrigen langweilte er sich im selben Maße, wie seine Kräfte zurückkehrten, außerordentlich.

Ein junger Patient, Georg von Linden, ein Medizinstudent, der nur eine leichte Verletzung erlitten hatte, einen eigentlich schon verheilten Streifschuss am Bein, besuchte ihn verbotenerweise von Zeit zu Zeit in seiner lichtlosen

Kammer und die beiden vertrieben sich die Zeit mit Kartenspielen. Von Linden war im Haus sehr beliebt; er nahm sich einige Freiheiten, aber man war nachsichtig gegen ihn, weil er den Pflegern gelegentlich mit Rat und Tat zur Seite stand und sich überall nützlich zu machen wusste. Geschäftig humpelte er im Hause umher, interessierte sich besonders für medizinische Problemfälle und assistierte manchmal sogar bei Operationen. Im Übrigen schien er kerngesund, klagte jedoch über mysteriöse Schmerzen an der längst verheilten Wunde und hinkte, wenn man ihm dabei zusah, auf eine Krücke gestützt, erbarmungswürdig daher. Es war völlig klar, dass er ein wenig markierte, weil er nicht entlassen werden wollte, und man tolerierte ihn aufgrund seiner Hilfe und seiner Kenntnisse, mit denen er sich fast unentbehrlich machte.

In seiner neugierigen Art begann Georg von Linden den isolierten Kranken regelmäßig zu besuchen, brachte ihm oft selbst das Essen und freundete sich mit ihm an. Er schien keine Angst vor einer Ansteckung zu haben, inspizierte mit großer Anteilnahme das Aussehen Connys, seine gelben Augäpfel, seine Zunge; er tastete die geschwollene Leber ab und machte sich in ein Büchlein, das er immer bei sich trug, Notizen. »Mit diesen Symptomen hast du die besten Aussichten, dich aus dem ganzen Schlamassel, mit dem sich die Kameraden jetzt dort draußen bei den angeblichen neuen Kampftruppen abquälen müssen, aus dem Wege zu gehen«, flüsterte er ihm eines Tages geheimnisvoll zu, als er ihn in seiner Quarantänestation besuchte. »Und ich auch.«

Conny sah ihn verständnislos an. »Wieso?«

»Etwas Besseres hätte dir gar nicht passieren können. Lass mich nur machen; ich glaube, wir beide wären ein gutes Gespann. Ich werde mit dem Doktor sprechen.«

»Wie meinst du das? Man hat mir gesagt, dass man mich, sobald es mir besser geht, wieder nach Jena transportiert. Dort werden alle registriert, die aus irgendeinem Grunde versprengt sind – und die Kranken sortiert man aus, sie kommen in verschiedene Hospitäler.«

»Genau das!«, antwortete von Linden befriedigt. »Ja, und weil es dir eben noch nicht so gut geht, werde ich dich dahin begleiten – als Aufsicht sozusagen, als medizinische Hilfe. Du bist doch noch ziemlich krank, auch wenn dich deine schöne Krankenschwester so bevorzugt behandelt!« Er zwinkerte ihm listig zu. »Und was das Hospital anbetrifft, da wüsste ich schon eines, und zwar das Lungensanatorium meines Vaters in Sankt Blasien. Dort gibt es auch eine Isolierstation. Dann sind wir beide aus dem Schneider und weit weg vom Kampfgetümmel! Hier wird es nämlich auch bald eng werden. Verstehst du, was ich meine?«

Natürlich verstand Conny. Diese Lösung war für alle Beteiligten optimal. Der leitende Hospitalarzt griff den Vorschlag Leutnant von Lindens erfreut auf. Er würde die beiden so bald wie möglich gemeinsam nach Jena schicken. Damit hatte er zwei Fliegen mit einer Klappe geschlagen: zum einen seine Verantwortung abgewälzt, einen Patienten mit einer ansteckenden Krankheit zu beherbergen, zum anderen den Leutnant, den man jetzt schon offen einen Simulanten nannte, auf elegante Art loszuwerden. Dann mochten sie von ihm aus, wenn sie es schafften, zusammen nach Sankt Blasien oder sonst wo hingehen, das ging ihn nichts mehr an. Wer weiß, was sich nach dem Krieg ergeben würde.

Ungeduldig warteten die beiden auf den Tag, an dem sie endlich in der Lage wären, wegzufahren. Im Grunde wäre Conny im weitesten Sinne nicht reisefähig gewesen – die Krankheit bestand weiter; doch die Transportbescheinigung war durch die ungeduldige und drängende Art von Lindens schon ausgestellt worden und lag bereit.

Mit krankhafter Hartnäckigkeit verrannte sich Dr. Michelsen immer mehr in seine Idee, dass Emilia ihm, nur ihm allein gehören musste, und er war fest entschlossen, zu kämpfen und sie mit allen Mitteln, ob erlaubt oder nicht, zu gewinnen.

Er hatte sich mittlerweile einen genauen Plan zurechtgelegt. Wenn es nicht anders ginge, wenn sie sich weigerte, bei ihm zu bleiben, würde er sie eben mit dem hilflosen Vater und der minderjährigen Schwester erpressen. Er wusste, dass sie die beiden nie im Stich lassen würde. Sie waren in jeder Hinsicht auf Emilia angewiesen. Wie oft musste er dem kranken Vater in seinen plötzlichen lebensbedrohlichen Atemnotattacken mit einer Spritze helfen, ihn mit Digitalis versorgen, damit das Herz kräftig blieb! Für ihn war die Sache klar: Er würde sich scheiden lassen. Emilia musste bei ihm bleiben, an seiner Seite, sonst hatte das Leben seinen Wert, seinen Sinn verloren, so wie er seinen Glauben an Gott verloren hatte, seinen ganzen Mut und seinen Idealismus – er wäre eine schale Hülle nach den Grausamkeiten, die er in diesem Krieg gesehen und ertragen hatte. Emilia war sein Trost, seine Stütze, das Licht seines Lebens, das nur noch matt flackerte. Ein Weiterleben schien undenkbar – ohne sie blieb ihm nur der Selbstmord, ohne sie schien ihm das Dasein eine Unmöglichkeit, ein düsterer Weg in eine freudlose Zukunft.

Er erhöhte seine Morphiumdosen und nahm regelmäßig einen Cocktail aus Aufputsch- und Schmerzmitteln zu sich, um sich wach und bei guter Stimmung zu halten. Nachts brauchte er Veronal, um überhaupt schlafen zu können und nicht nachdenken zu müssen. Es war ein Teufelskreis und manchmal glaubte er, nicht mehr richtig denken zu können. Er befand sich in diesen letzten Kriegstagen wie viele andere Ärzte in einer Extremsituation, die seine Kräfte, die vorher bereits aufgezehrt waren, vollends überspannten. Anders konnte er sich gar nicht über Wasser halten. Wenn endlich Frieden wäre, würde er mit dem Morphium wieder aufhören, dann hätte er es nicht mehr nötig. Aber jetzt galt es die Nerven zu behalten – die Zukunft zu sichern.

Freiwillig würde Emilia nicht bei ihm bleiben. Aber es gab so viele gute Gründe, dass sie bei ihm bleiben musste. Er liebte sie doch, was wollte sie denn mehr? Alles war er bereit für sie zu tun.

Eine fiebrige Unruhe hatte von ihm Besitz ergriffen. Es war doch ein ganz einfaches Abkommen – sie brauchte ihn, seine Medizin, die den sterbenskranken, hilflosen Vater am Leben hielt, und seine Hilfe, ihm und dem minderjährigen Kind die einzig mögliche Geborgenheit zu bieten, die sie nach der Stunde Null zu erwarten hatten.

»Hast du schon gehört? Morgen kann es losgehen!« Von Linden schlug die Bettdecke zurück. »Nimm dich doch zusammen!«

Leicht benommen stützte sich Conny auf den Kameraden. Eigentlich ging es ihm schon weitaus besser, aber er zögerte noch. In einem Lazarett befand man sich als Soldat schließlich an einem relativ sicheren Platz. Er lächelte von Linden an, der ganz aufgeregt war. »Du hast ja Recht – ich bin fast so weit.«

»Verlass dich nur auf mich, tu alles, was ich sag – ich bin ja bei dir und ich verstehe etwas von Medizin, das kannst du mir glauben.«

»Aber du«, wandte Conny ein, »mit deinem Bein…«

»Ach was, mein Bein – das ist schon lang in Ordnung. Ich schauspielere doch nur ein bisschen. Meinst du, ich will wieder raus ins Feld? In die neuen Kampftruppen vielleicht, die man in dieser irrwitzigen Situation jetzt noch zusammenstellen will? Da wär ich schön blöd, so kurz vor Toresschluss! Und der Russe rückt immer näher – da will ich nicht noch in Gefangenschaft geraten. Verstehst du denn nicht? Wir müssen jetzt so schnell es geht hier weg, auch wenn du noch nicht so ganz auf dem Damm bist. Später kannst du dich immer noch ausruhen. Und der Doktor will dich eher heut als morgen loswerden. Kapier doch, wenn das rauskommt, dass du hier mit einer ansteckenden Krankheit herumhängst, ohne Isolierstation, da kriegt er Ärger mit den Behörden. Ich kenn mich da aus.« Er grinste ihn kumpelhaft an. Dann sah er ihm mit plötzlicher Besorgnis noch einmal prüfend ins Gesicht. »Weißt du, was?« Er zog ihm mit einem gekonnten Griff die Lider ein wenig nach oben. »Du bist ja schon viel weniger gelb. Nicht dass du mir noch gesund wirst, dann ist unser Plan im Eimer! Wenigstens bis Jena solltest du noch sehr krank aussehen! Wie fühlst du dich?«

»Eigentlich nicht schlecht – ein bisschen schlapp von dem vielen Liegen und dem Fieber, aber sonst« – Conny zuckte die Achseln – »im Grunde doch schon viel besser!«

»Mist!« Der Leutnant zog die Stirn in Falten. »Ich sag dir was: Nicht, dass du mir zu schnell auf die Beine kommst! Dann ist es Essig mit unserem Sanatorium in Sankt Blasien! Erst müssen wir mal da sein, dann kannst du ganz gesund werden.«

»Was?« Conny sah ihn verständnislos an.

»Ja, sonst teilen sie dich in Jena gleich wieder ein, wenn du so fit bist! Überlass mal die Geschichte ganz mir. Wegen der hübschen Schwester Marianne brauchst du dir keine Sorgen machen.«

»Ach Quatsch!«, wiegelte Conny ab. »Schwester Marianne! Ich bin schon vergeben – oder so gut wie!« Seine Augen begannen zu glänzen. »Wenn ich sie nur wieder treffe, nach dem Krieg – dann fängt ein neues Leben an. Wenn du sie gesehen hättest… Eine seltene Schönheit, so kühl, so unnahbar und doch… Wir wollten heiraten – später. Aber es ging alles so schnell – wir wurden getrennt und ich weiß nicht einmal, ob sie meine Adresse erhalten hat.«

»Komm Junge, an solche Sentimentalitäten kannst du später denken!«, unterbrach von Linden seine Schwärmerei. »Heiraten! Wir haben jetzt andere Sorgen. Überleg doch mal! Das nützt dir alles nichts mehr, wenn du in den allerletzten Tagen fällst! Dann siehst du sie sowieso nie wieder.

Du hast nur eine Chance, deine Haut zu retten, und ich auch. Die Kapitulation ist doch nur noch eine Frage von Tagen oder höchstens Wochen. Unsere Leute sind kaputt, ausgeblutet – es gibt kein Material mehr, nicht mal Benzin!«

Conny nickte. Auch Kriegsgefangenschaft war ein Schreckgespenst. Er wusste es und der Leutnant, so jung und unerfahren er schien, hatte diesmal die Wahrheit gesagt. Morgen würden sie hier verschwinden. Zum Glück war Gelbsucht eine jener lang andauernden Krankheiten, die außer einem unbestimmten Schwächegefühl den Allgemeinzustand wenig beeinträchtigten, wenn man ein paar Regeln beachtete: Ruhe und eine vernünftige Diät ohne Fett. Die Ruhe war in Frage gestellt und die Diät erübrigte sich bei der schmalen Kost auf natürliche Weise.

Der Tag war angebrochen, an dem sich die beiden sehr früh im Morgengrauen, ohne Aufsehen zu erregen, zum Bahnhof begeben sollten. Conny, mit seinem gepackten Rucksack, die Mütze weit in die Stirn gezogen, schnupperte zum ersten Mal nach langer Zeit wieder frische Luft und den feuchten Duft des Asphalts. Die Straßen waren menschenleer, der Himmel noch grau und bedeckt und ein leichter Regen nieselte herab. An einer Häuserwand machten sich zwei Männer mit Schlägermützen zu schaffen, die sich immer wieder vorsichtig umsahen und beim Herannahen der beiden Eimer, Pinsel und eine Papierrolle ergriffen und sich fluchtartig davonmachten. Conny blieb stehen und sah neugierig auf das noch feuchte Papier, das Plakat in dicken, grünen Lettern, das an der Wand klebte. »Aufruf!«, las er in großen Blockbuchstaben. »An die Offiziere und Mannschaften der Wehrmacht. Kameraden! Der Führer hat einen Schlaganfall erlitten und liegt im Sterben! Der Reichsführer SS, Reichsminister Himmler, hat den Engländern und Amerikanern bereits bedingungslose Übergabe angeboten. Ihr seid vom Feind vollständig umzingelt! Unter diesen Umständen wäre jeder Widerstand völlig nutzlos! Legt die

Waffen nieder! Nieder mit den Kriegsverlängerern! Hoch Deutschland! Eure Kameraden, die ihr Leben für ein neues Deutschland gerettet haben.« Er schüttelte bedenklich den Kopf. »Was sagst du dazu, Georg? Ob es was nützt?« Es gab auch jetzt noch immer genügend Fanatiker, die nicht aufgaben und an denen Aufrufe wie dieser abprallten.

Georg zuckte gleichmütig die Achseln. Er dachte an das fehlgeschlagene Attentat auf Hitler. Auch damals hatte Verwirrung geherrscht und die verschiedensten Nachrichten waren verbreitet worden.

Eines schien klar zu sein: Es tat sich etwas, der Widerstand gegen Hitler im Volk wurde stärker. Ob das Plakat die Wahrheit sprach, blieb dahingestellt. Offiziell wusste man nur: Der Russe begann unaufhaltbar gegen Berlin vorzurücken und es wurde langsam ernst. Niemand konnte sich vorstellen, was jetzt auf die Nation zukam, was entschieden, was geschehen würde. Sie jedenfalls würden versuchen, ihr Leben für ein neues Deutschland zu retten.

XX. Kapitel

Tanz auf dem Vulkan

Mit einem unguten Gefühl, einem dumpfen Druck in der Herzgegend, fuhr Conny in Begleitung Leutnant von Lindens zunächst eine Strecke mit der Bahn und dann mit einem Lastwagen wieder zurück in Richtung Süden nach Jena. Der neuesten Meldung zufolge sollten dort alle Kranken aussortiert, die Einsatzbereiten aber unterteilt und zu neuen Kampftruppen zusammengestellt werden. Was, wenn man ihn für gesund hielt?

Conny glaubte kein Wort von dem Geschwätz über neue Divisionen – aufgebauschtes Gerede, das an seinen Ohren vorbeirauschte. Er wusste nur eines: Jetzt kam es darauf an, die letzten Tage heil zu überstehen. Auf von Lindens Rat nutzte er unterwegs seine auffallende Hautfarbe aus; alles ergriff die Flucht, wenn er, mager, gelb und krank aussehend, irgendwo erschien. Dabei ging es ihm mittlerweile gar nicht mehr so schlecht, sondern im Gegenteil immer besser.

Die Kaserne in Jena glich einem Reservistenlager, in das man alles einsammelte, was aus irgendeiner Division von irgendwo her versprengt war. Eine lange Schlange hatte sich im Vorraum, am Büro und vor einer Art provisorischem Wartezimmer gebildet, in die sich alle Ankömmlinge eingereiht hatten, auch Kranke, die sich noch auf den Beinen halten konnten, Verletzte oder solche, die dafür gelten wollten, um einer Rekrutierung zu entgehen. Die beiden stellten sich auf, doch nach kurzer Zeit warf ihm von Linden einen skeptischen Blick zu und zog eine Grimasse. Man konnte durch die Gänge bis zu der halboffenen Tür sehen, vor der die Wartenden standen und durch die einer nach dem anderen vorrückte. Eine Art Komitee im weißen Kittel schien die vorbeidefilierenden Männer im Schnelldurchlauf in Kategorien von »noch tauglich«, »nicht tauglich« und »krank« einzuteilen; ein Schreiber notierte zugleich die Beurteilung und den Einsatzpunkt.

Von Linden wollte sich vordrängen, doch man wehrte ihn grob ab. »Hier hat jeder seine Geschichte zu erzählen. Sie haben zu warten und kommen schon dran«, beschied ihm ein überarbeitet aussehender Angestellter, der Namen und Rang notierte.

»Aber ich…« Ein drohender Blick ließ ihn innehalten. Misstrauisch sah der Medizinstudent zu, wie die Soldaten mit nacktem Oberkörper an den müde und gleichgültig wirkenden Ärzten und Sanitätern vorbeizogen, kurz mit dem Stethoskop behorcht, mehr als flüchtig begutachtet und mit schnarrender Stimme als gesund oder krank eingeteilt wurden. Er hielt sich nun stumm abseits und vertraute darauf, dass beim Anblick Connys sogleich die richtige Diagnose gestellt würde. Dann erst konnte er seinen Vorschlag vom Sanatorium seines Vaters einbringen. Bei der Menge der zu Begutachtenden verdoppelte sich jedoch das Tempo der Einteilung nach und nach zu einem immer flotteren Durchgang, und als Conny aus der offen stehenden Tür des Ordinationszimmers trat, hielt er verdutzt einen neuen Einberufungsbefehl nach Berlin in den Händen.

Entrüstet sprang von Linden auf, packte einen der Sanitäter beim Arm und schrie laut durch den Raum: »Ja, seid ihr denn alle blind? Der Mann hat doch eine gefährliche, ansteckende Krankheit! Gelbsucht! Agressive Hepatitis! Dabei wird die Leber zerstört. Das fällt unter das Seuchengesetz! Er wird alle anstecken, wenn er nicht sofort isoliert und weggebracht wird.«

Unruhe erhob sich, Gemurmel, jeder wich zurück und starrte entrüstet und entsetzt auf den Kranken, der in dem bleichen Licht der kalten Lampe wirklich erbarmungswürdig dürr und gelb wirkte. Der Sanitäter erblasste, warf noch einmal einen Blick auf Conny, der sich absichtlich zusammenkrümmte und demonstrativ die Augen rollte, um die gelben Augäpfel zu zeigen, und rief: »Warum haben Sie das nicht gleich gesagt, Sie Idiot!«

Drinnen hinter der zugezogenen Tür hörte man Geraune. Georg drang mit einem Satz in den Raum: »Ich bin selbst Mediziner und habe den Auftrag, den Mann in Quarantäne zu bringen. Bei einer so ansteckenden Krankheit ist wegen Seuchengefahr sofortige Isolierung angesagt. Aber man lässt mich ja hier nicht zu Wort kommen. Diese Krankheit überträgt sich sehr leicht auf solche, die sie noch nicht gehabt haben, und ist für jedermann außerordentlich gefährlich. Ich könnte melden, dass Sie das übersehen haben!«

Die Männer im weißen Kittel sahen sich an. »Das ist ja noch schöner. Dann sorgen Sie doch für den Patienten, Sie Neunmalkluger! Wir haben hier keinen Platz.«

»Das habe ich auch vor«, erwiderte von Linden energisch. »Wir sind auf dem Weg nach Sankt Blasien, mein Vater leitet dort ein Sanatorium …«

»Gut, gut«, schnitt ihm einer der Ärzte das Wort ab, »verschwinden Sie mitsamt Ihrem Patienten, bevor Sie mir hier noch mehr Unruhe hereinbringen. Wir haben wirklich genug Ärger. Lassen Sie sich einen Transportschein nach München ausstellen. Sollen die dann entscheiden. Vorher können Sie nirgendwo anders hin, das sage ich Ihnen gleich.« Er drehte ihm den Rücken zu. »Der Nächste!«

Von Linden unterdrückte ein triumphierendes Lächeln. Er packte Conny beim Arm und zog ihn in das Büro des Schreibers, der beim Anblick des quittegelben Kranken in feiger Angst zurückwich und mit einer gemurmelten Entschuldigung seinen Platz verließ. »Gelbsucht? Ich habe Frau und Kinder«, murmelte er. »Sie werden verstehen … Jetzt ist sowieso alles egal. Verschwinden Sie von hier – von mir aus, wohin Sie wollen, aber verschonen Sie mich damit.« Er zog die Tür hinter sich zu und ließ die beiden allein. Das fehlte ihm noch, dass man ihm bei all dem Schreibkram eine ansteckende Krankheit anhängte, jetzt, wo der Krieg bald zu Ende war!

Conny stellte sich als Wache vor die Tür, zwinkert von Linden zu und machte ihm mit dem Kopf ein Zeichen. Die Papiere lagen direkt vor ihnen und der Leutnant zögerte nicht lange, setzte mit raschem Schriftzug die Namen ein und hatte mit einem Griff die beiden Marschbefehle in der Hand – endlich die Befugnis, möglichst weit weg von Berlin, in ihrem Falle nach Sankt Blasien zu reisen. Doch blieb ihnen nichts anderes übrig, als zuerst den Zug in Richtung München zu nehmen.

In dem zugigen kleinen Raum war es kalt und die Fensterscheiben schlossen schlecht. Der primitive Kohleofen war ausgegangen und Emilia, die erschöpft von ihrem harten Dienst dem Vater und der Kleinen das Essen brachte, ließ sich müde auf einen wackligen Hocker fallen. Es war still und nur das ziehende und pfeifende Atmen des schlafenden Vaters, der mit eingefallenen Wangen und bläulichen Lippen auf dem Bett nach Luft rang, war zu hören. Der Suppentopf, den sie, zum Warmhalten mit einer Decke umwickelt, auf den primitiven Tisch gestellt hatte, dampfte noch. »Lorchen«, rief sie leise und sah sich in dem halbdunklen Raum nach dem Mädchen um. Wo blieb sie denn wieder? Aber es war wohl zu trist für das Kind, immer neben dem kranken Vater zu sitzen, der nicht mehr recht auf die Beine kam.

Er hustete angestrengt, hob ein wenig den Kopf und fragte, ins Halbdunkel hineinsehend, mit hohler, tief aus der Brust kommender Stimme: »Emmi, Kind – bist du es? Mir geht es heute wieder gar nicht gut.«

Emilia holte tief Luft und erhob sich mit schmerzendem Rücken und tauben, kalten Beinen. »Gleich, Vater«, antwortete sie beschwichtigend, »gleich wird es dir sehr viel besser gehen.« Sie zog aus ihrer Tasche eine Spritze samt Ampulle mit einem bronchienerweiternden Mittel, das die ständige Atemnot des Vaters linderte. Zart nahm sie die kalte, wie leblos scheinende Hand von der Bettdecke und fühlte den Puls. Wie gut, dass sie von Dr. Michelsen eine neue Digitalis-Tablettenpackung bekommen hatte! Was täte sie ohne ihn, ohne die Medikamente, die er ihr so großzügig zur Verfügung stellte? Ihr Vater wäre längst tot und sie selbst würde ohne Veronal keine Nacht mehr schlafen können. Und sie musste doch durchhalten, wenigstens noch eine Weile. Was danach kam, wusste kein Mensch. Ihr Herz war schwer, als trüge es eine allzu bedrückende Last. Sie setzte dem Vater die Spritze und sah mit Genugtuung, wie seine verkrampften Züge sich entspannten, wie die Luft in seine Lungen strömte und die Todesangst, zu ersticken, hinwegspülte. Er öffnete die Augen, wasserhell und grün wie die ihren, aber das Weiße trüb und geädert; er sah sie an und versuchte ein Lächeln, ihre Hand drückend. »Danke, jetzt ist es besser. Bleib noch ein bisschen Kind – wenn ich auch nicht viel reden kann.«

Emilia nickte und beugte sich zu dem Kohleofen hinunter, um die Glut neu anzufachen. Eigentlich sollte Lorchen dafür sorgen, dass das Feuer nicht ausging und dem Vater nicht kalt wurde – aber trug die Kleine nicht schon eine allzu große Verantwortung und hatte zu viel Leid erfahren, als dass Emilia sie schelten sollte, weil sie nicht an alles dachte? Die Kohlen glühten auf und verbreiteten ein warmes Licht in der ärmlichen Unterkunft. »Deine Suppe, Vater, sie ist noch warm.«

»Später«, winkte er ab. »Lass etwas für das Kind. Es ist doch noch im Wachstum, so blass und schwach. Ich brauche nicht mehr viel.«

Seufzend richtete sie die verschobenen Decken auf des Vaters Bett und ordnete auch Eleonores Matratze, auf der in bunter Unordnung verschiedene Bücher lagen. Mit angezogenen Knien ließ sie sich auf die harte Rosshaarunterlage fallen und legte betrübt den Kopf in ihre Armbeuge.

Eine ernste Unterredung unter vier Augen mit Dr. Michelsen lag hinter ihr. Sie war aufgewühlt, ihre Nerven zum Zerreißen gespannt. Der Arzt hatte endlich die Maske abgenommen und ihr klar und deutlich gesagt, was er von ihr erwartete. Seine Hände hatten gezittert, seine Augen in unruhiger Fieberglut geflackert. Sie wusste jetzt, nie würde sie ihm gehören, nie würde sie ihn lieben können! Das war ihr heute Abend völlig klar geworden. Warum regte sie sich dann so auf, warum bebte sie am ganzen Körper? Weil sie Angst hatte – um ihren Vater, um Lorchen, um ihre ganze Existenz ohne die Hilfe des Arztes. Und – weil ein anderer ihr Herz besaß; ein anderer, von dem sie träumte, von dem sie ganz einfach gewusst hatte, dass es war, mit dem sie ihr Leben verbringen wollte, komme, was da wolle. Diese innere Erkenntnis, eine Art Urwissen, hatte sich in den letzten Tagen immer mehr in ihr gefestigt, nach all den Gesprächen mit Willi Dollberg über den Freund, vertrauten Geständnissen, die die Erinnerung hautnah aufleben ließen. Der Brief, den sie im Kloster gefunden hatte … Man las derlei in Romanen oder sah es in Filmen – und doch schien die Wirklichkeit überraschender und irrealer als alles Ausgedachte. Wenn es einen Gott gab, dann hatte er gewollt, dass sie diesen Brief finden sollte und dass sie alles daran setzen musste, den Mann wiederzusehen, der ihn geschrieben hatte. Ihre Liebe zu ihm war stark und lebendig geblieben und der Zauber hatte während der Trennung nichts an Anziehungskraft eingebüßt. Sie liebte in ihm nicht nur den gut aussehenden Soldaten in schneidiger Uniform, den Schwarm aller Mädchen aus der Bratkartoffelkneipe Pelzer, dem alle Frauenherzen zuflogen und dessen sanfter Blick aus dunkelbraunen, zärtlichen Augen unter dem blonden Haar sie sofort betört hatte, sondern auch den Menschen, der die Gefahr der Desertion für den Funken einer Hoffnung auf sich genommen hatte, dass sie seinen Brief vielleicht doch finden würde. Die magische, eisige Winternacht fiel ihr ein, in der sie sich gegenseitig in der Kirche zu Kulm versprochen hatte, bis zum Ende des Krieges aufeinander zu warten, vorausgesetzt, dass sie überlebten! Warum hatte sie das getan – sie war doch schon verlobt mit Siegfried, der sie liebte und vergötterte! Vielleicht hatte sie schon damals insgeheim gewusst, dass sie Siegfried nie heiraten würde. Seine guten Manieren, seine Bildung, sein elegantes Wesen, das sich so krass von dem der groben Bauern unterschied, die sie kannte, hatten ihr damals imponiert. Doch Liebe war mehr als das und die materielle Sicherheit, von der sie geglaubt hatte, sie sei ihr wichtig, um einen Beruf zu haben, einen gewissen Lebensstil zu führen, schöne Kleider zu kaufen und nicht auf dem Feld arbeiten zu müssen, bedeutete ihr im Grunde nach den harten Kriegjahren gar nichts mehr.

»Emmi?« Die Tür öffnete sich langsam mit einem scheußlichen Quietschton, der sich zu einem lauten Knarren verstärkte. Emilia fuhr auf. Sie war fast eingeschlafen und lehnte an der kalten Wand. Fröstelnd raffte sie sich auf und fragte vorwurfsvoll: »Wo bleibst du denn, Lore? Du sollst doch Vater nicht allein lassen! Und das Feuer war auch aus.«

Die Kleine schaute schuldbewusst drein, senkte den Kopf und verzog die Lippen zu einem Schmollmund. »Ich kann doch nicht immer im Zimmer hocken! Es ist so öde hier und langweilig. Ich hab nur die Wäsche weggebracht.«

Emilia blickte der Schwester forschend ins Gesicht, das durchsichtig und blass wie ein Stück Pergament wirkte, und die kritischen Worte taten ihr Leid. Zärtlich legte sie den Arm um Lores schmale Schultern und strich die krausen Locken zurück. »Ja, ja ich weiß schon. Aber sieh, ich hab dir Suppe mitgebracht – Rübensuppe und einen Pudding.«

»Rübensuppe mag ich nicht«, mäkelte die Kleine und zog das Näschen kraus, »aber den Pudding, hmm, den gib her.« Emilia reichte ihr das Schälchen mit der gezuckerten, teigigen Mehlmasse, die sich Pudding nannte und auf der ein kleiner See roter Zuckersirup schwamm. Hastig löffelte sie mit Behagen den süßen Brei. »Wann fahren wir endlich weiter? Es ist wirklich schrecklich hier im Lager, lauter alte und kranke Menschen, es stinkt überall und es ist immer so kalt. Wann ist der Krieg endlich aus, damit wir wieder nach Hause können?«

Emilia schwieg und sah versonnen in die Ferne. Sollte sie dem Kind sagen, dass sie nie mehr wieder nach Hause zurückkehrten? Der Vater stöhnte und drehte sich auf die andere Seite. »Ich muss wieder ins Lazarett.« Emilia warf einen schnellen Blick auf die kleine Armbanduhr, die ein Geschenk ihrer verstorbenen Mutter war. »Ich bin nur vorbeigekommen, um euch das Essen zu bringen und Papa seine Medizin zu geben. Du bist doch schon ein großes Mädchen, Lore! Pass gut auf euch beide auf, ich verlass mich auf dich. Bald wird alles wieder besser werden. Dann haben wir ein Haus und einen großen Ofen und jeden Tag genug zu essen, alles, was wir wollen!«

Lore nickte, nahm eines der Bücher, setzte sich mit dem Rücken näher an die eiserne Wärmequelle, in der die sparsame Glut aufflammte, und sah Emilia mit leuchtenden Augen an. »Kannst du denn nicht hier bleiben, Emmilein? Ich möchte nicht, dass du fortgehst. Dann wären wir doch immer zusammen!«

Verlegen antwortete die Schwester: »Du siehst doch, dass es nicht geht. Es ist ja kaum Platz für euch beide. Die Lagerleitung würde es auch gar nicht erlauben. Und was wäre, wenn ich zu einem Kranken gerufen würde? Also, sei ein vernünftiges Mädchen!« Sie stupste die Kleine freundschaftlich an, aber Lorchen, mit mürrischer Miene, antwortete nicht. Das wollene Schultertuch fest um sich gezogen, die Füße unter der grauen Felddecke, war sie anscheinend schon in die Bilder und Worte des Buches in ihrer Hand vertieft und sah selbst dann nicht mehr auf, als die Schwester aufstand, ihr einen zärtlichen Kuss auf den unbändigen Haarschopf drückte und versuchte, die knarzende Tür so leise wie möglich hinter sich zuzuziehen.

Alle Wagen des Zuges nach München waren bis zum letzten Zentimeter besetzt. Doch Conny, den die Leute wegen seiner ledergelben Hautfarbe und der verfärbten Augen ängstlich anstarrten, drängte sich mit Georg rücksichtslos hinein und man machte ihm tatsächlich Platz und versuchte Abstand zwischen sich und ihn zu bringen.

Es schien eine unendliche Reise zu werden. Immer wieder blieb die Lok stehen, während Tieffliegerangriffe herandonnerten, bei denen die Scheiben splitterten; wer konnte, warf sich im Gedränge auf den Boden. In einem Augenblick größter Gefahr, als der Zug stoppen musste, weil einer der Güterwagen unter einer Bombe zerbarst, sprangen die Reisenden überstürzt und voller Panik aus den Fenstern und drängten in den nächsten Graben – zu dicht kreisten die Flieger mit ihren todbringenden Waffen über ihnen und zu nah krachten die Einschläge an allen Seiten. Während der ganzen Nacht wagte niemand, den Graben zu verlassen – die Angriffe auf das an der Strecke liegende Dorf hielten an und wollten nicht enden. Endlich, als niemand mehr damit rechnete, ging die Fahrt im Bummeltempo weiter. Tagelang dauerte die riskante Reise auf den unsicheren Schienen, jede Minute spürten sie die würgende Angst in der Kehle, ein Treffer könnte den Zug in Stücke reißen, völlig zerstören und alle unter sich begraben. Doch das Wunder geschah – der Zug erreichte München.

Von Linden und Conny fragten sich vom Bahnhof ins nächste Lazarett durch, in dem sie sich melden mussten, doch der Schrecken, den allein schon der Anblick des kranken Mannes auslöste, ließ auf keinen wohlwollenden Empfang hoffen. Nirgendwo war man erpicht darauf, den Infizierten auch nur über Nacht zu beherbergen. Man sah Conny mit jenem mitleidigen Entsetzen an, das man einem Todkranken entgegenbringt, dem man seinen letzten Wunsch erfüllen möchte, weil er nicht mehr lange zu leben hat. Also erhielten sie ohne viel Federlesens, die Erlaubnis, gleich weiterzuziehen; ja man war geradezu froh, sie loszuwerden, und drängte ihnen den gewünschten Marschbefehl fast auf – wohin, das konnten sie sich aussuchen, das war jetzt egal.

Die Aufregung, miserable Lebensbedingungen, ständiger Schlafmangel sowie schlechte Ernährung – Dinge, die man bei einer schweren Hepatitis vermeiden sollte und die den Tod zur Folge haben konnten – führten bei Conny nicht einmal zu einer Verschlechterung des Allgemeinbefindens. Er blieb gelb, aber er spürte das Schwächegefühl und den Ekel in der Magengegend vor dem Essen langsam schwinden. Die ungenügende Nahrungsversorgung schien sich eher positiv auszuwirken, und wenn man davon absah, dass er mittlerweile einem wandelnden zitronengelben Skelett glich, vor dem die Leute in einer Mischung aus Angst und Mitleid zurückwichen, ging es ihm besser.

Später hatte er kaum mehr Erinnerungen an diese Zeit. Wie in einem Nebel sah er sich benommen in einem der Güterzüge in zugiger oder stickiger Luft zusammengekrümmt auf dem Boden hocken, durchgerüttelt über die Schienen an Orten, Wegen, Bäumen und Landschaften vorbeifahren, die Fahrt immer wieder unterbrochen von unerklärlichem Haltestellen und oftmals attackiert von heranrauschenden Fliegern mit Sirenengeheul, die blitzschnell am Himmel erschienen, ihre Unheil bringende Fracht abwarfen und wie ein Spuk wieder verschwanden. Er erinnerte sich, meistens ohne jegliches Hungergefühl an einem Kanten trockenen Brotes zu kauen, den Georg irgendwo organisiert hatte. Ihm war, als bräuchte er keine Nahrung mehr, und wenn der Freund ihn nicht zum Essen und Trinken gedrängt hätte, wäre es ihm nicht in den Sinn gekommen, auch nur einen Bissen in den Mund zu stecken.

In den untätigen Phasen dachte er viel an Emilia, an zu Hause und verlor sich in Wachträumen, in Zukunftsvisionen. Er musste gesund werden, durchhalten – der Krieg würde bald ganz zu Ende sein, es konnte ja nicht mehr weitergehen, das sah man doch mit bloßem Auge. Ein verwüstetes Land, ausgebrannt, die Menschen zu erschöpft zum Weiterkämpfen, zu gedemütigt, um sich weiter zu wehren! Man war bereit, sich zu ergeben. Frieden – endlich Frieden!

Eines Tages, auf der langen Fahrt in einem Güterwaggon, der mit ihnen kreuz und quer durch Deutschland gondelte, war Conny, der ab und zu von leichten Schwindelgefühlen heimgesucht wurde, erschöpft zu Boden gesunken. Es wurde wohl doch alles zu viel. »Ich kann allmählich nicht mehr«, sagte er leichenblass zu Georg, der – ebenfalls mager und schmutzig – nicht viel besser aussah, sich aber trotz engen Kontaktes nicht angesteckt hatte.

Georg erschrak. »Komm, halt durch Junge. Du wirst doch jetzt nicht schlapp machen, wo wir schon fast da sind. Später kannst du dich wochenlang in einem feinen Federbett ausruhen«, versprach ihm der junge Leutnant großmäulig. »Denk an deine Krankenschwester! Du willst sie doch nicht ihrem blutleeren Verlobten überlassen.« Er schlug ihm betont aufmunternd auf die Schulter. »Raff dich auf, mein Alter. Du hast es bisher geschafft und schaffst es auch noch weiter. Jetzt zählt nur der Wille, glaub mir. Ich seh genau, dass du noch Reserven hast. So leicht klappt man nicht zusammen.«

Conny lauschte dem Geschwätz des Freundes und klammerte sich daran wie an einen Strohhalm. Georg als angehender Arzt musste es schließlich wissen.

Auf einem der Bahnhöfe, auf denen sie umsteigen mussten, machte Conny eine merkwürdige Beobachtung. Er sah durch die Tür einer Gaststätte einen Offizier, der energisch und mit festem Tritt zu den Bildern des Führers an der Wand schritt und sich mit einer Zange daran zu schaffen machte. Unauffällig stieß Conny Georg mit dem Ellenbogen in die

Rippen und beide sahen erstaunt zu, wie der Mann ein Bild Hitlers nach dem anderen abmontierte und sie beiseite stellte. Von Linden, neugierig geworden, ging forsch auf ihn zu und fragte ihn, warum er das mache.

»Befehl ist Befehl!«, war die knappe, unergiebige Antwort. Zu allen weiteren Fragen schwieg der Offizier und behauptete, keine weiteren Informationen weitergeben zu dürfen; und so konnte man sich denken, was man wollte. War der Führer regierungsunfähig? Hatte man ihn abgesetzt, war er ums Leben gekommen? Stimmte die Nachricht vom Schlaganfall doch? Es war fast nicht mehr wichtig.

Letzte Station war die Lungenheilstätte Sankt Blasien mit Professor von Linden, Georgs Vater, das Sanatorium, in dem »sowieso alle die Motten« hatten, wie Georg sich knapp und salopp auszudrücken pflegte.

Als sie vor dem stattlichen Bau aus der Jahrhundertwende standen, einer prächtigen Villa, umgeben von einem Park voll alter Bäume, wäre Conny beinahe umgekehrt. Doch Georg ermutigte ihn. »Komm, du Feigling! Ich geh erst mal allein rein und mein Vater wird sich sicher riesig freuen, mich gesund und wohlbehalten zu sehen. Dann rede ich mit ihm, wo wir dich unterbringen. Ich muss ihn ja erst mal vorbereiten.«

Conny nickte, setzte sich ein wenig abseits auf eine der Gartenbänke, die verstreut unter den schon leicht ergrünten, frühlingshaft aufblühenden Büschen im Park standen, und wartete auf Georg. Hier sah es nicht nach Krieg aus. Die Sonne schien warm und Conny fiel in einen tauben Dämmerzustand, der von seiner allgemeinen Schwäche herrührte. Der Ruf Georgs schreckte ihn auf.

Schwankend ging er auf ihn und den bärtigen, ergrauten und seriös wirkenden Mann im weißen Kittel zu, der ihm aus der Ferne durch sein Monokel kritisch entgegenblickte. Professor von Linden grüßte, die Hände auf dem Rücken verschränkt, und sah ihm ernst und forschend ins Gesicht.

Dann bat er ihn mit einer höflichen Geste über einen Seitenweg in eine kleine Kammer im Souterrain des Hauses.

Ohne ihn zu untersuchen, begutachtete er Conny aus einer gewissen Distanz. Er schüttelte den Kopf. »Nun, mein Lieber – so gerne ich meinem Sohn den Gefallen tun möchte – aber ich kann Sie so leider nicht bei mir behalten. Nicht in der Klinik. Meine Patienten sind nicht immer bettlägerig Sie würden sie mir verjagen. Außerdem stellen Sie für das Haus ein zu großes Risiko, eine zu große Ansteckungsgefahr dar.« Als Conny zusammenzuckte, fügte er begütigend hinzu: »Aber machen Sie sich keine Sorgen. Ich werde schon eine Lösung finden und Sie erhalten auf jeden Fall eine Behandlung.« Mit diesen Worten geleitete er ihn durch den hinteren Ausgang, von dem aus Conny einen flüchtigen Blick durch eine offene Tür in die Eingangshalle werfen konnte.

Auf den ersten Blick sah man, dass das Sanatorium »Waldesruh« von Professor von Linden groß, elegant, geräumig und sauber war und dass seine Patienten nicht die Ärmsten schienen. In einem solchen Luxus ließ es sich bei ärztlicher Umsorgung gut Krankheiten auskurieren! Aber man wollte ihn ja nicht haben. Vorläufig musste er sich auf einen Stuhl setzen und warten.

Georg erschien nach einer Weile mit betretener Miene in Begleitung einer ausnehmend hübschen Dame, die ebenfalls einen weißen Ärztekittel und ein Stethoskop um den Hals trug. »Meine Cousine, Frau Doktor Lydia Kerler«, stellte er sie Conny vor. »Lydia wird sich um dich kümmern. Entschuldige, aber mein Vater weigert sich, dich in die Klinik aufzunehmen«, beschied er seinem Freund.

»Ich weiß, er hat es mir schon gesagt.« Conny stand auf.

»Nein, halt!« Georg hielt ihn am Arm fest. »Wir haben eine andere Idee. Gegenüber, hinter dem Park, ist ein Haus, das Patienten aufnimmt, wenn wir keinen Platz mehr haben, auch solche, die bei uns behandelt werden, aber einen niedrigeren Preis zahlen – du weißt, Verpflegung und so. Dort kannst du bleiben.«

Conny verstand, dass der Professor in der nicht unbegründeten Furcht, alle seine Tuberkulosekranken mit ihrem schwachen Immunsystem könnten Hepatitis bekommen, die Aufnahme eines ansteckend Kranken ablehnte. Sonst hätte er wegen eines einzigen Patienten seine ganze Klinik schließen können.

Die zierliche blonde Cousine Georgs, Frau Doktor Kerler, trat auf ihn zu und sah ihn mit einem interessierten und prüfenden Ausdruck ihrer intensiv blauen Augen ganz genau an. »Sie Ärmster! Sie müssen sich ja fürchterlich schlecht fühlen, so gelb, wie Sie sind! Lassen Sie doch mal sehen.« Sie zog seine Augenlider hoch und schüttelte den Kopf. »Sie gehören auf der Stelle ins Bett. Ruhe – Sie brauchen absolute Ruhe!« Dann nahm sie sanft seinen Arm. »Kommen Sie mit, ich begleite Sie und rede persönlich mit Frau Sieber.« Auf den fragenden Blick Connys antwortete sie: »Das ist eine verarmten Offizierswitwe, die Besitzerin unserer – sozusagen unserer kleinen Dependance. Sie vermietet Betten und wird Sie sicher nicht abweisen; ich kenne sie gut.«

Gegenüber dem Jugendstilbau der Klinik befand sich das einfache, nicht gar so kleine Haus, das privat Kranke aufnahm, die von den Ärzten drüben mitbehandelt wurden. Nach einem längeren, in verhaltenem Ton geführten Gespräch wurde er als Patient akzeptiert und er sah aus den Augenwinkeln, wie Georg von Linden großzügig eine Summe Geldes für ihn hinterlegte. Er wollte abwinken, doch Georg sagte: »Das kannst du mir später mal zurückgeben. Ohne dich wär ich jetzt vielleicht schon auf dem Feld der Ehre gefallen – eine Hand wäscht die andere!«

Conny nickte nur. Endlich konnte er sich irgendwo niederlassen, ausruhen, sich in einem eigenen sauberen Zimmer mit einem fein bezogenen Bett ausstrecken – ein Luxus, den er lange nicht mehr genossen hatte. Er fiel auf die Laken, schloss die Augen und sank auf der Stelle in einen tiefen, todesähnlichen Schlaf.

Die »Privatklinik«, die von der Witwe tadellos und mit gewissen Regeln geführt wurde, erwies sich im Laufe der Zeit als ein offenes Haus, in dem Abends munter gebechert und gefeiert wurde. Patienten von der anderen Seite, aus der feinen Villa »Waldesruh«, hatten in Wirklichkeit gar keine Scheu oder gar Angst vor Ansteckung; es waren selbst Moribunde, die ihre Krankheit, den Krieg und alles um sich herum vergessen wollten. Sie kamen gern zu Besuch und verbrachten hier in der etwas freieren Atmosphäre mit Vorliebe ihre Zeit bei einem Schwätzchen. Es war, als tanzten sie am Rand des Abgrundes der alten Welt, und es schien ihnen für eine Weile egal, ob sie hineinstürzten oder nicht. Um sie herum krachten die Mauern des alten Deutschlands, sie stürzten ein und begruben alles unter sich – die unzerstörbar scheinenden Werte und den Idealismus, der unter dem selbstherrlichen Führer so ungeheuer aufgeflammt war und nun beim Erlöschen nur einen Haufen Asche zurückließ. Man war eben nirgendwo wirklich sicher, nicht im Leben und nicht im Vorfeld des Todes.

Das ungebundene Leben der Patienten, die plötzliche Lebensgier, mit der man noch alles ausgeben und genießen wollte, die Freude am Essen, Trinken und Feiern in diesen letzten Tagen zog natürlich auch die Mädchen aus der Umgebung an. »Waldesruh« beschäftigte Reinigungskräfte, Küchenhilfen und Zimmermädchen. Zwei von ihnen, Henriette und Gertrud, waren im Friseursalon des Sanatoriums angestellt und arbeiteten außerdem im Haushalt der »Privatklinik« mit. Eine andere, Bertha, schien eine Freundin zu sein, die in der Küche half und überall dort, wo sie gebraucht wurde. Auch sie scheuten sich nicht, den grauen Alltag, die ungewiss scheinende Zukunft zu vergessen, sich in der zusammengewürfelten Gemeinde auf trügerische Weise geborgen zu fühlen und sich des Lebens in all dem

Elend, das man doch nicht ändern konnte, zu erfreuen, so gut es eben ging.

Die äußerst gemischte Gesellschaft vergrößerte sich Abend für Abend. Ein Bauer, der weiter draußen einen großen Hof bewirtschaftete, verkaufte hier seine Produkte, vor allem den guten Wein aus seinem großräumigen Weinkeller. Auch er versuchte das Geschäftliche mit dem Angenehmen zu verbinden. In lustiger Runde feierte er mit, wenn er seinen Wein lieferte, gewann neue Kunden und konnte das ganze Grauen des Krieges für eine Weile mit den anderen, denen es viel schlechter ging als ihm, weil sie zudem noch todkrank waren, vergessen.

Doch niemand im ganzen Haus, in dem die Krankheit doch ein unumstößlicher, immer präsenter Faktor war, mit dem man sich täglich auseinander setzen musste, dachte an das Ende, den Tod oder gar an die Opfer dieses sinnlosen Kampfes, an die Kapitulation, daran, was nach dem Krieg kommen würde. Man versuchte zu verdrängen – »carpe diem« – noch stand man mitten im Leben, man hatte überlebt, man aß, trank, lachte und genoss ohne Nachzudenken jeden Tag, der einem noch geschenkt war.

In dieser freizügigen Atmosphäre erholte sich Conny überraschend schnell von seiner Hepatitis. Die ersten Tage verbrachte er wie hingemäht im Bett und auf seinem Zimmer. Doch plötzlich fühlte er seine Kräfte wiederkehren, die Muskeln erwachen und die lähmende Schwäche schwinden. Seine völlig verdreckte Uniform hatte er zusammengeknautscht in die hinterste Ecke unter das Bett geschoben, aber dort konnte sie nicht bleiben, er musste sie irgendwo loswerden. Würde er sie überhaupt noch brauchen? Er verwendete viel Zeit aufs Rasieren, Waschen und Pflegen, als müsste er alles Machbare tun, um wieder ein richtiger Mensch und Zivilist zu werden, genau der, der er einmal gewesen war, bevor er vor ewig scheinenden Zeiten die Uniform angezogen und sich in einen Soldaten verwandelt hatte.

Sein stiller Charme, die ruhige Art, sein träumender, versonnener Blick, der auf unbekannte Tiefen der Seele schließen ließ, verfehlten den Eindruck auf die Frauen auch diesmal nicht und weckten in der Dame des Hauses, einer nicht mehr ganz jungen, vollbusigen und energischen Witwe, mütterliche Gefühle. Sie hatte es sich in den Kopf gesetzt, ihn mit der Milch, die der Bauer täglich brachte, aufzupäppeln, und er dankte es ihr mit einem Lächeln, das sie den ganzen Tag nicht vergessen konnte. Eines Tages klopfte sie beherzt an seine Tür. »Herr Schlusen – Ihre Milch. Und ich habe Ihnen noch etwas mitgebracht. Es ist vielleicht nicht ganz Ihre Größe, aber mein Mann braucht ihn ja doch nicht mehr.« Sie zerdrückte eine Träne, sah ihn ernst an und legte einen braunen Maßanzug auf die Bettdecke. »Ihre Uniform sollten wir vielleicht woanders hinbringen – wenn man das Haus durchsucht und sie findet, könnte ich Schwierigkeiten bekommen.«

Conny nickte und strich über das weiche Kammgarn des Anzugs. So etwas hatte er schon lange nicht mehr getragen. »Ich danke Ihnen, Frau Sieber – ich weiß gar nicht, wie ich mich erkenntlich zeigen soll für alles, was Sie für mich tun«, murmelte er und ergriff die weiche, gepolsterte Hand der Hausfrau, die sie nicht zurückzog.

Verlegen antwortete sie, während jähe Röte ihr in die vollen Wangen stieg: »Das alles hat doch Ihr Freund, der Georg von Linden, für Sie bezahlt! Der ist Ihnen doch ewig dankbar, dass er durch Sie nach Hause gekommen ist.« Sie erhob sich von der Bettkante, auf der sie gesessen hatte. »Jetzt probieren Sie mal den Anzug! Wir werden Sie heute Abend wahrscheinlich nicht wieder erkennen!«

Und so war es auch. Als Conny zur Abendrunde erschien, gekämmt, rasiert und in einem weißen Hemd, ebenfalls aus dem Fundus des verblichenen Herrn Sieber, nahmen die Ahs und Ohs der Gesellschaft kein Ende. Schüchtern wandte er sich ab. Da war es wieder, das lang vermisste Glitzern in den Augen der Mädchen, wenn sie ihn ansahen, das kokette Leuchten, das Spiel, mit dem sie die Lider senkten und die Augen groß aufschlugen, wenn er mit ihnen sprach. Er hatte es lange nicht mehr gesehen und fühlte, wie es ihm gut tat und schmeichelte. Und wirklich stand ihm der viel zu elegante Anzug – wenn man davon absah, dass er ihm nur ein klein wenig zu weit war – außerordentlich gut; die braune Farbe korrespondierte zu seinen dunklen Augen und das aschblonde, gewellte und ein wenig zu lang gewordene Haar, aus dem ihm die widerspenstige Stirnlocke keck in die Stirn fiel, hob sich vom dunklen Stoff des Anzugs vorteilhaft ab. Selbst die immer noch stark gelbliche Farbe seiner Haut, die kränkliche Transparenz seiner Erscheinung, nahm sich in dieser Kombination interessant aus und gab ihm ein fast exotisches, südländisches Aussehen. Die Dame des Hauses, immer in ihrem kleinen Schwarzen mit Perlenkette, konnte den ganzen Abend die Augen nicht von ihm wenden und er registrierte ihr Interesse mit erwachender Eitelkeit bei gleichzeitiger Vorsicht.

Georg, den der Erfolg seines Kumpels amüsierte, machte sich mit einer gewissen Eifersucht über die beiden Mädchen lustig, die sich darin übertrafen, Conny in seinem neuen Staat zu bedienen und ihm besonders gute Stücke zu servieren. »Aufpassen Mädels! Der ist gefährlich. Ein versteckter Casanova, dem man es nicht ansieht. Seine Augen scheinen nur so treu – aber ich kann euch sagen, überall hat er eine, die ihn anschwärmt, sogar in Eisenach im Lazarett, nicht einmal todkrank kann er es lassen. Die Krankenschwester dort, ich sage euch, die war ganz weg. Und dann erst – in Kulm, sein Geheimnis, eine ganz romantische Geschichte von einem Kloster und einem verschollenen Brief, die er mir da erzählt hat! Emilia – so hieß seine ganz große Liebe – muss eine Schönheit gewesen sein, sonst würde er nicht so von ihr schwärmen.«

Die Mädchen lauschten mit heißen Wangen. »Erzählen Sie doch, was war mit dem Brief?«

Conny schüttelte verlegen den Kopf, versuchte Georg zu unterbrechen, ihm den Mund zuzuhalten, doch Georg wehrte sich und gab lachend den zufällig gelesenen Spruch aus der Broschüre eines Kameradschaftsabends der fünften Batterie von 1944 zum Besten, der ihm beim Packen von Connys Sachen im Lazarett in die Hände gefallen war: »...mit träumenden Augen besieht er die Welt, ein Liebling der Frauen, der allen gefällt.«

»Dummes Zeug!«, rief Conny, halb geschmeichelt, halb wütend in die Runde, den der Gedanke an Emilia, die hier zusammen in einen Topf mit irgendwelchen Liebeleien geworfen wurde, unangenehm berührte. »Mit ihr, das war etwas ganz Besonderes. Alles andere ist vorbei. Aber darüber will ich jetzt nicht reden. Ich weiß ja gar nicht, ob wir uns jemals wieder sehen.«

Lautes, amüsiertes Lachen antwortete ihm, man hörte nicht auf seinen Protest, trank ihm angeheitert zu und stieß auf das baldige Ende des Krieges an.

Auf allen Seiten zog sich das Netz um Deutschland enger zusammen. Wie ein neuer tödlicher Schlag traf es die Öffentlichkeit, dass die einundzwanzig Divisionen der Heerestruppe General Models im Ruhrkessel eingeschlossen wurden. Abschnittweise mussten sie nach verzweifeltem Widerstand kapitulieren. Die Briten nahmen sich das Emsland und Westfalen vor, um eine in den Niederlanden stehende Armee lahmzulegen, und neue sowjetische Truppen stießen zur Verstärkung von den Oderbrückenköpfen zum Angriff nach Berlin vor. Die Franzosen, bisher nicht als übermäßig gefährliche Kraft in Erscheinung getreten, obwohl sie schon im April nach Hessen vorgedrungen waren und zusammen mit den Amerikanern Frankfurt, Wiesbaden und Mannheim besetzt hatten, rückten immer tiefer in die Schwarzwaldregion vor.

Die lustigen Abende im Kreis der Moribunden, die sich

wie im Zauberberg von der Welt zu isolieren versucht hatten, um den Krieg und die Härte des Lebens zu vergessen, wurden spärlicher und die bange Wirklichkeit holte die Gesellschaft ein. Mit einem Schlag hatte die ausgelassene Runde ihre Unbeschwertheit verloren, Schweigen breitete sich oft nach dem Essen aus, man wurde nachdenklich, starrte in sein Glas, begann ernsthaft zu diskutieren, wie lange es noch bis zur Stunde Null dauern und was dann geschehen würde. Die Zeit verging plötzlich in zäher, unerträglicher Langsamkeit und niemand wusste genau, was rundherum passierte.

Stumm lauschte man manchmal in die Nacht hinaus, schreckte bei den geringsten Geräuschen aus dem Schlaf und versäumte nicht, gespannt die wenigen Nachrichten aus dem kratzenden Rundfunkgerät anzuhören, das im Mittelpunkt des Salons stand. Das Gespräch drehte sich nur noch um das Ende und die große Frage des Wann stand unausgesprochen in den ratlos gewordenen Augen aller, die plötzlich von der bangen Furcht überschattet waren, der Feind könnte eines Tages unvermutet vor der Tür stehen und alle verhaften. Die Schlinge um Deutschland zog sich immer enger zu, die Franzosen waren bereits im Schwarzwald angelangt.

Jetzt schien es auch in dem entlegenen Sankt Blasien ernst zu werden. Conny spürte die alte Unruhe, die immer dann auftrat, wenn ihm der Boden zu heiß wurde, und er sah sich und Georg im Geiste schon in einem französischen Gefangenenlager.

Georg von Linden dagegen gab sich unbeschwert; er hatte vor kurzem ein Techtelmechtel mit der blonden Gertrud aus dem Frisiersalon angefangen. Wenn Conny Andeutungen machte, dass es ihm langsam besser ging und er sich bereit fühlte, aus diesem gastfreien Hotel auf Nimmerwiedersehen zu verschwinden, schwieg er oder hörte einfach nicht hin. Er wollte im Augenblick nichts von einer Flucht wissen; das Leben war so angenehm in der väterlichen Villa, zu Hause, geborgen bei Freunden und zusammen mit der graziösen,

bildschönen Gerti, die in ihm lang entbehrte Gefühle aufflammen ließ, die er vom Krieg verschüttet geglaubt hatte.
Warum wieder die Strapazen, die Angst, die Anstrengung
und ständige Gefahr auf sich nehmen? Wer würde ihn hier
schon suchen? Man hatte vielleicht doch noch ein wenig
Zeit, das Leben, das so lange an einem vorbeigegangen war,
zu genießen. Der Gedanke, sich jetzt schon wieder von der
süßen Gertrud zu trennen, schien ihm unerträglich.

Conny drängte, er bat, doch der junge, frisch verliebte
Leutnant stellte sich taub. Eines Tages schrie Georg ihm
deutlich mit sichtbarem Unwillen ins Gesicht: »Dann geh
doch! Wenn du es nicht mehr aushältst – ich sehe keinen
Grund, ausgerechnet jetzt zu verschwinden. Ich bleibe jedenfalls hier. Hier wird mich niemand suchen. Du wirst aber
dem nächsten Franzosentrupp direkt in die Arme laufen, das
sage ich dir!« Zärtlich streichelte er die zarte weiße Wange
der blauäugigen Gertrud, spielte selbstvergessen mit ihren
Locken und sah sie unverwandt an. »Du...«, flüsterte er ihr
mit verzücktem Ausdruck ins Ohr und presste sie in seine
Arme, als wollte er sie nie mehr loslassen.

Conny wandte sich mit einem Schulterzucken ab. Da war
Hopfen und Malz verloren, er musste allein sehen, wie er
weiterkam.

Aber auch er blieb trotz seiner betonten Distanzierung
bei den Frauen nicht unbemerkt. Bertha, die junge Küchen-
hilfe aus der Kantine, die sichtlich viel Sympathie für den
kranken Soldaten empfand, hatte eines Tages vorsorglich
Connys Uniform mit ins Sanatorium genommen und sie
heimlich dort im Heizungskeller versteckt – es war doch gefährlich, wenn man so etwas im Haus fände.

Die ganze Hoffnung der Gesellschaft, den Einmarsch der
Franzosen abzuwehren, beruhte nur noch auf der Schlagkraft
der vereinzelten SS-Truppen, die sich in den Schwarzwald-
gegenden befanden und in den Wäldern erbitterten Widerstand leisteten, wobei sie in kleinerer Dimension regelrechte

Kämpfe ausfochten. Doch wie lange würden sie ihre Position noch halten können? Es sah schlecht aus. Conny fühlte den Druck der Vorahnung, der ihn sein ganzes Leben und besonders in der Kriegszeit begleitet hatte, in seinem Herzen stärker und stärker werden. Irgendetwas würde geschehen, und zwar bald, das spürte er; es war fassbar und lag in der Luft. Die Gefahr, der unsichtbare Feind, näherte sich wie mit einem kalten Luftzug, einem eisigen Hauch, der unvermutet durch einen Raum streicht. Er musste fort, einfach weg; wohin, das wusste er nicht.

Es war ohnehin nicht mehr so angenehm für ihn, in den verliebten Augen der aufblühenden Witwe Sieber eine gewisse, immer stärker werdende Forderung zu lesen, eine zärtliche Bitte um einen Ausgleich für die Annehmlichkeiten, die Kost und all das, was sie ihm bisher so großzügig zuteil werden ließ. Man erwartete hier unausgesprochen etwas von ihm – etwas für die Sorge, die Gastfreundschaft, die man ihm so großzügig erwiesen hatte und weiterhin erwies. Er wich aus, so gut es ging, doch konnte er einige Male den Kummer und die Tränen in den Augen der herzensguten Frau nicht übersehen, wenn sie ihn schmachtend ansah, die Hand auf seinen Arm legte und ihn sanft zu streicheln begann. Dann stand er abrupt mit spürbarer Verlegenheit auf, ging zum Fenster und begann über Belangloses zu sprechen. Auch das noch! Das hatte ihm noch gefehlt! Seine Zimmertür schloss er von nun an immer fest zu und tatsächlich hörte er einige Male nachts, wie die Klinke vorsichtig heruntergedrückt wurde und ein zartes Klopfen ertönte. Er stopfte sich das Kissen über die Ohren, schnarchte laut und demonstrativ und versuchte, nachdem sich die Schritte wieder von der Tür entfernt hatten, in Ruhe weiterzuschlafen. Sein Plan war gefasst. Im Morgengrauen würde er aufbrechen.

Aber es sollte bereits zu spät sein.

Die Nacht war noch schwarz und undurchdringlich wie Tinte, als er durch das unverkennbare Brummen und Rasseln der Ketten eines Panzers, das Rollen mehrerer Wagen und durch raue Zurufe und harte Tritte schwerer Stiefel aus tiefem Schlaf geweckt wurde.

Noch traumbenommen, mit seiner Fähigkeit, sich beim geringsten Geräusch auf die Seite zu werfen, um aus der Gefahrenzone zu gelangen, war er aus dem Bett geschossen. Dieser Methode, die er im Krieg zur Perfektion gebracht hatte, verdankte er sein Leben. Nach einigen Sekunden unbeweglichen Lauschens schlich er an das kleine Mansardenfenster und versuchte hinauszusehen.

Scheinwerfer mehrerer Wagen erhellten die Nacht. Er konnte durch die noch kaum belaubten Bäume des Parks zum Sanatorium sehen, vor dessen Einfahrt ein Tumult entstanden war. Fremde gutturale Sprachfetzen drangen bis zu ihm herüber, die wenig mit dem Französisch zu tun hatten, das er einst in der Schule gelernt hatte. Er riss das Fenster auf und beugte sich über die Brüstung. Was wollte man im Sanatorium »Waldesruh«? Wenn sie jetzt auch hier herüber kamen? Das Geschrei nahm zu, Lichter flammten hinter allen Fenstern auf, an denen bleiche, erschreckte Gesichter erschienen, und das Portal wurde weit geöffnet. Ein grober, dunkelhäutiger Marokkaner führte Professor von Linden im Schlafrock und mit zerzausten Haaren heraus und stieß ihm mit Nachdruck den Gewehrkolben in die Seite. Obwohl sich Conny bis zum Dachfirst hinausreckte, konnte er nicht erkennen, wohin der Professor gebracht wurde. Er hörte nur lautes Geschrei und sah, wie der leicht cholerische Professor, der gewohnt, dass man seine Autorität akzeptierte, sich mutig gegen den schwarzen Teufel, der ihn so grob behandelte, wehrte und ihm einen Stoß versetzte, als er ihm zu nahe kam. Daraufhin knallte ein Schuss – irgendetwas fiel zu Boden, plötzliche Stille trat ein und er vernahm die vorwurfsvollen Worte eines Obersten, der herangetreten war, in deutlichem Französisch: »Fichtre! Qu'est ce que tu as fait, imbécile! Tu as tiré, salaud!«

»Il m'a menacé – je ne pourrais rien faire. Je crois, qu'il est mort!« Die Stimme des Marokkaners hatte einen fast weinerlichen Ton.

Conny schloss mit zitternder Hand das Fenster. Sein Atem ging schnell und sein Adrenalinspiegel stieg. Was, zum Teufel, ging hier vor? Die waren wohl rasch dabei, jemanden umzubringen, wie man sah! Jetzt ging es vielleicht auch ihm an den Kragen. Wenn sie ihn hier fanden, noch dazu in Zivil, als Deserteur! Panik erfasste ihn.

Mit einem raschen Griff riss er seine Sachen an sich, sperrte die Tür auf und versuchte die Dachluke zu öffnen, die er schon einmal für den Notfall begutachtet und deren rostiges Schloss er für den Fall aller Fälle vorsichtshalber geölt hatte. Mit dem eisernen Stab bemühte er sich, die Klappe ohne großes Knarren herabzuziehen. Er würde sich dort oben im Gerümpel verstecken – da kam so leicht keiner auf die Idee, nachzuschauen; die Luke war mit Tapete überklebt, so dass sie, wenn er sie von innen hochzog, von außen fast unsichtbar blieb.

Sein Herz klopfte wie rasend. Der Professor tot – was würde mit Georg geschehen? Und warum durchsuchte man das Sanatorium? Natürlich, es gab dort einiges zu holen. Der Professor war vermögend und seine »Gäste« ebenso. Es war schließlich Krieg und die Franzosen machten nicht viel Federlesens. Sie gehörten ja zu den Siegermächten. Conny hallte in wütendem Zorn die Faust. Aber jetzt ging es um sein Leben – er durfte nicht an all das andere denken. Auf keinen Fall wollte er in diesen letzten Tagen noch in Gefangenschaft geraten.

Voller Angst kroch er oben im Staub durch einen Haufen alten Trödel zu einem Holzpfeiler, hinter dem sich ein Brett lösen ließ, das einen kleinen Verschlag freigab. Er atmete fürs Erste auf. Wenn er dahinter saß und das Brett vorsichtig in die Lücke schob, würde es niemandem einfallen, dass dort noch ein Hohlraum wäre.

Eine Weile hockte er reglos und stumpf in dem kleinen Schacht und horchte mit angehaltenem Atem; aber im Hause blieb alles ruhig. Ewig konnte er doch nicht hier sitzen bleiben! Aber es schien ein gutes Versteck zu sein und es war jederzeit möglich, es von seinem Zimmer aus schnell zu erreichen. Hätte er doch die Uniform nicht weggegeben! Das war ein Fehler gewesen. Hoffentlich kam Bertha jetzt überhaupt noch in den Heizungskeller, wenn drüben die Villa besetzt war! Mist! Eine Dummheit, die Uniform aus dem Haus zu schaffen!

Vorsichtig wagte er sich nach einer Weile, in der sich nichts tat, wieder aus seinem Verschlag hervor und horchte an der Luke, bevor er sie öffnete und die Leiter herunterließ. Allmählich wurde er ruhiger. Niemand von den anderen würde ihn verraten, niemand käme auf die Idee, dass ein Soldat sich bei den Lungenkranken im Haus gegenüber versteckte, und er würde, sobald sich die Gelegenheit ergab, einfach abhauen.

Er schrak erneut zusammen, als aus der Ferne Räderrollen, Stimmen und Befehle ertönten, die sich dem Haus näherten, bis es energisch gegen die Tür polterte. Es schienen nicht viele zu sein. Mutiger geworden, lehnte er sich kaltblütig über das Treppengeländer und spähte durch den Spalt zwischen den Pfosten. Wenn jemand heraufkäme, wäre er in Minuten in seinem Versteck verschwunden.

Im Haus war inzwischen alles schon wach und Frau Sieber im Negligée, aber streng und Respekt einflößend, öffnete die Tür und musterte die drei Männer, die vor ihr standen, mit Abstand gebietender Miene. »Sie wünschen?« Und da sie gut französisch sprach, fügte sie hinzu: »Vous désirez, Messieurs? J'ai déjà dormi!«

Der Offizier, überrascht, in seiner Landessprache angeredet zu werden, trat mit höflich gewordener Miene vor. »Excusez, Madame, entschuldigen Sie, aber – wir müssen Sie leider um eine Einquartierung ersuchen. Wir sind drei Personen, mein Bursche und ich – und hier, unser Achmed, der sich um die Fahrzeuge kümmert. Beunruhigen Sie sich nicht, wir werden Ihnen nicht viel Umstände machen.«

Frau Sieber hob die Augenbrauen und musterte die Männer mit einem kritischen Blick. Dann nickte sie und gab den Weg frei. »Entrez!«

Conny schoss die Leiter hoch und verschloss die Klappe, die er zusätzlich noch mit einem festen Holzpflock sicherte. Von unten hörte er die schweren Stiefel die Treppe herauftrappen. Die Männer mussten todmüde sein. Es dauerte nicht lange, da sanken sie, ohne sich auszuziehen, in die ihnen zugewiesenen Betten und fielen sofort in tiefen Schlaf. Ihr lautes Schnarchen drang bis auf den Dachboden.

Als die Morgendämmerung hereinbrach, entfernten sich die Franzosen zu ihrer Truppe gegenüber. Conny wagte es nach einiger Zeit, in der er nichts mehr hörte, todesmutig hinunterzuschleichen. Er war wie besessen von dem Gedanken, seine Uniform wiederzubekommen – und dann nichts wie weg, bevor sie ihn fanden und erschossen wie den Professor.

Unten in der Küche saß die junge Bertha weinend am Küchentisch und berichtete den erschrockenen, mit blassen, unausgeschlafenen Gesichtern umherstehenden Patienten, wie die französischen Soldaten in der Klinik hausten. Sie hatten die Privaträume des Professors mit den vielen Wertsachen bereits geplündert und sich jetzt, ermüdet und berauscht vom Probieren unzähliger Flaschen des vorgefundenen exquisiten Weinkellers, in seine feinen Orientteppiche gerollt, um an Ort und Stelle einzuschlafen. Bertha weigerte sich entschieden, in die Villa zurückzukehren. Besonders die vielen Schwarzen, die sie lüstern um die Taille fassen wollten und bedrohlich die Augen rollten, wenn sie sich wehrte, flößten ihr schreckliche Angst ein. Als sie Conny erblickte, flog sie unter den eifersüchtigen Blicken der Witwe Sieber spontan an seine Brust. »Zu Ihnen hab ich Vertrauen. Nehmen Sie mich mit, lassen Sie uns fliehen, irgendwohin. Ich will hier nicht bleiben!«

Conny machte sich verlegen los. »Lassen Sie das doch, Bertha! Wir kämen nicht weit. Wir müssen jetzt gut überlegen, was wir tun, und strategisch vorgehen. Vor allem brauche ich meine Uniform wieder, sonst bin ich geliefert bei den Franzosen. So haben sie vielleicht noch irgendeinen Respekt vor mir. Sei ein liebes Mädel, geh noch einmal zurück und hol sie mir. Bitte!«

»Nein!«, schrie Bertha auf und warf ihre braunen, zerzausten Locken zurück, Tränen strömten aus ihren Augen. »Niemals gehe ich mehr zurück! Der gute Professor – er liegt noch im Garten auf dem Rücken, so wie sie ihn erschossen haben. Schrecklich! Ich hab ihn gesehen, wie er da lag. Ich kann nicht, ich kann da nicht mehr vorbei.«

»Psst, nicht so laut.« Conny legte den Finger auf den Mund. »Sei vernünftig. Wenn ich meine Uniform wiederhabe, könnte ich es mir überlegen, ob ich dich mitnehme – aber es ist sehr gefährlich.«

Frau Sieber räusperte sich. Sie hatte das Spiel des Soldaten durchschaut.

Bertha sah mit verweinten Augen hoch. »Wirklich?« Dann schwieg sie, als müsse sie nachdenken. »Gut«, sagte sie nun entschlossen und wischte sich die letzte Träne aus dem Augenwinkel, »ich will es tun.« Sie schaute mit einem koketten Blick zu ihm auf, zog ihre Bluse über die Schulter und wendete sich zur Tür. »Ich mache es gleich, aber nur Ihnen zuliebe! Jetzt schlafen sie alle und ich kenne den Nebeneingang zum Heizungskeller. Drücken Sie mir die Daumen!«

Mit einem halben Lächeln zwinkerte ihr Conny aufmunternd zu. Hatte er solche Tricks nötig? Doch es ging um sein Leben und da war alles, fast alles erlaubt. Galant wandte er sich an die Dame des Hauses, die ihn mürrisch und enttäuscht anstarrte. Er ergriff bewegt ihre Hand, drückte einen flüchtigen Kuss darauf und sah ihr schmelzend in die Augen. »Wie soll ich Ihnen nur für alles danken – mein Schutzengel, meine gute Seele! Wenn Sie wüssten, was Sie mir bedeuten! Eines Tages – da werde ich mich vielleicht revanchieren können. Ohne Sie, liebe Frau Sieber, was hätte ich da nur gemacht? Sie waren doch wie eine Mutter zu mir!«

Eine Mutter? Ach so sah er das! »Ich …« Die Witwe, trotz allem gerührt, sprach nicht weiter, schluckte nur enttäuscht und begann mechanisch die Butter auf die Brote zu kratzen, um die er sie als Proviant für sein Versteck gebeten hatte. Mit einem waidwunden Blick sah sie ihm nach, als er mit dem Essenspaket in der Hand vorsichtig hinaufschlich. Das war dann wohl nichts gewesen – er war ja auch viel zu jung für sie. Aber man durfte sich doch mal Illusionen machen. Ein netter Kerl blieb er trotzdem – aber sie war nicht die Einzige, der er gefiel, das hatte sie schon lange gemerkt. Diese dummen Mädels, diese Friseursusen, schlichen ja schon die ganze Zeit hier im Haus herum. Aber sie musste jetzt an etwas anderes denken, man hatte wirklich schwerer wiegende Sorgen. Der französische Offizier war ja auch ein fescher Mann – und höfliche Lebensart und gute Kinderstube besaß er, das sah man auf den ersten Blick.

Das beengte Leben auf dem Dachboden war gar nicht nach Connys Geschmack. Doch Bertha ließ sich, aus zunächst unerfindlichen Gründen, Zeit mit der Uniform und brachte sie erst nach geraumer Zeit zerdrückt und schmutzig vorbei. Überraschend schnell hatte sie sich mit Achmed, dem schönen Burschen des Offiziers, einem glutäugigen, schlanken Mischblut, getröstet und ihren nicht ganz so ernst gemeinten Fluchtplan mit Conny leichten Herzens aufgegeben. Sie flirtete mit Achmed auf Teufel komm raus, während Conny, von allen verlassen, in der staubigen Enge kaputter Möbel und ausgemusterter Erinnerungsstücke saß.

Die einzige Abwechslung war die Zeit, in der ihm Bertha, die sich jetzt französisch »Berthe« nannte, hin und wieder etwas zu essen brachte. Auf Connys Vorwürfe beschwichtigte sie ihn und sprach geheimnisvoll von einem »Plan«. Er müsse nur noch ein wenig Geduld haben. Sie hätte ihn nicht vergessen!

Achmed war Feuer und Flamme für das junge, hübsche Mädel und bis über beide Ohren verliebt. Doch ihre raffinierte Frauenseele war trotz aller Gefühle dabei, eine fein gesponnene Intrige einzufädeln, um dem eingesperrten Soldaten zu helfen.

Eines Abends, nachdem sie die ganze Zeit mit Achmed teils geschäkert, teils die von einem geheimnisvollen Unheil Bedrückte gespielt hatte, machte sie dem Burschen auf seine eindringlichen Fragen unter Tränen ein Geständnis. Sie habe einen Bekannten – und der sei oben versteckt, weil er so krank sei und nicht mehr kämpfen könne. Ganz gelb und elend wäre er, Achmed werde es selbst sehen! Aber irgendwann würde man ihn vielleicht finden und ihn erschießen wie den armen Professor!

Der Bursche schwieg lange und sah mit seinen traurigen, dunklen Augen nachdenklich vor sich hin. Er schien Mitleid zu empfinden, aber gleichzeitig die Überlegung anzustellen, wie der Nebenbuhler aus dem Weg zu schaffen wäre.

Am nächsten Abend, nachdem er mit seinem Chef gesprochen hatte, der bereit war, ihm den Gefallen zu tun, rückte er mit einer Idee heraus, die auf den ersten Blick gar nicht so dumm schien. Nach seinem Plan würde man den »Kranken« in deutscher Uniform am nächsten Abend mit einigen Kameraden, die er organisieren würde, »unter Bewachung« ein paar hundert Meter zum Landratsamt abführen: Man hätte ihn krank irgendwo aufgelesen und er bräuchte dringend Behandlung und ein Bett im Lazarett. Gesagt, getan.

Doch Conny, der auf das Vorhaben einging und sich zum

Schein gefangen nehmen ließ, weil ihm gar nichts anderes übrig blieb, traute dem Frieden nicht recht. Er war sehr erleichtert, als ein deutscher Arzt im hiesigen Lazarett den »Gefangenen« kopfschüttelnd mit ernster Miene untersuchte, als schwer leberkrank erklärte und ihn zu seiner Überraschung in ein Bett verfrachtete, das in einem der provisorisch eingerichteten Säle in einer Art Nische stand. »Tja, Sie sind ja noch ziemlich gelb!«, sagte er lakonisch. »So können Sie schließlich nicht in der Gegend herumlaufen. Bleiben Sie auf jeden Fall strikt im Bett.« Conny sagte kein Wort und seufzte nur. Den Franzosen beschied der Arzt: »Lassen Sie ihn vorläufig hier. Ich kümmere mich um den Fall. Der Mann hat eine ansteckende Krankheit.« Die Soldaten wichen zurück.

Conny nickte zustimmend und wagte nicht zu widersprechen, obwohl er sich, bis auf eine leichte Schwäche, wieder tadellos fühlte. Da lag er nun, ganz erstaunt, und zog die Bettdecke unsicher bis zum Hals. Bis jetzt hatte er noch niemanden angesteckt, nicht mal die Mädels, die ihm oft recht nah gekommen waren. Hatte der Arzt wirklich Recht oder wollte er ihm nur helfen? Er beschloss, nicht weiter darüber nachzudenken, und war erleichtert, irgendwo gelandet zu sein, wo er sich nicht mehr verstecken musste. Hier war er erst einmal aufgehoben und man kümmerte sich in der nächsten Zeit kaum mehr um ihn.

Was war aus den anderen im Sanatorium und im Haus der Witwe Sieber geworden? Er würde es nie erfahren. Sein Freund Georg von Linden war von dem Tag an, an dem man seinen Vater erschoss, wie vom Erdboden verschwunden und Conny sah ihn nie wieder. War es der Schock, die Angst, sie könnten auch ihn umbringen, in ein Gefangenenlager stecken, oder war er, wie sie es eigentlich gemeinsam vorhatten, bei der nächsten Gelegenheit einfach allein abgehauen? Hatte die kleine Gertrud ihn versteckt?

Was auch immer sich abgespielt hatte, die Sache war

nicht zu ändern. Er stand wieder einmal auf sich allein gestellt da und musste sehen, auf welche Weise er selbst weiterkam. Wie so oft vertraute er blindlings dem Glück, das ihn bisher so beständig durch den ganzen Krieg begleitet hatte. Er würde es schaffen – nur nicht darüber nachdenken – irgendwie würde es schon weitergehen.

Doch unerwartet zeigte sich ein anderer Feind: Die trübe Langeweile, nur dazuliegen und die Bilder der vergangenen Erlebnisse vor Augen zu haben. Er kam ins Grübeln auf seiner wackligen Pritsche, wo eine nette Anzahl Flöhe aus einer undefinierbaren Matratze ihn sogleich überfielen und ihn mit ihrer Anwesenheit beschäftigten. So oder so, er wusste, er würde es nicht mehr lange hier aushalten. Nur ein bisschen noch, ein ganz klein wenig Geduld – dann würde sich der Knoten wahrscheinlich von selbst lösen. Jetzt ging es auch für ihn nur noch darum –Gefangenschaft oder Freiheit!

Seine Gelbsucht ging sichtlich zurück und der deutsche Arzt, der ihm im Laufe der Zeit außerordentlich sympathisch wurde, bereitete ihn langsam darauf vor, dass man ihn wahrscheinlich nicht mehr lange dabehalten könne. »Was soll ich denn machen, damit ich noch nicht so bald gesund werde? Ich bin doch schon gar nicht mehr gelb.«

Der Arzt lächelte, zog prüfend an seinen Lidern und schüttelte den Kopf. »Da haben Sie Recht. Das sieht alles schon sehr viel besser aus. Eigentlich sind Sie fast in Ordnung.«

»Kann ich nicht irgendwas tun, damit sich das Ganze noch etwas verzögert? Sonst wird man mich in letzter Minute doch noch kassieren!«

Der Arzt zog die Augenbrauen hoch und sah ihn mit ernster Miene an. »Ich verstehe Sie. Man könnte eine – sagen wir – Verschlechterung des Befindens herbeiführen. Als Mediziner darf ich Ihnen solche Ratschläge natürlich gar nicht geben. Aber in diesem Ausnahmefall … Nur unter uns: Die Krankheit verschlimmert sich durch Bewegung. Ich kann

Ihnen nur sagen, was Sie nicht tun dürfen. Sie sollten sich wenig bewegen und sich Ruhe gönnen. Wenn Sie also mehrmals täglich die Treppen auf und nieder rennen, dann erreichen Sie genau das Gegenteil; aber Sie könnten sich damit auch umbringen. Essen Sie Zigarettenkippen...« Er hielt inne, schockiert von seinem eigenen Vorschlag, und verbesserte sich: »Nein, vergessen Sie das – ich lehne jede Verantwortung ab. Das ist gefährlich, wie ich schon sagte.«

»Nicht gefährlicher als in einem französischen Gefangenenlager zu krepieren!« Conny sprang aus dem Bett und begann auf der Stelle wie verrückt Kniebeugen zu machen. Dann lief er die Treppen auf und ab, bis er völlig außer Atem war.

XXI. Kapitel

Es wird eng

Eines Tages erschien wie befürchtet ein fremder französischer Arzt und ließ sich die Unterlagen der Patienten zeigen. Er ging von Bett zu Bett und sah sich die Kranken mit strenger Miene ganz genau an. Es kam Conny so vor, als würde der Franzose mit seiner lässigen Miene, die Zigarette im Mundwinkel, ihn aus seinen dunkel funkelnden Augen besonders kritisch fixieren, ohne dass er ihn jedoch richtig untersuchte. Es wäre ohnehin nicht nötig gewesen, denn seine Bewegungstherapie hatte leider nichts gebracht, sondern ihm nur eine bessere Kondition verschafft. Die gelbe Farbe ging immer weiter zurück, obwohl er versucht hatte, mit Mehl aus der Küche nachzuhelfen und sich damit wenigstens ein bleiches Aussehen zu verschaffen. Leider half auch das auf die Dauer nicht viel. Conny versuchte eine leidende Miene aufzusetzen, deutete auf die Region, in der er seine Leber vermutete, kratzte seinen Rest Französisch zusammen und ächzte: »Malade, trés malade!«

Der Arzt paffte mit ironischem Lächeln ein paar Rauchwolken in die Luft, schrieb etwas in sein Büchlein und schüttelte den Kopf: »Non, pas encore!« Als er sich abwandte, entfuhr es Conny: »Merde!«, und der Arzt warf ihm über die Schulter einen amüsierten Blick zu, während er sich dem nächsten Patienten zuwandte.

Am nächsten Morgens, als er eben die Augen aufgemacht hatte, kamen ein paar Marokkaner in Begleitung französischer Offiziere und des Lazarettarztes in den Saal marschiert. »En garde!«, rief ein junger Leutnant und präsentierte neben seinem Gewehr eine Liste. »Attention – aufstellen in der Gang!«, rief er in holprigem Deutsch. »Nom – Namen. Et alors habiller – anziehen, vite, vite!«

Natürlich war Connys Name dabei, er hatte es schon befürchtet. Wie betäubt klaubte er seine Sachen zusammen, packte sie unter den Arm und stellt sich mit den anderen unten im kalten Hof auf, wo ein LKW auf den Abtransport der Gefangenen wartete. Man trieb die fröstelnden Männer zusammen wie eine Herde Vieh und presste sie wie die Heringe in den Wagen. Eine wilde Fahrt mit Vollgas begann, durch den Schwarzwald, am Schluchsee vorbei, das vorläufige Ziel war das Gefangenenlager in Tuttlingen.

Die Männer wurden hin und her geschüttelt und begannen sich mit dem Schlimmsten abzufinden. Schlafen mussten sie in Löchern auf freiem Feld, auf Wiesen, die mit Stacheldraht abgesichert wurden. Wegen der noch kühlen Frühlingsnächte teilte man ein paar Felddecken aus, Zeltplanen, mit denen sich die einfachen Gefangenen vorläufig begnügen mussten. Die Wichtigen unter ihnen, vorgebliche SS-Leute und Offiziere, befanden sich separat in einer Art Käfig, den man rasch errichtet hatte. Die Franzosen, bisher in diesem Krieg nicht sehr erfolgreich gegen die Deutschen in Erscheinung getreten, glaubten sich gegen den alten Feind jetzt durch besonders wildes und arrogantes Siegermacht-Benehmen auszeichnen zu müssen. Aber sie hatten immer noch den geheimen, uneingestandenen Respekt vor den Deutschen, vor der blonden, eine Zeit lang übermächtig scheinenden Rasse der Germanen, vor der SS, den Siegen der Nazis, deren Hochmut und Courage zusammen mit ungebrochener Disziplin und Kaltblütigkeit sie insgeheim beeindruckt hatten. Am Rande des Lagers befanden sich primitive Baracken für die französische Besatzung. Über einen großen Lautsprecher wurden manchmal von einem deutschen Feldwebel, der sich damit wichtig machte, Befehle durchgesagt.

Nach Stunden und Tagen der Ungewissheit, wie es weitergehen und was mit ihnen geschehen würde, ergaben sich die Gefangenen auf den umzäunten, feuchten Wiesen in ihren Unterständen recht und schlecht in ihr Schicksal. Viele starben aus Entkräftung, denn die Nächte waren noch kalt, die Verpflegung war miserabel und die Behandlung gleichgültig. Lethargisch hockten die Männer herum und fragten sich, was nun auf sie zukäme. Tagtäglich drang der dumpf tönende Hall eines Appells, einer Durchsage, die irgendeine Maßnahme, eine neue Arbeitseinteilung ankündigte, über den Verstärker durch den weißen Morgennebel, der das Terrain umhüllte und wie eine nasskalte Decke über der Landschaft lag. Die Männer hörten, gleichgültig geworden, den Stackatobefehlen, die aus den fremden, französischen Kehlen kamen, kaum mehr zu.

Doch dieses Mal ließ die Stimme in den heimischen Klanglauten aufhorchen. Ein deutscher Offizier bat, es möchten sich diejenigen melden, die bei der Wehrmacht im technischen Bereich beschäftigt oder als Autoschlosser und Mechaniker ausgebildet waren. Alle Leute, die sich mit Motoren auskannten, sollten sich unverzüglich bei der Lagerleitung vorstellen.

Conny erwachte blitzartig aus seiner Lethargie der Hoffnungslosigkeit. Jetzt kam vielleicht für ihn die Chance. Er erinnerte sich seines glücklichen Daumens, seiner geschickten Hand, mit der er schon immer die aussichtslosesten Problemfälle gelöst hatte. Doch von plötzlichem Zweifel gepackt, zögerte er. Wenn er sich meldete – schafften sie ihn dann vielleicht gleich weit weg – nach Frankreich? Wer weiß, wo er dann landete! Nachdem sich dreißig Männer, die solche Bedenken anscheinend nicht hatten, auf der Stelle und ohne groß zu überlegen, vorgestellt hatten, wurde er unruhig. So viel konnte er schließlich nicht verlieren. Alles schien ihm besser als dieses Dahinvegetieren, dieses Eingepferchtsein hinter dem Stacheldraht. Dennoch zögerte er in seiner bedächtigen Art noch eine Weile und präsentierte sich dann fast als Letzter.

Trotz des erbitterten Widerstands an der deutschen Front näherte sich die Stunde der Wahrheit und niemand konnte mehr die Augen vor der Tatsache verschließen, dass der Gegner dabei war, Berlin von allen Seiten einzuschließen. Aber immer noch wurde die Stadt von fast hunderttausend Mann mit dem Eifer und Resten des alten Enthusiasmus verteidigt, mit der blinden Ergebenheit und dem unerschütterlichen Glauben an den Führer, dem unbeugsamen Geist der deutschen Wehrmacht, der bisher über allen Schlachten gelegen hatte. Doch diese allerletzte Kampftruppe bestand zu zwei Dritteln nur aus Volkssturm und Hitlerjugend, also unausgebildeten und unerfahrenen Kämpfern. Hitler hoffte in letzter Instanz immer noch auf die Wende, auf einen eventuellen Bruch der westlich-sowjetischen Allianz und auf einen Vorstoßerfolg seiner zwölften Armee. Wartend, auf jedes kleinste Geräusch lauschend, hockte er nun wie ein gefangenes Tier in seinem Bunker, von fast allen Lebenden verlassen und nur umgeben von den Gespenstern der Vergangenheit, den Hunderttausenden, die ihm einstmals ihr »Heil« zugejubelt hatten, den Phantomen seiner Anhänger ausgeliefert, den Geistern der Gefallenen – denen der einfachen Soldaten und denen der Generäle –, die im Glauben an seine Macht für ihn das Leben gegeben hatten. Nur seine Geliebte Eva Braun hielt noch zu ihm, drückte mit Tränen in den Augen seine Hand. Erst als man ihm meldete, dass sowjetische Angriffstruppen direkt zum Regierungsviertel vorgestoßen seien, ergab er sich in die Ausweglosigkeit der Lage, in die Endgültigkeit des verlorenen Krieges, in das Zerplatzen seines Traumes von der Herrschaft der blonden Rasse, der Arier, die mit Tapferkeit, Mut und überlegener Intelligenz die Welt beherrschen sollte. Jetzt gab es für ihn nur noch einen Ausweg. Schüsse hallten durch den verlassenen Bunker. Es war vorbei.

Mit Dr. Michelsens Hilfe konnte Emilia ihren Vater und Lorchen bald aus dem primitiven Barackenlager herausholen und die beiden auf einem nahe gelegenen Gutshof bei einer Bauersfamilie einquartieren. Die Bäuerin, Frau Nagel, eine kräftige, gutmütige Frau, hatte Mitleid mit dem mutterlosen Kind und dem sterbenskranken Vater. Sie selbst war leider auch nicht gesund und konnte auf dem Hof nicht mehr so arbeiten wie früher. Seit einigen Monaten litt sie an schmerzhaftem Rheuma, das sich durch den gnadenlosen Kriegswinter weiter verstärkt hatte. Dr. Michelsen, der die gute Frau kostenlos für ihre Gastfreundschaft behandelte, hatte diesen Umzug organisiert und stellte ihr die so notwendigen Medikamente und Schmerzmittel zur Verfügung. Emilia war erleichtert über diesen Handel und dem Arzt sehr dankbar. Eine große Last war von ihren Schultern genommen. Die gute Luft würde den Vater vielleicht wieder auf die Beine bringen. Wenigstens waren er und Lorchen jetzt versorgt und sie musste nicht immer zwischen Lazarett und Lager hin- und herhetzen, um ihnen etwas zu essen zu bringen.

Deutschland brach zusammen. Überall sah man nur noch Trümmer, Rauch und tiefe Gräben, wo einst blühende Städte, alte, ehrwürdige Gebäude und schöne, erhaltenswerte Häuser gestanden hatten. Menschen irrten durch die Hölle der Vernichtung, mit orientierungslosen Augen, in der Hand irgendetwas Nutzloses, das sie noch mit sich nehmen, vor der Zerstörung retten wollten. Die Tiefflieger-Angriffe häuften sich, ziellos, sinnlos wurde das Land attackiert, man machte keine Ausnahme mehr, es traf Zivilisten, alles, was noch stand, alles, was sich bewegte. In den letzten Tagen wurden auch Lazarette und Hospitäler nicht mehr verschont, obwohl man zusätzlich auf den Dächern und überall an den Seiten ganz deutlich sichtbar das Rote Kreuz angebracht hatte. Doch das scherte die Angreifenden mittlerweile wenig. Sie schonten nicht einmal die Kranken mehr, warfen ihre Bomben überall hin, wo sich noch etwas Lebendiges regte, wo noch etwas stand oder sich noch ein Gebäude befand. Der Wille zur völligen Vernichtung, der

Zwang einer bedingungslosen Kapitulation des vorher so all-mächtigen Gegners nahm ungeahnte Formen an. Städte san-ken in Schutt und Asche, brannten lichterloh wie am letz-ten Tag des Weltuntergangs und wurden zu unkenntlichen Kratern, aus denen nur noch qualmende Mauerreste aufrag-ten. So gut es möglich war, brachte man die Verwundeten aus dem Lazarett in den Keller, wenn die Alarmsirene hallte. Doch man konnte nicht immer alle transportieren, das war ganz einfach unmöglich, und die völlig Hilflosen, die schwe-ren Fälle, die sich nicht fortschleppen konnten, mussten auf ihren Matratzen liegen bleiben und es blieb ihnen nichts an-deres übrig, als den Kopf verzweifelt und angstvoll unter die Decke zu stecken.

Immer häufiger gab es im Lazarett Einschläge und Treffer, Trümmer mussten weggeräumt werden, unter denen Tote la-gen – ein einziges Chaos der Zerstörung, das man nur noch zu beseitigen versuchen konnte.

Emilia tat mechanisch, wie abgestumpft, ihre Arbeit. Ohne Veronal hätte sie keine Nacht mehr geschlafen. Ein-fach weitermachen, immer weiter, irgendwann würde die-ses Elend doch einmal ein Ende haben. Ein starker Über-lebensdrang war plötzlich mit einem Schlag und wie zum Trotz gerade jetzt in ihr erwacht, ein Wille, auf den allein sie sich konzentrierte. Jetzt erst recht! Sie hatte es bis da-hin geschafft, nun wollte sie überleben, einfach weiterleben, irgendwie, irgendwo neu anfangen, wenn dieser Alptraum endlich vorbei war! Das, was anderen das innere Rückgrat gebrochen hatte, die Verzweiflung, der schnelle Tod um sie herum, spornte in ihr die letzten Kräfte an. Es war wie ein Ankrallen, ein Festhalten an einer einzigen Planke in einem aufgepeitschten Meer. Sie wollte nicht untergehen.

Doch die Situation im Krankenbereich, die Zustände um sie herum verschlimmerten sich noch, wurden langsam im-mer untragbarer. Die Medikamente gingen allmählich zur Neige, es gab keine wirkliche Versorgung mehr. Alte Hausmittel und Kräuter kamen zur Verwendung, man besann sich auf längst vergessene Techniken. Wie sollte man die Wunden der Verletzten noch behandeln, die so fürchterlich stanken, dass man es kaum ertragen konnte? Man streute Zucker in die eiternden Schwären und war erstaunt, wie sie sich besserten, und manchmal, wenn der Körper noch stark genug war, ging die Entzündung zurück und heilte. Oft glich es einem Wunder, wenn sich selbst bei aussichtslosen Fällen wie einer drohenden Blutvergiftung der Zustand durch das Auftragen einer simplen Zucker-und-Brot-Mischung, die der Kranke oft selbst zu einem Brei kauen und einspeicheln musste, sofort zum Guten wendete. Emilia entsann sich vieler alter, vergessener Rezepte ihrer Mutter. der Hebamme und Dorfärztin, für die sie sich früher nie sonderlich interessiert hatte, und Dr. Michelsen griff in der Not vieles auf, zwar manchmal kopfschüttelnd, doch letztendlich von den Ergebnissen erstaunt. Einigen Patienten wurde dadurch in letzter Minute das Leben gerettet.

Obwohl das niedersächsische Stade schon in der englischen Besatzungszone lag, zerstörte eines schwarzen Tages ein gezielter Treffer den großen Saal, in dem noch viele Schwerkranke lagen, ganz. Dr. Michelsen, ein Hilfsarzt, Emilia und zwei andere Krankenschwestern konnten sich in letzter Minute im Luftschutzkeller in Sicherheit bringen. Der Saal brannte aus, der provisorische Operationsraum mit den restlichen Instrumenten war ein verkohltes Chaos und das gesamte Gebäude damit unbrauchbar und unbewohnbar. Die englischen Soldaten evakuierten den Rest der Überlebenden und verteilten sie auf andere Krankenhäuser.

Für Schwester Emilia lag vom Deutschen Roten Kreuz ein neuer Einsatzbefehl in ein Lazarett in Hannover vor, ein Schloss, das vormals einem Juden gehört hatte, der unter Hitler enteignet worden war. Dr. Michelsen sollte nach Bremen in das dortige Hospital geschickt werden.

Damit war alles wieder in Frage gestellt. Konnte Emilia

ihren Vater und die kleine Lore ganz allein auf dem Gutshof lassen? Würde Frau Nagel sie überhaupt behalten, wenn sie nichts mehr dafür bekam? Man konnte es kaum von ihr verlangen, denn sie hatte selbst zu kämpfen. Ohne Medikamente würde ihr Vater zweifellos eines Tages bei einem Asthmaanfall ersticken und die Bäuerin konnte Lorchen nicht nur wegen ihres lieben Wesens durchfüttern. Sie hatte ja selbst nicht viel und brauchte vor allem Arbeitskräfte, die die Arbeit auf dem Hof taten. Dazu waren weder ihr Vater noch die kleine Schwester imstande.

Für Dr. Michelsen sah die Sache noch böser aus. Was sollte er in Bremen? Das bisher Unvorstellbare, der Gedanke an eine Trennung von Emilia, jagte ihm einen grauenhaften Schrecken ein und zerstörte alle seine Pläne und Zukunftsgespinste. Das enge Beisammensein mit ihr, die tägliche Zusammenarbeit waren ihm ein Bedürfnis und eine Notwendigkeit geworden. Mit so viel Mühe hatte er es endlich geschafft, sie in einer Art Abhängigkeit an sich zu binden – und jetzt sollte alles wieder zunichte werden? Er würde sie nicht fortlassen, niemals, solange er auch nur einen Atemzug in seiner Brust fühlte.

Doch Emilia war ebenfalls ratlos und hin- und hergerissen. Wie sollte sie fortgehen, ohne ihre Familie versorgt zu wissen, ohne den Arzt als Stütze, der ihren Vater so mühsam am Leben erhielt?

In den letzten schweren Tagen hatte Dr. Michelsen seine Morphiumdosis noch einmal erhöht; es wäre ihm sonst unmöglich gewesen weiterzuarbeiten. Auch jetzt, während er über die ungewisse Zukunft nachdachte, setzte er sich als Erstes eine neue Spritze, um die bleierne Müdigkeit, das Gefühl der Rat- und Hoffnungslosigkeit zu verjagen. Wohlige Ruhe durchrann ihn danach, besänftigte Herz und Kreislauf und stoppte das fiebrige Zittern seiner Hände. Seine Gedanken klärten sich und er war imstande, nachzudenken und nach einer Lösung zu suchen. Er durfte vor allem nicht in

Panik verfallen. Der Krieg war in wenigen Tagen endgültig aus und dann würden die Karten neu gemischt. Emilia, Lorchen und der alte Vater mussten mit ihm nach Bremen gehen; sie brauchte ihn doch – was sollte sie ohne ihn anfangen?

Aber es zeigte sich, dass er die Rechnung ohne die eigenwillige Krankenschwester gemacht hatte. Emilia spürte den Zwang, den er auf sie auszuüben versuchte, und weigerte sich, den Arzt, der schon alles in die Wege geleitet hatte, zu begleiten. Mit festem Willen bestand sie auf ihrem Dienst in Hannover. Sie hatte sich nach langem Ringen dazu entschlossen, ihren Vater und Lore mit sich zu nehmen; egal, was geschehen würde, sie musste das Wagnis eingehen.

Dr. Michelsen sah sie ungläubig an, als könnte er nicht fassen, dass sie ihm widersprach. »Emilia«, sagte er leise, fast flüsternd, und nahm ihren Arm, »ich liebe Sie doch! Ich würde alles, alles für Sie tun – und wenn es ein Mord wäre! Ich kann nicht mehr allein bleiben – ohne Ihre Nähe, Ihre schönen klaren Augen, auf die ich wie bis auf den Grund eines schimmernden Sees schaue. Sie sind doch mein Leben! Ich bete Sie an und Sie dürfen mich nicht verlassen.« Seine Stimme wurde heiser, drängend. »Ich wäre nichts anderes als Asche, Staub ohne Sie – verstehen Sie denn nicht? Das Dasein hat nach all dem keinen Sinn mehr für mich! Nur mit Ihnen kann ich noch weitermachen – vergessen...«

»Hören Sie endlich auf!«, unterbrach ihn Emilia beinahe wütend. »Wer hat Ihnen gesagt, dass ich bei Ihnen bleibe? Ich habe Ihnen niemals auch nur eine Andeutung gemacht. Sie wissen doch, dass ich verlobt bin, ich habe daraus niemals ein Geheimnis gemacht.« Röte stieg ihr in die Wangen und sie musste die Augen niederschlagen, als sie zu der Lüge ansetzte. »Mein Verlobter Siegfried – Sie kennen ihn ja von dem Foto, das auf meinem Nachttisch stand – er erwartet mich in Hamburg. Er möchte so schnell es geht heiraten – sobald der Krieg zu Ende ist. Hier, sein Brief!«

Sie reichte ihm ein altes, zerknittertes Schreiben Siegfrieds, das der Arzt gar nicht ansah. In seinen Augen spiegelten sich Ungläubigkeit, Angst und beinahe Entsetzen. »Siegfried? Sie lügen. Ich dachte, Sie liebten ihn nicht und es war der andere, der ... Nein.« Er schwankte, unsicher, was er denken, was er glauben sollte, und packte ihren Arm. »Du ... Du kannst nicht gehen«, stammelte er dann mit brüchiger Stimme, »du darfst nicht gehen. Du darfst mich nicht allein lassen.« Schluchzen erstickte seine Stimme, er sank zusammen und schlug die Hände vor die Augen, während ein stummer Kampf seine Brust erschütterte.

»Dr. Michelsen!« Emilia versuchte ihrer Stimme Festigkeit zu geben, sich von seinem Kummer nicht auch überwältigen zu lassen. »Ich weiß nicht, wie ich es sagen, wie ich anfangen soll. Sie sind ein wunderbarer Mensch und Sie haben so unendlich viel für mich getan – aber ich – ich – kann Sie nicht lieben! Gehen Sie zu Ihrer Frau zurück. Lassen Sie mich. Ich würde Ihnen kein Glück bringen.« Es war ihr, als hörte der Arzt nicht. Er sah nicht auf und es schien, als bröckele nach und nach die starke Fassade des helfenden, überlegenen Arztes und ließe nur noch ein Wrack, einen zerstörten Menschen und eine zerbrochene Seele, zurück.

Erst nach einer geraumen Weile, in der niemand ein Wort sprach, hob er wieder den Kopf. Er sah mit starrem Ausdruck an Emilia vorbei an die schmutzige Wand mit den vielen Rissen, holte tief Atem und sagte so leise, dass man es kaum verstehen konnte: »Ja – ja – ich habe es versucht – aber ich kann Sie nicht zwingen. Sie haben vielleicht Recht. Adieu, werden Sie glücklich – wenn Sie es können.«

Emilia streckte erleichtert die Hand aus. »Ich wünsche Ihnen ebenfalls alles Gute, Doktor. Lassen Sie den Kopf nicht hängen. Es gibt immer wieder einen Neubeginn.«

Der Arzt mit dem bleichen, angespannten Gesicht und der Blässe eines Toten übersah ihre Hand. Er nickte nur und murmelte etwas Unverständliches. Emilia wandte sich zur Tür. Dieser Mann war mit den Nerven völlig am Ende – wen wunderte es! Aber wie sollte gerade sie ihm helfen – sich opfern vielleicht? »Ja, dann…«, sagte sie verlegen, räusperte sich und blieb unschlüssig stehen. »Wir werden uns wieder sehen – irgendwo.« Als keine Antwort kam, zog sie langsam, vorsichtig die Tür hinter sich ins Schloss.

Ein unartikuliertes Stöhnen aus tiefster, wie tödlich getroffener Brust hielt sie noch einmal für einen Augenblick hinter der Schwelle fest. Sollte sie hineingehen und nachsehen? Doch es gab nichts mehr zu sagen, sie würde ihm den Abschied nur noch schwerer machen. Mit leisen Schritten, als schliche sie sich davon, ging sie mit ihren Habseligkeiten im kleinen Koffer den Gang entlang, einer neuen Zukunft entgegen.

Dr. Michelsen wollte keine Minute mehr verlieren. Mit zitternden Fingern riss er mehrere Morphium-Ampullen zugleich aus der Packung und zog in fliegender Hast eine große Spritze auf. Er konnte den Schmerz in seinem Innern keine Sekunde länger ertragen. Endlich ein Ende der Qual, Schluss machen, nichts mehr hören und nichts mehr sehen. Es gab für ihn keine Morgenröte mehr – und wenn sie käme, dann wollte er sie nicht mehr erleben. Zu viel war geschehen. Er fühlte sich müde, überdrüssig und angeekelt von all dem, was das Leben ausmachte. Wo war der Gott, an den er so fest geglaubt hatte, wo all das Schöne und Gute? Wozu diente die rätselnde Philosophie und der ganze Ethikquatsch über den Sinn des Daseins? Was sollte der Fortschritt, der Glaube, die Menschheit würde immer besser und klüger werden? Nein, Nietzsche hatte Recht gehabt: Der Mensch wurde nur von dem Willen zur Macht geleitet. Und nichts weiter. Dafür beging er jede Grausamkeit.

Ohne zu überlegen, stach er sich fast brutal in die Vene und entleerte die Spritze. Blut quoll hervor und tropfte unbeachtet zu Boden. Mit einem Stöhnen, das dem einer Erleichterung glich, sackte er in sich zusammen. Hinter dem schmutzigen, kleinen Fenster, über Gräben und Trümmern ging in der frühlingshaft erwachenden Natur die Sonne auf, die sich nur kurz hinter den Wolken versteckt hatte.

XXII. Kapitel

Gefangen – und doch frei

Die dreißig Mann, die sich als Mechaniker gemeldet hatten, wurden aussortiert und in einer Baracke untergebracht, bevor man sie mit einem LKW tiefer in den Schwarzwald hinein transportierte. In einer ehemaligen Wehrmachtskaserne in Horb, die voll besetzt mit Franzosen und Marokkanern war, landeten sie schließlich.

Es handelte sich hier offenkundig um eine französische Werkstattkompanie, die die Aufgabe hatte, all die defekten Fahrzeuge, die man dorthin brachte, zu reparieren. Doch das erwies sich als ein großes Problem. Durch das Ende des Krieges kamen all die fremden Wagen, die amerikanischen Jeeps, Chevrolets, LKWs unbekannter Marken, ebenfalls dorthin und die französischen Mechaniker standen staunend vor den fremden Motoren, die sie auseinander nehmen sollten und von deren Funktion sie keine Ahnung hatten. Auch aus der Gruppe deutscher Kriegsgefangener, die sich als technisch versiert gemeldet hatten, schälten sich letztendlich nur drei heraus, die wirklich solide Fachkenntnis besaßen. Conny hatte das Glück, durch seine Uniform mit dem Schirrmeister-Abzeichen, die er wieder angelegt hatte, sofort der gesuchte Mann zu sein. Unterkunft nahmen sie fortan in einem Saal, der mit Matratzen ausgelegt war. Dort prangte ein großes Schild mit der Drohung: »Wer flieht, wird sofort erschossen!«

Wie immer konnte Conny durch sein fundiertes Wissen und seine geschickte Hand sofort die Achtung der Besatzer gewinnen. Eine Episode, die die Beteiligten zwischen Bewunderung und Staunen schwanken ließ, verhalf ihm sogar

421

zu einer gewissen Berühmtheit. Ein nagelneues BMW-Motorrad mit Seitenwagen war organisiert worden und alle Franzosen umrundeten mit Interesse das Gefährt und hantierten daran. Aber es war schwer, es überhaupt in Gang zu bekommen und dann auch so richtig in Schwung zu halten. Conny musste ran, und nachdem er den Motor hatte warm laufen lassen, ihn ein bisschen geölt und gereinigt hatte, war die Sache zunächst für ihn getan. Natürlich wollte jeder eine solche Maschine sogleich ausprobieren, aber es klappte eben doch nicht so ganz: Das schwere Ding fiel immer um. Conny, der mit achtzehn Jahren ein fast identisches Motorrad von seiner Mutter zum Geburtstag geschenkt bekommen hatte und daher seit jungen Jahren Spezialist für das Fahren mit Beiwagen war, setzte sich nach Aufforderung schneidig auf den Sitz, ließ den Motor aufheulen und kurvte lustig im Hof herum. Dann führte er kühl seine Kunststückchen vor: mit dem Beiwagen halb in der Luft, dann auf zwei Rädern; schließlich legte er sich mit Karacho in die Kurve und sauste halsbrecherisch um den ganzen Kasernenhof herum.

Alle applaudierten begeistert und jeder wollte es mal probieren – doch die schwere BMW war nicht so leicht zu handhaben und behielt ihre Neigung bei, dem Anfänger einfach wegzukippen. Nach diesem Zwischenspiel, an dem alle Beteiligten ungeheuren Spaß hatten, war Conny »der Mann«. Alle wollten ihm mal auf die Schulter klopfen. Dem »Adjutant Chef«, einem Elsässer, der sehr gut deutsch sprach, gab er von diesem Tag an Privatunterricht in der Handhabung der imposanten Maschine und zwischen den beiden feindlichen Parteien angehörenden Männern bildete sich aus einer uneingestandenen vorherigen Sympathie eine dicke Freundschaft.

Als Pierre, wie Conny ihn unter vier Augen nennen durfte, ihn aus dem Gemeinschaftssaal herausholte und ihm ein eigenes Zimmer organisierte, wurde die Eifersucht der anderen so groß, dass man ihn öffentlich anfeindete.

Der dunkelhäutige Küchenchef, ein bulliger Marokkaner, gezwungen, für ihn sein Zimmer zu räumen, rollte jedes Mal bedrohlich die Augen, wenn er ihm begegnete, und zückte in unmissverständlicher Geste das Küchenmesser. Conny seinerseits, herausgefordert durch dieses Gehabe, konnte sich nicht enthalten, ihn bei Gelegenheit zu necken und zu reizen. Bei einer ausgelassenen Feier nahm diese Rivalität ernste Züge an. Zwei Schüsse zerbrachen am Ende des Abends, als Conny sich schon zu Bett gelegt hatte, die Fensterscheibe seines Zimmers, und als er vorsichtig auf den Kasernenhof hinausspähte, konnte er in der hintersten Ecke eine kleine Gruppe sehen, in deren Mitte er glaubte, den Küchenchef zu erkennen. Als er bemerkte, wie man wieder auf ihn anlegte, warf er sich rasch zu Boden. Kurz darauf zerschlug eine gezielte Kugel den Pfosten des Bettgestells.

Von diesem Tag an war er auf der Hut, rückte sein Bett ganz vom Fenster weg in die hinterste Ecke und nahm sich in Acht vor seiner Umgebung, die ihn neidisch und misstrauisch beäugte, wenn er bei allem als Erster gefragt wurde und bestimmen konnte, was mit den Fahrzeugen geschah. Ergab sich ein schwieriges Problem mit einem Motor, zog man ihn hinzu, und es dauerte zum Ärger der anderen nie lange, bis er es löste. Die Franzosen wurden, bis auf diese Episoden am Rande, seine Freunde und seine bevorzugte Stellung festigte sich so weit, dass er eines Tages zum Fahrer des Adjutant-Chefs aufrückte und mitten unter französischen Soldaten als deutscher Landser in der Kolonne unter der Flagge Frankreichs mitfuhr. Das passte so manch einem nicht und immer mal wieder versuchte man ihm ein Bein zu stellen.

Nach einiger Zeit wurde die Truppe nach Schwenningen in die so genannte Bärenbrauerei versetzt. Diese Brauerei hatte ein Flachdach, auf dem man sich in freien Stunden oder am Sonntag sonnen konnte.

Conny hatte trotz oder gerade aufgrund seiner Bevorzugung, wegen der er von anderen immer ernsthafter angepöbelt wurde, schon lange den Plan gefasst, aus seiner Gefangenschaft zu entfliehen. Nach einer kleinen Begebenheit, die er als einen witzigen Spaß angesehen und bei der er bei den Franzosen einen großen Lacherfolg geerntet hatte, trachtete man ihm jetzt ganz offen nach dem Leben. Einer der Gefangenen, ein Dreher, stellte in seiner Freizeit aus Jux metallisch glänzende Ringe aus Messingdraht her, die bei den Schwarzen sehr begehrt waren und für die er Zigaretten erhielt. Auch der eitle Küchenmarokkaner hatte sich einen solchen Ring machen lassen. Stolz trug er die schimmernde Errungenschaft am Finger.

»Hier, brauchst du vielleicht noch einen?« Conny nahm einen der neu gedrehten Ringe vom Tisch, ging auf ihn zu und hielt ihn rasch gegen seine breit gedrückte, knollige Nase. »Sieh mal, ein Nasenring, dann können wir dich daran herumführen!«

Unter dem brüllenden Gelächter der Umstehenden sah der Gefoppte rot. Es gab einen riesigen Tumult, in dem der aufs Äußerste erboste und beleidigte Marokkaner aufsprang, das riesige Fleischmesser ergriff und Conny damit um den Platz jagte, bis die anderen eingriffen und ihn zu mehreren mit aller Gewalt zurückhielten.

Von Stund an fühlte Conny sich vor der Rache dieses Mannes und der anderen, die ihn beseitigen wollten, nicht mehr sicher und er beschloss endgültig zu verschwinden, sobald sich die Gelegenheit ergab. Der Schwarze zückte das Messer drohend und rollte die Augen, sobald er ihn auch nur von fern erblickte, und Conny machte es sich zur Gewohnheit, ihm nie den Rücken zu kehren, immer halb über die Schulter sehend, ob der Widersacher sich nicht etwa von hinten anschlich.

In seiner Spezialposition unter der Protektion und dem Schutz des Adjutant-Chefs erging es Conny im Gefangenlager ansonsten nicht schlecht; doch gerade darin erkannte er die lockende Möglichkeit, sich durch die besonderen Frei-heiten, die er sich nehmen konnte, seine ihn lässig behan-delnden Bewacher auszutricksen. Auch kursierte in der Ka-serne das Gerücht, die Gefangenen sollten demnächst nach Kehl und von da aus nach Frankreich transportiert werden. Conny sah sich nun an den Sonntagen, an denen er keinen Dienst hatte, unauffällig auf dem Gelände um, schlenderte umher, sonnte sich auf dem Flachdach der Brauerei, tat so, als wollte er ein paar Bierfässer an der Umzäunung, die im Wege standen, aufräumen und stapelte sie so, dass man ohne große Mühe daraufsteigen konnte. Hinter dem Stacheldraht stand ein Privathäuschen, zu dem er vom Dach aus über die Mauer leicht hinübersehen konnte. Oft beobachtete er aus den Augenwinkeln das Kommen und Gehen der Bewohner, zu denen ein hübsches junges Mädchen gehörte, das die Bli-cke des jungen, gut aussehenden Soldaten offenbar nicht un-gern auf sich ruhen fühlte und manchmal ein verstohlenes Lächeln zur anderen Seite des Zaunes hinübersandte.

Eines Tages wagte Conny ihr ein Zeichen zu machen, eine Kopfbewegung, als sich ihre Blicke zufällig trafen. Und siehe da, das Mädchen nickte, was auch immer das zu bedeuten hatte. Von diesem Tag an suchte Conny eine Möglichkeit hinüberzukommen.

Unter dem Zaun war an einer kaum sichtbaren Stelle ein kleines Loch, vielleicht von einem Tier gegraben. Tag für Tag schaufelte er in seiner freien Zeit unauffällig mit bloßen Händen ein immer größer werdendes Stück Erde weg und stellte die Bierfässer dann wieder so vor das Loch, dass es niemand bemerkte. Schließlich war es so groß, dass er wagte, sich ganz hindurchzuzwängen.

Die Familie im Nachbarhäuschen, deren Sohn sich eben-falls in Kriegsgefangenschaft befand, hatte Verständnis für ihn; sie nahmen ihn gastfreundlich auf, gaben ihm in der Küche reichlich zu essen und zu trinken und versorgten ihn in mitleidiger Fürsorge. Das junge Mädchen errötete, wenn es ihn sah. Auf demselben Weg war er am Abend zum Rapport wieder zurück und er wiederholte diesen Besuch unbemerkt, sooft es ihm möglich war.

Trotzdem ließ er seine Fluchtpläne nicht aus den Augen. Die netten Bauersleute waren bereit, ihm dabei so gut es ging behilflich zu sein. Man fand eine etwas zu kurze Knickerbockerhose und ein Trachtenjäckchen für ihn und stellte eine Schaufel bereit, mit der er wie ein Feldarbeiter aussah. Mit einem geliehenen Fahrrad sollte er fürs Erste so schnell es ging wegkommen und es dann an einer verabredeten Stelle liegen lassen. Zusätzlich drückte man ihm eine Landkarte und einen Kompass in die Hand und er vergrub all das, zusammen mit der Kleidung, in einer Ecke des Gartens. Jetzt musste er nur noch die günstige Gelegenheit abwarten.

Und die ergab sich schließlich ganz von selber. An einem sehr heißen Tag, als in der Mittagspause die Wache nur aus zwei Leuten bestand, die, träge von der Hitze, langsam über den Hof spazierten und sich unterhielten, war es so weit. Jetzt oder nie! Conny hatte vorsorglich unter seinen blauen Arbeitsanzug die zu kurzen Knickerbocker und das enge Trachtenjäckchen gezogen. Nur ließen sich die Wehrmachtssocken selbst bei kräftigem Dehnen nicht ganz bis zu den Hosen hinaufziehen. Er plauderte zum Schein ein wenig mit der gelangweilten Wache, die gemächlich weiterschlenderte. Als sie weit genug entfernt waren, ging alles sehr schnell – ein Sprung auf die Fässer, ein gewagter Satz über die Mauer nach unten und auf das kleine Fahrrad, das, von den hilfreichen Nachbarn bereitgestellt, hinter einem Baum auf ihn wartete. Mit aller Kraft trampelte er in die Pedale und fuhr in vollem Tempo die schmale Straße entlang. Das junge Mädchen Lisa, am Fenster hinter der Gardine des Bauernhauses verborgen, sah ihm mit Herzklopfen nach und winkte ihm einen heimlichen Gruß zu. Er hatte ihr fest versprochen, eines Tages wiederzukommen.

Als er das erste Waldstück erreichte, stellte er sein Fahrrad wie verabredet wieder ab, schlug sich querfeldein ins Gebüsch und lief wie gehetzt immer der Nase nach, bis ihm der Atem ausging. Erst später, tief im Wald, nahm er den Kompass zur Hand, sah auf die Karte und richtete sich fortan nach markanten Punkten der Landschaft, einem Kirchturm, einem Berg und natürlich der Marschzahl. Auch schlug er nach Möglichkeit den schwierigsten Weg ein, kletterte über Abhänge, zwängte sich durchs Gebüsch und durchwatete Bäche, um erst einmal seine Spur zu verwischen.

Es war ein Abenteuer, in Freiheit zu sein. Doch der hungrige Magen sprach seine eigene Sprache, er knurrte nach der Aufzehrung des Proviants der hilfsbereiten Bauersleute und es war nötig, sich irgendwo Nahrungsmittel zu organisieren. Sein Plan sah folgendermaßen aus: Wo würden sie ihn zuerst suchen? Natürlich auf dem Weg in Richtung Rheinland, seine Heimat. Also musste er sie verwirren und vorläufig die entgegengesetzte Route einschlagen. Aus mehreren Gründen schien es ihm günstig, sich wieder nach Sankt Blasien durchzuschlagen, wo er den gutmütigen Bauern kannte, der der Witwe Sieber immer den Wein geliefert und selbst so fleißig mitgefeiert hatte. Dort würde er vielleicht eine Zeit lang abwarten können, bis die Suche abgebrochen wurde und sich die Aufregung über seine Flucht gelegt hatte.

Der Weinbauer zeigte sich wenig begeistert, als er den Flüchtling so plötzlich bei sich auftauchen sah; aber er konnte nicht nein sagen und versteckte ihn ein paar Tage in einem Dachkämmerchen oben im Hof. Da aber fast täglich Franzosen kamen, die Milch und Butter holten, wurde dem Bauern die Sache zu mulmig – schließlich war es einem Zivilisten streng verboten, einen Soldaten zu verstecken. Also musste Conny schon nach einer Woche wieder fort – aber wohin?

Seine Flucht war immer noch gefährlich und er beschloss, Umwege durch Wald und Feld zu nehmen und nach Möglichkeit erst einmal in die amerikanische Zone zu gelangen. Dann würde man weitersehen. Mit genügend Proviant versorgt und mit einer Landkarte, auf der er seinen Weg durch die Wälder am Schluchsee entlang eingezeichnet hatte, machte er sich erneut auf.

Wenn er einen Ort erreichte, suchte er meistens gleich das erste Haus auf. Es war erstaunlich, wie freundlich und hilfsbereit die Leute waren. Sie halfen ihm weiter, ließen ihn in der Scheune schlafen und versorgten ihn reichlich mit Proviant. Häufig war einer der Söhne in Gefangenschaft, an den sie mit Bangen dachten und dem sie ebenfalls mitleidige Menschen wünschten, die ihm beistanden. So aß er oft aus einem Topf mit Bauern, denen er dafür am nächsten Tag im Stall half; oder er saß bei Bürgersleuten am Tisch, die mit ihm beteten und seine Taschen mit Butterbroten voll stopften. Dann ging es weiter, über Stock und Stein, meist tagsüber und immer so vorsichtig wie möglich. Wenn ihm französische Patrouillen begegneten, warf er sich rechtzeitig ins nächste Gebüsch und wartete mit klopfendem Herzen, dass sie vorüberzogen. Als er eines Tages eine auf dem Feld arbeitende Frau nach dem Weg fragen wollte und im Begriff war, den Mund aufzumachen, kam zu seinem Schrecken ein junger französischer Soldat einhergeschlendert, grüßte freundlich und sah ihn nur flüchtig an. Conny nickte, schulterte seinen Spaten, grub mit gesenktem Kopf in der Erde und hoffte, man würde ihn für einen Einheimischen halten.

Als er in schwäbisches Gebiet kam, war die amerikanische Zone erreicht. In der ersten Zeit, als er nur ganz vorsichtig am Rand der Straße zu marschieren wagte, warf er sich jedes Mal mit einem reflexartigen Sprung Hals über Kopf in den Graben, wenn er einen der Jeeps heranrollen hörte. Doch die Amerikaner nahmen keine Notiz von ihm, sie hatten Wichtigeres zu tun; und so wurde er mutiger und begann ganz offen auf der Straße zu laufen. Dort schloss sich ihm ein anderer Flüchtling an, der in Sindelfingen versuchen wollte, einen Zug nach Stuttgart zu erreichen. Sie marschierten zusammen. Am Bahnhof das gleiche Bild wie überall: massenhaft obdachlose Menschen mit all ihrer Habe, die kampierten, wo sich ein Platz fand, die weiterkommen wollten und deren ratlose Gesichter Verlorenheit ausdrückten.

Als Conny versuchte, auf einen Zug voller Flüchtlinge zu springen, zwischen die er sich gedrängt hatte, zog ihn ein harter Griff im Rücken unsanft wieder herunter. Ein amerikanischer Soldat grinste ihn gutmütig an und schüttelte den Kopf. »No, no, friend!« Dann ließ er ihn mit einem Ruck wieder los und stieß ihn auf den Bahnsteig. Verwirrt stammelte Conny »Okay, okay« und machte sich schnell davon, erleichtert, dass man nicht nach seinen Papieren gefragt hatte, die er nicht besaß. Aber er musste irgendwie auf den Zug, wenn er weiterkommen wollte.

Vorsichtig versuchte er, sich von hinten wieder anzuschleichen. Unter den Augen der wachsamen Amerikaner war es sehr schwierig, unbemerkt zu bleiben; allerdings hatten diese in der Menge der Flüchtlinge, die den Bahnhof bevölkerten, nicht immer den Überblick. Auf allen vieren, Meter für Meter, robbte Conny von der anderen Seite an Gepäck und Kartons vorbei zwischen den Bremspuffern des Zuges hindurch und es gelang ihm, sich in einen der Güterwaggons zu schmuggeln. Umgeben von Holzknüppeln und Kohle grub er sich mühsam eine Kuhle und zwängte sich hinein. Nach einer Weile bemerkte er, dass er Gesellschaft hatte. Er war nicht der Einzige gewesen, der auf diese Idee gekommen war. Zu dritt traten sie unter der Kohle ihre Fahrt in den Norden an.

Berlin hatte kapituliert und erst jetzt erkannte man das ganze Ausmaß der Zerstörung dieses Krieges. Doch da waren nicht nur die unzähligen Soldaten, die ihr Leben lassen mussten, man trauerte auch um tausende unschuldiger Zivilisten, die durch die flächendeckende Bombardierung nicht verschont geblieben waren. Die vor dem Nichts stehende Bevölkerung weinte um die Gefallenen; weitere drei Millionen Soldaten wurden gefangen gehalten, lebten im Ungewissen hinter Stacheldraht und mussten unter schlechten Bedingungen schwere Arbeit in Gruben und Steinbrüchen verrichten. Man kannte vorerst keine Gnade, nicht mit den in Lagern Zusammengepferchten, aber auch nicht mit jenen, die auf der Flucht waren, oder jenen, die eine Flucht zumindest versuchten; denn auch Hitler hatte geflohene, wieder aufgegriffene alliierte Gefangene erschießen oder lynchen lassen. Fassungslos sah man auf das Werk der Vernichtung, die Trümmer und Gräben, die einstmals blühende Städte gewesen waren. Doch im selben Moment erwachte bei den meisten der Lebenswille wieder, man krempelte die Ärmel hoch und versuchte sich mitten durch das Chaos einen Weg freizuschaufeln in eine neue Zukunft.

XXIII. Kapitel

Entscheidung des Herzens

Die imposante Villa der von Hohensteins stand unversehrt am Rande der Alster inmitten eines Trümmerfeldes, als Emilia zaghaft die Glocke läutete. Von Stade aus war es nicht weit und sie hatte sich mit aller Entschlossenheit auf den Weg gemacht. Auf Siegfrieds Wunsch sollte sie sich am Ende des Krieges bei seiner Mutter melden. Diese würde sie aufnehmen und ihr weiterhelfen; so war es im Herbst letzten Jahres – vor einer ihr unendlich scheinenden Spanne Zeit – zwischen ihrem Verlobten und ihr ausgemacht und beschlossen worden. Vorausgesetzt, Siegfried käme heil aus diesem Krieg zurück, sollte einer sofortigen Heirat nichts mehr im Wege stehen. Seine Mutter, so hatte Siegfried versichert, sei damit einverstanden, er habe bei seinem letzten Urlaub alles geklärt.

Nachdenklich betrachtete Emilia den goldenen Verlobungsring, der immer noch an ihrem Finger blitzte. Was sollte sie sagen? Obwohl sie sich unsicher und zerrissen fühlte, beschloss sie, endlich reinen Tisch zu machen. Ihre Entscheidung war gefallen. Sie konnte Siegfried nicht länger im Unklaren und in falschen Hoffnungen lassen.

Es dauerte lange, bis eine alte, grauhaarige Dame öffnete und sie verwundert ansah. »Ah, Fräulein Reich«, sagte sie mit trockener, beherrschter Stimme, zögerte einige Sekunden und bat sie mit einer einladenden Handbewegung ins Innere. »Ich habe Sie vom Foto erkannt. Treten Sie doch näher. Mein Sohn hat mir geschrieben, ich sollte darauf vorbereitet sein, dass Sie einmal kommen werden.«

Im dämmrigen Licht des altmodisch eingerichteten Salons setzte sich Emilia auf den Rand eines großen Louisseize-Sessels, den ihr die Mutter Siegfrieds angewiesen hatte. Sie fühlte sich unwohl in dem mit prächtigen Möbeln ausgestatteten Raum, dessen Erker mit anschließender Terrasse auf einen völlig zerstörten Park hinauslief, der nur noch eine Art Krater darstellte. Vor nicht allzu langer Zeit musste dort eine Bombe eingeschlagen sein, die das Haus nur knapp verfehlt zu haben schien. Einigen Fenstern, notdürftig mit Pappkarton repariert, sah man an, dass die Scheiben geplatzt und zersplittert waren. Die Freitreppe, die in den Garten führte, war nur noch zur Hälfte vorhanden. »Sehr freundlich, Frau von Hohenstein«, murmelte sie verschüchtert und den Blick abwendend, »aber ich ... «

»Sagen Sie nichts.« Die alte Dame hob die Hand, sehr aufrecht und gerade saß sie da in einer tadellosen weißen Bluse mit einer kostbaren Brosche am Kragen. »Entschuldigen Sie, dass ich Ihnen keinen Tee anbieten kann, aber ich habe keine Angestellten mehr und, wenn ich ehrlich bin, auch keinen Tee. Aber sprechen wir doch über meinen Sohn. Haben Sie etwas von ihm gehört? Ich mache mir solche Sorgen um ihn!«

»Nichts als das, was er mir in seinem letzten Brief geschrieben hat, nach Kulm – das ist schon eine Weile her und wir haben uns seither nicht gesehen.«

Frau von Hohenstein erhob sich, blass geworden. Mit zitternder Stimme murmelte sie mehr zu sich selbst: »Dieser schreckliche Krieg. Ich habe doch nur den einen Sohn!«

Emilia zuckte die Schultern. »Ich dachte eigentlich, eher von Ihnen etwas zu erfahren.« Sie fühlte sich äußerst unbehaglich in der Situation und fuhr hastig fort: »Um es kurz zu machen: Ihr Sohn will mich heiraten, wie Sie ja wissen. Ich ... Wir hatten beschlossen ... «

Die Mutter Siegfrieds zog die Augenbrauen hoch und ließ sich mit einem tiefen Seufzer wieder in den Sessel sinken. Dann blickte sie auf, verzog das Gesicht und unterbrach: »Nicht dass Sie glauben, ich hätte etwas gegen Sie. Aber die Frau meines Sohnes habe ich mir anders vorgestellt – zu Friedenszeiten selbstverständlich. Die Tochter eines guten Freundes, Waltraut, ein so wohl erzogenes Mädchen mit großer Bildung, Erbin eines nicht unbeträchtlichen Vermögens, aus alter Familie – aber das ist jetzt ohnehin bedeutungslos. Nur, sie waren sich beide einig und jetzt – jetzt will Siegfried nichts mehr von einer Verbindung mit Waltraut wissen, von dem Augenblick an, als er Sie kennen gelernt hat. Das arme Mädchen weint sich die Augen aus und ich – ich stehe so ein wenig dazwischen. Sie werden verstehen, dass ich nicht gerade begeistert bin.«

»Aber das wollte ich Ihnen ja gerade sagen«, fiel Emilia ihr ungestüm ins Wort und zog hastig an ihrem Verlobungsring, zerrte ihn fast gewaltsam vom Finger. »Hier, geben Sie den Siegfried zurück. Sagen Sie ihm, ich achte ihn sehr und werde ihm meine ewige Freundschaft bewahren. Er hat alles, was eine Frau sich von einem Mann nur wünschen kann, er ist gut aussehend, hat perfekte Manieren… Aber – aber ich kann ihn nicht heiraten!«

Jetzt war es heraus und Frau von Hohenstein, die den Ring verblüfft entgegennahm, starrte sie mit einem verständnislosen Ausdruck an. Diese Wendung hatte sie nicht erwartet. Überrascht senkte sie den Kopf und stützte die Stirn in ihre Hand. »Wenn Sie das jetzt so sagen, bin ich natürlich erleichtert – aber andernteils… Ich weiß nicht, wie soll ich es meinem Jungen beibringen? Ich weiß, dass er Sie so sehr liebt. Ich habe zwar gewünscht, dass Sie von dieser Verbindung Abstand nehmen – aber jetzt…« Sie schlug die Hände vors Gesicht und begann leise zu weinen. »Ich möchte nicht, dass er unglücklich ist. Und ich habe solche Angst um Siegfried! Wo mag er jetzt sein?«

Emilia stand auf und legte ihr tröstend die Hand auf die Schulter. »Frau von Hohenstein! Er wird wiederkommen, ich fühle es. Grüßen Sie ihn von mir. Sagen Sie, den anderen – er wird schon wissen, wen ich meine – den kann ich einfach nicht vergessen. Es wäre eine Lüge, wenn ich Ihren Sohn heiratete – wir passen nicht zusammen. Er hat vielleicht eine Bessere verdient.«

Die alte Dame nickte unter Tränen. »Sie haben einen guten Charakter. Ich habe Sie unterschätzt. Leben Sie wohl! Verzeihen Sie, wenn ich Sie nicht zur Tür begleite.« Sie reichte ihr die Hand und Emilia ging mit langsamen Schritten allein durch den dunklen Flur und öffnete die Haustür. Mit einem erleichterten Atemzug sah sie in den blauen Himmel über sich und sog den frischen Wind des Frühlings, der über die Trümmerfelder zog, tief in ihre Brust.

Auf der Bahnfahrt nach Stade war sie sehr nachdenklich. Hatte sie die richtige Entscheidung getroffen? War das nicht überstürzt gewesen? Würde sie Conny jemals wiedersehen? Vielleicht hatte er längst schon eine andere und sie blieb allein. Vielleicht lebte er gar nicht mehr oder war in Gefangenschaft. Aber sie konnte nicht anders handeln. Ihre Gefühle für Siegfried waren erstorben – falls sie jemals wirklich Liebe zu ihm empfunden hatte. Sie hatte einen energischen Strich unter ihr Leben gezogen und trotz aller Zweifel war sie erleichtert.

Ihr nächster Weg führte sie zum Bauernhof von Frau Nagel. Ein Ochsenwagen nahm sie ein Stück weit mit.

Frau Nagel, die mit dem Knecht in der Scheune das Heu einschichtete, ließ den Rechen fallen und lief ihr mit verweinten Augen aufgeregt entgegen. »Fräulein Reich, Fräulein Reich – ein Glück, dass Sie endlich da sind! Ich wusste schon nicht mehr, was ich tun sollte. Ihrem Vater geht es sehr schlecht – ich fürchte, es geht zu Ende mit ihm.«

Diese Worte trafen Emilia wie ein Donnerschlag, doch sie blieb ganz ruhig. »Haben Sie Dr. Michelsen benachrichtigt?«

Die Bäuerin schlug die Augen nieder. »Dr. Michelsen… Er ist nicht mehr im Lazarett. Man sagte mir… Ich wollte es Ihnen eigentlich später mitteilen, nicht jetzt.«

Sie stockte, verstummte, doch Emilia packte sie, blass geworden, bei den Schultern. »Sagen Sie mir, was ist mit ihm? Ist er …«

Sie vollendete den Satz nicht, denn Frau Nagel nickte: »Ja, man fand ihn tot – ganz überraschend. Er hat diesen Druck wohl nicht mehr ausgehalten und sie sagten, er sei schwer morphiumsüchtig gewesen – er habe das ganze Morphium, das ihm zur Verfügung stand, selbst verbraucht. Es musste ja wohl so enden.«

Emilia schluchzte auf und sank an die Brust der Bäuerin. Doch dann schluckte sie die Tränen hinunter. »Wo ist mein Vater? Was haben Sie ihm gegeben? Er braucht Theophyllin – und Digitalis für sein Herz.«

»Er hat schon seine Medikamente bekommen, ganz wie Sie es mir aufgetragen haben. Aber es wirkt nicht! Und ich habe einen Arzt aus dem Dorf geholt. Er sagt, es handelt sich um einen schweren Anfall, der sich nicht durchbrechen lässt. Und sein Herz kann diesen Sauerstoffmangel nicht länger verkraften. Der Doktor meinte auch, eine zusätzliche Herzschwäche …«

Emilia hörte nicht länger zu. Sie lief zum Nebentrakt des Gebäudes, wo ihr Vater und Lorchen gemeinsam ein Zimmer bewohnten. Schon von der Tür aus hörte sie die röchelnden, unregelmäßigen Atemzüge. Lorchen war, die Hand des Vaters in der ihren, den Kopf auf der Bettdecke, eingeschlafen und mit ihren rosigen Bäckchen und den Locken, die sich über ihrer Stirn kräuselten, sah sie wie ein kleiner Engel aus. Die Kerze, die in der Ecke das Zimmer matt beleuchtete, flackerte.

Der Vater, mühsam nach Luft ringend, mit schon blauen Lippen und bläulich roten Wangen, sah ihr vom Bett her aus umschatteten und eingefallenen Augen entgegen. Er flüsterte etwas und Emilia beugte sich tief über ihn, um seine Worte zu verstehen. »Diesmal schaffe ich es nicht, meine Große. Ist auch besser so. Das ist doch kein Leben, wenn man keine Luft mehr kriegt und die Lunge kaputt ist. Ich gehe zu ihr – sie wartet auf mich. Sei tapfer, sorge für Eleonore – sie ist doch noch ein Kind. Sie braucht dich am nötigsten. Lass sie nie allein! Versprich es mir!« Er sank, erschöpft von der Anstrengung, zur Seite in die Kissen und schloss die Augen. Emilia nickte unter Tränen und drückte seine Hand.

Die ganze Nacht wachte sie an seinem Bett und versuchte seinen Todeskampf mit den Medikamenten, die ihr zur Verfügung standen, ein wenig zu lindern. Lorchen hatte sie in ihr Bett getragen, das hinter einem Paravent stand, und das Kind schlief die ganze Nacht fest und tief; es träumte lächelnd von den Abenteuern in ihren Büchern, von der bunten Phantasiewelt erfundener Geschichten, als wäre nichts geschehen und die Wirklichkeit selbst nur ein Traum.

Die ausgebombten Städte waren von reisenden, suchenden und obdachlosen Menschen überfüllt, die ihre ganze Habe mit sich schleppten und verzweifelt darauf warteten, sich irgendwo niederlassen zu können, irgendwo eine Unterkunft zu finden. Bahnhöfe waren der Dreh- und Angelpunkt der Transporte auf der Suche nach einer neuen Heimat. Connys Ziel war jetzt Düsseldorf, wo er seine Mutter vermutete, die – mehrfach ausgebombt – irgendwo untergekommen sein musste. Doch es war nicht so einfach, ohne Papiere und als Flüchtling dorthin zu gelangen; die Gefahr war groß, doch noch einkassiert und als Kriegsgefangener verschleppt zu werden. Also musste das Versteckspiel weitergehen.

Schwarz wie ein Kohlenarbeiter stieg er in Wuppertal aus dem Zug und schlug sich weiter durch. Man bekam schnell eine Verbindung mit Menschen in ähnlicher Lage, jeder war froh, überlebt zu haben, jeder half dem anderen, der sich in Schwierigkeiten befand. Wie immer fand Conny die Hilfe eines hübschen Mädchens, das er auf der Bahnfahrt von Wuppertal, wo er sich wie ein regulärer Passagier in den Zug hineingeschmuggelt hatte, ansprach. Ein paar freundliche Worte und schon war der Kontakt geschlossen.

Die Kleine, Marion genannt, kam aus Krefeld und wollte zu ihren Eltern. Ihr Bruder war in russische Gefangenschaft geraten und die Familie machte sich große Sorgen, weil sie so lange keine Nachrichten mehr von ihm hatte. Conny wurde über Nacht willkommen geheißen, aber am nächsten Tag zog es ihn schon wieder weiter. Marion wollte, dass er noch bliebe, sie hatte den freundlichen Soldaten gleich ins Herz geschlossen. Conny gab ihr zum Abschied einen Kuss und versprach halbherzig, sich zu melden, sobald er aus der größten Gefahr heraus sei.

Die letzte Strecke, ebenfalls als Schwarzfahrer mit dem Zug zurückgelegt, führte ihn endlich in den Düsseldorfer Hauptbahnhof. Aber wie sah die Stadt aus! Er erkannte in dem Trümmerhaufen die Stadt, die sie einst gewesen war, nicht wieder und lief als Erstes zum Rhein, um die Erinnerung und die alte Struktur wieder zu finden. Er blickte über die schmutzig grauen Fluten unter dem regnerisch wolkenverhangenen Himmel bis hin zu den grünen Oberkasseler Wiesen, die, fast unangetastet von der Zerstörung, die Ufer mit den dahinter liegenden, vereinzelt erhaltenen Häusern einsäumten. Sich leise kräuselnd, rauschten die Wasser des Flusses wie einst an ihm vorüber, so, als wäre er nie fort gewesen. Wehmütig fiel ihm eine der Strophen des Heinrich-Heine-Gedichtes ein, die jeder Düsseldorfer Schüler einmal gelernt hatte. Leise bewegte er die Lippen. »Sei mir gegrüßt du Vater Rhein, wie ist es dir ergangen? Ich habe oft an dich gedacht, mit Sehnsucht und Verlangen …« Er empfand den Sinn dieses Gedichtes so tief wie nie. Langsam und traurig schlenderte er am Ufer des Stromes entlang, während es langsam zu regnen begann, ein feiner, nieselartiger Wasserstaub, der sich in dicken Tropfen sammelte, die feucht und kühl über sein Gesicht rannen, als müssten sie etwas wegwischen und abspülen. Waren es Tränen oder nur der Regen, der seine Wangen nässte? Er wusste es nicht. Er war angekommen und er lebte. Er hatte all das Grauen überstanden und war zurückgekommen, aber nicht mehr als der Gleiche, als der er fortgezogen war.

Wer hätte gedacht, dass sie den Krieg jemals verlieren würden? Es war eine andere Welt, in die er zurückkehrte, und nichts schien mehr so, wie er es vor Jahren verlassen hatte. Nach so langer Zeit würde er endlich seine Mutter wieder sehen! Er wusste nur, dass sie ihr Haus mit der Druckerei im Bombenhagel verloren hatte, dass sie zu ihrer Schwester gezogen war und vor kurzem, in der Kriegszeit noch, wieder geheiratet hatte.

Jetzt war er fast in Bilk, einem Stadtteil, in dem noch ganze Häuserzeilen standen. Er wandte seine Schritte automatisch nach links und schlug den Weg in die Richtung der Konkordiastraße ein, in der vor dem Krieg seine Tante gewohnt hatte, bei der er als Kind oft zu Besuch gewesen war. Würde er sie dort noch finden?

Der Straßenzug war beinahe unkenntlich geworden – aber wie durch ein Wunder standen einige Häuser völlig unversehrt da. Mit einem Blick erkannte er die Nummer 19, das hübsche Jugendstilhaus mit der leicht verschnörkelten Fassade und dem luftigen Erkervorbau. Es reckte sich stolz aus dem Schutt ringsumher. Sein Blick schweifte nach oben zur letzten Etage, wo sich der breite, von Steinfiguren gestützte Balkon befand; dort hatten die Tante und der Onkel gewohnt. Er legte seine Finger auf die Klingel, deren Messingschilder zu seinem Erstaunen und zu seiner Freude noch existierten – Stadtsekretär Ernst Steinbrück, Gertrud Schlusen. Der Drücker schnurrte und er trat in die Marmorhalle mit den Stuckverzierungen, auf dem Boden lag immer noch der abgewetzte rote Teppich mit der Messingeinfassung. Der elegante, große Spiegel reflektierte seine armselig dünne Gestalt, seinen hohlen Blick, den Wochen alten Schmutz, der sich auf seinem Körper verkrustet hatte, und den lächerlichen Tiroler Anzug mit dem zu kurzen Trachtenjäckchen, der zu engen Bundhose und den kurzen Socken. Er grinste sich selbst im Spiegel an. Fehlt nur noch der Hut mit Gamsbart, dachte er bei sich. Langsam stieg er die drei Etagen empor. Die Tür war verschlossen. Wieder und wieder klingelte er, und nachdem sich der Spion an der Tür verdunkelt hatte, hörte er mit einem Herzschlag der Erleichterung unzweifelhaft die Stimme seiner Tante Käthe dumpf durch den Spalt fragen: »Wer ist denn da?«

»Ich bin's, Cornel«, rief er und klopfte laut. »Wo ist Mutter?«

Die Tür öffnete sich und in den Zügen der fülligen Dame mit den korrekt ondulierten weißen Haaren mit dezentem Blauschimmer stand Überraschung und erleichtertes Staunen. »Junge, du? Gott sei Dank, du lebst.« Sie schloss ihn in die Arme, hielt ihn aber dann sofort wieder von sich weg. »Wie siehst du nur aus? Was ist das für ein Kostüm? Wie ein Salontiroler!«

Conny musste herzlich lachen. »Das erzähl ich dir später. Wie geht es Mutter? Wo ist sie? Ist sie gesund?«

»Ja, es geht ihr gut. Sie ist vor kurzem in die Kronprinzenstraße gezogen, aber sie kommt heute vorbei. Da wird sie Augen machen. Wir haben dich übrigens erwartet! Sie wusste von einem Elsässer, dass du lebst, dass du geflüchtet und wahrscheinlich auf dem Weg heim bist. Er sei dein Freund, hat er gesagt, der Franzos! Komm jetzt, mein Junge.«

Sie fiel in den gewohnten Düsseldorfer Dialekt und Conny strahlte über das ganze Gesicht. Sein innerer Dank ging an den Adjutant-Chef, an den Franzosen, der sich nicht als Feind, sondern bis zuletzt als Freund erwiesen hatte. Irgendwann würde er ihn besuchen und sie würden über die Geschehnisse so plaudern, wie man in der Gesellschaft über Dinge spricht, die schon lange vorbei und gar nicht mehr wahr sind.

»Jetzt komm rein, dein Onkel Ernst möchte dich sicher

auch begrüßen. Oben haben wir noch eine Dachkammer, dicht beim Speicher – dort kannst du vorerst wohnen.«

Conny spürte eine plötzliche Ermattung, einen Schwindel, und musste sich am Türrahmen festhalten. Ihm wurde mit einem Mal schwarz vor Augen, er taumelte in den Salon und sank schwer in einen der breiten Sessel. Er schloss die Lider, alle Spannung fiel auf einmal von ihm ab und Tränen traten in seine Augen. Er war zu Hause!

»O Gott, der arme Junge!«, schrie die Tante gerührt auf und ergriff, in Ermangelung von etwas anderem, rasch das Spültuch, das auf dem Tisch lag. »Ihm wird schlecht.« Mit einer resoluten Gebärde klatschte sie ihm leicht den nassen Lappen um die Wangen.

Blass, ganz in Schwarz gekleidet, stand Emilia mit Lorchen auf dem überfüllten Bahnhof, in der Hand das Bündel mit ihrer wenigen Habe. Sie wusste nicht, wohin sie sich wenden sollte. In ihrem Kopf kreisten wirre Gedanken, in denen sich die Ereignisse überschlugen. Ihr Körper schien blutleer, wie abgestorben und funktionierte nurmehr wie ein Automat. Sie fühlte nichts mehr, keine Angst, keine Trauer, keine Erwartung. Sie sah auf das geschäftige Hin und Her um sich, das dem Treiben und Wimmeln in einem Ameisenhaufen glich, und die unzähligen Rufe und Stimmen, die blechernen Durchsagen aus den Lautsprechern summten und dröhnten dumpf in ihren Ohren.

Ein paar Tage noch hatte sie nach dem Tod ihres Vaters im Lazarett, dem ausgeräumten Schloss des deportierten Juden bei Hannover, weiter ihre Pflicht getan. Doch dann, als Frau Nagel ihr vorsichtig ankündigte, sie könne Lorchen nicht mehr länger dabehalten, das Kind sitze den ganzen Tag am Fenster und weigere sich zu essen, da wusste sie, sie musste etwas tun, sie musste sich um die Kleine kümmern. Immer wieder nahm sie den zerknitterten blauen Umschlag aus der Tasche, in dem der Brief steckte, und sah ihn an, las ihn zum hundertsten Male. »Meine Liebste, komm, wir fangen neu an, wenn wir das alles überleben. Du bist die Frau meines Lebens, auf die ich immer gewartet habe.« War das wirklich ernst gemeint – die Frau seines Lebens? Konnte sie sich auf diese Worte, geschrieben mitten im Krieg, weit weg, in einer sentimentalen Laune vielleicht, jetzt noch verlassen? »Komm zu mir… Meine Mutter wird dich aufnehmen, wenn ich noch nicht da sein sollte…«

Vielleicht lebte er gar nicht mehr – verschollen wie so viele, oder als Kriegsgefangener deportiert – und sie machte die ganze Fahrt nach Düsseldorf umsonst! Doch irgendetwas zog sie mit unsichtbaren Fäden trotz allen Zweifels in die Morgenröte eines ungewissen Tages; es flüsterte lockend in ihrem Ohr, schien sie vorwärts zu drängen. Sie atmete tief ein. Gut, einmal ganz ohne Sentimentalität: Was sollte sie sonst auch tun, wohin gehen? Sie hatte ja niemanden, an den sie sich wenden konnte, keine Heimat, kein Zuhause mehr. Warum nicht Düsseldorf? Düsseldorf war für einen Neuanfang so gut wie jede x-beliebige Stadt im zerbombten Deutschland. Es gab nur die eine Frage: Wo sollte sie Unterkunft finden, wo irgendeine Arbeit, um auch für Lorchen zu sorgen, wenn sie eine Enttäuschung erlebte? Das Kind konnte ja nichts dafür. Musste sie sich nicht fragen, ob der Mann, von dem sie im Grunde so wenig wusste, außer dass er treue braune Augen besaß, die sie so träumerisch ansehen konnten, dass jeder Widerstand in ihr dahinschmolz, vielleicht gelogen hatte? Dass er sie gar nicht mehr liebte – oder aber, als letzte Möglichkeit, in den Kriegstagen gefallen oder in Gefangenschaft geraten war? Undeutliche Zweifel packten sie. Er konnte ja ebenso gut inzwischen eine andere haben und alles nur als eine Laune, ein Spiel, eine vergangene Episode abtun. Neue Bedenken nagten an ihr, doch sie versuchte sie energisch hinwegzuwischen. Dann würde sie eben irgendwo anders neu anfangen. Sie war jung und stark. Einen Versuch ist es wert, sagte die beschwichtigende Stimme der Vernunft in ihr, während eine andere ihr hämisch zuflüsterte: In Hamburg wärst du jetzt aller Probleme enthoben – da hättest du ausgesorgt. Doch der Gedanke an den kühlen Empfang in der Villa von Hohenstein, an die abschätzigen Augen von Siegfrieds Mutter, mit denen sie sie von oben bis unten betrachtet hatte, jagten ihr noch jetzt einen Schauder über den Rücken. Instinktiv fühlte sie, dass es gut gewesen war, sich einer solch drohenden Bevormundung sogleich zu entziehen. Schon in der kurzen Zeit, in der sie Siegfried kannte, neigte er dazu, sie ummodeln zu wollen, ihre Aussprache zu kritisieren, die Fehler in ihren Briefen zu korrigieren, sich in ihre Frisur und Kleidung zu mischen. Das war etwas, was sie unter keinen Umständen ertrug. Und bei einem gemeinsamen Zusammenleben unter einem Dach, so wie Siegfried, der als einziger Sohn sehr an seiner Mutter hing, es sich vorgestellt hatte, unter dem Druck, den Stil der strengen Mutter annehmen zu müssen, mit ihren kritischen Blicken zu leben – das schien ihr unvorstellbar. Sie wäre dort niemals glücklich geworden, das fühlte sie.

Während der langen, stockenden Bahnfahrt im engen, schmutzigen Gang des Zuges, in dem sie es sich so gut es ging auf ihrem kleinen Koffer bequem machte und Eleonore auf den Schoß nahm, blieb sie schweigsam und in sich gekehrt, die Hand der Kleinen drückend, die sich Schutz suchend an sie schmiegte.

Als sie nach endloser Fahrt und unzähligen, zum Teil unerklärlichen Aufenthalten schließlich am düsteren Düsseldorfer Bahnhof landeten, war Emilias Kehle wie zugeschnürt und ihr Herz begann unruhig zu klopfen. Zu Fuß, die todmüde Eleonore an der Hand, die klaglos neben ihr hertrippelte und nicht fragte, wo es denn hinging, machten sie sich auf den Weg durch die Trümmerlandschaft der von Bomben zerfetzten Stadt. Immer wieder mussten sie fragen, sich neu orientieren, über im Weg liegende Steine, Löcher im Boden und aufgerissene Straßen hinwegsteigen. Am

Rheinufer angekommen, blieb sie eine Weile erschöpft stehen und stellte den schweren Koffer ab; dann setzte sie sich auf einen der Bordsteine am Uferrand, vor Müdigkeit wie ausgebrannt. Lorchen legte den Kopf auf ihren Schoß und langsam senkten sich die Wimpern über die schläfrigen Kinderaugen, die während der langen Fahrt unermüdlich in die vorüberfliegende nächtliche Landschaft gestarrt hatten. Die bläulichen Schatten der Lider, die sich tiefer als sonst von den blass gewordenen Wangen abhoben, ließen das schmale, versunkene Gesicht ernst und gleichsam gereift erscheinen, als hätte sich die Kindheit in einer Nacht davongemacht.

Emilia ließ ihre Blicke über den Fluss schweifen. Es war noch sehr früh und hinten am Horizont rissen die fliehenden Wolken plötzlich auf, hinter deren undeutlichem Nebel ein rosiger Streif erschien, der sich langsam vergrößerte und endlich den leuchtenden Ball der Sonne sehen ließ. Es schien, als nähme die graue, aufgerissene Steinwüste, über die sie blickte, plötzlich Farbe an, als ginge jemand mit einem Pinsel über alle Gegenstände. Der rosa Glanz ließ das Wasser aufglitzern und er schimmerte auf dem zerborstenen Brückengeländer. Das Grün der Bäume wurde leuchtend und frisch, die Wiesen des gegenüberliegenden Ufers bekamen einen pastelligen Ton. Auch der Himmel wollte nicht zurückstehen. Ein helles, intensives Blau zeigte sich und die Wolken veränderten ihre Farbe von grauen, sich drohend zusammenballenden Gebilden zu sanften schneeigen Dunststreifen, die in spielerische Formen zerflossen. Ein Sonnenstrahl wanderte in zärtlicher Wärme unvermutet über ihr Gesicht. Sie hielt still, schloss für einen Moment blinzelnd die Augen und ein ungewolltes Lächeln erschien auf ihren Zügen. War es möglich, dass alles wieder von vorn begann, in ewigem Kreislauf? Die dunkle Gefahr des Krieges tauchte hinab in die unendlichen Tiefen der Vergangenheit, des Gedächtnisses, und ihr war, als müsste sie all das zurückdrängen, in eine abgeschlossene Ecke des Herzens, wo es ruhen sollte für alle Zeit. Die Morgenröte, die Sonne, das war die Zukunft, eine farbige Zukunft, die unschuldig lockte mit ihren unzähligen Möglichkeiten. In ihr regte sich eine merkwürdige Freude, eine unsinnige Lebenslust, in der sie hätte aufspringen und tanzen können, tanzen auf dem Grab der Vergangenheit. Das Leben begann jetzt und sie spürte mit allen Fasern die Lust, es neu zu leben, eine Lust, die mit dem jubilierenden Vogelgezwitscher auf den Alleebäumen, die die Straße säumten, in Einklang stand. Ihre Züge waren belebt und rosig angehaucht, als sie die Kleine weckte. »Sieh doch, Lorchen, wie schön die Sonne scheint!« Das Kind blinzelte ins Licht und verzog gähnend das Gesicht. »Ich bin doch so müde, Emmi, und meine Füße tun weh.« »Nur ein paar Schritte noch«, tröstete die Schwester, »wir sind bald da.«

Inzwischen handelte man auf den letzten Kriegskonferenzen aus, was die Alliierten nun mit dem deutschen Volk vorhatten. Fest stand, dass das großdeutsche Reich geteilt werden sollte und die Vertreibung der Deutschen aus den Ostgebieten gerechtfertigt sei. Somit wurden die Hoffnungen der Flüchtlinge auf eine Wiedererlangung ihrer alten Heimat zunichte. Nicht alle konnten diese unwiderrufliche Tatsache so ohne weiteres verkraften. Aber es blieb keine andere Wahl.

Nach einem freudigen, aber tränenreichen Wiedersehen mit seiner Mutter richtete sich Conny in der Dachstube seiner Tante ein, einer kleinen Mansarde, in deren Decke eine Brandbombe ein Riesenloch geschlagen hatte. Notdürftig verschraubte er es mit Brettern und stopfte es aus, damit der Regen nicht durchrinnen konnte. Er hielt sich weiterhin verborgen, weil er von der Angst verfolgt war, man könnte ihn vielleicht doch erwischen und fortschicken; denn immer noch wurden herumstreunende Soldaten in den verschiedenen Zonen der Alliierten aufgegriffen und deportiert. Aber langsam nahm das Leben seinen normalen Gang wieder an. Unter Vorbehalt meldete er sich bei seiner alten Firma, Mercedes Benz, zu irgendeiner Arbeit. Auch dort war das meiste zerstört und man begann, aus Schrott Autos zusammenzubauen.

Oft wanderten seine Gedanken wehmütig zurück in die unvergesslichen Zeit in Kulm, zu Emilia. Hatte sie den Brief noch erhalten? Wie konnte er nur so dumm sein, ihr nicht gleich seine Adresse zu geben? Aber im Krieg dachte man eben nicht einmal an den nächsten Tag, weil man nicht wusste, ob man ihn erleben würde. Es war wie ein Tanz auf dem Vulkan am Rande des Abgrunds gewesen. Für sein Versäumnis gab es keine Entschuldigung. Es erschien ihm jetzt so unwahrscheinlich, dass er sie jemals wieder sehen würde, dass er fast schon bereit war, dieses Thema endgültig abzuschließen. Er tröstete sich ein wenig damit, dass die Liebe zu ihr ihm zum Überleben des schwersten Teils seines Lebens ungeheure Kraft verliehen hatte und ihn wie auf Flügeln Übermenschliches hatte leisten lassen.

Als es läutete, schlich Conny vorsichtig, immer noch auf der Hut vor Kontrollen, die Treppe von seinem Dachstübchen hinunter, um nachzusehen, wer da war. Er konnte nur die Umrisse einer dunkel gekleideten Frau erkennen, die ein Kind an der Hand hielt. Eine Hausiererin, dachte er und wollte sich mit leisen Schritten wieder davonmachen. Doch die Fülle lockigen, nussbraunen Haares, das, halb zu Zöpfen geflochten, hinten aus dem Kopftuch herausquoll und glänzend fast bis zu den Hüften über den Rücken fiel, hielt ihn plötzlich wie gebannt auf der Stelle fest. Konnte das möglich sein? Jetzt erblickte er ein blaues, zerknittertes Papier, das die Frau prüfend in den Händen hielt und, nach dem Türschild suchend, mit dem Namen auf dem Umschlag verglich. Conny durchfuhr es wie ein elektrischer Schlag und das Blut schoss ihm ins Gesicht. Kein Zweifel, das war niemand anderer als Emilia, in der Hand seinen Brief, den eilig und mit viel Gefühl geschriebenen Brief mit seiner Adresse, den er ihr, so viele Kilometer weit entfernt, in letzter Minute und auf gut Glück im schon geräumten Kloster zu Kulm hinterlassen hatte und von dem er niemals sicher gewesen war, dass sie ihn wirklich erhalten hatte.

Die Stufe knarrte laut und Emilia wandte sich um. Conny wollte etwas sagen, doch aus seiner zugeschnürten Kehle rang sich kein Wort und die beiden sahen sich für eine Weile sprachlos an.

Emilia erkannte in dem abgemagerten Fremden, der in zu kurzer Bundhose und enger Tirolerjacke vor ihr stand, im ersten Moment keineswegs den schneidigen, selbstbewussten Soldaten, den Frauenhelden ihrer Erinnerung wieder, in dessen sanften Blick sie sich in den Kriegwirren verliebt hatte. Aber er war es, sie spürte es mit allen Fasern ihres Körpers. Sie starrte ihn regungslos und verwundert an, und als auch er nichts sagte, bereute sie in einer plötzlichen Aufwallung, überhaupt hergekommen zu sein. Er schien sie nicht wirklich wahrzunehmen. Hatte er sie vergessen?

Die Stille stand in diesem zugigen, unpersönlichen Treppenhaus. Sie fühlte sich wie eine aufdringliche Bettlerin und nahm Lorchen fest an die Hand, bereit, im nächsten Augenblick die Treppe wieder hinunterzulaufen und zu flüchten, weit weg von dieser ihr peinlichen Situation. Doch Conny, der sich von seiner Überraschung erholt hatte, war mit ein paar atemlosen Sätzen bei ihr. »Emilia, du?«

Es schien ihm wie ein Wunder, dass sie hier, in diesem dumpfen Flur, wie ein Engel vom Himmel, wie eine Erscheinung aus seinen Träumen plötzlich vor ihm stand und ihn mit ihren wunderschönen glasklaren, meergrünen Augen unsicher und fragend ansah. Sie war wirklich seinetwegen gekommen!

Er versuchte, etwas gut Klingendes zu sagen, sie zu begrüßen, doch es fehlte ihm einfach die Sprache. Wie gebannt sah er ihr in die Augen und dann riss er sie in seine Arme, um sie erst nach einer Weile wieder loszulassen, vor Glück wie trunken und von einer Freude überwältigt, die wie ein Blitzstrahl durch sein ganzes Wesen drang. Es war, als hätte alles in ihm nur auf diesen Moment gewartet.

Emilia wandte wie benommen den Blick von der lächerlich kurzen, bestickten Tirolerjacke ab, suchte seine Augen und fand dort den braunen, vertrauensvollen und magischen Glanz, der ihr Sicherheit und Liebe versprochen hatte und den sie niemals hatte vergessen können.

Lorchen sah verwundert von einem zum anderen, als sich die beiden in einem ihr endlos scheinenden Kuss fanden und sich gar nicht mehr loslassen wollten. Emilia befreite sich als Erste; sie wusste nun, dass sie das Richtige getan hatte, dass sie endlich angekommen war und dass sie nun nie wieder fortgehen würde, egal was geschähe. Sie nahm sich zusammen, trat einen Schritt zurück und sagte mit halbwegs gefasster Stimme: »Das ist Eleonore, meine kleine Schwester! Das Einzige, was mir von meiner Familie übrig geblieben ist. Ich werde mich nie von ihr trennen!«

Conny nahm die Kleine stürmisch auf den Arm, Lorchen sah den ihr fremden Mann mit abweisender Miene an und wehrte sich heftig. Derweil musterte Emilia Conny von Kopf bis Fuß und sagte mit bebender Stimme: »Ich hätte dich gar nicht mehr erkannt – so ohne Uniform. Die stand dir wirklich besser. Du siehst jetzt – so anders aus. Aber deine Augen sind die gleichen geblieben.« Irgendetwas in ihrer Seele lockerte sich und eine ungeheure Leichtigkeit überflutete sie. Sie sah auf die zu kurzen Hosen, die geschrumpften Socken und begann fast grundlos zu lachen, ein glückliches, unsinniges Lachen.

Conny sah sie verständnislos an, dann glitt sein Blick ein wenig beschämt an seiner komischen Kleidung hinab, er zupfte an dem zu kurzen Jäckchen und versuchte vergeblich, die Socken an den mageren Beinen höher zu ziehen. Schließlich platzte er ebenfalls heraus, lachte lauthals, erleichtert und von ganzem Herzen, wie er schon lange nicht mehr gelacht hatte. »Gefall ich dir etwa nicht mehr? Du kannst es dir noch überlegen.« Emilia bewegte verneinend den Kopf, sich immer noch vor Lachen schüttelnd. Conny legte zärtlich den Arm um ihre Schultern. »Komm mit mir. Komm erst einmal herein, du musst müde sein. Außerdem möchte ich dich meiner Mutter und meiner Tante vorstellen.«

Es schien Emilia wie ein Traum. Sie ließen Lorchen, die vor Verwirrung und Müdigkeit weinte, in der Obhut der beiden Frauen und die Welt versank hinter ihnen. Es gab nur noch sie beide in dem kleinen Dachstübchen mit dem mühsam verschraubten Loch in der Decke, in dem sie, einer in den Blick des anderen versunken, sich bei den Händen hielten und nicht müde wurden, sich gegenseitig ihre Geschichte zu erzählen.

Connys Mutter streichelte indessen sanft das Haar des kleinen blonden Mädchens, das in der fremden Umgebung unschlüssig und scheu, ihr Bündel fest an sich gepresst, mit schüchternem Blick zu ihr aufschaute. »Sei nicht traurig, mein kleiner Liebling, geh mit mir und hab keine Angst«, sagte sie liebevoll und nahm sie bei der Hand. »Ich glaube, du bist jetzt hier zu Hause.«